최형용

서울대학교 국어국문학과를 졸업하고 동대학원에서 석사, 박사학위를 받음. 저서에 『국어 단어의 형태와 통사-통사적 결합어를 중심으로-』, 『발표와 토의』(공저), 『글쓰기의 전략과 실제』(공저), 『열린 세상을 향한 발표와 토론』(공저), 『주시경 국어문법의 교감과 현대화』(공저), 『한국어 형태론의 유형론』, 『한국어 연구와 유추』(공저), 『한국어 형태론』, 『한국어 분류사 연구』(공저), 『한국어 의미 관계 형태론』, 『표준 국어문법론』(전면개정판)(공저) 등이 있고 논문으로 「국어의 단어 구조에 대하여」, 「품사의 경계」, 「한국어 형태론의 현저성에 대하여」, 「형태론과 어휘부」, 「복합어 구성 요소의 의미 관계에 대하여」, 「형태론의 융합과 유형」, 「문법에서 유추의 역할은 무엇인가」, 「반의 관계 형태론」 등이 있음. 공군사관학교 전임강사, 아주대학교 인문대학 국어국문학 전공 조교수를 거쳐 현재 이화여자대학교 인문과학대학 국어국문학과 교수로 재직하고 있음.

초 판 인쇄 2014년 8월 20일
초 판 발행 2014년 8월 28일
개정판 발행 2019년 8월 23일

지은이 최형용 **| 펴낸이** 박찬익 **| 편집장** 황인옥 **| 책임편집** 김경수
펴낸곳 (주) 박이정 **| 주소** 서울시 동대문구 천호대로 16가길 4
전화 02) 922-1192~3 **| 팩스** 02) 928-4683 **| 홈페이지** www.pjbook.com
이메일 pijbook@naver.com **| 등록** 1991년 3월 12일 제1-1182호

ISBN 979-11-5848-526-9 (93710)

* 책값은 뒤표지에 있습니다.

개정판

최형용 지음

정확한 화법과 미디어 언어 분석

EXACT SPEECH AND
MEDIA LANGUAGE
ANALYSIS

"..."

(주)박이정

초판이 나온 지 5년의 시간이 흘렀다. 이론의 측면에서는 4년이라
는 시간이 그리 길지 않지만 하루가 다르게 변하는 미디어의 측면에
서 보면 4년은 다른 세대라고 느껴질 만큼이나 많은 변화가 있었다.
미디어가 변한 만큼 그 속에 담겨 있는 언어도 시시각각으로 변화하
고 있음을 실감한다.

그 변화 가운데 몇 가지는 책에도 반영할 필요가 있어 개정판을
내게 되었다. 이러한 변화는 두 가지로 정리할 수 있다. 하나는 언어
규범 측면에서의 변화이다. 〈한글 맞춤법〉을 비롯하여 〈표준어
규정〉이나 〈외래어 표기법〉, 〈로마자 표기법〉에도 크고 작은 변
화가 있었는데 이들을 모두 최근 고시본으로 교체하였으며 특히 표준
어는 계속하여 추가되는 양상이 있는데 이 역시 반영하였다. 다른
하나는 미디어의 언어 규정 변화이다. 그 방향은 대체로 적용 가능성
의 구체화인데 역시 이들도 가장 최근의 것으로 수정하였다.

이들 외에 시의성이 높은 예문이 포함된 연습 문제도 수정 대상으로 삼았다. 시의성이 떨어지는 것들은 예문을 새롭게 교체하였고 새롭게 관심 대상이 되는 것들은 예문을 추가하였다.

　이번 개정판에서는 우선 이 정도를 수정 대상으로 삼고 초판 머리말에서 밝힌 바와 같이 부족한 이론적 토대 측면에서의 보완은 좀 더 시간을 두고 다듬고자 한다.

2019년 8월 15일 저자 삼가 씀.

이 책은 '화법'을 주제로 다룬 그동안의 책들과는 두 가지 측면에서 차이가 있다. 하나는 화법의 개념에 대한 것이고 다른 하나는 화법의 범위에 대한 것이다.

먼저 화법의 개념이다. 흔히 화법은 '잘 말하기 위한 방법'으로 인식되어 있다. 그러나 화법은 '잘 말하기 위한 방법'뿐만이 아니라 '정확하게 말하기 위한 방법'의 의미도 가지고 있다. 이 책의 화법은 이 가운데 후자에 초점을 맞추고 있다. 이것은 특히 예로부터 한국 사회의 화법이 가지고 있었던 특성을 반영한 것이기도 하다. 한국 사회에서의 말은 자신의 의사를 분명하게 전달하는 수단이 될 뿐만 아니라 다른 사람에게 예의를 지키는 방법으로서도 매우 중요하게 간주되어 왔기 때문이다.

다음으로 화법의 범위이다. 화법에서의 '말'은 '입말' 즉 구어(口語)를 가리키는 일이 일반적이었다. 그러나 '말'에는 '입말'뿐만이 아니라 '글말' 즉 문어(文語)도 존재한다. 다시 말하자면 '잘 말하기 위한 방법'의 '말'도 구어와 문어를 포괄하는 것이고 '정확하게 말하기 위한 방법'의 '말'도 구어와 문어를 포괄하는 것이다. 즉 화법의 범위가 구어 화법과 문어 화법으로 구분되는 것이다.

따라서 이 책은, 개념에서는 '정확하게 말하기 위한 방법'에 초점을 맞추고 있고 범위에서는 구어 화법뿐만이 아니라 문어 화법도 포함하고 있다는 점에서 화법과 관련된 그동안의 책들과 차이가 있는 것이다.

이 책에서는 '정확하게 말하기 위한 방법'을 각종 미디어 언어 분석을 통해 살펴보려고 하였다. 미디어는 그 특성상 매우 큰 파급효과를 가지고 있는데도 불구하고 현금의 상황은 적절하지 못한 언어 사용이 눈에 띄게 늘고 있다. 이러한 측면에서 이 책에서는 가급적 다양한 미디어 언어에 관심을 기울이려고 노력하였다. 본문에서 미디어 언어의 양상을 구체적으로 언급하기 힘든 경우에는 연습 문제에서라도 이를 다루려고 하였다.

그러나 이 책은 단순히 우리의 현실이 정확하지 못한 언어 사용의 늪에 빠져 있음을 강조하려는 데 궁극적인 목적이 있는 것은 아니다. 그것보다 더 중요하게 강조하고 싶은 것은 '정확하게 말하기 위한 방법'이 '잘 말하기 위한 방법'에도 도움을 준다는 사실이다. '더 잘 말하는 방법'을 위해 몇 년 전에 출간한 『열린 세상을 위한 발표와 토론』이 이 책과 자매편이 되기를 바라는 것은 이러한 맥락과 무관하지 않다.

이 책에는 모자라고 부족한 부분이 적지 않다. '더 잘 말하는 방법'을 『열린 세상을 위한 발표와 토론』으로 미루다 보니 애초의 의도보다 어문규범에 많은 내용을 할애하게 된 것이나 문어 화법에 대한 이론적 토대를 충분히 마련하지 못한 부분도 아쉬운 부분이다. 이들을 포함한 이 책의 한계에 대해서는 빠른 시간 안에 보완하고자 한다. 그때까지 이 책에 대한 독자들의 아낌없는 질책을 바라 마지 않는다.

끝으로 빠듯한 일정에도 불구하고 이만한 책을 출간해 준 박이정 출판사의 박찬익 사장님과 김려생 편집장님 그리고 편집을 도맡아 준 김경수님께 이 자리를 빌려 심심(深深)한 감사의 마음을 전하고 싶다.

2014년 8월 15일 저자 삼가 씀.

3부. 정확한 문어 화법과 미디어 언어 분석

부록

제 1 부

화법의 개념과 범위

EXACT SPEECH AND
MEDIA LANGUAGE
ANALYSIS

" . . . "

'화법'은 가장 일반적인 의미에서 '말하는 방법'이다. 그러나 목적에 따라 여러 가지로 그 의미를 규정할 수도 있다. 또 그에 따라 하위의 부류에도 차이가 생긴다. 가령 언어학 분야에서 문장이나 담화에서 다른 사람의 말을 인용하여 재현하는 방법을 '화법'이라고도 부르는 것이 그러한 경우일 것이다. 이때의 '화법'은 남의 말을 그대로 인용하는 '직접 화법'과, 남이 말한 내용을 전달하는 사람의 발화로 고쳐서 전하는 '간접 화법'으로 하위 부류하는 것이 일반적이다.

일반적으로 화법을 '말하는 방법'이라고 할 때에 초점이 놓이는 것은 '더 잘 말하는 방법'이다. 말하는 방법에 대한 여러 가지 학습이 그 이전보다 '더 잘' 말하는 데 도움이 되는 것은 분명하기 때문이다. 그러나 말하는 방법이 '더 정확히 말하는 방법'에 초점을 둘 수도 있다. 한국어와 같이 언어 예절이 중요한 경우에는 특히 '더 정확히 말하는 방법'이 매우 중요하다. 다음은 요즈음 실제 생활에서 흔히 접하게 되는 말들이다.

> **예문 01**
>
> "이쪽으로 가실게요."
> "이 옷 한번 입어 보실게요."
> "영수증 받으실게요."

위의 예들은 모두 정확하지 못한 발화의 경우인데 이를 바로잡기 위해서는 두 가지 측면에서 설명이 필요하다. 하나는 선어말 어미 '-(으)시-'와 관련된 것이고 다른 하나는 종결 어미 '-(으)ㄹ게'와 관련된 것이다.

먼저 선어말 어미 '-(으)시-'는 어떤 동작이나 상태의 주체가 화자에게 사회적인 상위자로 인식될 때 그와 관련된 동작이나 상태 기술에 결합하여 그것이 상위자와 관련됨을 나타낸다. 따라서 화자 자신과 관련되는 경우 '-(으)시-'를 원칙적으로 넣을 수 없다.

다음으로 어미 '-(으)ㄹ게'는 어떤 행동을 할 것을 약속하는 뜻을 나타낸다. 약속은 화자가 청자에게 하는 발화 행위이므로 화자와만 관련하여 사용할 수 있다.

즉 위에 제시된 말들은 화자와 관련될 수 없는 '-(으)시-'와 화자에만 관련되는 '-(으)ㄹ게'가 동시에 사용되고 있다는 점에서 모순이다. 위의 말들은 모두 맥락으로 보아 가거나 보거나 받는 것은 청자이므로 각각 '-(으)시-'를 사용한 '가세요, 보세요, 받으세요'는 가능해도 '-(으)ㄹ게'는 사용할 수 없다는 점을 알 수 있다.

그러나 '-(으)시-'가 잘못 사용된 경우를 찾는 것도 그리 어렵지 않다.

> **예문 02**
>
> "이 가방은 특별 할인 제품이시고요."
> "주문하신 아메리카노 나오셨습니다."
> "이 책은 이미 매진되셨어요."

역시 맥락으로 보아 이 말들은 화자가 아니라 청자와 관련된다는 점에서 '-(으)시-'를 사용할 수 있는 환경이기는 하지만 청자의 행위가 아니라 이와 관련 없는 사물에 결합하고 있다는 점에서 잘못된 언어 사용을 보여 준다.

이들은 비록 언어생활의 일부이지만 '더 정확히 말하는 방법'의 중요성을 말해 주기에 충분하다고 할 수 있다. '더 정확히 말하는 방법'은 자신의 의사를 분명하게 전달해 준다는 점에서 결국 '더 잘 말하는 방법'에도 기여한다. 적어도 지금까지는 화법에 있어 '더 정확히 말하는 방법'이 '더 잘 말하는 방법'의 한 수단으로서 피동적 위치에 있었던 것이 사실이다.

2. '구어 화법'과 '문어 화법'

화법은 '말하는 방법'이라고 한 바 있다. 그런데 '말'은 다시 두 가지로 나눌 수 있다. 하나는 '입말' 곧 '구어'이고 다른 하나는 '글말' 곧 '문어'이다. 이렇게 보면 '말하는 방법' 즉 화법은 '구어 화법'뿐만이 아니라 '문어 화법' 도 대상으로 삼는다고 할 수 있다. 그렇다고 하여 '문어 화법'이 '구어 화법'만큼 중요하다는 것을 의미하는 것은 아니다. 그보다는 '문어 화법'이 '구어 화법'과도 연관된다는 점에서 관심의 대상이 되어야 한다는 것을 의미하는 것으로 해석해야 할 것이다.

가령 자기소개나 연설은 말하기의 한 방법이지만 미리 문어로 준비되는 일이 흔하다. 먼저 자기소개 글의 일부를 살펴보기로 하자.

> **예문 03**
>
> "오늘 해야 할 일을 오늘 끝냅니다."
>
> 매사에 긍정적이고 남을 먼저 생각하는 배려심은 저의 중요한 장점이라 할 수 있습니다. 적극적인 성격과 의욕이 넘치다 보니 때론 그것이 단점으로 비춰질 때가 있고, 꼼꼼한 성격 탓에 비교적 일을 처리하는 시간이 조금 떨어질 수도 있지만 그에 비해 만족스러운 결과물을 낳습니다. 저의 함축적 세계관은 성실, 꼼꼼함, 계획성으로 설명될 수 있습니다. 성실은 주어진 책무에 최선을 다하는 것, 꼼꼼함은 매사에 빈틈없이 가능한 완벽을 추구하는 것, 계획성은 미리 준비하고 계획하는 것을 좋아하는 것입니다. 어제보다 나은 오늘을 위해 노력하는 현재진행형입니다.

위에서 볼 수 있는 바와 같이 미리 예고되어 주어진 시간 안에 발표해야 하는 자기소개의 경우는 이처럼 미리 문어로 준비되는 것이 일반적이지만 그 형식은 '끝냅니다, 있습니다, 낳습니다' 등에서 알 수 있는 바와 같이 구어체로 되어 있다.

연설도 말하는 방법의 하나이지만 이야기할 내용이 미리 문자 언어인 연설문으로서 준비되는 경우가 일반적이다. 즉 연설도 이러한 점에서 구어와 문어가 모두 공존하는 '말하는 법'의 특징을 가지며 이때 연설문은 연설의 성패를 좌우할 만큼 중요한 역할을 담당한다. 즉흥적인 연설이 보다 큰 효과를 발휘하는 일도 적지 않고 또 청중의 더 큰 호응을 가져오는 일도 많지만 미리 문어로 준비하는 연설보다는 논리성이 떨어지기 마련이다. 연설이 가지는 문어와의 연관성에 착안하여 김혜숙(2006)에서는 연설이 입말과 글말의 중간적 특성을 가지고 있다고 한 바 있으며 총장 연설이 가지는 텍스트성을 다음과 같이 도식화하였다.

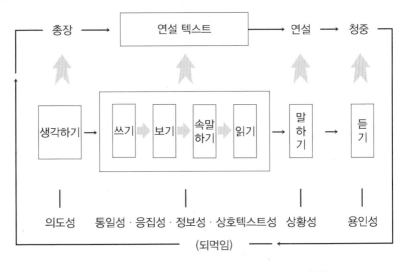

〈김혜숙 2006:119〉

그림에서 제시된 '의도성, 통일성, 응집성, 정보성, 상호텍스트성, 상황성, 용인성'은 말이 아니라 글인 '텍스트'가 가지는 특징인데 이를 통해 연설이 글말의 성격을 가지고 있음을 나타내고 있다.

미디어에서도 입말과 글말이 서로 상호 보완적인 경우를 찾는 것은 그리 어렵지 않다. 먼저 텔레비전의 자막은 이러한 측면에서 흥미로운 사실을 말해 준다. 초기의 자막은 정보를 함축적으로 전달하거나 방언, 외국어, 부정확한 발음 등 음성 언어를 보완하는 수동적 위치에 처해 있었으나 지금은 오히려 전체 프로그램의 내용을 해설하고 진행하는 등 음성 언어를 이끌어 가는 능동적 지위를 가지는 것으로 변화하고 있다. 이러한 맥락에서 다음 자막을 살펴보기로 하자.

위의 화면에서 '우리동네 FC 또 하나의 과제...!'라는 자막은 프로그램 내용에 참여하고 있는 사람들의 말을 옮긴 것이 아니다. 이것은 프로그램의 전체 내용 흐름에 필요한 설명을 추가함으로써 자막이 제3의 해설자 역할을 수행하고 있음을 보여 주고 있다.

문어가 '말하는 방법'에 있어 구어와 분리되지 않을 뿐만 아니라 상호 보완의 관계를 넘어 구어로는 전달하기 힘든 독자적인 표현 효과를 발휘하기도 한다. 이를 다음의 포스터 광고에서 살펴보기로 한다.

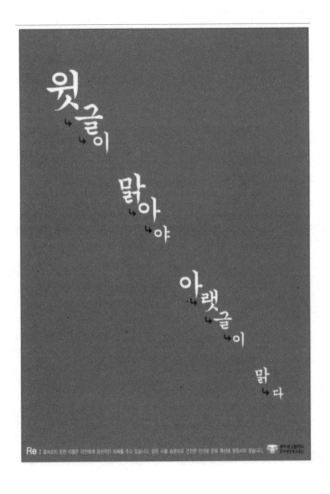

위의 자료는 공익광고인데 올바르지 못한 댓글이 타인에게 정신적인 피해를 줄 수 있음을 "윗물이 맑아야 아랫물이 맑다."는 속담을 이용하되 "윗글이 맑아야 아랫글이 맑다."로 이를 단순히 표현하는 데 그치지 않고 시각적으로 이를 구현함으로써 별도의 설명이 없어도 '댓글'의 모습까지 형상화하고 있음을 알 수 있다. 이는 문어가 구어보다 더 큰 설명력을 가지는 예라고 할 수 있다.

이상의 내용은 화법을 단순히 구어에만 국한된 것으로 다루기보다는 문어도 관심 영역으로 삼아야 한다는 것을 의미하기에 충분하다고 생각된다. 따라서 지금까지는 화법이 '더 잘 말하는 방법'에 치우쳐 있었던 만큼 문어 화법이 아니라 구어 화법을 주로 대상으로 삼았던 것과는 달리 '문어 화법'에 대해서도 화법 층위에서 관심을 기울일 필요가 있다.

3. 화법과 의사소통 과정

지금까지 화법에 대해 '더 잘 말하는 방법' 이외에 '더 정확히 말하는 방법'에 대해 강조하고 '구어 화법'뿐만이 아니라 '문어 화법'의 영역도 설정해야 함을 논의하였다. 여기서는 이러한 화법이 의사소통의 측면에서 어떻게 도식화될 수 있는지 살펴보기로 한다.

의사소통은 자신의 생각이나 의도가 서로 통한다는 의미를 가지고 있다. 이를 먼저 '구어 화법'의 측면에서 살펴보면 다음과 같다. 구어에서 '자신의 생각이나 의도'는 '메시지'이고 '서로'는 구어 참여자인 화자와 청자를 의미한다. 메시지는 화자의 입장에서는 '말하기'를 통해 청자에게 전달되고 청자는 이를 '듣기'를 통해 이해한다. 메시지는 곧 화자의 입장에서는 '개념의 기호화'(coding)이고 청자의 입장에서는 '기호의 개념화'(decoding)이다. 그리고 구어에서의 기호는 '구어' 즉 음성 언어이다. 한편 이때 청자는 메시지에 대해 다양하게 반응함으로써 자신의 의사를 전달하기도 한다. 이를 피드백이라고 한다. 이러한 관계를 도식화하면 다음과 같다.

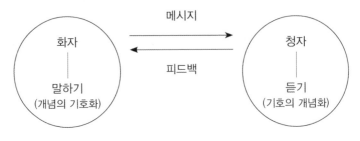

〈구어 화법에 있어서의 의사소통 과정〉

　문어 화법에서도 이러한 의사소통 과정이 그대로 적용될 수 있다. 구어 화법에서의 화자는 문어 화법에서 '필자'로 대응되며 청자는 '독자'로 대응된다. 마찬가지로 구어 화법에서의 말하기는 문어 화법에서 '쓰기'로 대응되며 듣기는 '읽기'로 대응된다. 그리고 문어 화법에서의 기호는 '문어' 즉 문자 언어이다. 한편 구어 화법의 의사소통 과정에 존재하는 메시지와 피드백은 그 자체로는 아무런 변함이 없다. 다만 구어 화법에서는 화자와 청자가 대면 상황에 놓이는 일이 일반적이므로 피드백도 직접적으로 대면 상황에서 이루어질 수 있으나 문어 화법에서는 필자와 독자가 대면 상황에 놓이는 일은 흔하지 않으므로 피드백이 간접적으로 이루어진다는 점에서 차이가 있을 뿐이다. 구어 화법의 경우처럼 문어 화법에 있어서의 의사소통 과정을 도식화하면 다음과 같다.

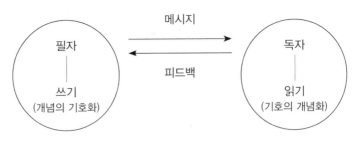

〈문어 화법에 있어서의 의사소통 과정〉

조문제(1996)에서는 콜롬비아 방송 연구원의 연구 결과를 인용하여 제시하고 있는데 이에 따르면 미국인의 의사소통은 9%의 쓰기, 16%의 읽기, 30%의 말하기, 45%의 듣기로 이루어진다고 하였다. 75%가 일반적인 구어 화법의 영역이지만 나머지가 25%로 결코 적지 않은 것을 보면 문어 화법을 인정해야 하는 이유를 찾기란 그리 어렵지 않다고 판단된다.

지금까지 구어 화법에 대응되는 문어 화법 특성에 대해 살펴본 바 있다. 그런데 구어 화법이라고 할 때의 '구어'에는 음성 언어만 해당하는 것은 아니다. Mehrabian(1972)에 따르면 의사소통의 효과는 7%가 말, 38%가 목소리, 55%가 몸동작에 의해 결정된다고 한다. 즉 93%는 비언어적 요소인 것이다. 이들 비언어적 요소를 화법에서 흔히 동작 언어라고 하여 언어의 범위에 포함시키는 것은 그만큼 화법의 범위를 의사소통 과정 전체에 해당하는 것으로 포괄하기 위한 것이다. 다만 이러한 비언어적 요소는 문어 화법에서는 대단히 제한적일 수밖에 없다. 따라서 구어 화법과 문어 화법의 범위가 정확히 일대일로 대응되는 것은 물론 아닐 것이다.

4. 화법의 여러 가지 상황

화법이 발생하는 상황은 매우 다양하다. 첫째, 장소적인 측면에서 앞서 언급한 바와 같이 구어 화법의 경우 화자와 청자는 같은 장소에 존재하는 것이 가장 일반적이다. 반면 문어 화법의 경우에는 필자와 독자가 서로 다른 장소에 존재하는 것이 가장 일반적이다. 둘째, 시간적인 측면에서 구어 화법의 경우 화자와 청자가 동시간대에 의사소통을 하는 것이 가장 일반적인 데 비해 문어 화법의 경우에는 필자와 독자가 시간적 차이를 가지고 의사소통을 하는 경우도 적지 않다. 셋째, 방향성의 측면에서 구어 화법은 양방향적인 경우가 적지 않지만 문어 화법은 일방향적인 경우도 적지 않다.

이러한 상황을 화법의 몇 가지 구체적인 상황을 예로 들어 살펴보기로 하자. 먼저 구어 화법의 대표적인 예인 대화는 화자와 청자가 같은 장소에서 같은 시간에 양방향적으로 이루어지는 경우가 가장 일반적이지만 전화와 같이 매개체가 존재하는 경우 다른 장소에서 같은 시간에 양방향적으로 이루어질 수도 있다. 의사소통이 동시간에 양방향적으로 이루어질 경우에는 화자가 다시 청자가 되고 청자가 다시 화자가 되는 순서교대(turn-taking) 현상이 발생된다. 구어 화법의 다른 경우인 연설은 화자와 청자가 같은 장소에서 같은 시간에 의사소통이 일어나지만 이번에는 양방향이 아니라 일방향인 상황이 가장 일반적이다. 그러나 텔레비전이나 라디오와 같은 매개체가 존재하는 경우에는 다른 장소에서 의사소통이 일어나게 된다. 일방향적인 구어 화법에서는 화자가 청자가 되거나 청자가 화자가 되는 상황이 제약된다는 특징이 있다.

다음으로 문어 화법의 가장 일반적인 예인 독서를 살펴보기로 하자. 독서는 필자와 독자가 다른 장소에서 다른 시간에 일방향적으로 의사소통이 이루어지는 예이다. 독자의 의사가 감상문 혹은 비평 등으로 나타날 경우도 있지만 역시 동시간을 전제하는 경우는 논리적으로 일어나기 어렵다. 그러나 문자 메시지의 경우는 문어 화법의 테두리에 들어오지만 구어 화법의 대화와 흡사한 구석이 적지 않다. 대화는 같은 장소를 전제하는 것이 일반적이지만 문자 메시지는 다른 장소를 전제하는 것이 일반적이라는 점에서 차이가 없는 것은 아니다. 그러나 문자 메시지는 같은 시간에 양방향적으로 의사소통이 이루어지는 일이 가장 보편적이기 때문에 화자가 청자가 되고 청자가 다시 화자가 되는 것처럼 필자가 독자가 되고 독자가 다시 청자가 되는 일이 흔하다. 편지의 경우는 비록 시간의 간격은 있지만 양방향적인 의사소통을 전제로 하는 문어 화법의 하나라는 점에서 다른 문어 화법과 공통점도 있고 차이점도 있다.

지금까지 화법의 범위를 구어 화법에서 문어 화법을 포괄하는 것으로 확대한 바 있다. 이는 특히 이 책이 '더 잘 말하는 화법'이 아니라 '더 정확히 말하는 화법'에 초점을 두고 있는 것과 밀접한 연관이 있다. 현재 각종 미디어에서 사용되는 언어의 현실에 대한 우려의 목소리가 높다. 국립국어원의 홈페이지에서 제시하고 있는 '언어문화개선 홍보영상'에 따르면 전국 만 15세 이상 1,000명을 대상으로 설문 조사를 하여 언어 파괴나 비속어 사용에 가장 큰 영향을 미치는 미디어로 다음과 같은 결과를 제시한 바 있다.

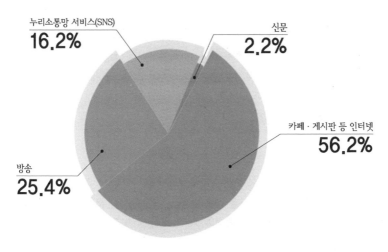

〈언어문화개선 홍보영상 중에서〉

즉 각종 미디어에서 사용되는 언어의 현실을 분석하고 이를 개선하려는 노력을 기울일 필요가 있는 것이다. 이를 위해 구어 화법과 문어 화법의 다양한 특징들을 바탕으로 '더 정확히 말하는 화법'의 전개를 위해 필요한 사항들에 대해 본격적으로 살펴보아야 하는 것이다. 그러나 다시 한 번 강조하거니와 '더 정확히 말하는 화법'은 '더 잘 말하는 화법'에도 큰 도움이 된다는 점을 잊어서는 안 될 것이다.

연 · 습 · 문 · 제

01. '화법'의 개념에 대해 정의한 것들을 조사해 보고 이 책의 '화법'과 어떤 차이가 있는지 서로 비교해 보자.

02. 다음의 비언어적 요소가 화법에서 어떤 역할을 담당하는지 조사해 보자.

> **비언어적 요소**
>
> ▶ 준언어적 요소 : 목소리의 크기, 강세, 억양, 속도, 휴지
> ▶ 신체 요소 : 동작, 제스처, 시선, 얼굴 표정
> ▶ 공간 요소 : 근접 거리, 장소

03. 국립국어원 홈페이지를 방문하여 〈언어문화개선 홍보영상〉을 시청하고 미디어 언어가 가지는 영향력에 대해 토론해 보자.

04. 다음 자료를 보고 '정확한 화법'의 가치가 무엇인지 자신의 생각을 말해 보자.

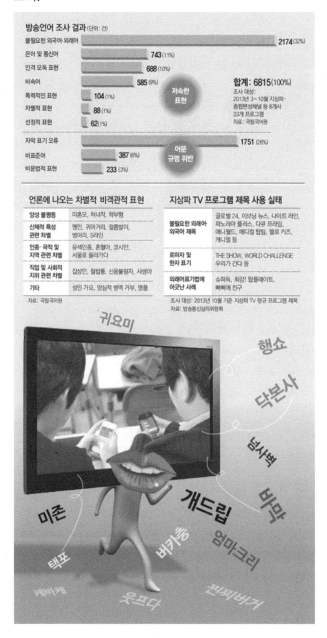

방송언어 조사 결과 (단위: 건)

항목	건수	비율
불필요한 외국어·외래어	2174	(32%)
은어 및 통신어	743	(11%)
인격 모독 표현	688	(10%)
비속어	585	(9%)
폭력적인 표현	104	(1%)
차별적 표현	88	(1%)
선정적 표현	62	(1%)
자막 표기 오류	1751	(26%)
비표준어	387	(6%)
비문법적 표현	233	(3%)

저속한 표현

어문 규범 위반

합계: 6815 (100%)
조사 대상:
2013년 3~10월 지상파·
종합편성채널 등 8개사
33개 프로그램
자료: 국립국어원

언론에 나오는 차별적 비객관적 표현

양성 불평등	미혼모, 처녀작, 학부형
신체적 특성 관련 차별	맹인, 귀머거리, 절름발이, 벙어리, 외라인
인종·국적 및 지역 관련 차별	유색인종, 흔혈아, 코시안, 서울로 올라가다
직업 및 사회적 지위 관련 차별	잡상인, 철밥통, 신용불량자, 사생아
기타	성인 가요, 양심적 병역 거부, 명품

자료: 국립국어원

지상파 TV 프로그램 제목 사용 실태

불필요한 외래어 외국어 제목	글로벌 24, 이브닝 뉴스, 나이트 라인, 파노라마 플러스, 다큐 프라임, 애니월드, 메디컬 탑팀, 헬로 키즈, 캐니멀 등
로마자 및 한자 표기	THE SHOW, WORLD CHALLENGE 우리가 간다 등
외래어표기법에 어긋난 사례	슈퍼독, 최강! 탑플레이트, 빠삐에 친구

조사 대상: 2013년 10월 기준 지상파 TV 정규 프로그램 제목
자료: 방송통신심의위원회

제 2 부

정확한 구어 화법과 미디어 언어 분석

1. 대화의 격률'들'

구어 화법에서 가장 일반적이면서 비중이 큰 것은 단연 대화라고 할 수 있다. 이러한 측면에서 보면 비교적 이른 시기부터 대화에 있어서 지켜야 할 것들에 대해 여러 가지 '격률(Maxim)'들이 제시된 것은 당연하다고까지 생각될 수 있다.

1.1. Grice(1975)의 협력 원칙과 격률

이러한 것들 가운데 가장 많이 언급되어 온 것은 Grice(1975)이다. Grice(1975)는 대화의 원칙을 '협력 원칙(cooperative principle)'이라 하였는데 이는 대화가 진행되는 각 단계에 있어 대화의 방향 및 목적에 따라 요구되는 만큼 기여를 하라는 것을 의미한다. 그리고 Grice(1975)에는 구체적으로 아래와 같은 대화의 격률이 제시되어 있다.

Grice(1975) – 대화의 격률

가. 양(Quantity)의 격률
　① (대화의 현재 목적을 위해) 필요한 만큼만 말하라.
　② 필요 이상의 정보를 제공하지 말라.
나. 질(Quality)의 격률
　① 거짓이라 믿는 것을 말하지 말라.
　② 적절한 증거가 없는 것은 말하지 말라.
다. 관계(Relation)의 격률 – 관련성을 지키라.
라. 태도(Manner)의 격률 – 명확하고 분명히 말하라, 특히

---

① 모호성을 피하라.

② 중의성을 피하라.

③ 간결하라(장황함을 피해야 한다.).

④ 조리있게 하라.

양의 격률은 필요한 정보는 제공하고 그렇지 않은 정보는 제공하지 말라는 것이다.

예문 01

A : 그 사람 어떻게 생겼니?

B : 글쎄요.

A : 그러니까 그 사람 어떻게 생겼냐니까?

B : 글쎄라니까요.

위 대화에서 A의 질문에 대한 B의 대답은 그 양이 충분하지 않아 대화가 제대로 이어지지 않고 있음을 볼 수 있다. 그런데 경우에 따라서는 필요하지 않은 정보를 일부러 제시하는 경우도 있다. 이를 쉽게 찾아볼 수 있는 경우는 유머에서이다.

예문 02

유상무 : 세윤아, 뭘 그렇게 열심히 보고 있어?

유세윤 : 금년 운세 보고 있어요. 여기 나온 게 정말 잘 맞거든요. 할아버지도 봐 드릴까요?

유상무 : 그래……. 어디 한번 나도 봐줘 봐라…….

유세윤 : 할아버지가 몇 년 생이시죠?

> 유상무 : 할아버지는 1920년생 원숭이띠~
>
> 유세윤 : 어? 1920년생도 나와 있네. 이제 몇 명 안 남았을 텐데……
> 1920년생 원숭이띠 올해 운세는 주변에 귀인이 많다. 하지
> 만 물을 조심해야 한다. 할아버지 물을 조심하셔야 된대요.
>
> 〈개그콘서트 – '할매가 뿔났다' 중에서〉

이 장면은 유상무(할아버지 역할)와 유세윤(손자 역할)이 대화를 나누는 장면이다. 할아버지를 위해 금년 운세를 봐 주던 유세윤이 '1920년생도 나와 있네. 이제 몇 명 안 남았을 텐데' 라고 말하는 것은 일상 대화에서라면 굉장히 불필요한 정보일 뿐 아니라 실제로 이렇게 발화하는 것은 예의에도 크게 어긋나는 일이다. 그러나 이 장면에서 유세윤은 오히려 요구되는 것 이상의 정보를 제공하지 말라는 양의 격률을 의도적으로 위반함으로써 시청자들의 웃음을 유발하고 있다.

질의 격률은 대화 내용의 진실성과 관련되는데 이는 Grice(1975)가 가장 중요하다고 본 것이다. 진실되지 않은 내용은 대화 자체를 불가능하게 만든다고 보았기 때문이다.

> **예문 03**
>
> A : 너 어제 어디 갔다 왔니?
> B : 아니, 아무데도 안 갔는데…….
> A : 그런데 집에 가니까 아무도 없던데?
> B : 아! 잠깐 편의점에 갔을 때 왔었구나!
> A : 1시간 동안 기다려도 아무도 안 오던데?
> B : …….

위의 대화에서 B는 진실성에 위배되는 이야기를 전개하고 있어 결국

대화가 중단되고 있는 것을 볼 수 있다. 그런데 양의 격률처럼 질의 격률도 의도적으로 위반되는 경우가 존재한다. 역시 유머에서 그 예를 찾으면 다음과 같다.

예문 04

김준호 : K1 그랑프리 5회 연속 우승 최고의 파이터 김태희씨.

김준호 : 사람을 처음 때려 본 게?

김태희 : 그게 거의 십 년 전이죠. 갓 스무 살 겨울 대학교 1학년 겨울방학 때.

김준호 : 그때부터 껌 좀 씹은 걸로 유명했죠?

김태희 : 지금 많이 인간된 거예요. 정말.

〈희희낙락 - 김준호쇼 중에서〉

위의 장면은 언뜻 보면 질의 격률을 위반하지 않은 일반적인 대화의 경우로 생각할 수 있다. 그러나 실제 대화 참여자는 개그맨 '김준호'와 배우 '김태희'이다. 그런데 대화 내용을 보면 김준호는 배우가 아니라 '파이터' 김태희와 대화하는 것으로 보인다. 즉 공교롭게도 배우와 파이터의 이름이 같은데 이를 알면서도 배우 김태희는 김준호의 의도된 설정에 따라 대화를 진행함으로써 시청자들의 웃음을 유발하고 있다. 따라서 김준호는 청자가 파이터 김태희가 아님을 알고 있다는 점에서, 배우 김태희는 자신이 파이터 김태희가 아니라는 점에서 모두 질의 격률을 위반하고 있지만 오히려 이러한 상황을 이용하여 적절한 의사소통을 하고 있는 셈이다.

이처럼 위의 대화가 제대로 진행될 수 있는 것은 질의 격률은 어기고 있지만 '관계의 격률'을 지키고 있기 때문이라고 말할 수 있다. 관계의 격률은 대화에 관련성을 가지는 적합한 말을 하라는 것이다.

변기수 : 어느덧 한 시간이 후다닥 지나가네요. 정범균씨 다음 주에
　　　　도 이런 차림으로 나올 건가요?
정범균 : 아니요. 다음 주에는 지드래곤을 따라 잡도록 하겠습니다.
변기수 : 삼가 고인의 명복을 빕니다.

〈개그콘서트 – 'DJ 변' 중에서〉

　이 대화도 유머의 일부인데 맨 마지막의 "삼가 고인의 명복을 빕니다."
는 언뜻 보면 전체 대화의 맥락에서 관련 없는 것으로 보일 수 있다.
그러나 이 말을 들은 관객들은 웃음을 짓게 되는데 이는 이 말이 관련성의
측면에서 관계의 격률을 지키고 있다는 것을 의미한다. 즉 정범균이 "다음
주에는 지드래곤을 따라 잡도록 하겠습니다."라고 말했을 때 일반적인
대화 상황이라면 "오 기대하겠습니다."와 같은 격려의 발언이나 "안 닮았
을 것 같은데요."와 같은 질책의 발언이 기대될 수도 있다. 그러나 "삼가
고인의 명복을 빕니다."라는 말이 청중으로부터 호응을 얻게 된 이유는
이 말이 '다음 주에 지드래곤을 따라 잡도록 하겠다. → 정범균은 지드래곤
만큼 잘생기지 못했다. → 지드래곤을 좋아하는 극성팬들이 정범균을
싫어할 것이다. → 안티팬들에게 몸 조심해라 → 삼가 고인의 명복을
빕니다.'라는 의미로 해석이 되었기 때문이다. 즉 "삼가 고인의 명복을
빕니다."는 이러한 측면에서 관계의 격률을 지킴으로써 대화의 성공을
가져온 경우가 되는 것이다.
　태도의 격률은 대화를 가능한 한 간단하고 명료하게 구성하라는 것이
다. 그래야 말하고자 하는 의도가 분명히 드러날 수 있기 때문이다. 그러나
이것은 어디까지나 앞에 제시된 격률들과 모순을 일으키지 않는 범위에서
가능하다는 사실을 염두에 둘 필요가 있다. 간결하라고 해서 양의 격률을
지키지 않아도 된다는 것은 아니기 때문이다. 그리고 정보 전달이나 설득

과 같은 과제 중심적 대화가 아니라 친교의 목적이 강한 관계 중심적 대화의 경우에는 공감대 형성을 위해 일부러 간결성을 어기는 경우도 적지 않다. 한편 다음의 유머는 오히려 중의성을 이용하여 웃음을 유발하고 있음을 살펴볼 수 있다.

예문 06

허경환 : 전 시청자들에게 산소 같은 개그맨이 될 겁니다!

박영진 : 넌 이미 시청자들에게 산소야!!

허경환 : 이제 좀 아시네요.

박영진 : 산소! 무덤이란 얘기야. 설에 산소 가잖아. 네가 개그만하면 장례식장 분위기야! 여기 오신 분들이 방청객이 아니라 조문객이야! 고로 넌 개그계의 상주야. 가만히 있지 말고 육개장이라도 돌려!

〈개그콘서트 - '봉숭아 학당' 중에서〉

이 대화에서 웃음을 유발하는 핵심 단어는 '산소'이다. 허경환이 의미하고 있는 '산소'는 공기 중에 존재하는 원소의 하나로서의 '酸素'이고 박영진이 의도한 '산소'는 '무덤'의 의미를 가지는 '山所'이다. 그 이미지는 정반대이므로 동음이의에 의한 중의성에 따라 관객들의 웃음을 유발하고 있다.

지금까지 살펴본 것처럼 일상적인 대화에서도 의도적으로 격률들을 위반하는 경우를 찾을 수 있다. Grice(1975)는 화자가 명확하지 않은 메시지를 전달하여 청자가 그 의미를 추론하도록 기대하는 의도된 위반을 대화 함축(conversational implicature)의 개념으로 설명한다. 이는 곧 격률의 위반을 화자의 의도로 설명하여 언어의 기능이 단순한 정보 교환에만 제한되지 않음을 의미한다.

1.2. Lakoff(1977)의 공손성 규칙

Lakoff(1977)은 실제 언어 사용에 있어 하위 격률들을 위반하는 이유를 창자와 화자의 우호적인 관계 구축 또는 유지에서 찾고자 하였다. 그리고 이를 공손성(Politeness) 규칙이라 하였는데 이는 아래와 같다.

> **Lakoff(1977) – 공손성(Politeness) 규칙**
>
> 가. 상대방에게 강요하지 말라.
> 나. 선택하게 하라.
> 다. 상대방을 기분 좋게 하라.

이들 공손성의 규칙은 특히 문화상대적으로 해석되기도 하였는데 가령 유럽 문화권에서는 '상대방에게 강요하지 말라'는 첫 번째 규칙이 강조되고 동양 문화권에서는 '선택하게 하라'는 두 번째 규칙이 강조되며 현대 미국 문화권에서는 '상대방을 기분 좋게 하라'는 마지막 규칙이 강조된다고 하는 것이 그것이다.

1.3. Leech(1983)의 공손성 원리

Lakoff(1977)의 공손성 규칙은 공손한 표현의 사용을 최대화하는 방식의 설명이라면 Leech(1983)은 공손하지 못한 표현의 사용을 최소화하는 방식이라는 점에서 차이가 있다. Leech(1983)에서 제시된 공손성 원리를 제시하면 다음과 같다.

가. 재치(Tact) 격률 – 타인의 손해를 최소화하고 이익을 최대화하라.

나. 관용(Generosity) 격률 – 자신의 이익을 최소화하고 손해를 최대화하라.

다. 칭찬(Approbation) 격률 – 타인에 대한 비난을 최소화하고 칭찬을 최대화하라.

라. 겸손(Modesty) 격률 – 자신에 대한 칭찬을 최소화하고 비난을 최대화하라.

마. 동의(Agreement) 격률 – 자신과 타인과의 불일치를 최소화하고 일치를 최대화하라.

바. 공감(Sympathy) 격률 – 자신과 타인과의 반감을 최소화하고 공감을 최대화하라.

재치의 격률은 청자의 부담을 최소화하고 혜택은 최대가 되도록 요령 있게 말하라는 것이다.

예문 07

A : 혹시 지금 바쁘신가요?

B : 시간 좀 내 주십시오.

위의 발화는 모두 청자에게 무언가를 요청하기 위한 맥락에서 사용된 발화이다. 이때 청자의 부담을 최소화하기 위해 A는 의문문을 사용하여 결정권을 상대에게 부여하고 있고 B는 '좀'이라는 표현을 사용하여 부담의 정도를 완화하고 있다.

재치의 격률이 청자에 초점을 두고 있는 반면 관용의 격률은 화자에 초점을 두고 있다. 즉 화자 자신에게 혜택을 주는 표현은 최소화하고, 부담을 주는 표현은 최대화하라는 것이다. 책임을 화자의 탓으로 돌리며,

강한 명령을 한다고 할지라도 청자에게 더 이로울 것이라고 확신하는 일을 강요하기 때문에 청자의 기분을 상하게 하지 않는다.

> **예문 08**
>
> 할머니 : 그만 먹으련다.
> 손녀 : 할머니, 더 드셔야 돼요. 약 드시려면 더 드셔야 된단 말이에요.
> 할머니 : 됐어, 됐어. 치워.

위의 대화에서 할머니는 손녀가 힘들어하는 것을 원하지 않기 때문에 이러한 목적을 관철시키기 위해 손녀에게 명령을 하고 있는데 이는 청자인 손녀에게 혜택을 주는 것이라고 생각하고 있기 때문이다.

칭찬의 격률은 청자를 비난하거나 트집을 잡는 표현은 최소화하고 반면 청자를 칭찬하고 맞장구치는 표현은 최대화함으로써 청자의 의도에 찬동의 의사를 표하라는 것이다. 이는 나중에 얘기할 언어 예절과 밀접한 연관을 맺는다. 작가와의 대화에서 작품에 대해 "잘 읽었습니다."라고 말하는 것이나 식사 초대를 받았을 때 "잘 먹었습니다."와 같이 말하는 것도 칭찬의 격률과 연관된다. 이러한 관점에서 보면 다음의 대화는 칭찬의 격률에 위배되는 것이라 할 수 있다.

> **예문 09**
>
> 진희 : 경미야, 너 되게 예뻐졌다. 너 학교 다닐 때 공부도 잘했잖아.
> 나영 : 우리 엄마가 그러는데 어릴 때 공부 잘하는 거 아무 소용없대.
>   너 요새 뭐해?
> 경미 : 아, 나 검찰청 왔다갔다 해.
> 나영 : 뭐? 또 사고쳤구만. 우리 엄마 말이 맞다니까.
> 경미 : 아니, 나 서울지검 검사야.

위의 대화에서 나영은 진희의 말에 찬동하지 않고 경미를 부정적으로 평가하려다가 오히려 곤경에 처하고 있음을 볼 수 있다.

겸손의 격률은 화자 자신을 칭찬하는 말은 최소화하고 자신을 비난하는 말은 최대화하라는 것이다. 겸손의 격률은 문화권에 따라 차이가 있는데 우리나 일본의 경우에는 칭찬을 들었을 때 주저하는 것이 겸손의 격률을 지키는 것이 되지만 서양에서는 이에 대해 감사하며 받아들이는 것이 겸손의 격률에 합당한 것으로 평가되기 때문이다.

예문 10

A : 이번에도 전교 1등했다며? 넌 정말 천재야.
B : 천만에요. 다만 운이 좋았던 것 같습니다.
B' : 감사합니다. 앞으로도 더 노력하겠습니다.

칭찬인 A의 말에 대해 B는 동양적 사고를 보여 주고 있고 B'은 서양적 사고를 보여 주고 있지만 어느 것이나 겸손의 격률에 합당하다고 할 수 있다.

동의의 격률은 상대방과 불일치하는 표현은 최소화하고 상대방과 일치하는 표현은 최대화하라는 것이다. 의견이 불일치한다고 해서 항상 상황이 대립되는 것은 아니다. 먼저 동의하고 난 후에 자신의 의견을 제시하는 방법은 의견의 불일치를 대립으로 연결시키지 않는 좋은 방법이 된다.

예문 11

점원 : 이 옷 정말 잘나가요, 예뻐서 다들 난리예요. 이것으로 사세요.
손님 : 아, 정말 예쁘긴 하네요.
　　　근데 전 얼굴이 검어서 저게 나을 것 같아요. 저거 주세요!

위의 대화에서 손님과 점원은 의견이 일치하고 있지 않지만 갈등이나 대립을 찾아보기는 힘들다. 이는 손님이 우선 점원의 말에 대해 동의를 하고 난 후 자신의 의견을 제시하고 있기 때문이다.

공감의 격률은 화자나 청자와 감정적 유대감을 형성하라는 것이다. 우리가 다른 사람의 말을 듣는 수준은 '무시, 듣는 척, 선택적 듣기, 신중한 경청, 공감적 경청'의 다섯 가지로 나눌 수 있다. 공감의 격률은 이 가운데 '공감적 경청'과 밀접한 관련을 갖는다. 구현정·전정미(2007)에서는 공감적 경청의 예로 다음과 같은 대화를 들고 있다.

예문 12

A : 너 왜 날 피하니?

B : 넌 내가 널 피한다고 생각하고 있구나.

A : 그럼 아니야? 내가 말을 걸어도 대답도 잘 안 하고

B : 네가 말할 때 내가 반응을 보이지 않는다고 생각하고 기분이 나빴나 보구나.

A : 어이구, 웬일이야? 오늘은 내 마음을 쏙쏙 읽어내시네.

B는 다만 A가 한 얘기를 반복하거나 확인하고 있는데도 A는 이러한 B의 반응에 대해 매우 큰 만족감을 표현하고 있다. 이는 B가 A로 하여금 자신의 말을 경청하고 있음을 적극적으로 나타내 주고 있기 때문이다. 따라서 이러한 공감적 경청은 개인적인 경우뿐만이 아니라 이해관계에 놓인 인간관계를 보다 긍정적으로 만들 수 있는 매우 효과적인 대화 방법이라 할 수 있다.

1.4. Brown & Levinson(1987)의 체면 위협 행위

한편 Brown & Levinson(1987)에서는 발화 행위(Speech Act)가 모든 성인 화자가 가지고 있는 것으로 믿어지는 체면 위협 행위(Face-Threatening Act)라고 보고 공손성은 Grice(1975)의 협력 원칙이 이성적으로 위반된 현상이라고 해석하였다. 지키고자 하는 체면을 소극적(negative) 체면과 적극적(positive) 체면으로 구분하였는데 명령이나 제안은 소극적 체면을 위협하는 행위이며 비난이나 무시는 적극적 체면을 위협하는 행위에 해당한다.

이에 따라 공손성도 소극적 공손성과 적극적 공손성으로 나누었다. 소극적 공손성은 타인으로부터 방해받고 싶지 않은 청자의 체면 욕구이고 적극적 공손성은 청자를 집단 구성원으로서 인정하고 이를 표현하여 집단의 소속감에 대한 청자의 체면 욕구라고 보았다. 그리고 이때 사용되는 전략을 체면 보호 전략이라고 하여 체면 위협 정도와 그에 따라 요구되는 공손성의 정도를 계산할 수 있다고 보았다. 곧 수직적인 측면에서 발화 행위에 화자와 청자 간의 권력 관계 즉 사회적 지위(relative social power, P), 수평적인 측면에서의 친소 관계 즉 사회적 거리(social distance, D), 그리고 특정 발화 행위가 가지는 절대적 부담 정도(absolute ranking of imposition, R) 이렇게 세 가지 변인의 합이 공손성 실현의 요구를 의미한다고 보아 다음과 같은 공식을 제시한 바 있다.

$$W(x) = P(s, h) + D(h, s) + R(x)$$
x=특정 발화 행위, s=화자, h=청자

결국 화자에 대한 청자의 힘이 클수록, 이들 사이에 사회적 거리가 멀수록, 특정 문화 속에서 하나의 행위가 청자에게 미치는 부담의 정도가 클수록 상대방의 체면 손실의 위험은 더 커진다고 볼 수 있는 것이다.

따라서 화자는 상대방의 체면 손실의 위험 정도에 상응해서 다음과 같은 다섯 가지 언어적 전략 가운데 하나를 사용한다고 보았다.

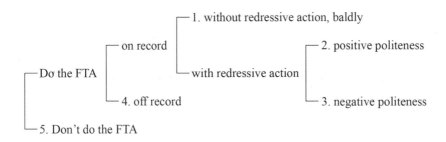

이에 따르면 화자가 FTA를 실행해야 할 상황을 만났을 때 먼저 선택하게 되는 것은 FTA를 실현할 것이냐 말 것이냐이다. 이때 만약 FTA를 실행하는 것이 상대방의 체면 손상을 지나치게 크게 가져올 수 있다고 판단할 경우 전략 5를 선택하게 되는데 이는 곧 화자가 FTA의 실행을 포기한다는 것을 의미한다.

한편 FTA를 실행할 수 있다고 판단할 경우 이를 명시적(on record)으로 할 것인지 아니면 암시적(off record)으로 할 것인지를 선택하게 된다. 여기에서도 상대방의 체면 손상 위협 정도를 따지게 되는데 상대방의 체면 손상 위협이 매우 크다고 판단될 경우 전략 4인 암시적 전략이 사용된다.

반면 명시적 전략은 다시 두 가지로 나뉘는데 하나는 완화(redressive) 행위가 없는 경우와 완화 행위가 있는 경우이다. 앞의 것은 청자의 체면을 전혀 고려하지 않고 FTA를 실행하게 되는데 이를 통해서는 자신의 행위 의도를 효과적으로 관철시키는 데만 집중한다.

이에 대해 완화 행위를 동반하는 뒤의 것은 다시 또 두 가지의 전략으로 나뉜다. 하나는 적극적으로 체면을 보호하는 적극적 공손성 전략 2이고 다른 하나는 소극적으로 체면을 보호하는 소극적 공손성 전략 3이다.

적극적 공손성 전략은 유대감(solidarity)의 부각을 위한 호칭이나 직접 화행의 발화 행위를 통해서 실현되는 것이 일반적이고 소극적 공손성 전략은 간접 화행의 발화 행위를 통해서 실현되는 일이 많은데 이를 통해 FTA를 완화시키게 된다.

이상의 내용은 곧 청자의 체면 손상 위협의 정도가 적으면 적을수록 FTA는 직접적으로 실행되고 반면 체면 손상 위협이 크면 클수록 FTA는 간접적이고 암시적으로 실행된다는 것을 의미한다.

01. 실제 대화에서 Lakoff(1977)의 공손성 규칙에 합당하거나 위배되는 경우를 찾아보자.

02. 흔히 '반어법(irony)'은 '표현된 것과 표현의 의도가 상반된 진술 방법' 혹은 '문장 의미와 화자 의미의 대립'으로 이해된다. 그리고 반어는 전형적으로 '평가' 상황에서 발생한다. 그리고 이 평가는 긍정적인 것과 부정적인 것으로 대립되는 것이 일반적이다. 다음은 일상생활에서 흔히 접하게 되는 반어법의 경우이다.

> 가. 잘했군!(Good job!)
> 나. 난 당신이 너무 싫어!(I don't like you at all!)

(가)는 '칭찬에 의한 비난(blame-by praise)'이고 (나)는 '비난에 의한 칭찬(praise-by-blame)'이다. 그리고 이 두 가지 반어 가운데 더 빈번한 것은 '칭찬에 의한 비난'이다. 이처럼 '칭찬에 의한 비난'이 '비난에 의한 칭찬'보다 더 빈번한 이유를 Grice(1975)의 대화 격률 및 Leech(1983)의 공손성 원리 위반의 측면에서 해석해 보자.

03. 다음 내용을 참고하여 Brown & Levinson(1987)의 체면 위협 행위들을 극복하기 위한 전략이 실제 대화에서 어떻게 사용되고 있는지 찾아보자.

전략	적극적 공손성 전략	소극적 공손성 전략
체면 유지	청자의 적극적 체면에 호소	청자의 소극적 체면에 호소
방법	애정 어린 표현, 상호 공유되는 비표준적인 방언, 공통의 경험, 농담, 사회적 관계 언급, 유대감 표시 등	울타리어(hedge)[1]사용, 사과하기, 대화상의 함축 사용 등

04. Leech(2014)에서는 다음과 같이 기존의 격률들을 포괄할 수 있는 상위 제약으로서 공손성의 일반 전략을 제시하고 있다. 이를 기반으로 본문에 제시된 Leech(1983)의 공손성 원리들을 '청자와 관련된 것'과 '화자와 관련된 것'으로 나누어 보자.

> 공손성의 일반 전략(GSP:General Strategy of Politeness)
>
> 공손하기 위해 화자는 청자와 관련해서는 높은 가치를, 화자와 관련해서는 낮은 가치를 두는 의미를 표현하거나 암시한다.

05. 방송 드라마에서 본문에 제시된 격률이나 원리를 위반하였는데도 의사소통이 잘 이루어진 경우들을 찾아 발표해 보자.

---

1 여기서 '울타리어'란 공손성을 실현하기 위해 대화의 처음에 도입되는 '글쎄요, 실례합니다만(미안합니다만, 죄송합니다만), 저기요(있잖아요)'와 같은 표현들을 일컫는다.

2. 구어 화법의 언어 예절

최형용 외(2014)에서 언급한 것처럼 우리의 전통적인 가치관에서는 언어의 중요성을 소극적인 측면에서 규정하려는 논의가 적지 않았다. 대표적으로 『논어』(論語)의 "巧言令色 鮮矣仁(교언영색 선의인 : 교묘한 말과 꾸민 얼굴빛은 어짊이 드물다)"이라는 구절에서 이를 단적으로 살펴볼 수 있다. 그래서 『역경』(易經)에서도 "吉人之辭寡 躁人之辭多(길인지사과 조인지사다 : 훌륭한 사람은 말이 적고, 성급한 사람은 말이 많다)"라 하여 말을 삼가는 것을 덕목으로 삼았다. 이러한 사정은 속담에서도 드러난다. 말과 관련된 속담이 전체 속담 가운데 여섯 번째를 차지할 만큼 큰 비중을 차지하는 것도 그러하거니와 '말을 하면 백 냥이요 입을 다물면 천 냥이다.'나 '말이 씨가 된다.'와 같이 말조심을 강조하는 것이 대부분이기 때문이다.

이처럼 우리의 전통적인 가치 체계에서는 언어에 대한 예절이 생활 전반에 영향력을 행사하는 것으로 간주되었다. 이러한 현실을 반영하여 1990년 10월부터 1년여에 걸쳐 '조선일보사'와 '국립국어연구원(현 국립국어원의 전신)'에서 『우리말의 예절』을 기획하여 신문에 연재하고 1992년 10월 19일에 심의 확정한 것이 『표준 화법 해설』이다(아래에서는 이를 『표준 화법 해설』(1992)이라고 부르기로 한다). 이 『표준 화법 해설』(1992)는 현대인의 실제 언어생활에 지침이 될 수 있도록 품위 있고 정형화된 말을 갖추어 이를테면 화법의 표준어를 정한 것이다. 그러다가 변화하는 사회상을 반영하기 위해 2009년과 2010년에 걸쳐 국민을 대상으로 언어 예절에 관한 국어 사용 실태를 조사하였고 이를 바탕으로 2011년 3월에는 국어학자, 언론계 인사 등 10명으로 표준 화법 보완 자문위원회를 구성하여 1992년의 『표준 화법 해설』에서 수정하고 보완할 부분을 논의하였다. 그 이후 11차에 걸쳐 자문위원회를 열고 공개 토론회를 거치고 2011년 12월 국어심의회 보고를 거쳐 최종 『표준 언어 예절』(아래에서는 이를

『표준 언어 예절』(2011)이라고 부르기로 한다)을 내게 되었다.

『표준 언어 예절』(2011)의 내용은 크게 호칭어 및 지칭어, 높임법, 인사말을 아우르는 것일 뿐만 아니라 각종 서식(書式)에 대한 내용도 포함되어 있다. 서식은 문어 화법에 해당하므로 3부에서 언급하기로 하고 여기서는 구어 화법에 해당하는 호칭어 및 지칭어, 높임법, 인사말에 대해 살펴보기로 한다.

2.1. 호칭어 및 지칭어

호칭어는 다른 사람을 부르는 말이고 지칭어는 다른 사람을 가리키는 말이다. 우리나라는 전통적으로 가족이나 친족 사이에서 다른 사람을 부르거나 가리킬 때 사용하는 언어의 예절을 매우 중시해 왔다. 『표준 언어 예절』(2011)에서도 특히 호칭어 및 지칭어에 대한 부분이 가장 많은 비중을 차지할 뿐만 아니라 특히 가정에서의 호칭어 및 지칭어의 비중이 압도적인 것은 이러한 사정을 단적으로 반영한다. 지면의 제약으로 여기에서는 가정과 사회에서의 호칭어 및 지칭어 가운데 특징적인 것 몇 가지에 대해 논의하고 나머지는 이 책의 부록에 제시되어 있는 표를 활용하기 바란다.

2.1.1. 가정에서의 호칭어 및 지칭어

가정에서의 호칭 및 지칭은 부모에 대한 것이 가장 기본이 된다. 먼저 아버지를 부르는 말은 '아버지', '아빠'이다. 이 가운데 격식을 갖추어야 할 상황, 공식적인 자리에서 아버지를 부르거나 가리킬 때는 '아버지'를 쓰는 것이 표준이다. 어머니의 경우도 마찬가지로 '어머니, 엄마' 가운데 격식적인 상황에서는 '어머니'를 쓰는 것이 표준이다. 다만 『표준 화법 해설』(1992)와는 달리 장성한 후에도 비격식적인 상황에서는 '아빠', '엄마'를 쓸 수 있도록 하였다.

돌아가신 아버지를 어머니와 조부모에게 지칭할 때는 살아 계실 때와 같이 '아버지'로 지칭하고 그 외의 사람에게는 '아버님'으로 지칭하는데 '아버지'를 쓸 수도 있다. 주의할 것은 '선친(先親)'의 용법인데 '선친'은 나의 돌아가신 아버지를 남에게 지칭할 때 쓰는 말이다. 살아 계신 아버지는 '부친(父親)'으로 서로 구별해야 한다. 돌아가신 어머니의 경우 아버지와 조부모에게 지칭할 때는 살아 계실 때와 같이 '어머니'로 지칭하고 그 외는 '어머님' 또는 '어머니'를 쓰고 '엄마'를 쓸 수도 있다. 전통적으로 그 밖의 사람에게는 '선비(先妣)'를 사용하기도 하였다.

자녀의 경우는 '철수야/영희야'처럼 이름을 부르는 것이 가장 일반적인데 이는 혼인하기 전의 경우이다. 그러나 혼인한 경우에는 '아범/어멈', '○○[손주] 아범/어멈', '아비/어미', '○○[손주] 아비' 또는 '○○[이름]'으로 부른다. 요새 드라마를 보면 간혹 지칭어인 '아들'이나 '딸'을 다음처럼 호칭어로 사용하는 일이 있으나 이는 옳지 않다.

예문 01

엄마 : 아들! 지금 어디야?
아들 : 친구와 함께 영화 보려고 해요.

시부모에 대한 호칭 및 지칭에서는 시아버지의 경우 '아버님'이 바른 호칭이고 '아버지'는 인정되지 않는 데 비해 시어머니의 경우 '어머님'과 '어머니'가 모두 인정된다는 것에 주의할 필요가 있다. 실제로 시아버지 가운데 많은 분들은 '아버님'보다는 '아버지'가 거리감이 덜하므로 '아버지'로 불리기를 원한다. 그러나 시아버지는 예의를 갖추어 불러야 할 대상이므로 '아버님'을 시아버지를 부르는 바른 호칭으로 인정하고 있다. 전통적으로 시어머니에 대해서도 어머니의 경칭인 '어머님'을 호칭으로 사용해왔지만 현실적으로 '어머니'로 호칭하는 경우가 많으므로 이를 받아들인 것이다. 정이 배인 '어머니'라는 호칭을 예의에도 어긋나지 않는 경우로 인정한 것이다.

처부모를 부를 때는 친부모에게처럼 '아버지', '어머니' 하는 것은 곤란하나 '장인어른', '장모님'이 원칙이되 '아버님', '어머님'도 쓸 수 있도록 하였다. 자신의 장인, 장모를 부르거나 가리킬 때 '빙장어른', '빙모님'이라고 하는 사람들이 있으나 이 말은 원래 다른 사람의 처부모를 높여 가리킬 때 쓰는 말이므로 자신의 처부모를 부르거나 가리킬 때는 쓸 수 없다.

남편에 대한 호칭 및 지칭에서는 현실성이 없는 어형은 배제하고 언어 변화를 어느 정도 수용하는 한편, 현실에서 흔히 쓰이고 있는 말이라고 하더라도 명백히 그릇된 것은 배제하고 있다는 점에 특징이 있다. 즉 결혼한 기간이나 나이에 관계없이 일반적으로 남편을 부를 때는 '여보'를 쓰는데『표준 화법 해설』(1992)에서 '여보'로 넘어가기 전 단계에 인정했던 '여봐요'는 오늘날 거의 쓰이지 않기 때문에 인정하지 않는다. 신혼 초에는 '여보'라는 말이 어색할 경우 '○○씨'라고 부를 수도 있다. 그러나 결혼 전의 호칭을 그대로 결혼 후에도 사용하여 '형', '오빠', '아저씨'라고 하는 것은 어법에 맞지 않기 때문에 써서는 안 된다. 현재 남편의 호칭에서 가장 큰 문제가 되는 것은 '자기'가 아닐까 한다. 요즘 젊은 신혼부부들, 특히 연애결혼을 한 부부들은 흔히 서로를 '자기'라고 부른다. 그래서 '자기야'는 안 되더라도 '자기'는 가능하지 않을까 하는 의견도 있으나 역시 바람직하지 않은 말이다. 자녀가 있을 경우 '○○[자녀] 아빠'는 가능하지만 '아빠'라고만 부르는 것은 자신의 친정아버지를 부르는 것인지 남편을 부르는 것인지 혼란스러우므로 써서는 안 된다. 시부모에게 남편을 지칭할 경우에는 '아범', '아비'로 써야 하지만 아이가 아직 없을 때에는

'그이'로 지칭할 수 있다. 친정 부모에게는 전통적으로 'ㅇ 서방'이었고 자녀가 있는 경우에는 '아범', '아비'로 할 수도 있다.

아내의 경우에는 우선 호칭에서 '부인'이라고 부르는 것은 일반적인 호칭이 아니라고 판단되어 인정되지 않는다. '마누라'는 아내를 낮추어 부르는 말이므로 역시 바람직하지 않다. 아내를 지칭할 때 '집사람', '안사람'과 같은 말이 존재하는 것은 남편과 차이가 나는 경우이다. 그러나 이 경우에도 예전에 쓰이던 '안식구', '내자'는 오늘날 거의 쓰이지 않으므로 인정하지 않는다.

남자가 여동생의 남편을 부르거나 가리킬 때 '매제'를 쓸 수 있도록 하고 여자가 여동생의 남편을 부르거나 가리킬 때 '제부'를 쓸 수 있도록 한 것은 『표준 언어 예절』(2011)이 『표준 화법 해설』(1992)와 달라진 부분이다. 이들은 실제 사용되는 언어 현실을 반영한 것인데 남편의 형을 지칭하는 말로 『표준 언어 예절』(2011)에서, 『표준 화법 해설』(1992)에는 없던 '시숙'(媤叔)을 추가한 것이나 아내 오빠의 아내를 가리키거나 아내 남동생의 아내를 부르거나 가리키는 말로 '처남의 댁' 외에 '처남댁'을 더 인정한 것도 같은 맥락에서 이해할 수 있다. 이들은 새로운 호칭어 및 지칭어가 추가된 것들인 반면 남편 누나의 남편을 부르거나 가리킬 때 『표준 화법 해설』(1992)에서는 '아주버님'과 '서방님'을 쓸 수 있다고 하였으나 『표준 언어 예절』(2011)에서는 '아주버님'만 쓸 수 있다고 한 것은 기존의 호칭어 및 지칭어를 삭제한 경우라 할 수 있다.

2.1.2. 사회에서의 호칭어 및 지칭어

가정에서의 호칭, 지칭이 복잡한 만큼 사회에서의 호칭, 지칭도 매우 복잡하다. 사회는 가정보다 이해관계가 얽혀 있는 경우가 많고 또한 이것이 언어로 나타나는 일도 많아서 어떻게 보면 가정에서보다 부르거나 가리키는 말이 더 조심스럽다고 할 수 있다.

먼저 직장에서 가장 흔히 보이는 '미스 ㅇ', '미스터 ㅇ'의 '미스', '미스터'는 외국어이기 때문에 어떤 경우에도 쓰기에 적합하지 않다고 할 수 있다. 직장의 경우는 크게 상사, 동료, 아래 직원으로 나눌 수 있는데 상사의 경우 부르거나 가리키는 말은 '선생님', 'ㅇ 선생님', 'ㅇㅇㅇ 선생님', 'ㅇ 선배님', 'ㅇㅇㅇ 선배님', 'ㅇ 여사님', 'ㅇㅇㅇ 여사님', '부장[직함]님', 'ㅇ 부장[직함]님', 'ㅇㅇㅇ 부장[직함]님', '총무부장[직함]님'이라고 부르는 것이 일반적이다. 자기와 직급이 같은 동료를 부르거나 가리키는 말은 'ㅇㅇㅇ 씨', 'ㅇㅇ 씨', '선생님', 'ㅇ 선생님', 'ㅇㅇㅇ 선생님', 'ㅇ 선생', 'ㅇㅇㅇ 선생', '선배님', 'ㅇ 선배님', 'ㅇㅇㅇ선배님', '선배', 'ㅇ 선배', 'ㅇㅇㅇ 선배', '형', 'ㅇ 형', 'ㅇㅇ 형', 'ㅇㅇㅇ 형', '언니', 'ㅇㅇ 언니', 'ㅇ 여사', 'ㅇㅇㅇ 여사', '과장님', 'ㅇ 과장님', 'ㅇ 과장', 'ㅇㅇㅇ 과장' 등이다. 직함이 없는 동료끼리는 남녀를 불문하고 'ㅇㅇㅇ 씨', 상황에 따라 이름만으로 'ㅇㅇ 씨'도 가능하다. 아래 직원을 부르거나 가리키는 말은 'ㅇㅇ 씨', 'ㅇㅇㅇ 씨', 'ㅇ 선생님', 'ㅇㅇㅇ 선생님', 'ㅇ 선생', 'ㅇㅇㅇ 선생', 'ㅇ 형', 'ㅇㅇ 형', 'ㅇㅇㅇ 형', 'ㅇ 여사', 'ㅇㅇㅇ 여사', 'ㅇ 군', 'ㅇㅇ 군', 'ㅇㅇㅇ 군', 'ㅇ 양', 'ㅇㅇ 양', 'ㅇㅇㅇ 양', '과장님', 'ㅇ 과장님', 'ㅇ 과장', 'ㅇㅇㅇ 과장', '총무과장' 등이다. 여기서 중요한 것은 상사가 부하 직원을 부를 때라도 'ㅇㅇ야 한다거나 'ㅇ 씨'로 부르는 것은 좋지 않다는 것이다. '씨'는 과거에는 존칭이었지만 오늘날 이름을 넣지 않고 성(姓)만으로 'ㅇ 씨' 하는 표현은 높이는 느낌이 거의 없기 때문이다.

한편 지인 가운데 친구의 아내에 대한 호칭은 '아주머니', 'ㅇㅇ 씨', 'ㅇㅇㅇ 씨', 'ㅇㅇ[친구 자녀] 어머니', 'ㅇㅇ 엄마', 'ㅇ 여사', '여사님', 'ㅇ 여사님', '과장님', 'ㅇ 과장님', 'ㅇ 선생', '선생님', 'ㅇ 선생님'을 쓸 수 있다. 이에 대해 친구의 남편을 부르는 말은 'ㅇㅇ 씨', 'ㅇㅇㅇ 씨', 'ㅇㅇ[친구 자녀] 아버지', 'ㅇㅇ 아빠', '과장님', 'ㅇ 과장님', '선생님', 'ㅇ 선생님'이다. 아버지의 친구를 부르거나 가리키는 말은 일반적으로 '아저씨', 'ㅇㅇ[지역] 아저씨' 등이고 어머니의 친구를 부르거나 가리키는 말은 일반적으로 '아주머니', 'ㅇㅇ[지역] 아주머니' 등이다.

직원과 손님 사이에서도 일정한 호칭과 지칭이 사용된다. 식당, 상점, 회사, 관공서 등의 직원을 부르고 가리키는 말은 '아저씨', '젊은이', '총각', '아주머니', '아가씨', 'ㅇㅇ 씨', 'ㅇㅇㅇ 씨', '과장님', 'ㅇ 과장님', 'ㅇㅇㅇ 과장님', 'ㅇ 과장', 'ㅇㅇㅇ 과장', '선생님', 'ㅇ 선생님', 'ㅇㅇㅇ 선생님', 'ㅇ 선생', 'ㅇㅇㅇ 선생' 등이다. 그리고 주로 식당, 상점 등에서 종업원을 부를 때 쓰는 말은 '여기요', '여보세요'이다. 남자 종업원을 부를 때와 가리킬 때는 '아저씨', '젊은이', '총각'을 상황에 따라 적절히 쓰고 여자 종업원을 부를 때와 가리킬 때는 '아주머니', '아가씨'를 상황에 따라 적절히 쓴다. 최근에는 손님이 나이 어린 여자 종업원을 '언니' 또는 나이 많은 여자 종업원을 '이모'라고 부르는 경우가 있는데 바람직하지 않은 표현이다. 식당, 상점 등의 영업소에서 손님을 부르거나 가리킬 때는 손님의 성별이나 나이에 관계없이 '손님'이라고 한다. 다만 지하철, 철도, 항공편 같은 교통수단을 운행하는 곳에서는 '손님' 대신 '승객'이라는 말을 쓸 수도 있으나 이는 어디까지나 가리킬 때에 한정된다.

2.2. 높임법

2.2.1. 높임법의 종류

높임법은 일정한 문법 요소에 의해서 실현되기도 하고 경우에 따라서는 어휘와 함께 실현되기도 하는데 이를 문법적 높임법이라 한다. 국어에는 상대 높임법, 주체 높임법, 객체 높임법이 문법적 높임법에 해당한다.

먼저 상대 높임법은 종결 어미에 의해 말 듣는 청자를 높이거나 낮추는 방법이다. 상대 높임법은 높이는 정도, 격식적인 상황의 여부에 따라 모두

6개로 나눌 수 있다. 이를 구체적인 활용 어미와 함께 표로 제시하면 다음과 같다.

격식체			비격식체		
높임 등급	활용 예	해당 어미	높임 등급	활용 예	해당 어미
하십시오체	앉으십시오	'-습니다', '-습니까' 등	해요체	앉아요	'-거든요', '-지요', '-어요' 등
하오체	앉으오	'-소', '-오', '-(으)오' 등			
하게체	앉게	'-게', '-(으)이', '-(으)ㄴ가' 등	해체	앉아	'-거든', '-지', '-어' 등
해라체	앉아라	'-다', '-느냐', '-구나', '-자' 등			

　격식체 가운데 '하십시오체'는 청자를 아주 높이는 것이 되고 '하오체'를 쓰면 청자를 예사 높이는 것이 된다. 반면에 '하게체'를 쓰면 청자를 예사 낮추는 것이 되고 '해라체'를 쓰면 청자를 아주 낮추는 것이 된다. 비격식체 가운데 '해요체'를 쓰면 청자를 두루 높이는 것이 되고 '해체'를 쓰면 청자를 두루 낮추는 것이 된다.

　그런데 흔히 격식체의 '하십시오체'와 비격식체의 '해요체'는 함께 쓰이는 일이 적지 않고 마찬가지로 격식체의 '해라체'와 비격식체의 '해체'도 같은 대화에서 종종 함께 쓰인다. 다음의 가요를 살펴보기로 하자.

예문
02
　　여수 밤바다 이 조명에 담긴 아름다운 얘기가 있어
　　네게 들려주고파 전활 걸어 뭐하고 있냐고
　　나는 지금 여수 밤바다 여수 밤바다

아 아 아 아 아 아 아

너와 함께 걷고 싶다
이 바다를 너와 함께 걷고 싶어
이 거리를 너와 함께 걷고 싶다
이 바다를 너와 함께 걷고 싶어

〈버스커버스커의 '여수 밤바다' 중에서〉

위의 가사에서 '싶다'는 격식체의 '해라체'이고 '싶어'는 비격식체의 '해체'인데 '너'라는 동일한 청자 등급에 함께 사용되고 있음을 볼 수 있다.

다음으로 주체 높임법은 동작이나 상태의 주체 즉 주어가 선생님이나 부모님같이 높임의 대상일 때 조사 '이/가' 대신에 '께서'를 쓰고 서술어에 '-(으)시-'를 결합한다. 주체 높임에는 주체의 신체 일부나 소유물을 높이는 방법도 있는데 이를 간접 높임이라고 한다.

예문 03

가. 할아버지, 허리가 편찮으세요?
나. 따님이 벌써 결혼하세요?

(가)의 '편찮으세요'의 주어는 '허리'이지만 이 '허리'는 할아버지의 신체 일부이므로 높인 것이며, (나)의 '따님'은 청자에 속한 것이므로 더불어 높인 것이다. 한편 주어가 높임의 대상이지만 청자가 주어보다 더 높여야 할 대상일 때는 '-(으)시-'가 쓰이지 않는다. "선생님, 3학년 선배님이 오셨습니다."와 같은 표현이 허용되지 않는 것은 이 때문이다. 이런 쓰임은 존대 표시가 드러나지 않는다고 해서 압존법(壓尊法)이라고 한다. 이 밖에 따로 존댓말을 써서 주체를 높이기도 하는데 '밥'을 '진지'로, '자다'를 '주무

시다'로, '먹다'를 '잡수다', '잡수시다'와 같이 바꾸어 말하는 것이 그것이다.

끝으로 객체 높임법은 주어 이외에 목적어나 부사어가 지시하는 대상, 즉 객체가 높임의 대상일 때 이를 높이는 방법이다. 객체 높임법은 대개 '드리다'나 '여쭈다'와 같은 특수 어휘로 표현되거나 조사 '께'가 쓰여 표현된다.

> **예문 04**
>
> 가. 이 책을 선생님께 전해 드려라.
> 나. 나는 할아버지를 모시고 놀이공원에 갔어.

(가) 문장에서는 부사어가 높임의 대상인 '선생님'이어서 '께'가 붙고 동사도 '주다'가 아니라 '드리다'가 사용되었다. (나) 문장에서는 목적어가 높임의 대상인 '할아버지'여서 동사로 '데리다'가 아니라 '모시다'가 쓰였다.

2.2.2. 호칭 및 지칭과 높임법

이상의 문법적 높임법은 호칭어와 지칭어에도 영향을 미친다. 가령 호칭어에 대해서 이익섭(1994:209)에서는 다음과 같은 높임 등급을 설정한 바 있다.

> 과장님-박 과장님-박영호 씨-영호 씨-영호 형-박 과장-박 씨-박 형-박 군-박영호 군-영호 군-박영호-영호-영호야

이러한 14개의 등급은 상대방과의 높임 등급을 망라한 것이라고 볼 수 없다는 점에서 한국어의 높임법이 얼마나 세분되어 있는가를 단적으로 보여 주는 예라고 할 수 있다.

또한 이익섭(1994:202)에서는 한국어 대명사의 높임법 등급을 다음과 같이 정리한 바 있다.

청자 신분	높임 등급	대명사
상위	가장 높임	어르신(귀하, 각하, 귀댁)
동위	많이 높임	댁
하위	보통 높임 조금 높임 (조금 낮춤) 보통 낮춤	당신 자네 (자기) 너

이 가운데 '자기'에 괄호를 한 것은 아직 목록에 넣어야 할지 확실치 않기 때문인데 앞에서는 부부 사이의 호칭 및 지칭으로는 옳지 않은 것이라 하여 제외한 바 있다.

한편 세계 언어들 가운데는 2인칭 대명사가 공손성(politeness)에 따라 분화되어 있는 언어들이 있다. 한국어는 사실 특히 공손성을 표현할 때 2인칭 대명사를 피하는 언어에 속한다. 유형론적 측면에서 공손성에 따른 대명사의 용법 차이는 Helmbrecht(2005:186)에서 제시된 바 있다.

> 가. 2인칭 대명사에 공손성 구별이 없는 언어 ······ 136개
> 나. 2인칭 대명사가 공손성에 따라 둘로 구별되어 있는 언어 ······ 49개
> 다. 셋 이상의 구별을 보이는 언어 ······ 15개
> 라. 공손성을 표현할 때 2인칭 대명사를 피하는 언어 ······ 7개
> 총 ······ 207개

(가)는 영어가 대표적이고 (나)의 예로는 불어의 'tu/vous', 독일어의 'du/Sie', 러시아어의 'ty/vy'를 들 수 있다. 한국어는 (라)에 속하는 것으로 표시되어 있는데 7개 언어는 한국어를 포함하여 '일본어, 미얀마어, 태국어, 베트남어, 캄보디아어, 인도네시아어'가 해당하는 것으로 되어 있다. 조사된 언어가 모두 207개임을 볼 때 한국어는 매우 특수한 경우에 해당한다는 것을 알 수 있다.

2.2.3. 『표준 언어 예절』(2011)의 높임법

『표준 언어 예절』(2011)에서의 높임법은 가정과 직장·사회로 나누어 제시되어 있다. 앞에서 제시한 높임법의 내용이 그 바탕이므로 여기서는 몇 가지 특수한 것들에 대해 언급해 보기로 한다.

우선 용언이 여러 개 함께 나타날 경우 일률적으로 규칙을 세우기는 어렵지만 문장의 마지막 용언에 높임의 선어말 어미 '-(으)시-'를 쓰면 된다는 것이다. 경우에 따라서는 그 밖의 용언에도 '-(으)시-'를 넣을 수 있다. 용언마다 '-(으)시-'를 넣는 것이 더 높이는 말이라고 생각하여 그렇게 말하는 사람들이 있으나 용언마다 '-(으)시-'를 넣는 것은 바람직하지 않다. 지나친 존대는 도리어 예의가 아니고 모든 용언에 '-(으)시-'를 넣는 것이 항상 자연스럽지도 않기 때문이다. 가령 'ㅇㅇ[이름이]/가 일을 마치고 갔다.'를 높여 말하는 경우 'ㅇㅇ[이름이]/가 일을 마치고 가셨다.' 또는 'ㅇㅇ[이름이]/가 일을 마치시고 가셨다.'라고 말하는 것은 모두 가능한 말이다. 그런데 '왔다가 가셨다.' 보다는 '오셨다가 가셨다.'가 자연스러운 반면 '읽으시고 계시다.'보다는 '읽고 계시다.'가 적절한 말이다.

한편 존경의 어휘를 쓰지 않아야 할 자리에 존경의 어휘를 쓰는 것도 잘못이다. '아버님은 9층에 볼 일이 계시다.'는 옳지 않고 '볼 일이 있으시다.'가 옳다. 또 '딸아이가 학교에서 돌아오기만 하면 꼭 한 가지씩 저에게 여쭈어 봐요.'처럼 자신에게 물어본 것을 아랫사람이 물었다고 해서 '여쭈다'를 쓰는 것도 잘못 쓰는 예 가운데 하나이다.

앞에서 압존법에 대해 살펴보았는데 부모를 조부모께 말할 때에는 '할머니/할아버지, 어머니/아버지가 진지 잡수시라고 하였습니다.'처럼 부모에 대해서는 높이지 않는 것이 전통 언어 예절이었다. 그러나 오늘날 이러한 전통도 변하여 부모보다 윗분에게도 부모를 높이는 것이 일반화되어 가고 있으므로 『표준 언어 예절』(2011)에서는 이러한 현실을 인정하여 '할머니/할아버지, 어머니/아버지가 진지 잡수시라고 하셨습니다.'와 같이 부모를 부모의 윗사람에 높이는 경우도 인정하고 있다.

직장, 사회에서의 높임법도 『표준 언어 예절』(2011)이 『표준 화법 해설』(1992)와 달라진 부분이 있다. 즉 지칭 대상이 동료이거나 아래 직원인 경우에는 'ㅇㅇㅇ 씨가 이 일을 처리했습니다.'처럼 주체를 높이는 '-(으)시-'를 넣지 않는 경우가 흔한데, 직급이 높은 사람은 물론이고 직급이 같거나 낮은 사람에게 직장 사람들에 관해 말할 때에는 '-(으)시-'를 넣어 '김 대리 거래처에 가셨습니까?'처럼 존대하는 것이 바람직하다고 보고 이를 원칙으로 삼은 것은 『표준 화법 해설』(1992)와 달라진 부분이다.

1부에서 이미 언급한 것처럼 최근 '주문하신 커피 나오셨습니다.', '문의하신 상품은 품절이십니다.'처럼 서비스업이나 판매업 종사자들이 고객을 존대하려는 의도로 불필요한 '-(으)시-'를 넣은 표현을 적지 않게 사용하고 있는데 이는 앞에서 언급한 '간접 높임'과 구별해야 한다. '커피', '상품'은 청자의 소유물 혹은 밀접한 관계를 맺고 있는 대상이 아니므로 '주문하신 커피 나왔습니다.', '문의하신 상품은 품절입니다.'가 바른 표현인 것이다.

2.3. 인사말

『표준 언어 예절』(2011)에서는 인사말에 대해서도 언어 예절에 맞는 표현들을 제시하고 있다. 인사말은 우선 '일상생활의 인사말'과 '특정한 때의 인사말'로 나뉘고 '일상생활의 인사말'은 다시 '아침, 저녁의 인사말', '만나고 헤어질 때의 인사말', '전화 예절', '소개할 때'의 네 가지로 나뉘어져 있다. '특정한 때의 인사말'은 다시 '연말연시', '생일 축하', '축하, 위로', '문상', '건배할 때'의 다섯 가지로 세분되어 있다. 여기서도 몇 가지 특수한 것만 언급하고 자세한 인사말은 부록의 표로 미루기로 한다.

2.3.1. 일상생활의 인사말

'아침, 저녁의 인사말' 가운데 윗사람에 하는 아침 인사로 가장 대표적인 것은 '안녕히 주무셨습니까?' 혹은 '안녕히 주무셨어요?'이다. 앞의 것은 '하십시오체'이고 뒤의 것은 '해요체'인데 뒤의 것이 좀 더 친밀한 느낌을 준다. 동년배나 아랫사람에게는 '잘 잤어요?', '잘 잤니?'를 쓴다. 이웃끼리는 '안녕히 주무셨어요?', '안녕히 주무셨습니까?' 외에 '안녕하세요?'나 '안녕하십니까?'를 쓸 수도 있다. 이는 직장에서도 마찬가지이다. 그런데 최근에는 직급이 같은 동료나 아래 직원에게 '좋은 아침!'하고 인사하는 경우가 있다. 그러나 '좋은 아침!'은 외국어를 직역한 말이고 이에 대한 전통적인 인사말은 아니므로 쓰지 않는 것이 좋다.

'만나고 헤어질 때의 인사말'에서는 비록 가족끼리라도 출입할 때 어른들께 꼭 인사를 여쭙는 것이 우리의 전통이라는 사실을 강조할 필요가 있다. 따라서 집에서 나갈 때는 물론 돌아올 때도 집에 남아 있거나 떠나는 사람은 모두 상황에 알맞은 인사말을 건네는 것이 예절에 맞다. 손님을 맞이할 때 하는 인사말은 '어서 오십시오.'이고 손님과 헤어질 때 하는 인사말은 '안녕히 가십시오.'인데 이는 가정과 사회에서 공통된다.

전화 예절을 포함시킨 것은 상대의 모습은 볼 수 없고 말로만 의사소통을 하게 되는 전화에서는 오로지 상대방의 말에 따라 감정이 좌우된다는 특수성을 감안한 것이다. 어떤 상황에서든지 전화를 건 사람은 말할 것도 없고 받은 사람도 자기를 밝히고 인사하는 것이 전화 예절의 기본이다. 『표준 언어 예절』(2011)에서는 전화 예절을 '전화를 받을 때의 말', '전화를 걸 때의 말', '전화를 끊을 때의 말'로 나누어 자세히 제시하고 있다.

소개할 때도 마찬가지이다. 우리는 살아가면서 늘 누군가를 새로 만나지만 또 누군가를 누군가에게 소개하는 경우도 적지 않다. 학교에서 처음 만난 친구들에게 나를 소개하는 일, 처음 직장에 들어가 자신을 소개하는 일, 모임에 가입하기 위해 자신을 소개하는 일 등은 누구에게나 조심스럽다. 소개하는 말이 곧 첫인상을 결정하는 경우가 많으므로 낯선 사람에게 자신을 소개하는 바람직한 인사말이 필요하다.

2.3.2. 특정한 때의 인사말

생일의 경우에는 어른의 생신을 특별하게 부르는 경우에 대해서도 알아 둘 필요가 있다. '육순(六旬)', '칠순(七旬)', '팔순(八旬)'은 각각 60세, 70세, 80세를 의미하는데 이때 60, 70, 80은 만 나이가 아니고 세는 나이임에 주의할 필요가 있다. 따라서 '환갑(還甲), 회갑(回甲), 화갑(華甲)'은 세는 나이로 61세이고 '진갑(進甲)'은 62세이므로 구별해야 한다. 이와는 별도로 '희수(喜壽)', '미수(米壽)', '백수(白壽)'가 각각 세는 나이로 77세, 88세, 99세를 이르는 말이라는 것도 알아둘 필요가 있다.

각종 상황에서 축하를 할 때 『표준 화법 해설』(1992)에서는 '축하합니다.'만 인정하였는데 『표준 언어 예절』(2011)에서는 이 외에 '축하드립니다.'도 인정하고 있다는 점에서 차이가 있다. 이는 '축하드립니다.'는 '축하합니다.'보다 높임의 뜻을 더욱 분명히 드러내 보이고 있다는 점을 반영한 것이다. 상대를 높이는 뜻에서 '감사합니다.'를 '감사드립니다.'로, '약속합니다.'를 '약속드립니다.'로 표현하는 것은 '축하합니다.'를 '축하드립니다.'

로 표현하는 것과 같은 맥락이다.

　'문상(問喪)'은 원래 상황에 따라 여러 가지 말이 구별해 쓰이었다. 가령 '조상(弔喪)'은 '죽은 이에게 예를 표하는 것'이고 '조문(弔問)'은 '상주에게 인사하는 것'을 일컬었다. 그리고 이 '조상'이나 '조문'은 부모상 또는 승중상(承重喪)(손자가 상주가 된 경우), 남편상에게만 쓸 수 있는 말이었다. 이와는 달리 부인상, 형제상, 자녀상 그리고 승중상이 아닌 조부모상을 당한 사람에게 위로하는 것은 '조위(弔慰)', 또는 '위문(慰問)'으로 달리 지칭하였다. 또한 구체적인 인사말도 부친상을 당한 사람에게는 '대고(大故) 말씀 무어라 여쭈오리까?', 모친상을 당한 사람에게는 '상사 말씀 무어라 여쭈오리까?'라고 하여 부모를 구분해서 말했다고 하고 남편상을 당한 사람에게는 '천붕지통(天崩之痛)이 오죽하시겠습니까?', 부인상을 당한 사람에게는 '고분지통(叩盆之痛, 鼓盆之痛)이 오죽하시겠습니까?', 형제상을 당한 사람에게는 '할반지통(割半之痛)이 오죽하시겠습니까?', 자녀상을 당한 사람에게는 '참척(慘慽)을 당하시어 얼마나 마음이 아프시겠습니까?'로 구분하기도 하였다고 한다. 그러나 지금은 상을 당한 사람을 위로하는 것은 모두 '문상(問喪)'으로 나타낼 수 있고 문상의 인사말로는 아무 말도 하지 않는 것이 가장 좋고 굳이 말을 한다면 '삼가 조의를 표합니다.', '얼마나 슬프십니까?', '뭐라 드릴 말씀이 없습니다.', '고인의 명복을 빕니다.'를 쓸 수 있다. 또한 말을 할 경우라도 분명하게 말하지 않고 뒤를 흐리는 것이 예의이다.

01. 다음 문장들에는 불필요한 높임 요소가 적지 않다. 이를 바르게 고쳐
보자.

> 부장님의 키께서는 지나치시게 작으신 것 같으십니다. 그러시니 이 의자
> 위로 올라오시는 게 좋으실 것 같으십니다.

02. 다음은 우리가 일상적으로 사용하는 말이지만 잘 생각해 보면 언어 예절
의 측면에서 옳지 않은 표현이다. 어떤 측면에서 옳지 않은지 말해 보자.

> (윗사람에게) 수고하세요!

03. 다음은 직장에서의 호칭 실험에 대한 기사이다. 이와 같은 현상이 나타나
게 된 배경을 언어 예절의 측면에서 생각해 보자.

> "김ㅇㅇ 매니저, 오늘 미팅 준비는 잘돼 가요?"
> 포스코에 입사한 지 올해로 7년째인 김모 씨(33)는 3년 전 '김 대리'에서
> '김 매니저'가 됐다. 이 회사가 2011년 대리부터 차장까지의 직급을 '매니저'
> 로 통일하면서부터다. 타 업계에 비해 보수적인 철강업계이지만 새 호칭제
> 도를 도입한 이후로는 수직적인 상하관계가 상당 부분 해소됐다는 평가를
> 받고 있다.
> 김 씨는 "대리~차장이 모두 매니저라는 직급으로 통일됐지만 실제로는
> 다양한 연령과 연차가 포함돼 있다."면서 "이전까지는 회의 중 쉽게 말을
> 꺼내기 어려웠지만 새 호칭이 도입된 이후로는 선배들과의 대화가 훨씬 자

연스러워졌다."고 말했다.

"일 그딴 식으로 해서 언제 과장 될래?"

"대리 나부랭이가 뭘 안다고…."

회사에서 심심치 않게 들을 수 있던 이 같은 핀잔도 점차 사라져 갈 것으로 전망된다. 최근 국내 기업들이 세세하게 나뉘어 있던 직급별 호칭을 단순화하는 추세를 보이고 있기 때문이다.

이유는 기업들이 해외 진출에 나서면서 국가별로 제각각인 호칭에 대한 인식에 우리나라에서 흔히 쓰는 직급 체계를 일괄적으로 적용하기 어려웠기 때문이다. 아울러 수평적 조직문화를 확산하고 외부 관계자와의 소통에서도 전문성을 갖고 대등하게 업무에 임하게 하려는 의도에서다.

기업들의 '호칭 실험'은 선후배 직원들이 서로 주고받는 말에 큰 영향을 미쳤다. 호칭을 바꾸는 것만으로도 '아랫사람'에겐 당연하게 여겨졌던 하대(下待)를 삼가는 분위기가 생겼고 존중을 담은 말을 쓰기 시작했다. 연차가 낮은 직원들의 자존감과 업무 만족도가 높아졌음은 물론이거니와 대졸 구직자들의 취업 선호도가 높아지는 효과도 가져왔다.

재계 10대 그룹 중에서는 CJ가 2000년 모든 임직원의 호칭을 '님'으로 통일했다. SK텔레콤은 2006년 인사제도 혁신을 발표하고 매니저 직급을 도입했다. 기존 직책명을 유지하는 본부장, 실장 등 직책자를 제외한 직원들은 호칭을 매니저로 모두 단일화했다. 매니저라는 호칭에는 직위와 연공서열에 상관없이 '자신의 업무에 대해 전문지식과 책임을 가진 담당자'라는 의미를 담았다고 회사 측은 설명했다.

이 밖에도 KT 한화 롯데 유한킴벌리 아모레퍼시픽 아주 등 대기업들이 직원 호칭을 매니저로 통일하거나 직급별 구분을 줄이고 있다. '카카오톡'으로 유명한 카카오는 한발 더 나아가 이름과 직급 대신 영어이름으로 된 애칭을 쓴다. 김범수 이사회 의장은 '브라이언', 이석우 공동대표의 이름은 '비노'다.

이처럼 수평적 호칭을 도입한 기업에 근무하는 사원들은 대부분 "업무 효율성이 높아졌다."는 반응. 더욱 자유로운 의견 개진이 가능해졌다는 이유에서다.

최근 새 호칭제도를 도입한 A기업에 근무하는 유모 씨(42)는 "처음엔 상사를 '님'이라고 부르는 게 무척 어색했지만 조금씩 입에 붙기 시작했다."면서 "호칭에 연연하지 않다 보니 후배를 대할 때도 전처럼 말을 함부로 하지 않게 됐다."고 말했다. 유 씨는 "자연스레 서로를 존중하며 말을 주고받다 보니 토론이 활발해지고 새로운 아이디어도 많이 얻게 된다."고 덧붙였다.

김재휘 중앙대 심리학과 교수는 "1980년대까지만 해도 기업 내 위계질서를 중시했지만 최근에는 창의성이 기업 경쟁력으로 직결되는 만큼 자유로운 의사소통의 중요성이 커지고 있다."고 말했다.

1997년 8월 김포공항발 대한항공 801편이 괌 국제공항에서 추락해 225명이 사망하는 사고가 발생했다. 작가 맬컴 글래드웰은 저서 '아웃라이어'에서 이 사고를 언급하며 기장과 부기장 사이의 의사소통 문제를 중요한 요소로 꼽았다. 부기장이 기장에게 위험한 상황을 직설적으로 전하면서 충고를 했어야 하는데 그러지 못했다는 것이다. 이 사례는 경직된 의사소통이 때로는 재앙이 될 수 있음을 시사한다.

대한상공회의소가 지난해 5월 직장인 500명을 대상으로 조사한 '창조경제시대 기업문화 실태와 개선과제'에 따르면 구글, 페이스북 등 창의적 기업문화를 가진 글로벌 기업을 100점으로 했을 때 우리 기업의 평균 점수는 59.2점에 불과한 것으로 집계됐다.

응답자 10명 중 6명(61.8%·309명)은 기업의 창의성을 가로막는 기업문화로 '상명하복의 경직된 의사소통 체계'를 지목했다. 자신이 속한 직장이 보수적 기업문화를 갖고 있느냐는 질문에는 71.5%가 '그렇다'고 답했다. 개선 방안으로는 87.5%가 '자유로운 의사소통을 통해 창의성을 발휘할 수 있는 기업문화'를 지목했다.

박종갑 대한상공회의소 상무는 "기업문화에서 조직원 개개인의 개성이 점차 중요해지고 있다."면서 "혁신을 위해서는 상명하복의 보수적인 문화에서 벗어나 자유로운 의사소통이 이뤄지는 개방적 관계를 만들어야 한다."고 말했다.

〈이진석, 「말이 세상을 바꿉니다-기업들의 호칭 실험」, 동아일보(2014.2.5)〉

04. 가족 관계를 다룬 드라마 한 편을 선택하여 표준 언어 예절에 어긋나는 표현들을 조사해 발표해 보자.

05. 다음 글을 참고하여 우리의 언어 예절 가운데서 이와 관련된 것에 또 무엇이 있는지 찾아보자.

> 설 연휴를 맞아 서울시여성가족재단이 '친가'와 '외가' 보다는 '아버지 본가', '어머니 본가'로 성차별적 의미가 담긴 언어 등을 바꿀 것을 제안했다.
>
> 여성가족재단은 올해 기해년(己亥年) 설 명절을 맞아 명절에 흔히 겪는 개선해야 할 성차별 언어·호칭 7건과 쓰지 말아야 할 속담 및 관용표현 TOP7을 담아 '서울시 성평등 생활사전─설특집'을 1일 발표했다.
>
> 서울시 성평등 생활사전은 서울시민의 생활 속 언어와 행동을 성평등하게 바꾸자는 서울시여성가족재단의 시민 참여 캠페인이다. 지난해 5월 시작해 총 3회를 진행했다.
>
> 여성가족재단에 따르면 명절에 흔히 겪는 성차별 언어 7건은 가족을 부를 때나 다른 사람에 소개할 때 주로 쓰이는 단어들이다.
>
> 지난해 시민이 직접 제안했던 성차별 언어 중 가족 호칭 등 관련 총 522건을 별도로 모아 국어·여성계 전문가 자문을 통해 선정했다.
>
> 일례로 '집사람·안사람·바깥사람'→ '배우자'로 고치자는 제안이다. 남성 쪽은 집 밖에서 일하고, 여성 쪽은 집 안에서 일한다는 인식에서 비롯된 '집사람·안사람·바깥사람'이라는 말을 지양하고 '배우자'로 부르자는 것이다.
>
> 또, '외조·내조→ 배우자의 지원, 도움', '친가·외가→ 아버지 본가·어머니 본가', '장인·장모·시아버지·시어머니→ 어머님·아버님(시가, 처가 구분 호칭)', '주부→ 살림꾼(여성 지칭 피하고 남녀 모두 사용 가능)', '미망인'→ '故○○○의 배우자', '미혼모 → 비혼모' 등이다
>
> 속담이나 관용표현에서 고쳐야할 언어도 제시했다. 성차별 속담 및 관용표현으로는 '암탉이 울면 집안이 망한다.'가 1위를, '남자는 돈, 여자는 얼굴', '남자는 일생에서 세 번만 울어야 한다.'가 그 뒤를 이었다.
>
> 〈 오세중, 「 '외가→어머니 본가', '집사람→배우자' 올 설에는 성차별 언어 바꿔요」, 머니투데이 2019. 2. 1.〉

3. 미디어의 언어 규정

3.1. 국어기본법과 미디어 언어 사용

각종 미디어에 사용되는 언어의 올바른 사용을 위해 여러 가지 규정이 마련되어 있다. 이러한 규정의 가장 상위에 존재하는 것은 국어기본법이라 할 수 있다. 국어기본법은 2005년 제정되어 조금씩 개정되어 오고 있다. 국어기본법의 기본 정신을 밝히고 있는 총칙과 미디어 언어와 관련된 부분만 들면 다음과 같다.

국어기본법(國語基本法)(법률 제14625호(정부조직법) 일부개정 2017. 03. 21.)

제1장 총칙 〈개정 2011.4.14〉

제1조(목적) 이 법은 국어 사용을 촉진하고 국어의 발전과 보전의 기반을 마련하여 국민의 창조적 사고력의 증진을 도모함으로써 국민의 문화적 삶의 질을 향상하고 민족문화의 발전에 이바지함을 목적으로 한다. [전문개정 2011.4.14]

제2조(기본 이념) 국가와 국민은 국어가 민족 제일의 문화유산이며 문화 창조의 원동력임을 깊이 인식하여 국어 발전에 적극적으로 힘씀으로써 민족문화의 정체성을 확립하고 국어를 잘 보전하여 후손에게 계승할 수 있도록 하여야 한다. [전문개정 2011.4.14]

제3장 국어 사용의 촉진 및 보급 〈개정 2011.4.14〉

제15조(국어문화의 확산)
① 문화체육관광부장관은 바람직한 국어문화가 확산될 수 있도록 신문·방송·잡지·인터넷 또는 전광판 등을 활용한 홍보와 교육을 적극적으로 시행하여야 한다.
② 신문·방송·잡지·인터넷 등의 대중매체는 국민의 올바른 국어 사용에 이바지하도록 노력하여야 한다. [전문개정 2011.4.14]

위에 제시된 15조 2항을 보면 미디어 즉 매체는 국민의 언어생활에 지대한 영향을 미치므로 올바른 국어 사용에 이바지하도록 규정하고 있다. 그러나 실상은 그러하지 못한 부분이 적지 않다. 위에 제시된 구체적인 매체 가운데 신문, 잡지는 문어 화법의 영역이므로 3부에서 다루기로 하고 여기서는 특히 방송과 영화에 초점을 두어 올바른 매체 언어를 위한 규정에 대해 살펴보기로 한다.

3.2. 방송심의에 관한 규정

먼저 2008년에 제정되어 계속 개정되어 오고 있는 방송심의에 관한 규정에서 올바른 언어 사용에 대해 언급하고 있는 부분은 다음의 8절이다.

방송심의에 관한 규정

제정 2008. 6.18. 방송통신심의위원회규칙 제 19호
개정 2008. 9. 2. 방송통신심의위원회규칙 제 30호
　　　2010. 2.18. 방송통신심의위원회규칙 제 55호
　　　2010. 8.17. 방송통신심의위원회규칙 제 80호
　　　2010.11.16. 방송통신심의위원회규칙 제 81호
　　　2012.12. 6. 방송통신심의위원회규칙 제 90호
　　　2014. 1. 9. 방송통신심의위원회규칙 제100호
　　　2014.12.24. 방송통신심의위원회규칙 제109호
　　　2015.10. 8. 방송통신심의위원회규칙 제113호
　　　2016. 7.28. 방송통신심의위원회규칙 제121호
　　　2016.12.22. 방송통신심의위원회규칙 제123호

제8절 방송언어

제51조(방송언어) ① 삭 제 〈2015.10.8.〉[2]

② 방송언어는 원칙적으로 표준어를 사용하여야 한다. 다만, 프로그램의 특성이나 내용전개 또는 구성상 불가피한 경우에는 예외로 하되, 이 경우에도 특정 지역 또는 인물을 희화화하거나 부정적으로 묘사하여서는 아니 된다. 〈개정 2014.1.9., 2015.10.8.〉

③ 방송은 바른 언어생활을 해치는 억양, 어조, 비속어, 은어, 저속한 조어 및 욕설 등을 사용하여서는 아니된다. 다만, 프로그램의 특성이나 내용전개 또는 구성상 불가피한 경우에는 예외로 한다. 〈개정 2014.1.9., 2014.12.24.〉

제52조(외국어) 방송은 외국어를 사용하는 경우 국어순화 차원에서 신중하여야 한다. [전문개정 2014.1.9.]

장소원 외(2007:131)에서 언급한 바와 같이 방송에서 외래어를 쓸 경우에는 일반적인 언어생활에서보다는 더욱 강화된 원칙이 있어야 한다. 대개는 바꾸어 쓸 만한 적당한 우리말 표현이 없거나 '카메라, 팩시밀리'처럼 외래어 단어가 이미 우리말에 깊이 정착한 경우에만 한정해서 사용해야 할 것이다. 그렇지 않을 경우 외국어·외래어를 남용한다면 방송의 품위가 떨어지고 해당 단어를 이해하지 못하는 시청자들에게 소외감을 느끼게 할 수 있다.

양명희(2005:115)에서는 외래어·외국어를 많이 사용하는 사람에 대한 인상을 조사한 바 있는데 그 결과는 다음과 같다.

---

2 삭제된 내용은 "방송은 바른말을 사용하여 국민의 바른 언어생활에 이바지하여야 한다." 는 것이어서 역설적인 측면이 있다.

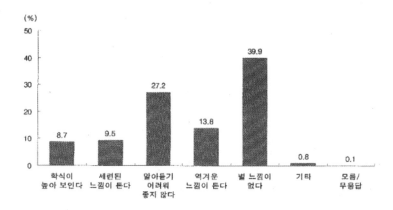

〈외래어 · 외국어를 많이 사용하는 사람에 대한 인상(2005)〉

위에 제시된 바와 같이 외래어 · 외국어를 많이 사용하는 사람에 대한 인상은 '별 느낌이 없다.'는 의견이 39.9%로 가장 많았지만, '알아듣기 어려워 좋지 않다.'가 27.2%, '역겨운 느낌이 든다.'가 13.8%로 부정적인 의견이 높았으며 이에 대해 '학식이 높아 보인다.'는 8.7%, '세련된 느낌이 든다.'는 9.5%로 긍정적인 의견은 많지 않았다. 이것은 방송 언어를 사용할 때 시청자들에게 더 좋은 인상을 주기 위해서는 표준화된 언어를 쓰면서 불필요한 외래어 · 외국어 남용을 지양해야 한다는 것을 의미하기에 충분하다.

양정환(2010)에서도 같은 항목을 조사하였다. 이를 제시하면 다음과 같다.

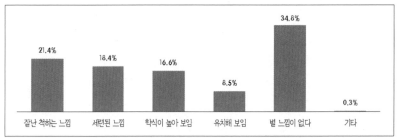

〈외래어 · 외국어를 많이 사용하는 사람에 대한 인상(2010)〉

2005년 결과에 비해 '세련된 느낌', '학식이 높아 보임'의 경우가 다소 높아진 것은 사실이지만 여전히 '별 느낌이 없다', '잘난 척하는 느낌'을 넘어서지 못한다는 것을 알 수 있다.

김창영(2015)에서는 양정환(2010)과 비교하여 같은 항목에 대해 조사 결과를 다음과 같이 제시하고 있다.

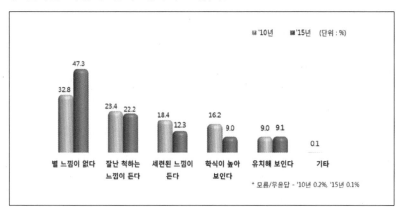

⟨외래어 · 외국어를 많이 사용하는 사람에 대한 인상(2015)⟩

'잘난 척하는 느낌이 든다'는 큰 변화가 없지만 '세련된 느낌이 든다'와 '학식이 높아 보인다'는 크게 줄어 오히려 다시 양명희(2005)에 가까워진 느낌을 준다.

방송에서 불필요한 외래어 · 외국어가 남용되는 경우를 찾는 것은 그리 어렵지 않다. 또한 순화가 가능한 경우에도 자막으로 이를 수정하는 경우도 많지 않다. 아래에 이러한 것 가운데 몇 가지를 들어 보기로 하자. 대괄호 안에 제시한 것은 순화어나 우리말 어휘이다.

미션 [과제]

바디 위 단점 [신체의 단점]

페이스 [얼굴]

텐션 [긴장]

스토리 [이야기]

밸런스를 맞추고 싶었어요 [균형을 맞추고 싶었어요]

화이트하고 [하얗고]

트라이 [시도]

훼이크 [속임수]

쿠세 [습관] (일본어 습관 [習慣] 1. [명사] 習慣しゅうかん° 2. [명사] 〈ぜ°)

포스, 아우라 [분위기]

오버하는 애티튜드 [과장하는 태도]

컴다운 [진정]

투머치의 극치 [지나침의 극치]

리얼 상황 [실제 상황]

셀렉트 [선택]

블로우를 이용해봐 [바람을 이용해봐]

마스크로 보나 바디 프로포션으로 보나 [얼굴로 보나 몸의 비율로 보나]

멘탈을 건강하게 [정신을 건강하게]

랜덤 [무작위]

이와 같은 현상은 시청자로 하여금 불편감을 느끼게 할 수 있으며 방송 심의 규정에도 어긋난다는 것을 알 수 있다.

방송 프로그램에서 표준어가 아닌 어휘를 사용하거나 낱말의 쓰임을 정확히 모르는 채 사용하는 경우도 적지 않다. 방송 언어는 시청자에게 최대한 정확한 표현으로 전달되어야 함에도 불구하고 어휘 선택에서 잘못이 있는 경우가 비일비재한 것이다. 다음에 이에 해당하는 몇 가지를 살펴보기로 한다. 그나마 다행스러운 것은 자막에서 수정된 경우가 발견된다는 것이다. 이 두 가지를 구별하여 올바른 표현은 대괄호 안에 제시하고 자막에서 수정된 경우는 화살표로 처리하기로 한다.

방송 프로그램에서 어휘 선택이 잘못된 경우

머리끄뎅이 → 머리끄덩이
옴싹달짝 → 옴짝달싹
구성원이 틀리잖니 [구성원이 다르잖니]
긴장타다 [긴장되다]
아이라인을 한 개도 안 그려 [아이라인을 하나도 안 그려]
너 몸부터 [너의(네) 몸부터]
저 머릿속 [제 머릿속]
저가 → 제가
니네 [너희]
애기 [아기]

'머리끄뎅이'는 표준어 '머리끄덩이'의 'ㅣ' 모음 역행동화형이고 '옴싹달짝'은 표준어 '옴짝달싹'의 잘못된 표현이다. 그 밖에 '다르다'를 '틀리다'로 표현하는 등 낱말의 쓰임을 정확히 알지 못하여 범하는 오류가 적지 않다. 또한 셀 수 없는 '아이라인'에 '한 개' 등으로 표현한다든지 '네', '제'를 각각 '너', '저'로 잘못 쓰는 경우도 발견된다. '니네'와 '애기'와 같이 비표준어는 일일이 세기 어려울 정도이다.

한편 방송 언어는 문자 언어가 아닌 음성 언어가 주된 전달 수단이므로 발화를 전제로 한다. 때문에 표준 발음을 준수하는 것은 방송 언어가 지녀야 할 우선적 규칙이라고 할 수 있다. 발음이 분명하지 않거나 부정확하면 뜻이 혼동되거나 잘못 전달될 우려가 있고, 바르지 않은 발음이 확산된다면 올바른 국어 문화의 확산에 위배되기 때문이다. 앞의 경우처럼 발음에서 잘못된 것을 몇 가지 살펴보기로 한다. 올바른 발음은 대괄호로 처리하였다.

표준 발음에 위배되는 방송 언어

활을 땡기다 [당기다]
쩨일 [제일]
뿌서질 것 [부서질 것]
께속 [계속]
쪼끔 [조금]
또랑 [도랑]
찡찡거리는 거 [징징거리는 거]
날라다니고, 날라가는데 [날아다니고, 날아가는데]
몰르고, 모잘라요 [모르고, 모자라요]
지적할라면 [지적하려면]
할려고 [하려고]
무대에 슬 때 [무대에 설 때]
전뉼 [저뉼]

발음 오류에서 가장 두드러지는 현상은 '땡기다', '쩨일', '뿌서질', '께속', '쪼끔', '또랑'과 같이 된소리로 소리 내는 경우가 많다는 것이다. 예사소리에 비하여 크고 강한 느낌을 줄 수 있기 때문에 강조하려는 의도로 사용된 것으로 보이지만, 모두 표준 발음에는 어긋나는 것들이다. 다음으로는 '날라다니고', '날라가는데', '몰르고', '모잘라요', '지적할라면', '할려고'처럼 'ㄴ'이나 'ㄹ' 소리가 덧나는 현상도 빈번하다. 그 밖에 '서다'를 [스다]로 잘못 발음하거나, '전율'을 표준 발음 [저뉼]이 아닌 [전뉼]로 발음하는 등의 비표준 발음을 찾는 것도 어렵지 않다. 특히 발음의 오류는 자막으로 일일이 내 보내기 어렵다는 점에서 바로 잡기 어렵다. 이처럼 방송은 특히 발음 측면에서 파급 효과가 크며 다른 수단으로 바로잡기 어렵다는 점에서 표준 발음을 준수할 필요성이 매우 크다고 할 수 있다.

3.3. 영화 심의 규정

영화의 경우, 주지하는 바와 같이 관람 등급을 정하여 관람하는 사람의 나이에 제한을 두고 있다. 이때 기준이 되는 요소는 주제, 선정성, 폭력성, 대사, 공포, 약물, 모방위험 등 7가지 요소이다. 이 가운데 대사가 언어 제한 사항에 해당한다. 이를 제시하면 다음과 같다.

---

2. 영화 심의 규정(영상물등급위원회)

관람등급의 정의

1. 전체관람가 : 모든 연령에 해당하는 자가 관람할 수 있는 영화
2. 12세 이상 관람가 : 12세 이상의 자가 관람할 수 있는 영화(다만, 당해 영화를 관람할 수 있는 연령에 도달하지 아니한 자가 부모 등 보호자를 동반하여 관람하는 경우 관람가)
3. 15세 이상 관람가 : 15세 이상의 자가 관람할 수 있는 영화(다만, 당해 영화를 관람할 수 있는 연령에 도달하지 아니한 자가 부모 등 보호자를 동반하여 관람하는 경우 관람이 가능함)〈개정 2010.6.3〉
4. 청소년 관람불가 : 청소년은 관람할 수 없는 영화(단, 「초·중등교육법」 제2조의 규정에 따른 고등학교에 재학 중인 학생은 관람불가)
5. 제한상영가 : 선정성·폭력성·사회적 행위 등의 표현이 과도하여 인간의 보편적 존엄, 사회적 가치, 선량한 풍속 또는 국민정서를 현저하게 해할 우려가 있어 상영 및 광고·선전에 있어 일정한 제한이 필요한 영화(단, 「초·중등교육법」 제2조의 규정에 따른 고등학교에 재학 중인 학생은 관람불가)

각 등급별 언어제한

1. 전체관람가

저속한 언어, 비속어 등이 없거나 매우 약하게 표현된 것

　가. 욕설·비속어·저속어 등이 없거나 매우 약하게 표현되어 언어 폭력적 요소가 없는 것

　　- 욕설 표현이나 상대방의 인격을 공격·모욕·처주하는 표현이 없는 것

　　- 가족·동료·친구 간에 불쾌감을 주지 않는 수준에서 이루어지는 약한 수준의 언어 표현(기집애, 자식, 가시나, 이 녀석, 이놈, 인마 등)이 있는 것

　나. 아동의 바른 언어 습관에 부정적인 영향을 미치지 않는 것

　　- 일반적으로 이해할 수 없는 인터넷 상의 은어(짱, 찌질이, 쩔다, 깝치다, 빡치다 등)가 있으나 빈도가 낮은 것

　　- 협박하는 말, 외모나 능력을 무시하는 말, 약점을 가지고 놀리는 말 등이 있으나 전체적인 맥락상 정당화될 수 있고 드물게 표현된 것(너 죽을래, 재수 없어, 공부도 못하는 게 어디서 등)

2. 12세관람가

욕설·비속어·저속어 등이 경미하고 가족, 대인 관계 및 교육과정 등을 통하여 접할 수 있는 수준에서 사용된 것

　가. 가벼운 욕설·비속어·저속어 등이 낮은 빈도로 표현된 것

　　- 일상적인 비속어나 가벼운 욕설(이 새끼, 나쁜 새끼, 병신, 지랄, 돼지다, 영감탱이 등)이 낮은 빈도로 표현된 것

　　- 상대방의 인격을 공격·모욕·저주하는 표현(미친 놈, 가다가 확 자빠져라, 정신병자, 입을 찢어볼래 등)이 있으나 전체적인 맥락상 정당화될 수 있는 것

　나. 청소년의 바른 언어 습관에 부정적인 영향을 미치지 않는 것

　　- 인터넷상의 은어·유행어가 있으나 상대방에게 불쾌감이나 거부감을 주지 않는 것

　　- 협박, 외모나 능력을 무시하는 말, 약점을 가지고 놀리는 말 등이 등장하나 전체 적인 맥락상 정당화될 수 있고 부정적인 요소가

적은 것

3. 15세이상관람가

욕설·비속어·저속어 등의 표현이 있으나 사회 통념상 용인되는 수준에서 사용된 것

　가. 거친 욕설·비속어·저속어 등이 있으나 지속적이고 반복적으로 표현되지 않은 것

　　- 신체와 관련된 욕설·비속어(대갈통, 주둥이, 쌍판대기, 간땡이 등)가 있으나 15세 이상의 청소년이 수용 가능한 것

　　- 동물과 성적인 형태소와 관련된 거친 욕설(개, 소, 씹, 좆 등)이 등장하나 반복적·지속적으로 표현되지 아니한 것

　　- 상대방이 욕으로 받아들여 불쾌감과 수치심을 느끼게 하는 표현(골을 갈아 마시다, 사채로 피 빨아 묵는 모기 같은 새끼들 등)이 있으나 전체 맥락상 정당화될 수 있는 것

　나. 공격적이고 수치심을 느끼게 하는 거친 표현이 있으나, 내용 전개상 수용 가능한 것

　　- 인터넷 상의 은어·유행어가 있으나 15세 이상의 청소년이 수용 가능한 것

　　- 협박, 외모나 능력을 무시하는 말, 약점을 가지고 놀리는 말 등이 등장하나 전체적인 맥락상 정당화될 수 있는 것

4. 청소년관람불가

자극적이고 혐오스러운 성적 표현과 정서적·인격적 모욕감이나 수치심을 유발하는 수준의 저속한 욕설, 비속어, 저속어 등이 반복적이고 지속적으로 사용된 것

　가. 자극적이고 혐오스런 성적 표현이 반복적, 지속적으로 나타난 것

　나. 전체적인 맥락과 상관없이 동물 혹은 성적인 형태소와 관련된 거친 욕설이 등장하나 반복적·지속적으로 나타난 것

　다. 상대방을 비하·공격하거나 수치심과 불쾌감을 주는 선정적·폭력적 언어 사용이 지속적으로 나타난 것

　라. 지나친 비속어 사용으로 청소년의 언어생활에 유해한 영향을 끼친다고 판단되는 것

5. 제한상영가
  장애인 등 특정계층에 대한 경멸적·모욕적 언어를 과도하게 사용하여
  인간의 보편적 존엄과 가치를 현저하게 손상하는 것

이상의 내용은 곧 관람 등급이 높을수록 폭력적 언어, 선정적 언어,
차별적 언어의 허용 수준이 엄격해진다는 것으로 정리할 수 있다. 그러나
실제 내용은 이와 차이가 적지 않다. 이에 대해 보다 자세히 알아보기
위해 국립국어원(2007나)의 내용을 살펴보기로 한다.

국립국어원(2007나)에서는 영화의 언어사용 실태를 조사하기 위해
2006년에 개봉된 영화 가운데 5편의 분석 대상 영화를 선정하였는데
그 기준은 다음과 같다.

분석 대상 영화 선정 기준

– 대사의 비중
– 흥행 성적
– 관람가 등급

'대사의 비중'을 기준으로 삼은 것은 실제 언어의 구체적 사용 양상을
살펴보아야 한다는 전제 때문이다. 다음으로 '흥행 성적'을 기준으로 선택
한 것은 영화가 언중에 미치는 영향을 고려한 때문이다. 마지막으로 '관람
가 등급'을 기준으로 채택한 것은 같은 내용이라도 관람가 등급에 따라
언어 사용 양상이 달라질 수 있다고 판단했기 때문이다. 이러한 기준을
적용하여 선정한 영화는 다음의 5편이다.

이들 가운데 〈투사부일체〉와 〈가문의 부활〉은 이른바 '조폭 코미디'에 해당하는 것들로 대사의 비중이 높을 뿐만 아니라 특정 집단의 언어 사용 양상을 구체적으로 보여 줄 것으로 판단된 것이다. 흥행을 기준으로 보았을 때도 각각 2006년 개봉 한국 영화 흥행 순위 4위, 9위에 올라 있으므로 언중에 대한 파급성 기준도 만족한다. 나머지 〈올드미스 다이어리-극장판〉, 〈달콤 살벌한 연인〉, 〈연애, 그 참을 수 없는 가벼움〉도 역시 대사의 비중이 높을 뿐더러 앞의 두 영화가 특정한 집단과 연관을 맺는다면 이들 세 영화는 관객과의 공감대를 형성할 수 있다는 점에서 역시 언중들에게 파급력을 지닌다고 판단되는 것들이다. 흥행을 기준으로 하더라도 모두 50만 이상의 관객 동원을 기록한 것이므로 이 조건도 만족시키는 영화들이다.

〈연애, 그 참을 수 없는 가벼움〉, 〈달콤 살벌한 연인〉은 18세 이상 관람 등급, 〈투사부일체〉와 〈가문의 부활〉은 15세 이상 관람 등급이며 〈올드미스 다이어리-극장판〉는 12세 이상 관람 등급이라는 점에서 위 영화들은 등급이라는 기준에 의해서도 영화의 다양한 언어 사용 실태를 분석하기에 적합한 것들이라 할 수 있다. 여기서는 특히 영화 등급과 영화에 사용된 언어의 폭력성, 선정성, 차별성 그리고 비속어 및 은어의 사용에 초점을 맞추어 보기로 한다.

먼저 국립국어원(2007나)에서는 영화별로 폭력적 언어가 출현한 빈도 및 비율과 상대 비율을 각각 다음과 같이 정리하고 있다.

〈영화별 폭력적 언어의 빈도와 비율〉

	시나리오		대사		비대사	
	빈도 (어절)	비율 (%)	빈도 (어절)	비율 (%)	빈도 (어절)	비율 (%)
〈투사부일체〉	128	1.16	126	1.14	2	0.02
〈가문의 부활〉	71	0.54	71	0.54	0	0
〈올드미스 다이어리-극장판〉	65	0.53	63	0.52	2	0.01
〈달콤 살벌한 연인〉	27	0.25	27	0.25	0	0
〈연애, 그 참을 수 없는 가벼움〉	196	1.76	195	1.751	1	0.009

	대사		비대사	
	빈도 (어절)	비율 (%)	빈도 (어절)	비율 (%)
〈투사부일체〉	126	98.43	2	1.57
〈가문의 부활〉	71	100	0	0
〈올드미스 다이어리-극장판〉	63	96.92	2	3.08
〈달콤 살벌한 연인〉	27	100	0	0
〈연애, 그 참을 수 없는 가벼움〉	195	99.49	1	0.51

영화 전체를 기준으로 하면 전체 58,511 어절에 폭력적 언어가 나타난 경우는 487 어절로 0.83%에 해당한다. 이 가운데 대사는 482 어절로 0.82% 이고 비대사는 5 어절로 0.01%이다. 대사와 비대사의 비율로 말하자면 98.97%가 대사이고 1.03%가 비대사이다. 즉 폭력적 언어는 대사에 절대 다수가 편중되어 있다는 사실을 알 수 있다.

영화의 등급과 폭력적 언어 사용 양상은 대체로 비례 관계에 있을 것으로 예측할 수 있다. 그러나 실제로는 〈연애, 그 참을 수 없는 가벼움〉, 〈달콤 살벌한 연인〉이 같은 18세 이상 관람 등급이지만 전자는 대상 영화에서 가장 높은 폭력적 언어 사용 빈도를 보여 주고 있는 데 비해 후자는 15세 관람 등급인 〈투사부일체〉와 〈가문의 부활〉은 물론 12세 관람 등급인 〈올드미스 다이어리–극장판〉보다도 낮은 폭력적 언어 사용 양상을 보여 주고 있다. 마찬가지로 15세 관람 등급인 〈투사부일체〉의 폭력적 언어 사용 양상은 그 비율이 높은 편이라 할 수 있고 같은 등급이면서 같은 장르로 묶이는 〈가문의 부활〉과 큰 차이를 보여 주고 있다는 점에서 특기할 만하다. 이는 곧 영화의 관람 등급과 폭력적 언어 사용 양상이 직접적 대응 관계에 있지 않다는 사실을 보여 주는 것이라 할 수 있다.

다음으로는 영화별로 선정적 언어가 출현한 빈도 및 비율과 상대 비율을 각각 정리하여 제시하면 다음과 같다.

〈영화별 선정적 언어의 빈도와 비율〉

	시나리오		대사		비대사	
	빈도 (어절)	비율 (%)	빈도 (어절)	비율 (%)	빈도 (어절)	비율 (%)
〈투사부일체〉	5	0.05	5	0.05	0	0
〈가문의 부활〉	29	0.22	24	0.18	5	0.04
〈올드미스 다이어리–극장판〉	16	0.13	16	0.13	0	0
〈달콤 살벌한 연인〉	9	0.08	9	0.08	0	0
〈연애, 그 참을 수 없는 가벼움〉	21	0.19	19	0.17	2	0.02

	대사		비대사	
	빈도 (어절)	비율 (%)	빈도 (어절)	비율 (%)
〈투사부일체〉	5	100	0	0
〈가문의 부활〉	24	82.76	5	17.24
〈올드미스 다이어리–극장판〉	16	100	0	0
〈달콤 살벌한 연인〉	9	100	0	0
〈연애, 그 참을 수 없는 가벼움〉	19	90.48	2	9.52

영화 전체를 기준으로 하면 전체 58,511 어절에 선정적 언어가 나타난 경우는 80 어절로 0.14%에 해당한다. 이 가운데 대사는 73 어절로 0.12%이고 비대사는 7 어절로 0.01%이다. 대사와 비대사의 비율로 말하자면 91.25%가 대사이고 8.75%가 비대사이다. 즉 선정적 언어도 대사에 다수가 편중되어 있다는 사실을 알 수 있다.

영화의 등급과 선정적 언어 사용 양상도 대체로 비례 관계에 있을 것으로 예측할 수 있다. 그러나 실제로는 15세 등급인 〈가문의 부활〉이 18세 등급인 〈연애, 그 참을 수 없는 가벼움〉, 〈달콤 살벌한 연인〉보다도 더 높은 빈도와 비율로 선정적 언어가 사용되고 있음을 볼 수 있다. 또한 12세 관람 등급인 〈올드미스 다이어리-극장판〉이 15세 관람 등급인 〈가문의 부활〉, 18세 관람 등급인 〈달콤 살벌한 연인〉보다도 더 높은 빈도와 비율로 선정적 언어가 사용되고 있다는 것은 영화의 관람 등급이 폭력적 언어 사용 양상과 마찬가지로 선정적 언어 사용 양상과 직접적 대응 관계에 있지 않다는 것을 보여 준다.

한편 영화별로 차별적 언어가 출현한 빈도 및 비율과 상대 비율을 각각 정리하여 제시하면 다음과 같다.

〈영화별 차별적 언어의 빈도와 비율〉

	시나리오		대사		비대사	
	빈도 (어절)	비율 (%)	빈도 (어절)	비율 (%)	빈도 (어절)	비율 (%)
〈투사부일체〉	15	0.14	14	0.13	1	0.01
〈가문의 부활〉	4	0.03	4	0.03	0	0
〈올드미스 다이어리-극장판〉	4	0.03	4	0.03	0	0
〈달콤 살벌한 연인〉	7	0.06	7	0.06	0	0
〈연애, 그 참을 수 없는 가벼움〉	9	0.08	3	0.03	6	0.05

	대사		비대사	
	빈도 (어절)	비율 (%)	빈도 (어절)	비율 (%)
〈투사부일체〉	14	93.33	1	6.67
〈가문의 부활〉	4	100	0	0
〈올드미스 다이어리-극장판〉	4	100	0	0
〈달콤 살벌한 연인〉	7	100	0	0
〈연애, 그 참을 수 없는 가벼움〉	3	33.33	6	66.67

영화 전체를 기준으로 하면 전체 58,511 어절에 차별적 언어가 나타난 경우는 39 어절로 0.067%에 해당한다. 이 가운데 대사는 32 어절로 0.055%이고 비대사는 7 어절로 0.012%이다. 대사와 비대사의 비율로 말하자면 82.05%가 대사이고 17.95%가 비대사이다. 즉 차별적 언어도 대사에 다수가 편중되어 있다는 사실을 알 수 있다.

영화의 등급과 차별적 언어 사용의 상관성을 살펴보면 이 또한 선정적 언어와 마찬가지로 등급이 차별적 언어 사용과 별다른 상관관계를 보이지 않는다는 사실을 알 수 있다. 오히려 15세 등급인 〈투사부일체〉가 18세 등급인 〈연애, 그 참을 수 없는 가벼움〉, 〈달콤 살벌한 연인〉보다도 더 높은 빈도와 비율로 차별적 언어가 사용되고 있음을 볼 수 있다. 미묘한 차이기는 하지만 12세 관람 등급인 〈올드미스 다이어리-극장판〉이 18세 등급인 〈연애, 그 참을 수 없는 가벼움〉보다 더 많은 차별적 언어를 보이고 있다는 점도 주목할 만하다.

끝으로 영화별로 비속어 및 은어가 출현한 빈도 및 비율과 상대 비율을 각각 정리하여 제시하면 다음과 같다.

〈영화별 비속어와 은어의 빈도 및 비율〉

	시나리오		대사		비대사	
	빈도 (어절)	비율 (%)	빈도 (어절)	비율 (%)	빈도 (어절)	비율 (%)
〈투사부일체〉	76	0.69	70	0.63	6	0.06
〈가문의 부활〉	36	0.27	23	0.17	13	0.10
〈올드미스 다이어리-극장판〉	31	0.25	27	0.22	4	0.03
〈달콤 살벌한 연인〉	12	0.11	12	0.11	0	0
〈연애, 그 참을 수 없는 가벼움〉	73	0.66	61	0.55	12	0.11

	대사		비대사	
	빈도 (어절)	비율 (%)	빈도 (어절)	비율 (%)
〈투사부일체〉	70	92.11	6	7.89
〈가문의 부활〉	23	63.89	13	36.11
〈올드미스 다이어리-극장판〉	27	87.10	4	12.90
〈달콤 살벌한 연인〉	12	100	0	0
〈연애, 그 참을 수 없는 가벼움〉	61	83.56	12	16.44

영화 전체를 기준으로 하면 전체 58,511 어절에 비속어 및 은어가 나타난 경우는 228 어절로 0.39%에 해당한다. 이 가운데 대사는 193 어절로 0.33%이고 비대사는 35 어절로 0.06%이다. 대사와 비대사의 비율로 말하자면 84.65%가 대사이고 15.35%가 비대사이다. 즉 비속어 및 은어도 대사에 다수가 편중되어 있다는 사실을 알 수 있다.

영화의 등급과 비속어 및 은어 사용 양상도 대체로 비례 관계에 있을 것으로 예측할 수 있다. 그러나 실제로는 15세 관람 등급인 〈투사부일체〉가 18세 관람 등급인 〈연애, 그 참을 수 없는 가벼움〉보다 근소하지만 비속어 및 은어 사용의 빈도 및 비율이 높고 역시 18세 등급인 〈달콤 살벌한 연인〉보다 12세 관람 등급인 〈올드미스 다이어리-극장판〉이 비속어 및 은어 사용의 빈도 및 비율이 훨씬 높다는 점에서 영화의 관람 등급이 비속어 및 은어 사용 양상과 직접적 대응 관계에 있지 않다는 것을 보여 준다.

결론적으로 말하자면 국립국어원(2007나)에서 살펴본 폭력적·선정적·차별적 언어 사용 양상 및 비속어·은어 사용 양상은 모두 등급과는 직접적인 관련 양상을 보이지 않는다. 이는 영화의 등급을 결정하는 과정에서 언어의 사용 양상이 크게 고려되지 않고 있는 현실을 단적으로 보여 주고 있는 것으로 해석할 수 있게 한다.

연·습·문·제

01. 다음은 방송 광고 심의에 관한 규정에서 언어와 관련된 부분을 가져온 것이다. 실제 광고에서 이들 규정에 위반되는 경우를 찾아 발표해 보자.

방송 광고 심의에 관한 규정

제정 2008. 6.18. 방송통신심의위원회규칙 제 20호

개정 2008. 9. 2. 방송통신심의위원회규칙 제 31호

2009. 12.1. 방송통신심의위원회규칙 제 52호

2010. 2.18. 방송통신심의위원회규칙 제 54호

2010. 8.17. 방송통신심의위원회규칙 제 79호

2012.12. 6. 방송통신심의위원회규칙 제 91호

2014. 1. 9. 방송통신심의위원회규칙 제101호

2014.12.24. 방송통신심의위원회규칙 제110호

2015.10. 8. 방송통신심의위원회규칙 제114호

2016.12.22. 방송통신심의위원회규칙 제124호

제1장 총칙

제1조(목적) 이 규정은 「방송법」(이하 "법"이라 한다) 제32조 및 제33조와 「방송심의에 관한 규정」(이하 "방송심의규정"이라 한다) 제4조 제3항에 따라 방송광고심의에 필요한 사항을 정함을 목적으로 한다.

⋮

제21조(언어) ① 방송광고는 표준어 사용을 원칙으로 한다. 다만, 불가피하게 사투리를 사용하는 때에는 특정 지역 또는 인물을 희화화하거나 부정적으로 묘사하여서는 아니 된다. 〈개정 2014.1.9., 2015.10.8.〉

② 방송광고는 한글 맞춤법 및 외래어 표기법을 준수하여야 하며, 바른 언어생활을 해치는 억양, 어조, 비속어, 은어, 저속한 조어 및

욕설 등을 사용하여서는 아니 된다. 〈개정 2015.10.8.〉

③ 방송광고는 상품명, 상품표어, 기업명, 기업표어 등의 경우를 제외하고는 불필요한 외국어를 사용하여서는 아니되며(단, 외국어 방송채널의 경우에는 예외로 한다), 외국인 어투를 남용하여서는 아니된다.

⋮

02. 미디어 언어를 대상으로 하는 규정들 가운데 본문에서 제시된 것 이외에 또 어떤 규정들이 있는지 조사해 보자.

03. 다음은 1986년도와 2006년도에 한국에서 개봉된 영화의 제목에 노출된 외래어 및 외국어의 분포를 표로 정리한 것이다.

	제목전체	제목일부	누계
1986년(총91편)	1편(1.1%)	7편(7.7%)	8편(8.8%)
2006년(총108편)	12편(11.1%)	13편(12.1%)	25편(23.2%)

최근 한 달 동안 개봉된 영화의 제목에 노출된 외래어 및 외국어를 조사하여 이와 비교해 보자.

04. 영상물등급위원회 홈페이지(www.kmrb.or.kr/main.do)를 방문하여 해당 등급의 예로 제시된 영화 한 편을 시청하고 특히 언어의 측면에서 등급 선정에 문제가 없는지 검토해 보자.

05. 다음은 방송프로그램의 등급분류 및 표시 등에 관한 규칙 가운데 방송프로그램 등급분류기준의 언어 부분을 제시한 것이다. 본문에 제시된 영화 등급분류기준과 어떤 차이가 있는지 비교해 보고 12세 이상 관람가, 15세 이상 관람가, 19세 이상 관람가 드라마 한 편씩을 대상으로 하여 폭력적 언어, 선정적 언어, 차별적 언어의 예를 찾아보자.

방송프로그램의 등급분류 및 표시 등에 관한 규칙

제정 2008. 6.18. 방송통신심의위원회 규칙 제22호
개정 2014. 1. 9. 방송통신심의위원회 규칙 제105호
2016.12.22. 방송통신심의위원회 규칙 제126호

제1장 총칙

제1조(목적) 이 규칙은 「방송법」(이하 "법"이라 한다) 제33조제5항에 따라 방송프로그램의 등급분류와 관련하여 분류기준 등 필요한 사항을 정함을 목적으로 한다. 〈개정 2014.1.9., 2016.12.22.〉

제2조(기본원칙) ① 방송사업자는 어린이와 청소년을 보호하기 위하여 방송프로그램의 폭력성 및 선정성, 언어사용, 모방위험 등의 유해정도, 시청자의 연령 등을 감안하여 방송프로그램의 등급을 분류하고 이를 방송 중에 표시하여야 한다. 〈개정 2016.12.22.〉

② 방송사업자는 제1항의 규정에 의한 등급분류 및 표시를 할 경우 이 규칙이 정하는 기준과 표시방법을 준수하여야 한다.

⋮

방송프로그램 등급분류기준(제4조제1항 관련)

4. 언어

모든 연령 시청가	가. 비속어, 은어, 저속한 조어 등의 사용이 없는 것 나. 기타 부적절한 억양이나 어조 등의 사용이 없는 것
7세 이상 시청가	가. 비속어, 은어, 저속한 조어 등의 사용이 없는 것 나. 기타 어린이의 바른 언어생활을 해치는 부적절한 억양

	이나 어조 등의 사용이 없는 것
12세 이상 시청가	가. 시청자가 불쾌감을 느끼지 않을 정도의 악의 없는 욕설이나 비속어, 은어, 조어 등이 전체적인 맥락상 필요 한 경우에 표현된 것 나. 기타 부적절한 억양이나 어조 등의 사용이 경미하게 표현된 것
15세 이상 시청가	가. 시청자가 불쾌감을 느끼지 않을 정도의 악의 없는 욕설이나 비속어, 은어, 조어 등이 반복적으로 표현되지 않은 것 나. 기타 부적절한 억양이나 어조 등의 사용이 반복적으로 표현되지 않은 것
19세 이상 시청가	가. 사회통념상 용인되는 수준의 욕설이나 비속어, 은어, 조어 등이 반복적으로 표현되지 않은 것 나. 기타 모욕적이거나 자극적인 억양이나 어조 등의 사용 이 있는 것

⋮

4.1. 발음과 표기, 그리고 표준 발음법

표준어 규정이 있다는 것을 알고 있는 사람들도 표준 발음법이 표준어 규정의 하위 규정이라는 사실을 아는 사람은 그렇게 많지 않다. 그러나 규범으로서의 표준 발음법은 현행 표준어 규정의 제2부에 해당한다. 이것은 그만큼 발음의 표준이 의사소통에 있어 매우 중요하다는 사실을 대변하는 것이다.

발음은 표기와 밀접한 연관을 갖는다. 사실 발음이 먼저이고 이를 적은 것이 표기이지만 발음이 표기에만 영향을 미치는 것뿐만이 아니라 표기도 발음에 영향을 미친다. 3부에서 자세히 보겠지만 대표적으로 사이시옷이 이에 해당한다. 가령 '바닷가'라는 표기는 '바다'와 '가'가 만나 형성된 합성어의 뒷소리 '가'가 특별한 이유 없이 된소리로 소리가 나고 따라서 이렇게 된소리가 난다는 것을 밝혀 주기 위해 사이시옷을 적은 것이다. 만약 '등불'처럼 그 현상은 같지만 '등'처럼 받침이 있는 이미 경우에는 사이시옷을 적을 공간이 없어 이를 적지 않는다. 문제는 '등불'은 표준 발음이 [등뿔]이지만 '바닷가'는 [바다까] 외에 [바닫까]도 표준 발음이라는 점에 있다. [까로 소리가 나기 때문에 사이시옷을 적었는데 사이시옷이 표기로서 눈에 보이기 때문에 이것도 발음하는 것을 인정해 준 까닭이다. 그 결과 된소리 때문에 적은 사이시옷 표기는 모두 두 가지 표준 발음을 가지게 되었는데 이것은 표기가 발음에 영향을 준 대표적인 경우라 할 수 있다. 이 밖에도 표기와 발음이 일치하지 않는 경우가 적지 않기 때문에 표준 발음법에서 도처에 '~로 소리 나는 경우가 있더라도 ~로 적는다.' 혹은 '~로 적더라도 ~로 발음한다.'와 같은 언급을 자주 만나게 되는 것이다.

발음은 일차적으로는 대화와 같이 소리를 매개로 의사소통이 일어나는 환경을 전제로 한다. 이때 똑같은 의미를 가지는 것을 다르게 발음한다는 것은 곧 의사소통의 불능을 의미하게 된다. 표기도 마찬가지이다. 같은 표기에 대해 다른 발음이 존재한다는 것은 역시 의사소통의 어려움으로 결과될 것이기 때문이다.

4.2. 표준어 규정 속의 표준 발음법과 그 내용

이러한 점을 고려할 때 발음의 표준을 정하는 것과 그 결과로서 표준 발음법이 존재한다는 것은 의사소통의 측면에서만 본다면 반가운 일이 아닐 수 없다.

현행 표준어 규정은 1988년에 공포되어 1989년에 시행된 것을 기반으로 하고 있는데 표준어 규정의 전신은 1936년에 나온 『사정한 조선어 표준말 모음』이다. 이를 포함하여 어문 관련 규범을 개정하기 시작한 것이 1970년부터이니 현행 표준 발음법은 근 20년의 작업 끝에 세상에 얼굴을 내민 것이다. 표준 발음법은 총 7장 30항으로 구성되어 있다.

> **표준 발음법의 구성**
>
> 제1장 총칙
> 제2장 자음과 모음
> 제3장 음의 길이
> 제4장 받침의 발음
> 제5장 음의 동화
> 제6장 경음화
> 제7장 음의 첨가

제1장 총칙은 제1항에 표준 발음이 표준어를 대상으로 한다는 것을 명시적으로 밝히고 있다.

> **제1항** 표준 발음법은 표준어의 실제 발음을 따르되, 국어의 전통성과 합리성을 고려하여 정함을 원칙으로 한다.

국어의 전통성과 합리성은 서울말에도 두 가지 이상의 발음이 존재할 경우 이 중에서 어느 하나를 표준 발음으로 정하기 위한 기준이다.

제2장은 자음과 모음의 목록, 그리고 이중모음의 발음에 대해 설명하고 있으며 3장은 뜻을 변별하는 음의 길이 즉 음장(音長)에 대해 규정하고 있다. 사실 주지하는 바와 같이 한국어의 경우 음장 이외에도 고저나 강약을 통해 의미를 변별하는 경우가 있지만 표준어에서는 이를 인정하지 않는다는 것을 3장이 의미하고 있기도 하다. 4장은 받침에 오는 자음의 발음을 설명하고 있는데 모두 9개의 항목이 들어 있는 것으로 보아 그 비중을 실감할 수 있다. 5장은 소리가 같아지는 동화를 다루고 있는데 총 6개의 하위 항목 가운데 모음과 관련된 제22항을 제외하고는 모두 자음과 관련된 동화를 다루고 있다. 6장은 경음화 현상의 표준 발음에 대한 것이고 7장은 소리가 첨가되는 현상의 표준 발음에 대한 것인데 앞에서 언급한 사이시옷을 밝혀 적는 경우의 발음도 여기에서 다루고 있다.

여기에서는 총칙을 제외한 나머지 조항 가운데 따로 언급할 만한 것을 다루고 나머지는 부록의 표준 발음법으로 미루기로 한다.

4.2.1. 모음의 발음

표준 발음법에서 모음의 발음과 관련된 규정은 아래의 두 개 항이다.

우선 단모음과 이중 모음은 입의 모양 변화로 구별할 수 있다. 단모음은 하나의 소리이므로 입의 모양 변화가 없고 따라서 숨이 닿는 한 처음부터 끝까지 같은 소리가 나지만 이중 모음은 두 개의 모음이 결합한 것이므로 입의 모양이 변화하고 길게 소리를 내면 처음 소리와 끝의 소리가 달라진다는 것을 알 수 있다.

단모음은 보통 다음과 같이 혀의 위치와 높이로 구별하여 이를 나타낸다.

혀의 전후 / 혀의 높이	전설모음		후설모음	
	평순모음	원순모음	평순모음	원순모음
고모음	ㅣ	ㅟ	ㅡ	ㅜ
중모음	ㅔ	ㅚ	ㅓ	ㅗ
저모음	ㅐ		ㅏ	

이상의 10개 단모음은 표준 발음법이 제정된 1980년대 중반 무렵에는 경기도, 강원도, 충청도와 전라북도를 중심으로 하여 경상도를 제외한 전역에서 세력을 떨친 것으로 보인다. 즉 1980년대의 60대 이상 노년층 언어에서는 10개의 단모음 목록이 주류를 이루었고 이를 반영하여 표준 발음법에서도 원칙으로 삼고 있는 것이다.

그러나 최혜원(2002)에 따르면 'ㅚ'를 온전한 단모음으로 발음하는 비율이 50대까지는 4% 미만이고 60대 이상도 10%를 채 넘지 않는 것으로 되어 있다. 'ㅟ'에 대해서는 김선철(2006)에서 '위인'과 같이 자음이 선행하지 않는 경우는 94%가, '뒤, 쥐'와 같이 자음이 선행하는 경우에는 89~92%가 'ㅟ'를 이중 모음으로 발음하고 있다. 'ㅚ, ㅟ'는 역사적으로 보아 이중 모음이었다가 가장 늦게 형성된 단모음에 속하고 'ㅚ'보다도 'ㅟ'가 더 늦게 단모음으로 변화하였는데 지금은 다시 'we, wi'로서 이중 모음으로 변화하고 있는 것이다. 이러한 현상을 반영하고 있는 것이 표준 발음법 제4항의 '붙임' 규정이다. 사실 현재를 기준으로 한다면 제4항은 다음과 같이 변하는 것이 보다 현실에 적합할 것이다.

> **(수정한) 제4항** 'ㅏ ㅐ ㅓ ㅔ ㅗ ㅜ ㅡ ㅣ'는 단모음(單母音)으로 발음한다.
> [붙임] 'ㅚ, ㅟ'는 단모음으로 발음할 수 있다.

더 시간이 지난다면 '붙임' 조항도 사라질 가능성이 높다.

'ㅚ, ㅟ'를 이중 모음으로 제외한다면 남는 단모음은 'ㅏ ㅐ ㅓ ㅔ ㅗ ㅜ ㅡ ㅣ'의 8개이다. 그러나 사실 엄밀하게 얘기하자면 8개 단모음도 전부 구별하고 있다고 보기 어렵다. 이는 'ㅐ'와 'ㅔ'가 잘 구별되지 않기 때문이다. 최혜원(2002:39)에 따르면 연령대별로 'ㅐ'와 'ㅔ'를 구분하지 못하고 두 모음이 합류한 'E'로 발음하는 비율은 다음과 같다.

	20대	30대	40대	50대	60대	70대
ㅐ(E)	92.87%	94.09%	83.52%	77.02%	69.35%	44.93%
ㅔ(E)	88.51%	95.78%	87.95%	73.27%	68.74%	63.54%

실제로 초등학교에서는 받아쓰기를 하면 학생들은 'ㅐ'와 'ㅔ'를 구별하지 못하여 이들이 들어간 단어들을 외우고 있는 것이 현실이다. 이렇게 보면 단모음은 8개가 아니라 7개라고 해야 할 것이다.

따라서 'ㅚ, ㅟ'를 단모음으로 발음하기 위해서는 입술을 오므리고 각각 마음 속으로 'ㅔ, ㅣ'를 발음하고 있다고 생각해야 하고 'ㅔ'와 'ㅐ'를 구별하기 위해서는 'ㅔ'는 혀의 높이를 의도적으로 'ㅣ'에 가깝게 해야 하고 'ㅐ'는 혀의 높이를 의도적으로 더 아래로 하여 즉 입을 더 벌려 발음해야 한다.

4.2.2. 소리의 길이, 음장

아마도 표준 발음법 가운데 가장 어려움을 느끼는 부분이 이 부분이 아닐까 싶다. 이것은 다른 말로 하면 음장(音長)을 일반 화자들이 구별하는 것이 쉽지 않다는 것을 대변하는 것이다. 실제로 박경래(2005)에 따르면 연령층별 음장의 실현 양상은 아래와 같다.

연령층	음장의 변별 정도	음장의 구별 정도
70대	94.4%	100.0%
60대	68.8%	89.6%
50대	19.3%	93.2%
40대	8.0%	77.3%
30대	6.9%	62.5%
20대	2.8%	58.3%

'음장의 구별 정도'라 함은 제보자의 발음이 음성적으로 음장을 구별하고 있는지 여부이고 '음장의 변별 정도'라 함은 제보자가 음운적으로 음장을 구별하고 있는지 여부를 뜻한다. 표에서 나타나는 바와 같이 음장은 현대 중부 방언에서, 대체로 60대 이상의 화자들에게는 변별적이지만 50대 이하에서는 그 변별적 기능을 상실하였다.

그러나 이것이 음장의 불필요성을 의미하는 것으로 이해되어서는 안 될 것이다. 소리의 장단이 분명히 일정한 역할을 담당하고 있기 때문이다. 이진호(2012)에서는 소리의 장단이 하는 기능을 크게 네 가지로 나누어 설명하고 있다. 소리의 장단은 첫째, 단어의 의미 변별 기능을 한다.

가. 발[足] ⇔ 발: [簾], 말[馬] ⇔, 말: [語], 밤[夜] ⇔ 밤[栗], 눈[眼] ⇔ 눈: [雪]
나. 산대[買] ⇔ 산: 대[活], 간대[去] ⇔ 간: 대[磨], 적대[記] ⇔ 적: 대[少]
다. 성인(成人) ⇔ 성: 인(聖人), 가정(家庭) ⇔ 가: 정(假定)

(가)는 고유어 명사, (나)는 용언의 활용형, (다)는 한자어에서 장단에
따라 단어의 뜻이 구별되는 예이다. 이들은 다른 것은 같고 오직 장단에서
만 차이가 있기 때문에 원칙적으로는 장단을 모르면 그 의미 차이를 알
수 없는 것들이다. 그럼에도 불구하고 장단이 점점 그 세력을 잃어가는
것은 이러한 의미 차이가 문맥에 의해 극복 가능하다고 느끼기 때문일
것이다.

장단은 둘째, 감정의 표현 기능을 담당한다. 표현적 기능이란 어떤
사실의 강조나 의미 초점은 물론 청자에 대한 화자의 심리적 태도 등을
표출하는 일체의 작용을 말한다. 앞의 변별적 기능을 하는 장음에 대해서
는 화자들이 많은 혼란을 겪고 있는 부분이지만 표현적 장음에 실린 의도
는 많은 사람들이 제대로 파악한다고 한다. 또한 변별적 장음이 단어에
따라 정해져 있는 데 비해 표현적 기능의 장음은 그렇지 않다는 점에서도
차이가 있다.

장단은 셋째, 음운 현상의 조건으로서 기능한다. 즉 어떤 음운 현상을
일으키는 촉발자 또는 음운 현상이 더 잘 일어날 수 있게 하는 촉매자로서
의 기능을 하고 반면 해당 음운 현상의 적용을 막는 저지자로서의 기능을
할 수도 있는 것이다. 우선 'ㅔ'나 'ㅓ'의 고모음화는 장음일 때 활발하게
일어나는 경향이 있다. 또한 중세 국어 시기에 'y'로 끝나는 이중 모음들이
아산 지역어에서 단모음화를 겪을 때 장음에 의해 저지되는 경향이 나타
났다고 한다.

장단은 넷째, 단모음(單母音)의 음가 변이에도 관여한다. 가령 긴 'i'가 짧은 'i'보다 혀의 위치가 더 높으면서 앞쪽에 놓이며 마찬가지로 긴 'u'가 짧은 'u'보다 혀의 위치가 더 높고 뒤쪽에 놓인다고 한다. 또한 긴 모음의 긴장성이 짧은 모음보다 높아서 더 뚜렷하게 청취된다는 언급도 있다.

표준 발음법에서는 소리의 길이에서 모두 2개 항을 설정하고 있다. 하나는 길게 발음하는 경우(제6항)이고 다른 하나는 짧게 발음하는 경우 (제7항)이다. 제6항의 경우에는 [붙임] 항도 있을 뿐만 아니라 각 경우에 다시 '다만' 조항에 예외적인 경우를 밝히고 있어 다소 복잡하게 되어 있다.

제6항 모음의 장단을 구별하여 발음하되, 단어의 첫음절에서만 긴소리가 나타나는 것을 원칙으로 한다.

(1) 눈보래[눈: 보라]　　말씨[말: 씨]　　밤나무[밤: 나무]
　　많대[만: 타]　　　　멀리[멀: 리]　　벌리대[벌: 리다]

(2) 첫눈[천눈]　　　　참말[참말]　　　쌍동밤[쌍동밤]
　　수많이[수: 마니]　눈멀대[눈멀다]　떠벌리대[떠벌리다]

다만, 합성어의 경우에는 둘째 음절 이하에서도 분명한 긴소리를 인정한다.
　　반신반의[반: 신 바: 늬/반: 신 바: 니]　재삼재사[재: 삼 재: 사]

[붙임] 용언의 단음절 어간에 어미 '-아/-어'가 결합되어 한 음절로 축약되는
　　　 경우에도 긴소리로 발음한다.
　　보아 → 봐[봐:]　　　기어 → 겨[겨:]　　　되어 → 돼[돼:]
　　두어 → 둬[둬:]　　　하여 → 해[해:]

다만, '오아 → 와, 지어 → 져, 찌어 → 쪄, 치어 → 쳐' 등은 긴소리로 발음하지 않는다.

[붙임] 항은 이른바 보상적 장모음화로 불리는 것으로서 모음이 반모음 화를 겪을 때 장모음으로 실현되는 것을 일컫는다. 그러나 이에도 '다만' 항에 제시된 것처럼 역시 예외가 있다. 이 [붙임] 항은 원래 단모음이

장모음으로 변한 것을 의미하는 반면 제7항에는 장모음이 단모음으로 변한 내용을 포함하고 있다.

제7항 긴소리를 가진 음절이라도, 다음과 같은 경우에는 짧게 발음한다.
  1. 단음절인 용언 어간에 모음으로 시작된 어미가 결합되는 경우
    감대[감: 따]—감으니[가므니]   밟대[밥: 따]—밟으면[발브면]
    신대[신: 따]—신어[시너]   알대[알: 다]—알애[아라]
  다만, 다음과 같은 경우에는 예외적이다.
    끌대[끌: 다]—끌어[끄: 러]   떫대[떨: 따]—떫은[떨: 븐]
    벌대[벌: 다]—벌어[버: 러]   썰대[썰: 다]—썰어[써: 러]
    없대[업: 따]—없으니[업: 쓰니]
  2. 용언 어간에 피동, 사동의 접미사가 결합되는 경우
    감대[감: 따]—감기다[감기다]   꼬대[꼬: 다]—꼬이다[꼬이다]
    밟대[밥: 따]—밟히다[발피다]
  다만, 다음과 같은 경우에는 예외적이다.
    끌리대[끌: 리다]   벌리대[벌: 리다]   없애대[업: 쌔다]
  [붙임] 다음과 같은 복합어에서는 본디의 길이에 관계없이 짧게 발음한다.
    밀—물   썰—물   쏜—살—같이   작은—아버지

장모음의 단모음화는 위에서 보는 바와 같이 체언에서는 나타나지 않고 모두 용언에서만 나타난다. 그러나 앞의 제6항처럼 제7항도 예외가 있기 때문에 역시 이해하기가 쉽지 않다.

장단이 구별되지 않는 데에는 이를 표기로 반영하지 않는다는 점도 일정 정도 관여한 것으로 평가된다. 잘 아는 바와 같이 중세 국어에서는 성조를 방점으로 표기하였지만 지금은 장단을 표기에 반영하지 않기 때문에 이를 인식하기가 쉽지 않은 것은 어찌 보면 당연한 일이다.

장단을 혼동하는 데에도 일정한 경향성은 발견된다. 실제로 혼란상은 장모음을 단모음으로 발음하거나 단모음을 장모음으로 발음하는 경우

등을 포함하지만 이 가운데 장모음을 단모음으로 발음하는 잘못이 압도적으로 많은 것으로 알려져 있다. 즉 김선철(2006)에서는 장모음을 가진 단어의 경우는 단어에 따라 최소 2.57%, 최대 65.43%의 응답자가 장모음을 올바르게 발음하였지만 원래 단모음을 가진 단어의 경우는 최소 51.71%, 최대 92%의 응답자가 단모음을 올바르게 발음한 것으로 보고되어 있다.

4.2.3. 받침의 발음

표준 발음법에서 무엇보다도 표기와의 이질성을 강하게 느끼게 하는 부분이 이 부분이 아닐까 한다. 먼저 제8항을 살펴보기로 한다.

> **제8항** 받침소리로는 'ㄱ, ㄴ, ㄷ, ㄹ, ㅁ, ㅂ, ㅇ'의 7개 자음만 발음한다.

표기에서는 '낫, 낯, 낮, 낱'으로 구별하여 적을 수 있지만 이들의 발음은 모두 [낟]으로 동일하다. 이러한 현상은 3부에서 살펴볼 바와 같이 현행 한글 맞춤법의 원리와 연관이 있다. 현행 한글 맞춤법은 뜻을 밝혀 적는 표기 원칙을 취하고 있기 때문에 소리로는 모두 같다고 하더라도 다른 의미를 나타내는 것을 가급적 표기로도 구별하고 있는 것이다. 그러나 이러한 표기 원칙은 한글 창제 이후 주류가 아니었다. 현재의 표기법은 주시경이 주도한 결과라고 보아 과언이 아니니 기껏해야 100년 남짓의 역사를 갖는 것이고 그 이전에는 이른바 8종성법과 7종성법이 표기의 주류였다.

표기 원리로서의 8종성법은 'ㄱ, ㄴ, ㄷ, ㄹ, ㅁ, ㅂ, ㅅ, ㅇ'의 8개로 종성 표기를 하는 것이다. 'ㄷ'과 'ㅅ'이 모두 있기 때문에 큰 문제가 없지만 사람들이 7종성법과 7개의 발음을 혼동하는 것은 7종성법이 'ㄱ, ㄴ, ㄹ,

ㅁ, ㅂ, ㅅ, ㅇ'의 7개로 종성 표기를 하는 것을 의미하기 때문이다. 쉽게 이야기하자면 'ㅅ'으로 적고 이를 [ㄷ]으로 발음하였기 때문에 7개의 발음과 표기로서의 7종성이 서로 일치하지 않는 결과를 낳은 것이다.

또한 '낮의 발음과 '낮이'의 발음이 차이가 나고 이것이 제8항과 차이가 난다는 사실에 대해 잘 모르는 사람들이 적지 않다. 이에 대해 규정하고 있는 것은 표준 발음법의 제13항, 제14항이다.

제13항 홑받침이나 쌍받침이 모음으로 시작된 조사나 어미, 접미사와 결합되는 경우에는, 제 음가대로 뒤 음절 첫소리로 옮겨 발음한다.

깎아[까까]	옷이[오시]	있어[이써]	낮이[나지]
꽂아[꼬자]	꽃을[꼬츨]	쫓아[쪼차]	밭에[바테]
앞으로[아프로]	덮이다[더피다]		

제14항 겹받침이 모음으로 시작된 조사나 어미, 접미사와 결합되는 경우에는, 뒤엣것만을 뒤 음절 첫소리로 옮겨 발음한다.(이 경우, 'ㅅ'은 된소리로 발음함.)

넋이[넉씨]	앉아[안자]	닭을[달글]	젊어[절머]
곬이[골씨]	핥아[할타]	읊어[을퍼]	값을[갑쓸]
없어[업: 써]			

실제로 '낮은 [낟]으로 발음한다고 하면서 '낮이'는 [나디]가 아니라 [나지]이므로 '낮의 받침 'ㅈ'이 발음된다고 생각하는 사람도 적지 않다. 그러나 이것도 역시 현행 한글 맞춤법에 따른 오해라고 얘기할 수밖에 없을 듯하다. 만약 현행 한글 맞춤법이 뜻을 밝혀 적지 않고 소리 나는 대로 적는 원칙을 더 상위에 두었더라면 '낮을 '낟'으로 적었을 것이고 '낮이'는 '나지'로 적었을 것이다. 이런 표기의 장점은 '나지'에서 보는 바와 같이 음가대로 소리 나는 'ㅈ'이 받침이 아니라 2음절의 초성으로 발음된 것임을 따로 설명할 필요가 없다는 점이다.

그런데 현행 한글 맞춤법은 이 경우에도 '낮이'로 적어 '낮'처럼 따로 적을 때와 형태를 고정시키고 있으므로 그 발음이 [나지]와 [낟]처럼 다른 것을 따로 설명해야 하는 번거로움을 가지게 되었다. 즉 제13항과 제14항에서 소리가 나는 'ㄱ, ㄴ, ㄷ, ㄹ, ㅁ, ㅂ, ㅇ' 외의 'ㅅ, ㅈ, ㅊ, ㅌ, ㅍ' 등은 받침으로 소리가 나는 것이 아니라 다음 음절의 첫소리로 소리가 나는 것이다. 이처럼 '나지', '낟'으로 소리 나는 대로 적지 않아서 얻게 된 것은, 앞에서도 언급한 것처럼 '나지', '낟'에서는 찾아 볼 수 없는 형태상의 관련성, 나아가 의미상의 관련성을 '낮이', '낮'에서는 쉽게 찾아 볼 수 있어 그 의미 파악도 훨씬 쉽다는 점이다.

그러나 이상과 같은 발음 원칙에 위배되는 예가 발견된다. 바로 한글 자모의 이름에서 나타나는 받침소리를 연음할 경우이다. 자모 이름 자체에 대해서는 3부 한글 맞춤법에서 따로 언급하기로 한다.

제16항 한글 자모의 이름은 그 받침소리를 연음하되, 'ㄷ, ㅈ, ㅊ, ㅋ, ㅌ, ㅍ, ㅎ'의 경우에는 특별히 다음과 같이 발음한다.

디귿이[디그시]	디귿을[디그슬]	디귿에[디그세]
지읒이[지으시]	지읒을[지으슬]	지읒에[지으세]
치읓이[치으시]	치읓을[치으슬]	치읓에[치으세]
키읔이[키으기]	키읔을[키으글]	키읔에[키으게]
티읕이[티으시]	티읕을[티으슬]	티읕에[티으세]
피읖이[피으비]	피읖을[피으블]	피읖에[피으베]
히읗이[히으시]	히읗을[히으슬]	히읗에[히으세]

앞의 원칙들대로라면 가령 '디귿이'의 발음은 [디그디](나중에 나올 구개음화를 염두에 둔다면 [디그지])이어야 하고 '치읓에'의 발음은 [치으체], '피읖을'의 발음은 [피으플]이어야 하는데 이들은 실제적으로는 [디그시], [치으세], [피으블]이기 때문이다. 물론 표준 발음법은 어떤 원리보다는

현실 발음을 중시하는 것이기는 하지만 유독 한글 자모의 이름에서 이러한 예외적 발음을 인정한다는 것은 전통성이나 합리성에 어긋나는 것은 아닌지 하는 비판을 피하기 어려울 수밖에 없다.

한편 우리말에서는 모음과 모음 사이에서 발음할 수 있는 자음은 두 개밖에 없다. 따라서 만약 모음과 모음 사이에 자음이 3개 오면 그 가운데 하나는 발음할 수 없게 된다. 이에 대한 관련 규정이 표준 발음법 제10항과 제11항이다. 그러나 여기에도 역시 예외 조항이 있기 때문에 주의해서 살펴보아야 한다.

4.2.4. 음의 동화

동화(同化)란 말 그대로 소리가 같거나 비슷해지는 음운 현상이다. 표준 발음법에서 음의 동화로 포괄하고 있는 것은 구개음화(제17항), 비음화(제18항, 제19항), 유음화(제20항)이다. 그리고 제19항까지는 붙임 규정은 있어도 예외가 되는 '다만' 조항은 없는 것이 특징이다. 이러한 점에서 예외를 인정하고 있는 제20항에 대해 살펴볼 필요가 있다.

제20항 'ㄴ'은 'ㄹ'의 앞이나 뒤에서 [ㄹ]로 발음한다.

(1) 난로[날: 로] 신라[실라] 천리[철리] 광한루[광: 할루] 대관령[대: 괄령]

(2) 칼날[칼랄] 물난리[물랄리] 줄넘기[줄럼끼] 할는지[할른지]

[붙임] 첫소리 'ㄴ'이 'ㅀ', 'ㄾ' 뒤에 연결되는 경우에도 이에 준한다.

　　　　닳는[달른]　　　　뚫는[뚤른]　　　　핥네[할레]

다만, 다음과 같은 단어들은 'ㄹ'을 [ㄴ]으로 발음한다.

　　　　의견란[의: 견난]　　임진란[임: 진난]　　생산량[생산냥]

　　　　결단력[결딴녁]　　　공권력[공꿘녁]　　동원령[동: 원녕]

　　　　상견례[상견녜]　　　횡단로[횡단노]　　이원론[이: 원논]

　　　　입원료[이붠뇨]　　　구근류[구근뉴]

위의 규정에도 나와 있는 바와 같이 'ㄴ'이 'ㄹ'을 만날 경우 'ㄹ'로 발음하는 것을 원칙으로 삼고 있다. 그런데 '다만' 규정에 제시된 것처럼 오히려 'ㄹ'이 'ㄴ'으로 발음되는 경우도 인정하고 있다. 이들에는 그 나름대로의 경향을 찾을 수 있다. 원칙의 경우에는 2음절어가 대다수이고 3음절어라도 그 안에 독립된 단어가 포함되지 않는 경우가 많다. 반면 예외의 경우는 3음절어가 압도적이고 그 안에 독립된 단어가 포함되는 경우가 많다.

그러나 이렇게만 보기 힘든 경우를 찾는 것은 그리 어렵지 않다. 이와 관련하여서는 김선철(2006)에 제시된 2003년의 표준 발음 실태 조사가 매우 흥미롭다.

단어	[ㄴㄴ]	[ㄹㄹ]	표준발음
광안리	[광안니](49.43%)	[광알리](48.00%)	사전에 등재되지 않음
노근리	[노근니](79.43%)	[노글리](15.71%)	사전에 등재되지 않음
수년래	[수년내](81.43%)	[수녈래](14.86%)	사전에 등재되지 않음
신선로	[신선노](46.86%)	[신설로](47.71%)	[신설로]
반라	[반나](49.71%)	[발라](44.86%)	[발ː라]
전라	[전나](19.14%)	[절라](79.14%)	[절라]
선례	[선네](26.57%)	[설례](72.86%)	[설례]
온랭	[온냉](75.51%)	[올랭](22.00%)	[올랭]
촌로	[촌노](59.14%)	[촐로](34.57%)	[촐ː로]

제20항의 내용을 참고할 때 3음절어 가운데 독립된 단어가 포함되었다고 보기 힘든 '광안리, 노근리'와 2음절어 '반라, 전라, 선례, 온랭, 촌로'는 [르리]형이 예상되지만 실제 조사된 수치는 이러한 예상과 맞아떨어지지 않는다. 반면 3음절어 가운데 독립된 단어가 포함된 '수년내, 신선로'는 [ㄴㄴ]형이 예상되는데 '신선로'의 경우에는 오히려 [르리]형이 더 많이 나타나고 있는 것이다.

한편 음의 동화라고 하여 이를 모두 표준 발음으로 인정하고 있는 것은 아니다. 이에 대한 규정이 제21항이다.

> **제21항** 위에서 지적한 이외의 자음 동화는 인정하지 않는다.
> 감기[감: 기](×[강: 기])　　　옷감[옫깜](×[옥깜])
> 있고[읻꼬](×[익꼬])　　　　　꽃길[꼳낄](×[꼭낄])
> 젖먹이[전머기](×[점머기])　　문법[문뻡](×[뭄뻡])
> 꽃밭[꼳빧](×[꼽빧])

앞에서 표준 발음으로 인정하고 있는 동화 가운데 구개음화, 비음화, 유음화는 모두 자음의 조음 방식과 관련된다. 그런데 동화에는 조음 방식 이외에 조음 위치와 관련된 것도 있다. 제21항에서 제시된 것들은 바로 조음 위치 동화인데 표준 발음에서는 이를 인정하지 않고 있음을 알 수 있다. 이것은 이들 조음 위치 동화가 반드시 일어나야 하는 앞의 조음 방식 동화와는 달리 일어날 수도 있고 일어나지 않을 수도 있는 수의성을 보이기 때문이다.

이러한 측면에서 살펴볼 수 있는 것에 움라우트 즉 'ㅣ' 모음 역행동화가 더 있다. 'ㅣ' 모음 역행동화는 표준어에서는 인정되고 있지 않은데 이에 대해서는 표준 발음법에 별도의 규정이 없다. 3부에서 살펴볼 표준어 규정 1부 표준어 사정 원칙 제9항에서는 "'ㅣ' 역행 동화 현상에 의한 발음은 원칙적으로 표준 발음으로 인정하지 아니하되, ……"라고 되어 있고 이미 굳어진 '-내기', '냄비', '동댕이-치다', '-쟁이'는 표준어로 인정한 다고 되어 있다. 따라서 예전에는 표준어로 인정된 적이 있던 '아지랭이'가 다시 '아지랑이'로 수정되었다. 그러나 제21항의 위치동화도 표준어로 인정되고 있는 '함께(〈흔쁴)', '솜씨(〈손삐)', '영글다(〈염글다)' 등을 염두에 둔다면 그 처리가 일관적이지 않다는 비판을 받을 수 있는 대목이다.

한편 제22항은 동화라고 할 수 있는지에 대해 문제가 있는 조항이다.

> **제22항** 다음과 같은 용언의 어미는 [어]로 발음함을 원칙으로 하되, [여]로 발음함도 허용한다.
>
>   되어[되어/되여]   피어[피어/피여]
>
>   [붙임] '이오, 아니오'도 이에 준하여 [이요, 아니요]로 발음함을 허용한다.

엄밀한 의미에서 보면 '되어'가 [되여]로 발음된다고 할 때 일어나는 음운 현상은 반모음 'y'의 첨가이다. 따라서 이 조항을 음의 동화에 넣고 있는 것은 다소 모순적이라 할 수 있다. 다만 이러한 현상을 동화에 넣은 것은 첨가된 반모음이 선행하는 'ㅚ'나 'ㅣ'와 비슷한 속성을 가지고 있다는 것을 의미하기 위한 것으로 보인다.

4.2.5. 경음화

여기서는 표준 발음법에 제시된 원칙에 어긋나는 경음화의 경우를 중심으로 살펴보기로 한다. 이러한 관점에서 보면 제23항, 제24항, 제25항에 대해서는 큰 문제가 없어 보인다. 그러나 제26항부터는 몇 가지 언급할 것이 있다.

> **제26항** 한자어에서, 'ㄹ' 받침 뒤에 연결되는 'ㄷ, ㅅ, ㅈ'은 된소리로 발음한다.
>
>   갈등[갈뜽]   발동[발똥]   절도[절또]   말살[말쌀]
>   불소[불쏘](弗素)   일시[일씨]   갈증[갈쯩]   물질[물찔]
>   발전[발쩐]   물상식[물쌍식]   불세출[불쎄출]
>
>   다만, 같은 한자가 겹쳐진 단어의 경우에는 된소리로 발음하지 않는다.
>
>   허허실실[허허실실](虛虛實實)   절절-하다[절절하다](切切-)

위의 조항을 보면 2음절로 되어 있는 한자어에서는 큰 문제가 없으나 3음절 이상의 한자어에는 예외가 적지 않다. '몰상식'과 마찬가지 구조이지만 '몰지각'에서는 경음화가 적용되지 않기 때문이다. 배주채(2003)에서는 이 외에도 'ㄹ' 받침 뒤에 연결되는 'ㄷ, ㅅ, ㅈ' 가운데 된소리로 발음되지 않는 예외들을 제시하고 있는데 이를 이진호(2012)에서는 다음과 같이 두 유형으로 정리하고 있다.

> 가. 'ㄹ'로 끝나는 한자+2음절 이상 한자어
>   (예) 골–세포, 별–세계, 불–성립, 열–손실 …
> 나. 'ㄹ'로 끝나는 2음절 이상 한자어+'ㄷ, ㅅ, ㅈ'으로 시작하는 1음절 한자어
>   (예) 경찰–대, 지질–도, 특별–상, 직할–시, 대출–실, 어물–전

제27항에 대해서도 역시 예외를 찾는 것은 그리 어렵지 않다.

> **제27항** 관형사형 '-(으)ㄹ' 뒤에 연결되는 'ㄱ, ㄷ, ㅂ, ㅅ, ㅈ'은 된소리로 발음한다.
>
> | | | |
> |---|---|---|
> | 할 것을[할꺼슬] | 갈 데가[갈떼가] | 할 바를[할빠를] |
> | 할 수는[할쑤는] | 할 적에[할쩌게] | 갈 곳[갈꼳] |
> | 할 도리[할또리] | 만날 사람[만날싸람] | |
>
> 다만, 끊어서 말할 적에는 예사소리로 발음한다.
> [붙임] '-(으)ㄹ'로 시작되는 어미의 경우에도 이에 준한다.
>
> | | | |
> |---|---|---|
> | 할걸[할껄] | 할밖에[할빠께] | 할세라[할쎄라] |
> | 할수록[할쑤록] | 할지라도[할찌라도] | 할지언정[할찌언정] |
> | 할진대[할찐대] | | |

우선 규정에서 보는 것처럼 후행하는 명사가 자립성을 가지지 못하는 의존 명사의 경우는 대체로 'ㄱ, ㄷ, ㅂ, ㅅ, ㅈ'이 된소리로 발음되는 것에 예외가 별로 없어 보인다. 그러나 이러한 된소리는 의존 명사가 아닌

'할 도리', '만날 사람'의 '도리', '사람'에도 적용되는 것으로 기술되고 있으나 이진호(2012)에서 제시한 바와 같이 예외가 적지 않다.

> 가. 돌아갈 고향, 마실 보약, 구경할 건물 …
> 나. 만날 그 사람, 이사할 새 집

(가)는 특별한 이유 없이 된소리로 소리 나지 않는 경우이고 (나)는 '만날 사람', '이사할 집'에서는 '사람'과 '집'이 된소리로 소리 나지만 그 사이에 '그'와 '새'를 넣으면 '그'와 '새'가 된소리로 소리 나지 않는 경우이다.

예외로 치면 가장 많은 예외가 존재하는 것은 역시 사잇소리 현상이 아닐까 한다. 사잇소리 현상이 나타나는 경우 이를 'ㅅ'으로 적는 경우도 있고 그렇지 않은 경우도 있다고 하였는데 여기서는 'ㅅ'으로 적지 않는 경우에 대해 제28항에서 다음과 같이 규정하고 있다.

> **제28항** 표기상으로는 사이시옷이 없더라도, 관형격 기능을 지니는 사이시옷이 있어야 할(휴지가 성립되는) 합성어의 경우에는, 뒤 단어의 첫소리 'ㄱ, ㄷ, ㅂ, ㅅ, ㅈ'을 된소리로 발음한다.
>
> | | | |
> |---|---|---|
> | 문 – 고리[문꼬리] | 눈 – 동자[눈똥자] | 신 – 바람[신빠람] |
> | 산 – 새[산쌔] | 손 – 재주[손째주] | 길 – 개[길까] |
> | 물 – 동이[물똥이] | 발 – 바닥[발빠닥] | 굴 – 속[굴 : 쏙] |
> | 술 – 잔[술짠] | 바람 – 결[바람껼] | 그믐 – 달[그믐딸] |
> | 아침 – 밥[아침빱] | 잠 – 자리[잠짜리] | 강 – 개[강까] |
> | 초승 – 달[초승딸] | 등 – 불[등뿔] | 창 – 살[창쌀] |
> | 강 – 줄기[강쭐기] | | |

우선 이 규정의 문제는 언제가 관형격 기능을 지니는 사이시옷이 있어야 할 합성어의 경우인가 하는 점이다. 이에 대해서는 김창섭(1996)에서 다음과 같이 그 환경을 제시한 바 있다. 여기에는 사이시옷이 표기로 나타나는 경우도 포함되어 있으므로 주의를 요한다.

가. 아침밥, 밤잠, 겨울밤　　〈A가 B의 시간〉
나. 안방, 촌사람, 산돼지　　〈A가 B의 장소〉
다. 솔방울, 나뭇가지, 장밋빛　〈A(무정체언)가 B의 기원/소유주〉
라. 고깃배, 잠자리, 술잔　　〈A가 B의 용도〉

그리고 반면 다음과 같은 상황에서는 사이시옷이 들어가지 말아야 한다고 하였다.

가. 반달, 뱀장어, 사슴벌레　　〈A가 B의 형상〉
나. 도토리묵, 금가락지, 종이배　〈A가 B의 재료〉
다. 불고기, 칼국수, 전기다리미　〈A가 B의 수단·방법〉
라. 별똥별, 엄지가락, 수양버들　〈A가 B와 동격〉
마. 개다리, 돼지고기, 개구멍　　〈A(유정체언)가 B의 소유주/기원〉
바. 손발, 논밭, 눈비　　　　　〈병렬구성〉

그러나 이러한 구별에는 예외가 상당히 많이 존재한다는 문제가 있다. 우선 사이시옷이 들어가야 할 환경에서 사이시옷이 들어가지 않는 경우이다.

가. 가을고치, 봄부채, 동지죽　　〈A가 B의 시간〉
나. 산도깨비, 코감기, 물뱀　　〈A가 B의 장소〉
다. 장미색, 콩기름, 요임금　　〈A(무정체언)가 B의 기원/소유주〉
라. 과일접시, 화장비누, 구두약　〈A가 B의 용도〉

다음으로는 사이시옷이 들어가지 말아야 하는데 사이시옷이 들어가는 경우의 존재이다.

가. 머릿돌, 코뿔소	〈A가 B의 형상〉
나. 판잣집, 콩국, 눈사람	〈A가 B의 재료〉
다. 동냥글, 눈칫밥	〈A가 B의 수단·방법〉
라. 종달새, 동짓날	〈A가 B와 동격〉
마. 벌집, 머슴방, 부잣집	〈A(유정체언)가 B의 소유주/기원〉

따라서 이러한 현상을 고려한다면 관형격 기능을 지니는 사이시옷이 있어야 할 합성어의 경우 뒤 단어의 첫소리 'ㄱ, ㄷ, ㅂ, ㅅ, ㅈ'을 된소리로 발음하지 않는 경우뿐만이 아니라 관형격 기능을 지니는 사이시옷이 없어야 할 합성어의 경우에도 뒤 단어의 첫소리 'ㄱ, ㄷ, ㅂ, ㅅ, ㅈ'을 된소리로 발음해야 하는 경우가 있다는 것을 알 수 있다.

4.2.6. 음의 첨가

음의 첨가는 원래는 없던 음이 새로 생기는 경우이다. 하위 항으로 제29항과 제30항 두 가지가 있는데 제29항은 'ㄴ' 첨가에 대한 것이며 제30항은 표기로서의 사이시옷의 발음에 대한 것이다. 앞에서 언급한 것처럼 음의 동화에서 언급된 'y' 첨가도 사실은 이곳으로 자리를 옮겨야 할 성질의 것이지만 사이시옷 표기의 발음은 된소리를 포함하고 있다는 점에서 이 부분과 일관적이지 않은 부분도 있다. 여기서는 제30항에 대해서만 살펴보기로 한다.

제30항 사이시옷이 붙은 단어는 다음과 같이 발음한다.

　1. 'ㄱ, ㄷ, ㅂ, ㅅ, ㅈ'으로 시작하는 단어 앞에 사이시옷이 올 때는 이들 자음만을 된소리로 발음하는 것을 원칙으로 하되, 사이시옷을 [ㄷ]으로 발음하는 것도 허용한다.

　　　냇가[내ː까/낻ː까]　　　샛길[새ː낄/샏ː낄]　　　빨랫돌[빨래똘/빨랟똘]

　　　콧등[코뜽/콛뜽]　　　　깃발[기빨/긷빨]　　　　대팻밥[대ː패빱/대ː팯빱]

　　　햇살[해쌀/핻쌀]　　　　뱃속[배쏙/밷쏙]　　　　뱃전[배쩐/밷쩐]

　　　고갯짓[고개찓/고갣찓]

　2. 사이시옷 뒤에 'ㄴ, ㅁ'이 결합되는 경우에는 [ㄴ]으로 발음한다.

　　　콧날[콛날 → 콘날]　　　　　　　아랫니[아랟니 → 아랜니]

　　　툇마루[퇻ː마루 → 퇸ː마루]　　　뱃머리[밷머리 → 밴머리]

　3. 사이시옷 뒤에 '이' 음이 결합되는 경우에는 [ㄴㄴ]으로 발음한다.

　　　베갯잇[베갣닏 → 베갠닏]　　　　깻잎[깯닙 → 깬닙]

　　　나뭇잎[나묻닙 → 나문닙]　　　　도리깻열[도리깯녈 → 도리깬녈]

　　　뒷윷[뒫ː늍 → 뒨ː늍]

　　표기된 사이시옷은 된소리로 발음되는 것을 표시해 주는 용도로도 쓰이고 'ㄴ'이 첨가되는 경우를 밝혀주기 위한 용도로도 쓰인다. 이 가운데 문제가 되는 것은 된소리로 발음되는 것을 표시해 주는 용도로서의 사이시옷이다. 이미 언급한 것처럼 이 경우에는 눈에 보이지 않을 때에는 제28항처럼 된소리로만 발음하면 되지만 표기로서 눈에 보이는 경우에는 이를 발음하는 경우도 인정하고 있다.

　　이렇게 보면 동일한 사잇소리 현상을 발음하는 방법에 대해 표준 발음법에서는 제28항, 제29항, 제30항 세 곳에서 언급하고 있음을 알 수 있다. 제28항은 사잇소리 현상이 표기로 드러나지 않고 된소리 발음으로만 실현될 때를 위한 것이고 제29항은 '솜이불'처럼 역시 사잇소리 현상이 표기로 드러나지 않고 이번에는 'ㄴ'이 첨가되는 경우를 위한 것이다. 반면 제30항은 사잇소리 현상을 사이시옷으로 표기하는 경우를 위한 것이되 이를 된소리 혹은 [ㄷ] 소리 첨가와 'ㄴ'이 첨가되는 경우로 나눈 것이다.

01. 다음 예들은 앞 장에서 실제 방송을 대상으로 잘못된 발음을 찾아 제시했던 것들이다. 이것들이 표준 발음법의 어떤 규정과 연관되는지 찾아보자.

> 활을 땡기다 [당기다]
>
> 쩨일 [제일]
>
> 뿌서질 것 [부서질 것]
>
> 께속 [계속]
>
> 쪼끔 [조금]
>
> 또랑 [도랑]
>
> 찡찡거리는 거 [징징거리는 거]
>
> 날라다니고, 날라가는데 [날아다니고, 날아가는데]
>
> 몰르고, 모잘라요 [모르고, 모자라요]
>
> 지적할라면 [지적하려면]
>
> 할려고 [하려고]
>
> 무대에 슬 때 [무대에 설 때]
>
> 전눌 [저눌]

02. 다음은 국립국어원에서 사잇소리 현상에 대한 발음의 실태를 조사한 결과의 일부이다. 표준 발음은 각각 어떤 것인지 사전에서 찾아 적어 보고 그 경향성에 대해 토론해 보자.

단어	발음	제보자 수	비율	표준 발음
돌담	평음	132	37.71%	
	경음	218	62.29%	

산들바람	평음	170	48.57%
	경음	180	51.43%
동아줄	평음	43	12.29%
	경음	307	70.00%
막냇동생	평음	223	63.71%
	경음	123	35.14%
	기타	4	1.14%
날갯짓	평음	222	63.43%
	경음	128	36.57%
머리말	[머리말]	53	15.14%
	[머린말]	297	84.86%
인사말	[인사말]	40	11.43%
	[인산말]	310	88.57%
감방	평음	128	36.57%
	경음	222	63.43%
반창고	평음	82	23.43%
	경음	257	73.43%
	기타	11	3.14%

03. 표준 발음법 가운데 한글 맞춤법과 관련된 것에는 무엇이 있는지 〈부록〉을 참고하여 찾아보자.

04. TV 방송 프로그램을 대상으로 표준 발음법에 어긋난 예를 더 조사하여 이를 유형별로 분류해 보자.

제 3 부

정확한 문어 화법과 미디어 언어 분석

1. 자막의 기능과 미디어 언어

1부에서 문어 화법을 설정하는 데 있어 자막의 역할을 강조한 바 있다. 자막은, 본질은 문어 화법에 해당하지만 구어 화법과 문어 화법을 넘나들 뿐만 아니라 구어 화법을 교정하는 역할도 수행한다는 점에서 매우 흥미로운 대상이다. 여기서는 이지양(2004)를 중심으로 자막이 가지는 여러 가지 기능에 대해 알아보고 이를 미디어 언어를 통해 구체적으로 살펴보기로 한다.

1.1. 음성 언어의 한계 극복

이지양(2004)에 의하면 자막은 크게 네 가지의 기능을 하는 것으로 제시되어 있다. 첫 번째 기능은 자막을 통해 음성 언어 전달에 있어서의 장애를 극복할 수 있다는 것이다.

이것은 다시 네 가지의 세부 항목으로 나눌 수 있다. 먼저 외국어를 번역하는 기능이 있는데 이는 외국 노래의 가사를 번역하거나 외국인의 말을 번역하는 등의 기능을 자막이 담당하는 경우를 뜻한다.

다음으로 자막은 음성 언어 전달에 있어서 부정확한 발음을 극복하는 기능을 하게 되는데 이는 발음 속도가 빨라 알아듣지 못한 사람이 많을 것 같은 상황이나 출연자의 부정확한 발음을 재확인하기 위해서 혹은 외국인의 서툰 한국말을 이해하는 데 도움을 주기 위해서, 그리고 아주 어린 아이들의 부정확한 말의 내용을 쉽게 파악하도록 하기 위해서 사용되는 기능이라고 할 수 있다.

또한 자막은 환경적인 제한 때문에 생기는 요인을 극복하는 수단으로서 기능하는데 예를 들어서 마이크에서 멀리 떨어진 소리, 아주 작은 말소리 혹은 출연자들 사이의 말소리가 중복되는 경우 등에서 그 기능을 수행한다고 볼 수 있다.

자막을 통한 요약 정리도 음성 언어 전달에 있어서의 장애를 극복하는 기능의 하나라 할 수 있다. 즉 자막을 통해서 내용 파악이 힘든 대사를 도식이나 표로 표현함으로써 내용을 일목요연하게 정리하여 시청자들로 하여금 빠른 상황 이해와 내용 파악에 도움을 준다. 이들 각각에 해당하는 예를 들면 다음과 같다.

가. 외국어 번역

　(예) 일본에 계신 여러분! 오늘은 〈안녕하세요〉라는 버라이어티 프로그램 … 앞으로의 활동도 꼭 확인해서 봐 주세요. 잘 부탁드립니다. (이홍기의 일본어 인사말 번역)

　(예) I sit and watch as tears go by(난 눈물 흘리며 바라보기만 했지)

나. 부정확한 발음 전달

　(예) 불편하시면 자리 바꿔드릴게요.

다. 환경적 요인

　(예) 여러분의 말 못할 고민을 응원해 드립니다.

라. 요약 정리

　(예) 여자에게 … 문자의 길이 = 성의 = 나에 대한 마음

(가)는 출연자가 일본어로 한 인사말을 한국인 시청자를 위해 번역을 제공한 것과 영어 문장에 대해 자막으로 이에 대한 번역을 함께 제공한 경우이다. (나)는 출연자의 부정확한 발음을 자막으로 처리한 것이며 (다)는 잘 들리지 않는 사회자의 발언을 자막으로 처리한 경우이다. (라)는 방영 내용에 대해 이를 요약함으로써 시청자의 이해를 돕는 경우를 보인 것이다.

1.2. 프로그램 진행의 새로운 수단

자막의 두 번째 기능은 자막이 프로그램 진행 수단으로서 기능할 수 있다는 점이다. 이것은 자막이 단순히 문자 언어로서 음성 언어를 뒷받침하는 것이 아니라 스스로 적극적인 기능을 가지고 있다는 것을 의미한다는 점에서 1부에서 언급한 자막의 기능이 바로 여기에 해당한다. 이 기능도 다시 세 가지의 경우로 나눌 수 있다.

먼저 장면 전환의 경우가 있는데 이는 프로그램 코너의 전환, 사건 진행 장소나 시간의 확인과 관련된 정보를 제공하는 경우가 대표적이라고 할 수 있다.

다음으로 상황이나 화면의 내용을 설명하는 기능이 있는데 예를 들어 화면으로 분간하기 힘든 복잡한 상황, 작은 소품 등의 표시, 출연자들의 말로만으로는 이해하기 어려운 내용을 보충한다거나 어려운 말을 풀어서 보여 주는 것 혹은 화면 내용을 말 대신 자막으로 제시하는 것 등이 이에 속한다. 이러한 예들을 보면 자막이 가히 진행자의 역할을 대신하고 있다고도 볼 수 있다.

끝으로 자막은 인물, 장치, 프로그램의 내용을 소개하는 기능을 통해서 말소리의 방해를 받지 않고 영상과 배경음악을 통해 느낌을 더욱 잘 전달할 수 있는 기능을 가지고 있다는 것이다. 이는 자막이 새로운 연출 기법의 하나로서 자리매김하고 있다는 느낌을 준다고 할 수 있다. 이들 각각에 해당하는 예를 제시하면 다음과 같다.

가. 장면 전환

(예) 잠시 후 그들의 두 번째 이야기가 시작됩니다.

(예) 찾아보자! 준희가 원하는 고백 스타일

나. 상황이나 화면 내용 설명

(예) 앞서 실수한 만큼 더욱 더 열창

(예) 순위 바닥으로 내려간 지원

다. 인물, 장치, 프로그램 소개

(예) 부활의 정신적 지주 김태원

(예) 상큼한 시크릿의 두 여자 한선화, 송지은

(가)는 장면 전환의 예이고 (나)는 상황이나 화면 내용 설명의 예이며 (다)는 인물, 장치, 프로그램을 자막으로 설명하는 예이다. 이들은 모두 프로그램 진행자나 참여자의 음성 언어 없이 자막이 진행자의 역할을 담당하고 있다는 점에서 공통된다.

1.3. 추가 정보의 제공

자막의 세 번째 기능은 추가 정보 제공이다. 이것도 다시 네 가지로 나누어 살펴볼 수 있다.

먼저 흥미, 관심의 유지 증폭 기능이다. 이것은 글자 크기/색/모양의 변화를 통해 특정 부분을 강조하는 효과를 나타내거나 시각화, 재치 있는 말이나 재미 유발 장면을 다시 자막으로 표출하여 흥미를 배가하는 것, 의성어·의태어로 소리나 모습을 처리하고, 한자를 사용하는 등 문자만이 가질 수 있는 색다른 이미지를 이용하는 경우, 진행 정체 장면에서의 공백 메우기를 통한 관심 유지 효과, 의도적으로 강한 어휘나 표현을 덧붙임으로써 흥미를 증폭하는 등의 예에서 살펴볼 수 있다. 물론 이러한 기능이 반복되거나 부적절할 경우에는 억지스러운 느낌을 줄 우려도 있어 잦은 사용은 역효과를 가져올 수 있다.

다음으로는 말소리의 시각적 반복 기능을 들 수 있는데 이를 통해 내용을 강조하거나 분위기를 조성하는 효과를 고조시키는 등의 역할을 할 수 있다.

또한 잘 안 보이는 부분을 자막을 통해 시각화하는 기능을 들 수 있다. 이를 통해 시청자들이 그냥 넘어가기 쉬운 출연자의 감정이나 행동의 미묘한 변화를 자막으로 시각화하고 화면만 보고는 알 수 없는 심리 상태를 그야말로 '보여 줄' 수 있다. 그럼으로써 더욱 적극적으로 시청자와의 감정의 동일화를 이끌어낼 수 있다.

마지막으로 제작자의 의견 표출 기능이 있는데 이는 제작진의 의도를 표출하고, 시청자들이 가질 법한 생각을 대변하며, 출연자의 말이나 행위를 자막으로 평가하는 등의 기능을 자막으로 하는 경우이다. 이들 각각에 해당하는 예를 제시하면 다음과 같다.

가. 흥미·관심 유지, 증폭 기능
　(예) ㅋㅋㅋ
나. 말소리의 시각적 반복
　(예) 사귀는 거야? 사귀는 거야?
　(예) 재범이잖아요 재범이잖아요 재범이잖아요
다. 잘 안 보이는 부분의 시각화
　(예) 대체 누구야? / 저 사람인가?
　(예) 어쩜 좋아
　(예) 오호 / 궁금
라. 제작자의 의견 표출
　(예) 유정아 봄 삼촌은 놀게 냅둬~
　(예) 판단은 여러분에게 맡기겠습니다.
　(예) 내심 바라셨나 보네~
　(예) 시작은 희극 결말은 비극

(가)는 웃음을 시각화하여 시청자의 흥미나 관심을 유지하거나 증폭하는 기능을 하는 자막의 예이고 (나)는 음성 언어로 표현된 내용을 시각적으로 반복한 예이다. (다)는 화면상으로는 잘 보이지 않는 부분을 자막으로 표현하여 추가 정보 제공을 하는 경우이고 (라)는 모두 제작자가 내용 전개에 대해 의견을 표출하는 경우이다. 그러나 (라)는 지나치면 시청자의 상상력을 제한하는 경우도 있을 수 있다.

1.4. 오류의 수정

자막의 마지막 기능으로는 오류 수정의 기능을 들 수 있는데 이것은 발화에서 나타나는 오류를 자막으로 정정하는 역할이라고 할 수 있다. 이에는 생략된 말을 자막으로 보충하기, 사투리를 표준말로 바꾸기, 부적절한 표현을 적절한 표현으로 정정하기, 외래어를 우리말로 바꾸기 등이 포함된다. 이들 각각에 해당하는 예를 제시하면 다음과 같다.

가. 외래어 표기법 수정
  (예) 지원의 두 번째 미스터리 [미스테리 → 미스터리]
  (예) 예능 스태프들이 뽑은 가장 피곤한 스타일 PD 1위 [스탭 → 스태프]
  (예) 스킨십의 (범위가) 뭐예요? [스킨쉽 → 스킨십]
  (예) 록에 살고 록에 죽는 네 남자 [롹 → 록]
  (예) 그러면 어떻게 프러포즈를? [프로포즈 → 프러포즈]
나. 외래어를 한글로 순화
  (예) 상상도 섬세하게 [디테일하게 → 섬세하게]
다. 생략된 말 자막으로 보충
  (예) 목적어 삽입 : 한 번밖에 없는 (결혼식) 모르죠, 아직까지는 …
  (예) 주어 삽입 : (재소자들이) 많이 노래를 신청했어요.
라. 은어나 비속어 등 부적절한 표현의 순화

(예) 누워서(?) 자! [자빠져서 → 누워서]

(예) 여자 친구가 있을 때에도 번호를 받아내는 이유는? [번호를 따는 → 번호를 받아내는]

(예) 결혼식 지나치게 화려하지 않아도 [뻑적지근 → 화려하지 않아도]

마. 잘못된 발음 교정

(예) 기분이 날아갈 거 같은 거야! [날라갈 거 → 날아갈 거]

(예) 흙에 떨어져도 주워 먹던 [주서 먹던 → 주워 먹던]

(예) 이러려고 여기 온 것은 [이럴려고 → 이러려고]

(가)는 출연자들의 발음이 외래어 표기법에 어긋나는 것들을 자막으로 처리하면서 바르게 수정한 예들이다. (나)는 출연자들이 사용한 외래어를 순화하여 이를 자막으로 처리한 경우이다. (다)는 출연자들의 음성 언어에서 생략된 말을 시청자들이 이해하기 좋게 복원하여 제시한 경우이다. (라)는 출연자들이 사용한 은어나 비속어 등을 순화하여 수정 제시한 자막의 예들을 제시한 것이다. (마)는 출연자들이 표준 발음법에 어긋나게 발음한 것을 수정하여 자막으로 제시한 예라고 할 수 있다. 이들은 모두 구어 화법에 해당하는 것들을 문어 화법의 방식으로 수정하고 있다는 점에서 자막의 특성을 여실히 반영하고 있다.

이상에서 살펴본 바와 같이 자막은 단순히 문자 언어로서 음성 언어의 보충적인 기능만 담당하는 것이 아니라 제3의 진행자로서 프로그램을 이끌어 나갈 뿐만 아니라 잘못된 발음이나 표기를 정정하는 적극적인 기능을 담당하고 있음을 알 수 있다. 따라서 미디어 언어에서의 자막의 의의와 활용 방안에 대해 앞으로도 지속적으로 관심을 기울일 필요가 있다. 그러나 자막의 과도한 사용이나 오히려 자막에 잘못이 있는 등 역기능도 있으므로 주의해야 한다.

연·습·문·제

01. 다음의 화면들은 본문에서 제시된 자막의 어떤 기능을 사용하고 있는지 말해 보자.

①

②

음성 언어 : 고기를 처먹고
자막 : 고기를 구워먹고

③

음성 언어 : 검은색 나시
자막 : 검은색 민소매

02. 다음 자막에서 잘못된 것을 찾아 이를 바르게 고쳐 보자.

①

②

③

03. 방송 프로그램 한 편을 선택하여 본문에 제시된 자막의 기능에 해당하는
경우를 찾아보자.

04. 방송 프로그램 한 편을 선택하여 자막이 잘못 사용된 경우를 찾아보자.

2. 문어 화법의 언어 예절

2부에서 살펴본 『표준 언어 예절』(2011)의 내용은 구어 화법에 적용되는 언어 예절이었다. 여기서는 문어 화법에 적용되는 언어 예절에 대해 살펴보기로 한다. 『표준 언어 예절』(2011)에서 문어 화법의 언어 예절은 '서식'의 형식으로 제시되어 있다. 여기에는 '편지와 전자 우편', '연하장', '결혼 청첩장', '결혼 축하', '결혼 축하에 대한 감사장', '부고', '조위', '조장과 조전', '조위에 대한 감사장', '기타(축하, 위로)'가 포함된다. 이들은 다시 편지와 관련된 것, 결혼과 관련된 것, 부고와 관련된 것, 기타의 네 가지로 나눌 수 있다.

2.1. 편지, 전자 우편, 연하장

지금은 전화 사용이 늘어 예전보다 편지를 쓰는 일이 많지 않고 편지를 사용해야 하는 경우도 즉각적인 확인이 가능하며 많은 양의 자료를 첨부할 수 있고 또 비용도 전혀 들지 않는 전자 우편을 이용하는 경우가 많지만 전화, 전자 우편으로는 완전히 대신할 수 없는 편지의 역할은 아직 무시하기 어려운 단계라고 할 수 있다. 먼저 편지는 크게 서두의 호칭어, 서명란, 봉투 쓰는 법으로 나누어지는데 이를 표로 정리하면 다음과 같다.

구 분			서 두	서 명 란	봉투 『받는 사람』
높이는 대상	개인	집안 사람들	아버지께, 아버님께, 어머니께, 어머님께, 할아버님께, 할아버지께, 할머님께, 할머니께	○○○ 올림, ○○○ 드림	○○○ 님, ○○○ 님께, ○○○ 과장님, ○○○ 과장님께, ○○○ 귀하, ○○○ 좌하

구 분		서 두	서 명 란	봉투 『받는 사람』
에게	집안 외 사람들	○○○ 님, ○○○ 님께, ○○○ 과장님, ○○○ 과장님께		
	회사나 단체	○○[회사명] 주식회사 귀중	○○[회사명] 사장 ○○○ 올림, ○○[회사명] 과장 ○○○ 드림	○○[회사명] 귀중, ○○[회사명] 　○○○ 사장님, ○○[회사명] 　○○○ 사장 귀하
그 밖의 사람에게		○○[이름]에게, ○○○ 군에게, ○○○ 양에게, ○○[이름] 보아라	○○○ 씀, ○○○ 가/이가	○○○ 앞, ○○○ 님에게

　회사나 단체에 편지를 보내는 경우 '○○[회사명] 주식회사 사장 ○○○ 올림'이나 '○○[회사명] 주식회사 과장 ○○○ 드림'은 가능해도 '○○[회사명] 주식회사 ○○○ 사장 올림'이나 '○○[회사명] 주식회사 ○○○ 과장 올림'처럼 직함을 이름 뒤에 넣어 말하면 우리의 전통 언어 예절에 어긋난다는 것을 알아 둘 필요가 있다. 이는 곧 남에게 자기 자신을 높여 말하는 잘못을 저지르는 것이 되기 때문이다. 한편 서명란에 '○○[이름]로부터'는 외국어의 직역이므로 쓰지 않는 것이 좋다. 봉투에는 '○○○씨 귀하'와 같이 쓰는 일이 있으나 '씨'가 오늘날에는 높이는 느낌이 크지 않고 또 '귀하'와 중복되므로 쓰지 않는 것이 좋다.

　다음으로 전자 우편은 인터넷을 기반으로 한 우편이라는 점에서만 편지와 다를 뿐 역시 형식과 예의를 제대로 갖추어야 한다는 점에서 편지와 공통된다. 전자 우편의 구성을 보이면 다음과 같다.

서 두		상대나 상황에 따라 다양하게 쓴다.
인 사		
본 문		
끝인사		
보내는 사람 이름	높이는 대상에게	○○○ 올림, ○○○ 드림
	그 밖의 사람에게	○○○ 씀, ○○○가/이가, ○○○, ○○[이름]

흔히 파일을 보내려고 전자 우편을 이용할 때에는 아무런 인사나 내용 없이 그냥 파일만 보내는 경우가 많은데 이때에도 인사와 함께 간단한 내용을 써 주는 것이 예의에 맞다.

한편 연하장은 새해를 축하하기 위하여 간단한 글이나 그림을 담아 보내는 '서장(書狀)'이지만 편지의 일종이기 때문에 형식이 편지와 비슷하다.

부르는 말		상대에 따라 다양하게 쓴다.
인 사 말	기원	새해 복 많이 받으십시오. 새해 복 많이 받으시고 모든 일이 뜻대로 이루어지시기를 빕니다.
	감사와 기원	지난해 베풀어 주신 후의에 감사하며 건강과 평안을 기원합니다. 지난 한 해 베풀어 주신 후의에 감사하며 건강과 평안을 기원합니다.
	부탁과 기원	새해에도 변함없는 성원을 부탁드리며 새해 복 많이 받으시기 바랍니다.
날 짜		
보내는 사람 이름		

2.2. 결혼 청첩장, 결혼 축하, 결혼 축하에 대한 감사장

청첩장도 편지의 일종이라고 할 수 있으나 결혼은 '인륜지대사(人倫之 大事)'라고도 하므로 격식을 갖추어 정중하게 써야 한다. 청첩장의 인사말은 예를 갖추어 정중히 모시는 마음을 담도록 해야 하는데 이때 받는 사람에게 부담을 주는 '부디 오셔서', '꼭 오셔서' 등의 표현은 삼가고 결혼을 알리는 내용을 담담히 쓰는 것이 좋다. 결혼 당사자 이름의 표기에 어려움을 겪는 사람이 많은데 속지의 경우에 이를 밝히는 방법을 정리하여 보이면 다음과 같다.

부모가 모두 있는 경우		○○○[아버지] ○○○[어머니]의 ○○[혼주와의 관계] ○○[당사자] 예) 박형수, 정영미의 차녀 기선
부모 중에 한 사람이 없는 경우	아버지가 없을 때	○○○[어머니]의 ○○[혼주와의 관계] ○○○[당사자] 예) 정영미의 장남 한상권
	어머니가 없을 때	○○○[아버지]의 ○○[혼주와의 관계] ○○[당사자] 예) 박형수의 삼녀 나리
부모가 없는 경우		○○○[당사자] 예) 안승준
날 짜		
시 간		
장소(약도)		

발송 주체에 따른 봉투와 속지의 표현으로는 다음의 표를 참고할 수 있다.

발송 주체가 혼주일 때	봉투	○○○[아버지], ○○○[어머니] 배상(拜上)/올림/드림
	속지 인사말	여기 두 사람이 사랑으로 만나 한 가정을 이루려 합니다. 아끼고 돌봐 주신 여러 어르신과 친지를 모시고 혼인의 서약을 맺고자 하오니 축복해 주시면 고맙겠습니다.

발송 주체가 결혼하는 당사자일 때	봉투	○○○[신랑], ○○○[신부] 올림/드림
	속지 인사말 (전형적인 인사말)	저희 두 사람이 사랑과 믿음으로 한 가정을 이루게 되었습니다. 저희들의 앞날을 축복해 주시고 격려해 주시면 고맙겠습니다.
발송 주체가 결혼하는 당사자일 때	속지 인사말 (다소 자유로운 인사말)	저희 두 사람 산길을 걸을 때나 봄날 꽃밭에 있을 때나 물길을 건너뛸 때나 두 손 잡고 함께 하기로 약속하였습니다. 그래서 여러분 모신 자리에서 촛대에 불을 밝히며 출발의 예를 드리고자 합니다. 저희를 축복해 주시면 힘이 되고 감사하겠습니다.

발송 주체가 혼주일 때는 '여기와 같이 표현할 수 있지만 발송 주체가 결혼하는 당사자일 때는 이를 '저희'로 표현하고 있다는 점에 주의할 필요가 있다.

결혼 잔치에 갈 때는 축의금이나 선물을 가지고 가는 것이 일반적이다. 축의금을 줄 때 봉투에 돈만 넣고 단자를 쓰지 않거나 선물을 줄 때도 단자를 쓰지 않는 경우가 많다. 단자에 축하의 말과 금액이나 물목(物目), 날짜, 이름을 정성스레 쓰고 축의금은 단자로 싸서 넣으면 예의를 더 갖추는 것이 되지만 단자를 준비하지 않을 경우에는 봉투에 축의 문구를 적어도 된다. 단자나 봉투에 들어갈 문구는 다음과 같다.

축 혼인, 축 결혼, 축 화혼, 축의, 하의, 경축	결혼을/혼인을 축하합니다. 결혼을/혼인을 진심으로 축하합니다. 결혼을/혼인을 경축합니다. 결혼을/혼인을 진심으로 경축합니다.

결혼 축하에 대해서는 한 분, 한 분 만나서 얼굴을 마주 보고 인사를 하는 것이 가장 좋지만 현실적으로 그렇게 하기가 어려우므로 감사장으로 감사의 인사를 대신하는 것이 일반적이다. 감사장을 쓸 때는 고마운 마음이 잘 느껴지도록 정성껏 쓴다.

2.3. 부고, 조위, 조장과 조전, 조위에 대한 감사장

부고는 '○○公 以老患 於自宅別世 茲以訃告'와 같이 한문으로 써 왔다. 그러나 지금은 사람들이 쉽게 알 수 있도록 써야 한다는 것이 일반적인 견해이다. 부고를 자녀의 이름으로 보내는 사람들도 있는데 이는 예가 아니므로 꼭 호상(護喪: 초상 치르는 데에 관한 온갖 일을 책임지고 맡아 보살피는 사람)의 이름으로 보내야 한다. 가령 부친상을 예시로 보이면 다음과 같다.

부 고

○○의 부친 ○○[본관] 이[성]공 ○○[돌아가신 분의 이름] 님께서 병환으로 ○○○○년 ○월 ○일 ○시 자택(○○○○ 병원)에서 별세하셨기에 알려 드립니다.

영결일시　○○○○년 ○월 ○일 ○시
영결식장　○○구 ○○로 ○○○(○○회관)
발인　○○○○년 ○월 ○일 ○시
장지　○○도 ○○군 ○○면 ○○로 (○○ 공원묘지)

맏아들　　○○
맏며느리　○○○
아들　　　○○
며느리　　○○○
딸　　　　○○
사위　　　○○○
손자　　　○○
손부　　　○○○

○○○○년 ○월 ○일
호 상　○○○올림

(연락처 : 전화번호 ○○○-○○○○)

조위금 문구는, 봉투에는 초상의 경우 '부의(賻儀)'가 가장 일반적이며 '근조(謹弔)'라고 쓰기도 한다. '삼가 고인의 명복을 빕니다.'처럼 한글로 쓰자는 주장도 있으나 단자에는 모르되 봉투에 문장으로 쓰는 것이 어색하므로 이 말을 봉투에는 쓰지 않는 것이 좋다.

불가피한 사정으로 문상을 갈 수 없을 때에는 편지나 전보를 보낸다. 부고(訃告)를 받고도 문상을 가지 않거나 편지나 전보조차 보내지 않는 것은 예의에 어긋난다.

장례를 마치고 나서는 문상을 온 사람이나 조위의 뜻을 전한 사람에게 감사의 뜻을 표현하는 것이 예의이다. 그 예를 보이면 다음과 같다.

삼가 인사드립니다.

　지난 ○월 ○일 저희 ○○○이 돌아가셨을 때 따뜻하게 위로해 주신 덕분에 무사히 장례를 잘 치렀기에 감사의 말씀을 드립니다.
　일일이 찾아뵙고 인사를 드리는 것이 마땅한 도리인 줄 아오나 아직 경황이 없어 이처럼 글월로써 대신하오니 너그러운 마음으로 헤아려 주시기 바랍니다.
　귀댁의 건강과 평안을 기원합니다.

○○○ 올림

2.4. 기타(축하, 위로)

남의 생일잔치에 갈 때에도 축의금 단자와 봉투를 적는 것이 예의에 맞다. '축 수연(祝 壽宴)', '축 수연(祝 壽筵)'은 환갑과 그 이상의 생일잔치에 갈 때 축의금의 단자와 봉투에 두루 쓸 수 있는 말이다. 물론 단자와 봉투에는 '축 수연'과 같이 반드시 한문 투로 써야 하는 것은 아니고 '건강히 오래 사시기를 빕니다.'나 '생신 축하합니다.'와 같이 쓰는 것도 좋다.

출산을 축하할 때 대부분의 사람들이 산모나 아기에게 필요한 물건을 선물하지만 특별한 경우에 축의금을 보낼 수도 있다. 이때는 단자와 봉투에 '축 순산(祝 順産)', '순산을 축하합니다.', '순산을 경축합니다.'라고 쓰면 된다.

정년 퇴임하시는 분께 드릴 축의 문구로는 삼가 축하한다는 뜻의 '근축(謹祝)', 그동안의 공을 기린다는 뜻의 '송공(頌功)', '공적을 기립니다.', '그동안의 공적을 기립니다.' 등의 문구를 쓸 수 있다.

문병을 갈 때는 쾌유를 바라는 문구로 단자와 봉투에 '기 쾌유(祈 快癒)', '쾌유를 바랍니다.', '조속한 쾌유를 바랍니다.' 등의 문구를 쓸 수 있다.

연 · 습 · 문 · 제

01. 전자 우편으로 청첩장을 작성하는 경우를 조사하여 편지로 작성하는 청첩장과 어떤 점에서 차이가 있는지 살펴보자.

02. 주변에서 문어 화법의 언어 예절에 어긋나는 것으로 어떤 것이 있는지 조사해 보자.

03. 국립국어원 홈페이지에서 『표준 언어 예절』(2011)을 내려 받아 결혼 축하의 단자와 봉투 작성의 예, 조위의 단자와 봉투 작성의 예를 찾아 자신의 이름을 넣어 연습해 보자.

3. 정확한 문어 화법을 위한 언어 규범

여기서는 문어 화법을 위한 언어 규범 가운데 〈한글 맞춤법〉, 〈표준어 사정 원칙〉, 〈외래어 표기법〉, 〈로마자 표기법〉에 대해 살펴보기로 한다. 〈표준어 규정〉은 제1부 표준어 사정 원칙과 제2부 표준 발음법으로 되어 있는데 이 가운데 제2부인 〈표준 발음법〉에 대해서는 정확한 구어 화법을 위한 언어 규범이라는 이름 아래 2부에서 이미 살펴본 바 있다. 모든 규정을 자세히 살펴보기는 어렵기 때문에 중점적으로 살펴볼 필요가 있는 것들만을 대상으로 하기로 하고 나머지는 부록에 제시된 규정을 참고하기 바란다.

3.1. 한글 맞춤법

현행 한글 맞춤법은 다음과 같이 모두 6장으로 구성되어 있으며 규정은 총 57개항이다.

현행 한글 맞춤법

제1장 총칙
제2장 자모
제3장 소리에 관한 것
제4장 형태에 관한 것
제5장 띄어쓰기
제6장 그 밖의 것

아래에서 2부의 표준 발음법처럼 이들 가운데 논의할 필요가 있는 것들을 장별로 몇 가지 살펴보기로 한다.

3.1.1. 총칙

한글은 음소 문자이지만 이를 풀어쓰지 않고 음절 단위로 모아쓰고 있다. 더욱이 현대 표기법에는 표음주의적 표기법 외에도 표의주의적 표기법이 사용되고 있다. 이를 명시적으로 밝히고 있는 것은 현행 한글 맞춤법의 제1장 총칙의 제1항이다.

> 가. 〈한글 맞춤법〉 총칙 제1항
> 한글 맞춤법은 표준어를 소리대로 적되, 어법에 맞도록 함을 원칙으로 한다.

이에 대해서는 학자에 따라 조금씩 의견의 차이가 있기는 하지만 대체로 '소리대로 적되'는 표음주의적 원리 혹은 음소적 원리를, '어법에 맞도록 함'은 표의주의적 원리 혹은 형태음소적 원리를 반영하는 것으로 해석하는 것이 일반적이다.

국립국어원의 홈페이지에서는 (가)에 대해 다음과 같은 자세한 해설을 베풀고 있다.

> 한글 맞춤법의 대원칙을 정한 것이다. '표준어를 소리대로 적는다'라는 근본 원칙에 '어법에 맞도록 한다'는 조건이 붙어 있다. 표준어를 소리대로 적는다는 것은 표준어의 발음 형태대로 적는다는 뜻이다. 맞춤법이란 주로 음소 문자(音素文字)에 의한 표기 방식을 이른다.
> 한글은 표음 문자(表音文字)이며 음소 문자다. 따라서 자음과 모음의 결합 형식에 의하여 표준어를 소리대로 표기하는 것이 근본 원칙이다. 예컨대 '구름, 나무, 하늘, 놀다, 달리다' 따위는 표준어를 소리 나는 대로 적는 형식이다.
> 그런데 표준어를 소리대로 적는다는 원칙만을 적용하기 어려운 경우도 있다. 예컨대 '꽃(花)'이란 단어는 그 발음 형태가 몇 가지로 나타난다.

(1) [꼬ㅊ] ─ (꽃이)[꼬치]   (꽃을)[꼬츨]   (꽃에)[꼬체]

(2) [꼳] ─ (꽃나무)[꼰나무]   (꽃놀이)[꼰노리]   (꽃망울)[꼰망울]

(3) [꼳] ─ (꽃과)[꼳꽈]   (꽃다발)[꼳따발]   (꽃밭)[꼳빧]

이것을 소리대로 적는다면, 그 뜻이 얼른 파악되지 않고, 따라서 독서의 능률이 크게 저하된다. 그리하여 어법에 맞도록 한다는 또 하나의 원칙이 붙은 것이다.

어법(語法)이란 언어 조직의 법칙, 또는 언어 운용의 법칙이라고 풀이된다. 어법에 맞도록 한다는 것은, 결국 뜻을 파악하기 쉽도록 하기 위하여 각 형태소의 본모양을 밝히어 적는다는 말이다. 형태소는 단어의 기초 단위가 되는 요소인 실질형태소(實質形態素)와 접사(接辭)나 어미, 조사처럼 실질 형태소에 결합하여 보조적 의미를 덧붙이거나 문법적 관계를 표시하는 요소인 형식 형태소(形式形態素)로 나뉜다. 맞춤법에서는 각 형태소가 지닌 뜻이 분명히 드러나도록 하기 위하여, 그본 모양을 밝히어 적는 것을 또 하나의 원칙으로 삼은 것이다. 예컨대

(늙고)[늘꼬]   (늙지)[늑찌]   (늙는)[능는]

처럼 발음되는 단어를 '늙-'으로 쓰는 것은, (늙어) [늘거], (늙은)[늘근]을 통하여 실질 형태소(어간)의 본 모양이 '늙-'임을 인정하게 되기 때문이다.

그러나 이 원칙은 모든 언어 형식에 적용될 수는 없는 것이어서, 형식 형태소의 경우는 변이 형태(變異形態)를 인정하여 소리 나는 대로 적을 수 있도록 한 것이다. 예컨대

막-아/먹-어   소-가/말-이

따위와 같이, 음운 형태가 현저하게 다른 것을 한 가지 형태로 통일할 수는 없기 때문이다. '어법에 맞도록 한다'가 아니라, '어법에 맞도록 함을 원칙으로 한다'라는 표현에는 예외가 있을 수 있다는 뜻이 담겨 있다.

다만, 한자어의 경우는, 예컨대 '국어(國語) 〈나라+말〉, 남아(男兒) 〈남자+아이〉'처럼, 결합한 글자가 각기 독립적인 뜻을 표시하는 것이므로, 각 글자의 음을 밝히어 적는 것이다.

그러나 이러한 표기 원리가 처음부터 이러한 모습을 가지고 있었던 것은 아니다. 이러한 점에서 〈한글 맞춤법〉의 총칙이[1] 걸어온 길에 대해 살펴볼 필요가 있다. 이것은 곧 〈한글 맞춤법〉이 걸어온 길을 보여 준다는 점에서도 의미가 있다.

한글에 대한 국가적인 차원에서의 정서법 마련은 국문연구소(國文研究所)의 〈國文研究議定案〉(1909)부터라고 할 수 있다. 그러나 이는 1910년 국권침탈 때문에 공포·실시되지 못하고 말았을 뿐만 아니라 표기 원리에 대한 명시적인 내용을 담고 있지도 않다. 그러나 여기서 중요한 것은 〈國文研究議定案〉에 '初聲 諸字를 原則에 依하여 斷然 通用흠'이라는 구절이 있다는 것이다. 이는 종래의 칠종성(七終聲) 이외에 'ㄷ, ㅈ, ㅊ, ㅋ, ㅌ, ㅎ'은 물론 'ㄲ' 등까지도 받침으로 쓸 수 있다는 것으로 구체화된다. 이는 후술하는 바와 같이 표의주의적 표기에 있어 가장 핵심적인 부분이라 할 수 있다. 다시 말하자면 〈國文研究議定案〉(1909)는 표의주의적 표기법을 지향한 것이라는 데 의심의 여지가 없는 것이다. 〈國文研究議定案〉(1909)에 참여한 학자는 모두 8인인데 어윤적, 이능화, 주시경, 권보상, 송기용, 지석영, 이민응, 윤돈구이다. 주지하는 바와 같이 〈國文研究議定案〉(1909)의 표의주의에 가장 큰 영향을 미친 것은 주시경이다.

한편 표기 원리에 대한 규정이 처음 명시된 것은 1912년에 공포된 朝鮮總督府의 〈普通學校用 諺文綴字法〉이다. 해당 부분을 제시하면 다음과 같다.

나. 〈普通學校用 諺文綴字法〉(1912)
  一. (3) 表記法은 表音主義에 依하고 發音에 遠한 歷史的 綴字法 等은 此를 避함.

---

1 '총칙'이라는 말은 〈한글 맞춤법 통일안〉(1933)의 용어이고 〈普通學校用 諺文綴字法〉(1912), 〈普通學校用 諺文綴字法大要〉(1921)에서는 '緖言', 〈諺文綴字法〉(1930)에서는 '總說'로 되어 있으나 서로 별다른 차이가 있다고 보기 어렵기 때문에 이들을 모두 '총칙'과 등가로 취급하여 일일이 따로 밝히지는 않기로 한다.

(나)에서 제시된 바와 같이 〈普通學校用 諺文綴字法〉(1912)는 그야말로 '表音主義'를 문면에 내세우고 있다. 이에 따라 받침은 'ㄱ, ㄴ, ㄹ, ㅁ, ㅂ, ㅅ, ㅇ, ㄺ, ㄻ, ㄼ'만을 허용하고 있다. 즉 〈國文硏究議定案〉(1909)와는 상반된 표기 원칙이 지배하고 있음을 단적으로 보여 주고 있는 것이다. 이는 〈普通學校用 諺文綴字法〉(1912)에 참여한 학자의 양상에서도 그 이유를 짐작할 수 있다. 〈國文硏究議定案〉(1909)에 참여했던 8인의 학자 가운데 어윤적만이 〈普通學校用 諺文綴字法〉(1912)에 참여하였고 우리의 학자로는 새로 유길준, 강화석 두 사람과 일본 학자 3인 총 6인이 참여하였기 때문이다.

다음으로 이의 개정안이 〈普通學校用 諺文綴字法大要〉라는 이름으로 1921년에 공포되었다. 역시 표기 원리에 해당하는 부분을 가져오면 다음과 같다.

다. 〈普通學校用 諺文綴字法大要〉(1921)
　　二. 可及的 發音대로의 綴字法을 標準으로 함.

'可及的'이라는 말이 쓰이고 '表音主義'라는 말이 빠진 대신 '發音대로'라는 말이 사용되었으며 '發音에 遠한 歷史的 綴字法 等은 此를 避함'이라는 말이 삭제되었다. 후술하는 바와 같이 '可及的'이라는 것은 그렇지 않은 것도 어느 정도 인정한다는 뉘앙스를 풍긴다. 이것은 매우 중요하게 간주될 만한 것이지만 실질적인 효과는 그리 크지 않았던 것으로 판단된다. 받침을 보면 〈普通學校用 諺文綴字法〉(1912)와 마찬가지로 'ㄱ, ㄴ, ㄹ, ㅁ, ㅂ, ㅅ, ㅇ, ㄺ, ㄻ, ㄼ'만을 허용하고 있기 때문이다.

이러한 〈普通學校用 諺文綴字法大要〉는 1930년에 〈諺文綴字法〉이라는 이름으로 다시 개정되었다. 우선 표기 원리에 해당하는 부분을 가져오면 다음과 같다.

　　몇 가지 점에서 〈普通學校用 諺文綴字法大要〉(1921)과 다른 것이 보이
는데 이 가운데 가장 특징적인 것은 〈普通學校用 諺文綴字法大要〉(1921)
에서는 '可及的'이라고 되어 있던 것이 뒤에 제시되어 '但 必要에 依하야
若干의 例外를 設함'으로 구체화하고 있다는 점이다. 이는 단순한 차이라
고 치부할 수 없다. 그것은 받침 규정에서 단적으로 알 수 있는데 〈諺文綴
字法〉(1930)에서는 〈普通學校用 諺文綴字法〉(1912), 〈普通學校用 諺文綴
字法大要〉(1921)에서 사용되던 받침은 물론 'ㄷ, ㅌ, ㅈ, ㅊ, ㅍ, ㄲ, ㄳ,
ㄵ, ㄾ, ㄿ, ㅄ'을 더 쓴다고 되어 있기 때문이다(13항).[2] 또한 조사와 어미도
분철할 것을 규정에 명시하고 있다는 점에서, 공포·시행된 것으로는
처음으로 표의주의 표기법을 천명한 것이라 평가할 수 있다. 이러한 사실
은 〈諺文綴字法〉(1930) 제정에 참여한 학자들 즉 장지영, 이완응, 이세정,
권덕규, 정렬모, 최현배, 신명균, 심의린 가운데에는 〈國文研究議定
案〉(1909)에서 주도적 역할을 담당하였던 주시경의 후계들이 적지 않았던
데에 그 이유가 있다. 다만 받침으로 'ㄷ, ㅌ, ㅈ, ㅊ, ㅍ' 등을 더 사용하고
조사와 어미를 분철할 것을 명시하고 있음에도 불구하고 이것에 대한
근거는 '但 必要에 依하야 若干의 例外를 設함'에서 찾을 수밖에 없다는
것은 아쉬운 점이라 할 수 있다.

　　현행 〈한글 맞춤법〉(1988)의 직접적 모태는 〈한글 마춤법 통일
안〉(1933)이다. 〈한글 마춤법 통일안〉(1933)이 나오기까지 3년에 걸치는
기간 동안 모두 125회의 회의를 가졌다는 사실을 염두에 두면 '표음주의'와

---

2 〈國文研究議定案〉(1909)에서는 'ㅎ'까지 받침에 쓰기로 했다는 점에서 〈諺文綴字法〉(1930)
　보다 더 표의주의적 원칙을 지향하고 있음을 알 수 있다.

'표의주의'의 관계 정립 문제가 어느 정도 치열한 양상을 띠었는가를 짐작하기 어렵지 않다. 참여한 학자도 대폭 확대되었는데 권덕규, 신명균, 장지영, 정렬모, 최현배, 이세정은 〈諺文綴字法〉(1930)에서부터 참여하였고 김윤경, 박현식, 이극로, 이병기, 이희승, 이윤재, 정인섭이 새로 참여하였다. 그야말로 당대의 내로라하는 학자는 모두 참여한 셈이다. 〈한글 마춤법 통일안〉(1933)에서는 〈諺文綴字法〉(1930)의 규정이 다음과 같이 제시되어 있다.

> 마. 〈한글 마춤법 통일안〉(1933)
> 一. 한글 마춤법(綴字法)은 표준말을 그 소리대로 적되, 어법에 맞도록 함으로써 原則을 삼는다.

이는 (가)에서 제시한 현행 〈한글 맞춤법〉(1988)과 별다른 차이가 없지만 〈諺文綴字法〉(1930)과는 여러 가지 점에서 차이가 있다. 우선 '諺文綴字法'이 '한글 마춤법'으로 바뀌었다. 이것은 한자를 고유어로 바꾼다는 취지에 따른 것이다. 이러한 측면에서 보면 〈諺文綴字法〉(1930)에서 '發音대로'를 '소리대로'로 바꾼 것은 충분히 이해가 가는 처사이다. 무엇보다 가장 중요한 것은 '但 必要에 依하야 若干의 例外를 設함'이 '어법에 맞도록 함'으로 수정되고 이것이 다시 '원칙을 삼는다'는 말 앞으로 자리를 바꾼 사실이다. 실제 내용에 있어서는 받침에 'ㅋ, ㅎ, ㄶ, ㅀ, ㅆ' 등을 더 쓰게 한다는 것 말고는 이미 〈諺文綴字法〉(1930)에서 제시된 내용을 그대로 계승하되 더욱 체계화하고 정밀화하였을 뿐이다.

〈한글 마춤법 통일안〉(1933)은 1937년, 1940년, 1946년, 1948년, 1956년, 1980년에 각각 수정되어 〈한글 맞춤법〉(1988)에 이르렀지만 '표준말'이 '표준어' 정도로 수정되었을 뿐 총칙에 있어서는 거의 차이가 없다고 할 수 있다.

지금까지 현행 〈한글 맞춤법〉(1988) 총칙 제1항의 직접적 모델은 〈한글 마춤법 통일안〉(1933)임을 살펴보았다. 여기에서 주목하고자 하는 것은 이의 변천 과정에 드러난 문구의 변형 양상이다. 변천 과정에서는 〈한글 맞춤법〉에 대한 원리와 그것의 명문화 두 가지를 따로 떼어내어 분석할 필요가 있다.

우선 〈한글 맞춤법〉의 원리는, 이미 언급한 바 있지만, 표음주의적인 것과 표의주의적인 것으로 나눌 수 있다.

바. 표음주의적 원리에 기반한 정서법 규정
  〈普通學校用 諺文綴字法〉(1912)
  〈普通學校用 諺文綴字法大要〉(1921)
사. 표의주의적 원리에 기반한 정서법 규정
  〈國文研究議定案〉(1909)
  〈諺文綴字法〉(1930)
  〈한글 마춤법 통일안〉(1933〜)

(바)의 규정들은 훈민정음 창제 이후 개화기까지 한글 표기의 기본이 되었던 원칙이다. 그에 비하면 (사)의 규정들은 그리 연원이 깊지 못하다고 할 수 있다. 받침 규정만 놓고 보면 〈國文研究議定案〉(1909)이 〈諺文綴字法〉(1930)보다 더 표의주의적이었지만 공포·실시되지 못하였기 때문에 공포된 것을 기준으로 하면 지금 우리가 표방하고 있는 표의주의적인 표기법의 역사는 80여년밖에 되지 않는다.

다음으로는 이러한 표기 원리가 명문화한 것과 어느 정도 일치를 보이는지에 대해 살펴볼 필요가 있다. 전술한 바와 같이 〈國文研究議定案〉(1909)에는 이에 해당하는 것이 없으므로 〈普通學校用 諺文綴字法〉(1912)부터 대상으로 삼으면 〈普通學校用 諺文綴字法〉(1912)과 〈普通學校用 諺文綴字法大要〉(1921)은 (나)와 (다)를 볼 때 표방하는 원리와 그것의 명문화가 일치한다는 것을 알 수 있다. 그런데 문제는 〈諺文綴字法〉(1930)과 〈한글 마춤법 통일안〉(1933)에서 발견된다. 전자는 (사)에서 정리한 바와 같이 표기의 기본 원칙이 표의주의로 전환되었는데도 불구하고 이것은 단서 조항에서 '例外'라는 표현으로 명문화된 것이 전부이다. 앞에서 잠시 언급한 바와 같이 이에 비하면 후자의 〈한글 마춤법 통일안〉(1933)은 진일보한 것이라 평가될 만하다.

3.1.2. 자모

한글 맞춤법의 대상이 되는 한글 자모의 수, 순서, 이름에 대해서는 제4항에서 다음과 같이 밝히고 있다.

제4항 한글 자모의 수는 스물넉 자로 하고, 그 순서와 이름은 다음과 같이 정한다.

ㄱ(기역)	ㄴ(니은)	ㄷ(디귿)	ㄹ(리을)	ㅁ(미음)
ㅂ(비읍)	ㅅ(시옷)	ㅇ(이응)	ㅈ(지읒)	ㅊ(치읓)
ㅋ(키읔)	ㅌ(티읕)	ㅍ(피읖)	ㅎ(히읗)	
ㅏ(아)	ㅑ(야)	ㅓ(어)	ㅕ(여)	ㅗ(오)
ㅛ(요)	ㅜ(우)	ㅠ(유)	ㅡ(으)	ㅣ(이)

[붙임 1] 위의 자모로써 적을 수 없는 소리는 두 개 이상의 자모를 어울러서 적되, 그 순서와 이름은 다음과 같이 정한다.

ㄲ(쌍기역)	ㄸ(쌍디귿)	ㅃ(쌍비읍)	ㅆ(쌍시옷)	ㅉ(쌍지읒)
ㅐ(애)	ㅒ(얘)	ㅔ(에)	ㅖ(예)	ㅘ(와)	ㅙ(왜)
ㅚ(외)	ㅝ(워)	ㅞ(웨)	ㅟ(위)	ㅢ(의)

[붙임 2] 사전에 올릴 적의 자모 순서는 다음과 같이 정한다.

자 음: ㄱ ㄲ ㄴ ㄷ ㄸ ㄹ ㅁ ㅂ
　　　 ㅃ ㅅ ㅆ ㅇ ㅈ ㅉ ㅊ ㅋ
　　　 ㅌ ㅍ ㅎ

모 음: ㅏ ㅐ ㅑ ㅒ ㅓ ㅔ ㅕ ㅖ

ㅗ	ㅘ	ㅙ	ㅚ	ㅛ	ㅜ	ㅝ	ㅞ
ㅟ	ㅠ	ㅡ	ㅢ	ㅣ			

　주지하는 바와 같이 훈민정음에서 제시된 자모음의 순서는 한글 맞춤법
에서 제시하고 있는 것과 차이가 있다. 이렇게 된 근거는 최세진(崔世珍)
이 1527년에 쓴 훈몽자회(訓蒙字會)의 범례(凡例)에 제시되어 있다.

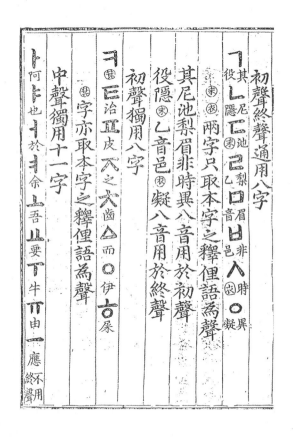

　위의 맨 오른쪽을 보면 첫소리[初聲]와 끝소리[終聲]에 두루 쓰이는[通
用] 8개 글자 밑에 그 명칭이 제시되어 있다. '니은(尼隱)'을 보면 그 원칙은
첫소리를 'ㅣ' 앞에 제시하고 끝소리를 'ㅡ' 밑에 제시하여 명칭을 삼은

것을 알 수 있다. 이 원칙에 위배되는 첫 번째 자음은 'ㄱ'에 대한 명칭 '기역'인데 이것은 한자에 규칙에 맞는 '윽'자가 없었기 때문이다. 다음으로 '디귿'과 '시옷'도 이 원칙에 위배되는데 이에 대해서는 동그라미로 글자를 표시하고 음이 아니라 뜻[釋]으로 읽는다고 되어 있다. 즉 한자에 '읃', '읏'자도 없는데 '기역'의 '역'자와 같이 '윽'자와 비슷한 자도 '읃', '읏'에는 없으므로 '末'과 '衣'자를 쓰고 그 뜻인 '끝'과 '옷'으로 읽도록 한 것이다. 당시에는 '끝'이 '귿'이었으므로 '디귿'과 '시옷'이라는 명칭은 이렇게 해서 탄생한 것이다.

그렇다면 여기에서 다음과 같은 의문이 제기될 수 있다. 'ㅋ', 'ㅌ', 'ㅍ' 등도 현대를 기준으로 한다면 '윽', '읃'에 해당하는 한자도 없는 마당에 '읔', '읕', '읖'에 해당하는 한자는 더더욱 없었을 것이므로 이들은 어떻게 표시했을까 하는 것이다. 그런데 이에 대한 대답도 위의 훈몽자회에 해답이 제시되어 있다. 당시에는 지금처럼 'ㅋ', 'ㅌ', 'ㅍ' 등을 받침으로 적지 않았기 때문에 이들은 첫소리[初聲]로만 단독으로 쓰이는[獨用] 8자로 따로 제시되어 그 명칭이 제시되어 있기 때문이다. 그리고 끝소리로는 쓰이지 않기 때문에 '기역, 디귿, 시옷'과 같은 문제는 생기지 않고 다만 첫소리를 'ㅣ' 앞에만 제시하여 그 명칭을 삼았다. 그럼에도 불구하고 '키'에 해당하는 음이 없어 '디귿, 시옷'의 '귿', '옷'처럼 뜻으로 음을 읽으라는 표시로 '箕'자에 동그라미 표시를 하였다. 즉 '箕'는 음은 '기'이지만 뜻은 '키'이므로 이를 '키'로 읽도록 한 것이다.

따라서 'ㄱ'부터 'ㅇ'까지는 훈몽자회에 제시된 명칭을 이어 받고 'ㅈ'부터 'ㅎ'까지는 이들을 끝소리로도 표기하는 현대 맞춤법에서는 원칙에 따라 'ㅋ'은 '키읔'으로, 'ㅌ'은 '티읕'으로 명칭을 삼았다. 이러한 사정을 잘 모르는 사람들 가운데 'ㅋ'을 [키역]으로, 'ㅌ'을 [티럳]으로 발음하는 경우가 적지 않은 데는 그 나름대로 이유가 있는 것이다.

사실 근대 시기에는 책에 따라 자음의 이름을 여러 가지로 달리 부른 경우가 적지 않았다. 아래에 근대 국어 시기부터 〈한글 맞춤법 통일안〉(1933)에 이르기까지 이에 해당하는 몇 가지를 제시하면 다음과 같다.

가. 강위의 『동문자모분해』(1869년)
　　초성 18자 : ㅇ[으], ㅎ[흐], ㄱ[그], ㄲ[끄], ㅋ[크], ㅅ[스], ㅆ[쓰], ㅈ[즈],
　　　　　　　　ㅊ[츠], ㄴ[느], ㄷ[드], ㄸ[뜨], ㅌ[트], ㄹ[르], ㅁ[므], ㅂ[브],
　　　　　　　　ㅃ[쁘], ㅍ[프]
　　종성 8자 : ㄱ[기윽], ㄴ[니은], ㄷ[디읃], ㄹ[리을], ㅁ[미음], ㅂ[비읍],
　　　　　　　　ㅅ[시옷], ㅇ[이응]

나. 지석영의 『신정국문』(1905년)
　　– 대체로 『훈몽자회』의 방법을 따름, 그러나 음 표시를 한글로 적음.
　　　ㄱ[기윽], ㄴ[니은], ㄷ[디읃], ㄹ[리을], ㅁ[미음], ㅂ[비읍], ㅅ[시옷], ㅇ[이응]

다. 유길준의 『대한문전』(1909년)
　　– 자음 17자 중 'ㄱ'이하 'ㅇ'까지의 8자에 대하여 특수한 이름을 붙임
　　　ㄱ[극], ㄴ[는], ㄷ[듣], ㄹ[를], ㅁ[밈], ㅂ[븝], ㅅ[슷], ㅇ[응], ㅈ[즈],
　　　ㅊ[츠], ㅋ[크], ㅌ[트], ㅎ[흐]

라. 김두봉의 『조선말본』(1916년)
　　– 자음 글자의 명칭을 일률적으로 통일
　　　ㄱ[기윽], ㄴ[니은], ㄷ[디읃], ㄹ[리을], ㅁ[미음], ㅂ[비읍], ㅅ[시옷],
　　　ㅇ[이응], ㅈ[지읒], ㅎ[히읗]

마. 조선총독부의 〈언문철자법〉(1930)
　　– 子音의 稱號法은 下와 如히 定함.
　　　ㄱ[기역], ㄴ[니은], ㄷ[디귿], ㄹ[리을], ㅁ[미음], ㅂ[비읍], ㅅ[시옷],
　　　ㅇ[이응], ㅈ[지읒], ㅊ[치읓], ㅋ[키윽], ㅌ[티읕], ㅍ[피읖], ㅎ[히읏]

바. 조선어학회의 〈한글마춤법통일안〉(1933)
　　– 〈언문철자법〉(1930)의 'ㅋ[키윽]', 'ㅎ[히읏]'을 '[키읔]', '[히읗]'으로 고침.

3.1.3. 소리에 관한 것

3.1.3.1. 된소리

앞에서 언급한 것처럼 한글 맞춤법의 총칙에 제시된 '소리대로'는 표음주의를, '어법에 맞도록'은 표의주의를 지향한 것이다. 그런데 이처럼 두 가지 모두를 표기에서 드러낼 수 있는 가능성이 상존하기 때문에 소리를 표기할 때 둘 가운데 어느 원칙을 따라야 할지를 늘 고민해야 한다.

가령 표준 발음법에서 살펴본 것처럼 된소리로 소리 나는 것도 표기에 밝혀 주는 경우가 있고 그렇지 않은 경우가 있다. 이를 규정한 것이 제5항이다.

제5항 한 단어 안에서 뚜렷한 까닭 없이 나는 된소리는 다음 음절의 첫소리를 된소리로 적는다.

　1. 두 모음 사이에서 나는 된소리

소쩍새	어깨	오빠	으뜸	아끼다
기쁘다	깨끗하다	어떠하다	해쓱하다	가끔
거꾸로	부썩	어찌	이따금	

　2. 'ㄴ, ㄹ, ㅁ, ㅇ' 받침 뒤에서 나는 된소리

산뜻하다	잔뜩	살짝	훨씬	담뿍
움찔	몽땅	엉뚱하다		

다만, 'ㄱ, ㅂ' 받침 뒤에서 나는 된소리는, 같은 음절이나 비슷한 음절이 겹쳐 나는 경우가 아니면 된소리로 적지 아니한다.

국수	깍두기	딱지	색시	싹둑(~싹둑)
법석	갑자기	몹시		

'뚜렷한 까닭 없이 나는 된소리'를 된소리로 적는다는 것은 이 규정이 표음주의에 따른다는 것을 의미한다. '다만' 규정에서 제시된 것처럼 'ㄱ, ㅂ' 받침 뒤에서 나는 된소리는 그 된소리를 적지 않아도 된소리로 발음되

므로 이 규정 안에서 그 나름대로 표의주의를 배려하고 있음을 나타낸 것이라 해석할 수 있다.

3.1.3.2. 구개음화, 'ㄷ' 소리 받침, 모음

제6항은 구개음화와 관련되는 것인데 "ㄷ, ㅌ' 받침 뒤에 종속적 관계를 가진 '-이(-)'나 '-히-'가 올 적에는, 그 'ㄷ, ㅌ'이 'ㅈ, ㅊ'으로 소리 나더라도 'ㄷ, ㅌ'으로 적는다."로 되어 있는 것은 구개음화와 관련된 표기가 철저하게 표의주의를 따르고 있음을 나타낸다.

제7항은 "'ㄷ' 소리로 나는 받침 중에서 'ㄷ'으로 적을 근거가 없는 것은 'ㅅ'으로 적는다."는 것으로 '덧저고리, 돗자리' 등이 그 예로 제시되어 있다. 'ㅅ'으로 적고 [ㄷ]으로 발음한다는 점에서 이것도 역시 표음주의보다는 표의주의를 지향한 규정임을 알 수 있다.

제8항과 제9항은 모음과 관련된 규정인데 각각 "'계, 례, 몌, 폐, 혜'의 'ㅖ'는 'ㅔ'로 소리 나는 경우가 있더라도 'ㅖ'로 적는다.", "'의'나, 자음을 첫소리로 가지고 있는 음절의 'ㅢ'는 'ㅣ'로 소리 나는 경우가 있더라도 'ㅢ'로 적는다."로 되어 있다. 이 역시 표의주의에 기반한 규정들이라는 점에서 제6항, 제7항과 일맥상통한다. 따라서 가령 '늴리리'는 [닐리리]로 발음되더라도 발음대로 적지 않기 때문에 실제 표기에서 혼동하는 사람들이 생겨나는 것이다.

3.1.3.3. 두음 법칙

제10항, 제11항, 제12항은 한자음 가운데 본음이 'ㄴ'인 것, 'ㄹ'인 것이 첫소리 즉 두음으로 올 때 'ㄴ'은 'ㅇ'으로, 'ㄹ'은 'ㅇ'이나 'ㄴ'으로 바뀌는 두음법칙을 표기에 반영한 것이다. 따라서 이들은 제5항과 마찬가지로 표음주의를 지향한 규정임을 알 수 있다. 그러나 국어에 한자어가 많은

만큼 세부적으로는 꽤 복잡한 양상을 띠는 것이 두음법칙이다. 하나의
규칙이 3개항을 차지하고 있는 것만으로도 이에 대한 사정을 짐작하기
어렵지 않다.

제10항 한자음 '녀, 뇨, 뉴, 니'가 단어 첫머리에 올 적에는, 두음 법칙에 따라 '여, 요, 유, 이'로 적는다.(ㄱ을 취하고, ㄴ을 버림.)

ㄱ	ㄴ	ㄱ	ㄴ
여자(女子)	녀자	유대(紐帶)	뉴대
연세(年歲)	년세	이토(泥土)	니토
요소(尿素)	뇨소	익명(匿名)	닉명

다만, 다음과 같은 의존 명사에서는 '냐, 녀' 음을 인정한다.

냥(兩)　　냥쭝(兩-)　　년(年)(몇 년)

[붙임 1] 단어의 첫머리 이외의 경우에는 본음대로 적는다.

남녀(男女)　　당뇨(糖尿)　　결뉴(結紐)　　은닉(隱匿)

[붙임 2] 접두사처럼 쓰이는 한자가 붙어서 된 말이나 합성어에서, 뒷말의 첫소리가 'ㄴ' 소리로 나더라도 두음 법칙에 따라 적는다.

신여성(新女性)　　공염불(空念佛)　　남존여비(男尊女卑)

[붙임 3] 둘 이상의 단어로 이루어진 고유 명사를 붙여 쓰는 경우에도 붙임 2에 준하여 적는다.

한국여자대학　　　대한요소비료회사

제11항 한자음 '랴, 려, 례, 료, 류, 리'가 단어의 첫머리에 올 적에는, 두음 법칙에 따라 '야, 여, 예, 요, 유, 이'로 적는다.(ㄱ을 취하고, ㄴ을 버림.)

ㄱ	ㄴ	ㄱ	ㄴ
양심(良心)	량심	용궁(龍宮)	룡궁
역사(歷史)	력사	유행(流行)	류행
예의(禮儀)	례의	이발(理髮)	리발

다만, 다음과 같은 의존 명사는 본음대로 적는다.

리(里): 몇 리냐?

리(理): 그럴 리가 없다.

[붙임 1] 단어의 첫머리 이외의 경우에는 본음대로 적는다.

개량(改良)	선량(善良)	수력(水力)	협력(協力)
사례(謝禮)	혼례(婚禮)	와룡(臥龍)	쌍룡(雙龍)
하류(下流)	급류(急流)	도리(道理)	진리(眞理)

다만, 모음이나 'ㄴ' 받침 뒤에 이어지는 '렬, 률'은 '열, 율'로 적는다.(ㄱ을 취하고, ㄴ을 버림.)

ㄱ	ㄴ	ㄱ	ㄴ
나열(羅列)	나렬	분열(分裂)	분렬
치열(齒列)	치렬	선열(先烈)	선렬
비열(卑劣)	비렬	진열(陳列)	진렬
규율(規律)	규률	선율(旋律)	선률
비율(比率)	비률	전율(戰慄)	전률
실패율(失敗率)	실패률	백분율(百分率)	백분률

[붙임 2] 외자로 된 이름을 성에 붙여 쓸 경우에도 본음대로 적을 수 있다.

신립(申砬)	최린(崔麟)	채륜(蔡倫)	하륜(河崙)

[붙임 3] 준말에서 본음으로 소리 나는 것은 본음대로 적는다.

국련(국제 연합)　　　한시련(한국 시각 장애인 연합회)

[붙임 4] 접두사처럼 쓰이는 한자가 붙어서 된 말이나 합성어에서, 뒷말의 첫소리가 'ㄴ' 또는 'ㄹ' 소리로 나더라도 두음 법칙에 따라 적는다.

역이용(逆利用)　　　연이율(年利率)　　　열역학(熱力學)

해외여행(海外旅行)

[붙임 5] 둘 이상의 단어로 이루어진 고유 명사를 붙여 쓰는 경우나 십진법에 따라 쓰는 수(數)도 붙임 4에 준하여 적는다.

서울여관　　　신흥이발관　　　육천육백육십육(六千六百六十六)

제12항 한자음 '라, 래, 로, 뢰, 루, 르'가 단어의 첫머리에 올 적에는, 두음 법칙에 따라 '나, 내, 노, 뇌, 누, 느'로 적는다.(ㄱ을 취하고, ㄴ을 버림.)

ㄱ	ㄴ	ㄱ	ㄴ
낙원(樂園)	락원	뇌성(雷聲)	뢰성
내일(來日)	래일	누각(樓閣)	루각
노인(老人)	로인	능묘(陵墓)	릉묘

[붙임 1] 단어의 첫머리 이외의 경우에는 본음대로 적는다.

쾌락(快樂)	극락(極樂)	거래(去來)	왕래(往來)
부로(父老)	연로(年老)	지뢰(地雷)	낙뢰(落雷)
고루(高樓)	광한루(廣寒樓)	동구릉(東九陵)	가정란(家庭欄)

[붙임 2] 접두사처럼 쓰이는 한자가 붙어서 된 단어는 뒷말을 두음 법칙에 따라 적는다.

내내월(來來月)　　상노인(上老人)　　중노동(重勞動)　　비논리적(非論理的)

위에서 볼 수 있는 바와 같이 앞의 두 규정은 '다만' 규정을 가지고 있고 '붙임'은 세 규정 모두 2개 이상을 거느리고 있다. 이들은 소리가 곧 표기와 일치하므로 해당하는 경우를 모두 기억하기보다는 해당 어휘에 대해 정확히 발음하는 습관을 기르는 것이 표기에서 혼동하지 않는 방법이라 할 수 있다.

3.1.3.4. 겹쳐 나는 소리

한편 제13항은 표음주의, 표의주의 사이에서 매우 흥미로운 측면을 보여 준다.

제13항 한 단어 안에서 같은 음절이나 비슷한 음절이 겹쳐 나는 부분은 같은 글자로 적는다.(ㄱ을 취하고, ㄴ을 버림.)

ㄱ	ㄴ	ㄱ	ㄴ
딱딱	딱닥	꼿꼿하다	꼿곳하다
쌕쌕	쌕색	놀놀하다	놀롤하다
씩씩	씩식	눅눅하다	눙눅하다
똑딱똑딱	똑닥똑닥	밋밋하다	민밋하다
쓱싹쓱싹	쓱삭쓱삭	싹싹하다	싹삭하다
연연불망(戀戀不忘)	연련불망	쌉쌀하다	쌉살하다
유유상종(類類相從)	유류상종	씁쓸하다	씁슬하다
누누이(屢屢―)	누루이	짭짤하다	짭잘하다

가령 '딱딱'의 경우는 '딱'이 'ㄱ'으로 끝나기 때문에 뒤에 오는 'ㄷ'음은 자동적으로 된소리로 발음된다. 따라서 '딱닥'의 경우로 적어도 문제가 없을 것이다. 보통 이렇게 적는 경우는 된소리를 표기에 반영하지 않는다는 점에서 표의주의를 지향한 경우라고 보는 것이 일반적이다. 그러나 이 규정은 정반대로 해석을 해야 할 필요가 있는 규정이다. 즉 '딱닥'이라고 적는 것보다 '딱딱'이라고 적어야 동일한 음절이 반복된다는 사실을 더 잘 전달할 수 있다는 점에서 오히려 표의주의를 지향한 것으로 볼 수 있기 때문이다.

3.1.4. 형태에 관한 것

3.1.4.1. 체언과 조사, 용언과 어미

한글 맞춤법의 제14항은 체언과 조사를 구별하여 적는다는 것이고 제15항은 용언의 어간과 어미를 구별하여 적는다는 것이다. 조사(助詞)는 그 명칭에서도 나타난 바와 같이 '사(詞)' 즉 단어로서 품사의 한 가지이고(그래서 어미와 달리 의존 형태소인데도 '-'(붙임표)를 넣지 않는다) 어미는 단어가 아니며 따라서 품사의 한 가지가 아니지만 각각 체언과 결합하고 용언과 결합하여 문장을 형성하고 있다는 점에서 공통된다.

이들 각각을 따로 구별하여 적지 아니하고 소리 나는 대로 적는다면 가령 조사는 '떠기, 떠글, 떠게, 떡또, 떵만'으로 되어 체언이 '떡'과 '떵'으로 통일되지 않을 뿐만 아니라 그것이 결합하고 있는 조사 '이, 을, 에, 도'의 모습도 제대로 알기 어렵게 된다. 마찬가지로 어미도 '먹따, 먹꼬, 머거, 머그니, 멍는다'와 같이 소리 나는 대로 적는다면 활용할 때의 불변 요소인 어간이 '먹'과 '멍'으로 통일되지 않을 뿐만 아니라 그것이 결합하고 있는 어미 '-다, -고, -어, -으니'의 모습을 역시 제대로 알기 어렵게 된다. 따라서 이 두 규정은 국어의 한글 맞춤법 가운데 뜻을 밝혀 적는 표의주의 표기법을 대표하는 것이라 할 수 있다.

용언의 어간과 어미를 구별하여 적는 것은 그 뜻을 밝히기 위함이라고 한 바 있는데 만약 그 뜻을 밝힐 필요가 없는 경우에는 이를 소리 나는 대로 적는 것은 어찌 보면 당연하다. 제15항의 붙임 규정 가운데 첫 번째 것은 이를 반영한 것이다.

[붙임 1] 두 개의 용언이 어울려 한 개의 용언이 될 적에, 앞말의 본뜻이 유지되고 있는 것은 그 원형을 밝히어 적고, 그 본뜻에서 멀어진 것은 밝히어 적지 아니한다.

(1) 앞말의 본뜻이 유지되고 있는 것

넘어지다	늘어나다	늘어지다	돌아가다	되짚어가다
들어가다	떨어지다	벌어지다	엎어지다	접어들다
틀어지다	흩어지다			

(2) 본뜻에서 멀어진 것

드러나다	사라지다	쓰러지다

(2)항에서 나타난 바와 같이 '들다, 살다, 쓸다'가 용언으로서 더 이상 자립적으로 쓰이지 않는 것은 이를 밝히지 않고 소리 나는 대로 적도록 하고 있다.

그런데 용언 가운데는 어간과 어미가 만났을 때 그 발음이 변하는 일이 있다. 표기도 역시 이를 따라 변한 발음대로 적도록 하고 있다. 이것이 제18항의 규정이다.

제18항 다음과 같은 용언들은 어미가 바뀔 경우, 그 어간이나 어미가 원칙에 벗어나면 벗어나는 대로 적는다.

1. 어간의 끝 'ㄹ'이 줄어질 적

갈다:	가니	간	갑니다	가시다	가오
놀다:	노니	논	놉니다	노시다	노오

불다: 부니　　분　　붑니다　　부시다　　부오

둥글다: 둥그니　　둥근　　둥급니다　　둥그시다　　둥그오

어질다: 어지니　　어진　　어집니다　　어지시다　　어지오

[붙임] 다음과 같은 말에서도 'ㄹ'이 준 대로 적는다.

마지못하다　　마지않다　　(하)다마다　　(하)자마자

(하)지 마라　　(하)지 마(아)

2. 어간의 끝 'ㅅ'이 줄어질 적

굿다:　　그어　　　　그으니　　　그었다

낫다:　　나아　　　　나으니　　　나았다

잇다:　　이어　　　　이으니　　　이었다

짓다:　　지어　　　　지으니　　　지었다

3. 어간의 끝 'ㅎ'이 줄어질 적[3]

그렇다:　그러니　　　그럴　　　그러면　　　그러오

까맣다:　까마니　　　까말　　　까마면　　　까마오

동그랗다: 동그라니　　동그랄　　동그라면　　동그라오

퍼렇다:　퍼러니　　　퍼럴　　　퍼러면　　　퍼러오

하얗다:　하야니　　　하얄　　　하야면　　　하야오

4. 어간의 끝 'ㅜ, ㅡ'가 줄어질 적

푸다:	퍼	펐다		뜨다:	떠	떴다
끄다:	꺼	껐다		크다:	커	컸다
담그다:	담가	담갔다		고프다:	고파	고팠다
따르다:	따라	따랐다		바쁘다:	바빠	바빴다

5. 어간의 끝 'ㄷ'이 'ㄹ'로 바뀔 적

걷다[步]:　걸어　　　걸으니　　　걸었다

듣다[聽]:　들어　　　들으니　　　들었다

묻다[問]:　물어　　　물으니　　　물었다

싣다[載]:　실어　　　실으니　　　실었다

6. 어간의 끝 'ㅂ'이 'ㅜ'로 바뀔 적

깁다:　　기워　　　기우니　　　기웠다

굽다[炙]:　구워　　　구우니　　　구웠다

가깝다:　가까워　　가까우니　　가까웠다

괴롭다:	괴로워	괴로우니	괴로웠다
맵다:	매워	매우니	매웠다
무겁다:	무거워	무거우니	무거웠다
밉다:	미워	미우니	미웠다
쉽다:	쉬워	쉬우니	쉬웠다

다만, '돕-, 곱-'과 같은 단음절 어간에 어미 '-아'가 결합되어 '와'로 소리 나는 것은 '-와'로 적는다.

돕다[助]:	도와	도와서	도와도	도왔다
곱다[麗]:	고와	고와서	고와도	고왔다

7. '하다'의 활용에서 어미 '-아'가 '-여'로 바뀔 적

하다:	하여	하여서	하여도	하여라	하였다

8. 어간의 끝음절 '르' 뒤에 오는 어미 '-어'가 '-러'로 바뀔 적

이르다[至]:	이르러	이르렀다
노르다:	노르러	노르렀다
누르다:	누르러	누르렀다
푸르다:	푸르러	푸르렀다

9. 어간의 끝음절 '르'의 'ㅡ'가 줄고, 그 뒤에 오는 어미 '-아/-어'가 '-라/-러'로 바뀔 적

가르다:	갈라	갈랐다	부르다:	불러	불렀다
거르다:	걸러	걸렀다	오르다:	올라	올랐다
구르다:	굴러	굴렀다	이르다:	일러	일렀다
벼르다:	별러	별렀다	지르다:	질러	질렀다

이를 불규칙 용언이라고 불러 왔으나 현행 학교 문법에서 말하는 불규칙 용언과는 조금 차이가 있다. 우선 현행 학교 문법에서 말하는 불규칙 용언을 다음과 같이 표로 정리해 보기로 한다.

---

3 고시본에서 보였던 용례 중 '그립니다, 까맙니다, 동그랍니다, 퍼럽니다, 하얍니다'는 1994 년 12 월 16 일에 열린 국어 심의회의 결정에 따라 삭제하기로 하였다. '표준어 규정' 제17항 이 자음 뒤의 '- 습니다'를 표준어로 정함에 따라 '그렇습니다, 까맣습니다, 동그랗습니다, 퍼렇습니다, 하얗습니다'가 표준어가 되는 것과 상충하기 때문이다.

	명칭	결합 어미	결과	예
어간 불규칙	'ㅅ' 불규칙	'으'를 가지고 있는 어미 모음으로 시작하는 어미	'ㅅ' 탈락	'짓-', '긋-', '낫-', '붓-' 등
	'ㄷ' 불규칙	'으'를 가지고 있는 어미 모음으로 시작하는 어미	'ㄷ'→'ㄹ'	'걷-', '깨닫-', '싣-', '일컫-' 등
	'ㅂ' 불규칙	'으'를 가지고 있는 어미 모음으로 시작하는 어미	'ㅂ'→'오/우'	'눕-', '덥-', '춥-', '돕-' 등
	'ㄹ' 불규칙	모음으로 시작하는 어미	'르'→'ㄹㄹ'	'기르-', '다르-', '빠르-' 등
	'우' 불규칙	모음으로 시작하는 어미	'우' 탈락	'푸-'
어미 불규칙	'여' 불규칙	모음으로 시작하는 어미	'아'→'여'	'하-', 'X하-'
	'러' 불규칙	모음으로 시작하는 어미	'어'→'러'	'이르(至)-', '푸르-', '누르-'
	'너라' 불규칙	명령형 어미	'아라'→'너라'	'오-', 'X오-'
	'오' 불규칙	명령형 어미	'아라'→'오'	'달-'
어간, 어미 불규칙	'ㅎ' 불규칙	'으'를 가지고 있는 어미	'ㅎ' 탈락	'좋-'을 제외한 모든 'ㅎ' 받침 형용사
		모음으로 시작하는 어미	'ㅎ'탈락, 어간 및 어미 모음→ '애/에'	

제18항과 표를 비교해 보면 (2)항은 현행 학교 문법의 'ㅅ' 불규칙에, (3)항은 'ㅎ' 불규칙에, (4)항의 '푸-'는 '우' 불규칙에, (5)항은 'ㄷ' 불규칙에, (6)항은 'ㅂ' 불규칙에, (7)항은 '여' 불규칙에, (8)항은 '러' 불규칙에, (9)항은 '르' 불규칙에 해당한다는 것을 알 수 있다. 그러나 (1)의 'ㄹ' 탈락에 해당하는 경우와 (4)항의 '으' 탈락에 해당하는 경우는 현행 학교 문법의 불규칙 유형에는 포함되어 있지 않고 반면 현행 학교 문법의 불규칙 유형에 포함되어 있는 '너라' 불규칙과 '오' 불규칙은 제18항에서 언급하고 있지 않다. 그렇지만 우선 이러한 차이가 소리 나는 대로 적는다는 규정을 위반하고 있는 것은 아니라는 점을 언급할 필요가 있다.

이른바 'ㄹ' 탈락과 '으' 탈락이 이전에는 불규칙으로 간주되었으나 현행 학교 문법에서는 불규칙에서 제외된 것은 이들의 분포가 다른 불규칙과는 달리 비록 어간의 일부가 탈락하기는 하지만 '예외 없이' 모두 예측 가능하기 때문이다.

'으' 탈락을 먼저 살펴보기로 하자.

> 가. 쓰고, 쓰지, 쓰는, 쓰겠- …
> 나. 쓰며, 쓰니, 쓸, 쓰시- …
> 다. 써, 써라, 썼- …

위에서 보는 바와 같이 모음으로 시작하는 어미와 결합하는 경우에만 '으'가 탈락한다. '으'를 가진 용언은 이처럼 언제나 그 결과가 예측되기 때문에 예측이 불가능한 불규칙에서 제외하고 이를 규칙으로 포함하게 된 것이다. 'ㄹ'을 가지는 용언의 활용도 마찬가지이다.

> 가. 날고, 날지, 나는, 날겠- …
> 나. 날며, 나니, 날, 나시- …
> 다. 날아, 날아라, 날았- …

'ㄹ'을 가지는 용언의 활용은 그 양상이 '으'를 가지는 용언보다 더 복잡하게 나타난다. 그러나 '-ㄴ'으로 시작하는 어미, '-(으)ㄴ', '-(으)시-, -(으)ㄹ'처럼 '-(으)'를 가지고 있는 어미, '-습니다, -습니까', '-오'와 같은 어미 앞에서는 예외없이 'ㄹ'이 탈락한다는 점에서 역시 불규칙이 아니라 규칙 활용의 테두리에 넣은 것이다.

이들에 비하면 나머지 불규칙의 경우에는 동일한 환경에서도 아무런 변화가 없는 것과 변화가 생기는 것이 존재한다는 점에서 그 결과가 예측되지 않는 것이다.

따라서 현행 한글 맞춤법 제18항은 불규칙 용언에 대한 것이라기보다는 규칙이든 불규칙이든 용언의 활용 가운데 표의주의적인 '어법에 맞도록'이 아니라 표음주의적인 '소리대로' 적는 것들을 정리한 것이라고 해석하는 것이 합당할 것이다.

3.1.4.2. 접미사가 붙어서 된 말, 합성어 및 접두사가 붙은 말

체언과 조사의 결합, 용언의 어간과 어미의 결합은 특별한 경우가 아니면 빈칸이 생기는 일이 드물다. 체언과 조사가 결합하거나 용언의 어간과 어미가 결합하는 경우를 패러다임의 측면에서 보는 것은 이러한 관점에 따른 것이다.

그런데 접두사 혹은 접미사의 경우에는 사정이 다르다. 이들은 모두 새로운 단어를 형성하는 요소들인데 새로운 단어 형성에 참여하는 접두사와 접미사는 그것이 결합하는 어근의 수효가 대체로 제한되어 있기 마련이다. 따라서 용언의 어간과 어미의 결합에서 나타나는 패러다임의 측면을 적용하기가 힘들다.

그러나 접두사나 접미사 가운데도 상대적으로 새로운 단어 형성에 보다 적극적으로 참여하고 그 결과 형성된 단어의 수도 많은 것들이 있고 반대로 단어 형성에 보다 소극적으로 참여하여 그 결과 형성된 단어의 수도 많지 않은 것들이 있다. 한글 맞춤법에서는 이들 가운데 앞의 것들은 대체로 원형을 밝히는 표의주의 표기법을 지향하고 있고 뒤의 것들은 대체로 원형을 밝히지 않는 표음주의 표기법을 지향하고 있다. 이들에 관해서 우선 접미사에 해당하는 규정이 제19항에서부터 제26항까지이다. 생산성에 따른 접미사의 표기 양상을 가장 분명하게 보여 주는 것은 제20항을 통해서이다. 생산성이란 새로운 단어 형성에 어느 정도 적극적으로 참여하느냐를 따지는 것인데 생산성이 높다는 것은 새로운 단어 형성에 적극적으로 참여한다는 것을 의미한다.

제20항 명사 뒤에 '-이'가 붙어서 된 말은 그 명사의 원형을 밝히어 적는다.

1. 부사로 된 것

    곳곳이   낱낱이   몫몫이   샅샅이   앞앞이   집집이

2. 명사로 된 것

    곰배팔이   바둑이   삼발이   애꾸눈이   육손이

    절뚝발이/절름발이

[붙임] '-이' 이외의 모음으로 시작된 접미사가 붙어서 된 말은 그 명사의 원형을 밝히어 적지 아니한다.

    꼬락서니   끄트머리   모가치   바가지   바깥

    사타구니   싸라기   이파리   지붕   지푸라기   짜개

제20항은 접미사 '-이'의 생산성을 인정하여 명사의 원형을 밝혀 적음으로써 결과적으로 '-이'도 표의주의 표기법을 통해 그 모양을 드러내고 있음을 명시한 것이다. 이에 비해 '꼬락서니'와 같은 단어에서는 접미사 '-악서니'의 생산성이 매우 제한적이므로 명사의 원형 '꼴'을 밝히지 않음으로써 결과적으로 접미사 '-악서니'도 드러나지 않아 표음주의 표기법을 취하고 있음을 나타내고 있다.

용언의 단어 형성 참여에 대해서는 제22항을 통해 이를 살펴보기로 한다.

제22항 용언의 어간에 다음과 같은 접미사들이 붙어서 이루어진 말들은 그 어간을 밝히어 적는다.

1. '-기-, -리-, -이-, -히-, -구-, -우-, -추-, -으키-, -이키-, -애-'가 붙는 것

맡기다	옮기다	웃기다	쫓기다	뚫리다
울리다	낚이다	쌓이다	핥이다	굳히다
굽히다	넓히다	앉히다	얽히다	잡히다
돋구다	솟구다	돋우다	갖추다	곧추다
맞추다	일으키다	돌이키다	없애다	

다만, '-이-, -히-, -우-'가 붙어서 된 말이라도 본뜻에서 멀어진 것은 소리대로 적는다.

도리다(칼로 ~)	드리다(용돈을 ~)	고치다
바치다(세금을 ~)	부치다(편지를 ~)	거두다
미루다	이루다	

2. '-치-, -뜨리-, -트리-'가 붙는 것

놓치다	덮치다	떠받치다	받치다	밭치다
부딪치다	뻗치다	엎치다	부딪뜨리다/부딪트리다	
쏟뜨리다/쏟트리다	젖뜨리다/젖트리다			
찢뜨리다/찢트리다	흩뜨리다/흩트리다			

[붙임] '-업-, -읍-, -브-'가 붙어서 된 말은 소리대로 적는다.

미덥다	우습다	미쁘다

'다만' 규정에 나타난 바와 같이 생산성이 어느 정도 인정되는 '-이-, -히-, -우-'가 붙어서 된 말이라도 이들의 기능이 드러나지 않는 경우는 소리대로 적는다는 것을 알 수 있다. 또한 '붙임' 규정에 제시된 바와 같이 예전에는 생산성을 가지고 있었으나 지금은 생산성이 사라진 형용사 파생 접미사 '-업-, -읍-, -브-'는 용언 어간의 원형을 밝혀 적지 않음으로써 결과적으로 이들 접미사도 그 모양이 드러나지 않게 되었다.

접두사의 경우에는 합성어와 함께 제27항에서 다루어지고 있다.

제27항 둘 이상의 단어가 어울리거나 접두사가 붙어서 이루어진 말은 각각 그 원형을 밝히어 적는다.

국말이	꺾꽂이	꽃잎	끝장	물난리
밑천	부엌일	싫증	옷안	웃옷
젖몸살	첫아들	칼날	팥알	헛웃음
홀아비	홑몸	흙내		
값없다	겉늙다	굶주리다	낮잡다	맞먹다
받내다	벋놓다	빗나가다	빛나다	새파랗다
샛노랗다	시꺼멓다	싯누렇다	엇나가다	엎누르다
엿듣다	옻오르다	짓이기다	헛되다	

[붙임 1] 어원은 분명하나 소리만 특이하게 변한 것은 변한 대로 적는다.

할아버지	할아범

[붙임 2] 어원이 분명하지 아니한 것은 원형을 밝히어 적지 아니한다.

골병	골탕	끌탕	며칠	아재비
오라비	업신여기다	부리나케		

[붙임 3] '이[齒, 虱]'가 합성어나 이에 준하는 말에서 '니' 또는 '리'로 소리날 때에는 '니'로 적는다.

간니	덧니	사랑니	송곳니	앞니
어금니	윗니	젖니	톱니	틀니
가랑니	머릿니			

제27항에 제시된 단어들 가운데 접두사는 '빗나가다, 새파랗다, 샛노랗다, 시꺼멓다, 싯누렇다, 엇나가다, 엿듣다, 짓이기다, 헛되다'의 '빗-, 새/샛- 시/싯-, 엇-, 엿-, 짓-, 헛-' 정도이다. 접미사에 비해 그 수가 현저히 적은 것은 국어에서 접두사보다 접미사의 수효가 훨씬 많고 또 그만큼 단어를 형성하는 경우도 접미사의 경우가 훨씬 많기 때문이다.

합성어 가운데 한글 맞춤법에서 가장 많은 논란이 되어 온 것은 제30항의 사이시옷이 아닐까 한다. 단언하건대 '소리대로 적되'의 원칙과 '어법에 맞도록'의 두 원칙이 서로 맞서서 물러서지 않는 영역이 사이시옷을 밝혀 적는 부분이라 할 수 있다. 이에 대해서는 2부의 표준 발음법에서도 어느 정도 언급한 바 있지만 가령 '귓밥'은, 그 발음은 [귀빱], [귇빱]으로 나지만 이를 '소리대로' 적지 않고 있으며 또 그 소리를 무시하고 '어법에 맞도록'의 원칙을 철저히 적용하면 '귀밥'으로 적어야 할 것이지만 이도 역시 인정하고 있지 않기 때문이다. 따라서 현재 규정이 있기까지 사이시옷의 규정이 그동안 어떻게 변천되어 왔는지 살펴볼 필요가 있다.

사이시옷에 대한 규정이 처음 명시된 것은 〈普通學校用 諺文綴字法大要〉이다. 조선총독부가 1921년에 확정한 〈普通學校用 諺文綴字法大要〉는 역시 조선총독부가 1912년에 제정한 〈普通學校用 諺文綴字法〉을 개정한 것인데 이의 제14항에는 후자에는 없던 사이시옷 표기에 대해 다음과 같이 밝히고 있다.

〈普通學校用 諺文綴字法大要〉(1921)의 사이시옷 표기 규정

二語가 合하야 複合語를 이루되, 그 사이에 促音現象이 생길 時는 일ㅅ군 等과 如히 二語의 中間에 ㅅ을 揷入하려고 하는 자 잇스나, 本書에 對하야는 各各 境遇에 依하야 ㅅ을 上語의 末에, 又는 下語의 初에 附하기로 함.

(例) (1) 동짓달(冬至月)　　　　열쨋달(第十月)

　　 (2) 외양깐(廐)　　　　모싸리(苗圃)　　　　긔쌜(旗脚)

이는 〈普通學校用 諺文綴字法〉, 〈普通學校用 諺文綴字法大要〉가 훈민정음 이래로 주원칙이라고 할 수 있었던 '소리대로 적되' 즉 표음주의 원칙을 채택한 것임을 염두에 둘 때 '일ㅅ군'처럼 음절과 음절의 사이에 이를 적는 경우만 배제하고 그것을 선행어의 끝에 적든 후행어의 처음에 적든 크게 문제삼지 않았다는 것을 의미한다.

그러던 것이 1930년에는 이를 개정하여 공표한 〈諺文綴字法〉에서 '어법에 맞도록' 즉 표의주의 원칙에 충실한 표기법을 지향하면서 사이시옷에 관한 표기 원칙은 제5항에서 다음과 같이 바뀌었다.

이 가운데 (1)을 보면 〈普通學校用 諺文綴字法大要〉에서는 '모짜리'와 같은 표기도 취하고 있음에 비해 여기서는 이를 허용하지 않고 있다는 사실을 알 수 있다. 이는 〈諺文綴字法〉이 〈普通學校用 諺文綴字法大要〉 보다는, 사이시옷에 관한 한, 상대적으로 표의주의적 원칙을 따르고 있음을 보이는 것이기도 하다. 다만 (2)에서는 선행어의 종성 위치가 이미 차 있을 경우 특정한 경우에 한하여 'ㅅ'을 선행어와 후행어 사이에 독립하여 적음으로써 받침으로 'ㅆ'과 같은 것을 인정하지 않으려는 태도를 보이고 있음을 알 수 있다. 또 '附記'에서 볼 수 있는 바와 같이 한자를 그대로 노출하고 있는 경우에는 어떤 경우에도 'ㅅ'을 적지 말아야 한다는 것으로 보아 'ㅅ'은 한글 표기를 위한 것임을 분명히 하고 있다.

조선어학회의 1933년의 〈한글 마춤법 통일안〉은 〈諺文綴字法〉의 표의주의 표기 원칙이 질적, 양적으로 집대성된 것으로 여기에서의 사이시옷과 관련한 표기 규정은 다음과 같이 제30항에서 간략하게 제시되어 있다.

　이는 〈諺文綴字法〉(1930)의 (2)항에서 언급한 '中間'에 'ㅅ'을 적는 것을 허용하지 않음으로써 자음으로 끝나는 선행어는 'ㅅ'을 따로 표기할 수 있는 방법이 없음을 밝힌 것이다. 또 앞의 예들과는 달리 '잇몸'과 같은 예가 추가됨으로써 현행 〈한글 맞춤법〉(1988)에서처럼 'ㄴ' 소리가 덧나는 것도 포괄하고 있음을 볼 수 있다. 그러나 현행 〈한글 맞춤법〉(1988)에서처럼 선행 요소와 후행 요소가 한자어인지의 여부에 따라 표기를 달리할 수 있다는 규정은 보이지 않는다. 예로 든 것들 가운데는 선행 요소와 후행 요소가 모두 한자인 것은 보이지 않는다.

　1933년의 〈한글 마춤법 통일안〉은 1937년에 1차 수정된다. 이 수정판에서는 1933년의 규정과는 별 차이가 없지만 제시된 예가 늘어났다. 이를 밝히면 다음과 같다.

(例) 홀소리 밑

뒷간(厠間)	귓결(耳便)	콧날(鼻線)
뒷내(後川)	담뱃대(煙竹)	콧등(鼻背)
잇몸(齒齦)	냇물(川水)	깃발(旗旒)
나뭇배(載木船)	잇새(齒間)	빗소리(雨聲)
기왓장(瓦片)	곳집(倉庫)	

닿소리 밑

문간(門間)	물결(波紋)	칼날(刀刃)

앞내(前川)	견양대(見樣木)	손등(手背)
알몸(裸體)	강물(江水)	글발(字跡)
소금배(載鹽船)	발새(趾間)	총소리(銃聲)
구들장(堗石)	움집(土幕)	

'홀소리 밑'의 예 가운데 '잇몸'과 같이 'ㄴ' 소리가 덧나는 것으로 '냇물'이 하나 더 늘었지만 '닿소리 밑'의 예들은 없던 것이 추가된 것이다. 그런데 이들 예 가운데 '칼날', '앞내', '알몸', '강물'의 경우는 이해가 되지 않는다. '홀소리 밑'의 경우와 對句의 형식으로 제시된 것이기는 하지만 'ㄴ' 소리가 덧나는 것으로도 볼 수 없기 때문이다.

1940년에는 2차 수정안이 나오는데 1933년 〈한글 마춤법 통일안〉의 '마춤'을 '맞춤'으로 바꾸고 사이시옷 표기와 관련된 제30항이 다음과 같이 대폭 수정·보강되고 보다 체계화되었다.

〈한글 맞춤법 통일안〉(1940)의 사이시옷 표기 규정

複合名詞의 사이에서, 위ㅅ 말의 끝소리가 홀소리나 ㄴ, ㄹ, ㅁ, ㅇ인 때에 "사이 ㅅ" 소리가 나는것과, 아래ㅅ 말의 첫소리가 "야, 여, 요, 유, 이"인 때에 다시 口蓋音 化한 ㄴ이나 ㄹ 소리가 나는것은 모두 中間에 "ㅅ"을 놓아 표기한다. 例:

(一) "사이ㅅ" 소리가 나는 것

뒤ㅅ간(厠間)	문ㅅ간(門間)	코ㅅ날(鼻線)
코ㅅ등(鼻背)	손ㅅ등(手背)	이ㅅ몸(齒齦)
초ㅅ불(燭火)	등ㅅ불(燈火)	이ㅅ새(齒間)
발ㅅ새(趾間)	고ㅅ집(倉庫)	움ㅅ집(土幕)

[附記一] ㄹ 끝소리나 ㄹ 語尾를 가진 語幹과 다른 體言과 어울리어 한 名詞로 익은것도 "사이ㅅ" 소리가 나는것은 本項의 規定을 準用한다. 例:

(1) 들ㅅ것(擔架)　　　물ㅅ것(蚤蝎類)　　　굴ㅅ대(轉軸)
　　들ㅅ돌(力技石)　　들ㅅ보(架樑)　　　　물ㅅ부리(煙嘴)

들ㅅ손(擧柄)　　　　들ㅅ숨(吸息)　　　　들ㅅ장지(掛障子)

날ㅅ짐승(飛禽)

(2) 디딜ㅅ방아(足舂)　　짤ㅅ부채(摺扇)　　　짤ㅅ손(把所)

날ㅅ숨(呼息)　　　　설ㅅ주(門柱)　　　　길ㅅ짐승(走獸)

[附記二] 위ㅅ 말의 끝소리가 ㄱㄷㅂㅅㅈㅊㅋㅌㅍ 들로 되었거나, 아래ㅅ
말의 첫소리가 ㄲㄸㅃㅆㅉㅊㅋㅌㅍ 들로 되어, 中間에 "ㅅ"을 놓지 아니하여
도 소리에 다름이 없는것은 "ㅅ"을 놓지 아니한다. 例:

(1) 박속(匏內)　　　　맏자제(昆胤)　　　　입김(口氣)

갓집(冠入)　　　　낮잠(晝寢)　　　　　꽃술(花蕊)

부엌간(廚間)　　　낱돈(小錢)　　　　　앞발(前足)

(2) 봄꿈(春夢)　　　　벌떼(蜂群)　　　　　산뽕(山桑)

솔씨(松種)　　　　콩짜개(豆片)　　　　배코칼(薙刀)

머리털(頭髮)　　　쉬파리(大蠅)

(二) "사이ㅅ" 소리와 다시 口蓋音化한 ㄴ 이나 ㄹ 소리가 나는것

채ㅅ열(鞭穗)　　　아래ㅅ이(下齒)　　　대ㅅ잎(竹葉)

베개ㅅ잇(枕衣)　　갓ㅅ양(冠緣)　　　　물ㅅ약(水藥)

잣ㅅ엿(栢飴)　　　콩ㅅ엿(豆飴)　　　　담ㅅ요(毯褥)

놋ㅅ요강(鍮溺器)　편ㅅ윷(便柶)　　　　밤ㅅ윷(小柶)

속ㅅ잎(裏葉)　　　논ㅅ일(畓事)　　　　들ㅅ일(野事)

밤ㅅ이슬(夜露)　　겹ㅅ이불(袷衾)　　　옷ㅅ임자(衣主)

공ㅅ일(徒勞)　　　낮ㅅ일(晝事)　　　　꽃ㅅ잎(花葉)

부엌ㅅ일(廚事)　　밭ㅅ이랑(田畦)　　　앞ㅅ이마(前額)

우선 〈한글 맞춤법 통일안〉(1940)은 선행 요소에 종성 자리가 비어
있는 것들도 그 자리에 사이시옷을 적지 않고 선행 요소와 후행 요소
중간에 위치시켜 표시하고 있다는 점이 가장 큰 특징이라 할 수 있다.
이는 〈諺文綴字法〉(1930) (2)의 규정이 확대된 것으로 해석할 수 있다.
다만 〈한글 마춤법 통일안〉(1937)에서 제시된 '칼날', '앞내', '알몸', '강물'
의 예가 보이지 않고 '박속'처럼 저절로 후행요소가 경음화하는 것은 사이
시옷을 밝혀 적지 않았다. 또한 'ㄴ' 혹은 'ㄹ' 소리가 덧나는 것에 대해서도

이를 독립시켜 다룬 것은 앞의 표기 규정과 크게 차이가 나는 부분이다.

1946년에 〈한글 맞춤법 통일안〉은 총 여섯 군데만 발췌하여 3차로 개정되었는데 여기서 가장 큰 비중을 가지는 것은 사이시옷에 관한 규정이었다. 즉 '第 三0 項을 아래와 같이 고침'이라 적고 그 내용을 다음과 같이 밝히고 있다.

〈한글 맞춤법 통일안〉(1946)의 사이시옷 표기 규정

複合 名詞나 또는 複合 名詞에 準할 만한 말에서 두 말 사이에 된 소리가 나거나 또는 다시 口蓋音化한 ㄴ 이나 ㄹ 소리가 나는 것은, 윗 말의 끝소리가 홀소리인 경우는 ㅅ을 받치어 적고, 닿소리인 경우는 이를 表示하지 아니한다. 例:

(一) 윗 말 끝이 홀소리인 것

① 냇가(川邊)	콧날(鼻線)	콧등(鼻背)
잇몸(齒齦)	촛불(燭火)	
② 잇과(理科)	갓법(加法)	홋수(戶數)
섯자(書字)		
③ 챗열(鞭穗)	아랫이(下齒)	댓잎(竹葉)
베갯잇(枕衣)		

(二) 윗 말 끝이 닿소리인 것

① 길가(路邊)	손등(手背)	등불(燈火)
발새(趾間)	움집(土幕)	들것(擔架)
굴대(轉軸)	들보(架樑)	질손(把所)
길짐승(走獸)		
② 상과(商科)	감법(減法)	권수(卷數)
한자(漢字)		
③ 집일(家事)	물약(水藥)	쌀엿(米飴)
맹장염(盲腸炎)	관절염(關節炎)	

겉으로 보아서는 〈한글 맞춤법 통일안〉(1946)이 〈한글 맞춤법 통일

안)(1940)보다 간소해졌다고 할 수 있다. 이는 사이시옷을 중간에 적도록 한 규정이 다시 삭제되고 이른바 'ㄴ'이나 'ㄹ'이 덧나는 것을 선행 요소의 환경이 자음이냐 모음이냐의 여부에 따라서만 구별하여 한데 묶은 데 따른 것이다. 그런데 그 전까지의 규정과 〈한글 맞춤법 통일안〉(1946)이 다른 부분은 각각 '②'의 항 즉 선행 요소와 후행 요소가 모두 한자일 경우에도 사잇소리 현상이 일어난다는 사실을 표면화하여 이를 표기에 반영하도록 하고 있다는 점이다. 앞서의 규정들에서는 선행 요소 혹은 후행 요소, 선행 요소와 후행 요소가 모두 한자인 경우는 있었지만 선·후행 요소가 모두 한자이면서 선행 요소가 모음으로 끝나는 것은 단 한 예도 보인 적이 없었던 것이다.

그 다음 1948년에 4차로 수정된 〈한글 맞춤법 통일안〉은 본문에 노출된 한자를 한글로 바꾼 것이고 1956년에 5차로 수정된 〈한글 맞춤법 통일안〉은 한자를 고유어로 바꾼 정도이기 때문에 규정 자체에 대한 변동은 발견되지 않는다.[4] 1980년에 개정된 〈한글 맞춤법〉도 역시 큰 틀에서의 차이는 발견되지 않는다. "뒷 말의 첫소리가 'ㅣ, ㅑ(반홀소리), ㄴ, ㅁ'일 적에, 'ㄴ(ㄴㄴ)'이나 'ㅁ' 소리가 덧날 경우에도 이에 따른다."가 규정에서 추가된 것이 차이이다. 예들에서도 변동된 것이 조금 있는데 〈한글 맞춤법 통일안〉(1946)을 기준으로 (一)①에 있던 '콧날'이 (一)③으로 옮겨져 제 자리를 찾고 대신 (一)①에 '마룻바닥'과 '전셋집'이 추가되었다. 그리고 (一)③에 '농삿일'과 '뒷날', '잇몸'이 추가되었으며 (二)①의 예들이 가나다순으로 재배열되고 '발새' 대신 '발샅'이 제시되었으며 (二)③에 있던 '관절염, 맹장염'이, 한자로 된 것들을 모은다는 취지에서 2(2)로 옮겨졌다.[5] 또한 '가랑니, 금니, 덧니, 머릿니, 버드렁니, 사랑니, 송곳니, 앞니, 어금니, 옥니,

---

4 〈한글 맞춤법 통일안〉(1946)과 〈한글 맞춤법 통일안〉(1948)에서는 '아랫이(下齒)'였던 것이 〈한글 맞춤법 통일안〉(1956)에서는 '뒷일(後事)'로 바뀐 것 외에는 예들도 모두 동일하다.

5 이렇게 되어 결국 'ㄴ'이 덧나는 경우도 한자로 된 것과 그렇지 않은 것으로 나뉜 셈이 되는데 이는 사잇소리 현상의 본질을 염두에 둔다면 〈한글 맞춤법 통일안〉(1946)보다 오히려 퇴보한 듯한 느낌을 준다.

젖니'의 예가 2(3) 밑에 '다만, 다음과 같은 말은 소리대로 적는다' 다음에
제시되어 있다.

그러나 〈한글 맞춤법〉(1980)은 학회안으로서의 자격을 가질 뿐 보편화
하지는 못했다. 따라서 주지하는 바와 같이 1988년에 문교부가 고시한
현행 〈한글 맞춤법〉은 〈한글 맞춤법 통일안〉(1946)의 전통을 따르는 것이
라 할 수 있다. 〈한글 마춤법 통일안〉(1933) 이래로 사이시옷과 관련된
규정은 모두 제30항에 베풀어져 있다는 것도 이를 반영한다. 이제 이를
제시해 보면 다음과 같다.

〈한글 맞춤법〉(1988)의 사이시옷 표기 규정

제30항 사이시옷은 다음과 같은 경우에 받치어 적는다.

1. 순우리말로 된 합성어로서 앞말이 모음으로 끝난 경우

(1) 뒷말의 첫소리가 된소리로 나는 것

고랫재	귓밥	나룻배	나뭇가지	냇가
댓가지	뒷갈망	맷돌	머릿기름	모깃불
못자리	바닷가	뱃길	볏가리	부싯돌
선짓국	쇳조각	아랫집	우렁잇속	잇자국
잿더미	조갯살	찻집	쳇바퀴	킷값
핏대	햇볕	혓바늘		

(2) 뒷말의 첫소리 'ㄴ, ㅁ' 앞에서 'ㄴ' 소리가 덧나는 것

멧나물	아랫니	텃마당	아랫마을	뒷머리
잇몸	깻묵	냇물	빗물	

(3) 뒷말의 첫소리 모음 앞에서 'ㄴㄴ' 소리가 덧나는 것

도리깻열	뒷윷	두렛일	뒷일	뒷입맛
베갯잇	욧잇	깻잎	나뭇잎	댓잎

2. 순우리말과 한자어로 된 합성어로서 앞말이 모음으로 끝난 경우

(1) 뒷말의 첫소리가 된소리로 나는 것

귓병	머릿방	뱃병	봇둑	사잣밥

샛강	아랫방	자릿세	전셋집	찻잔
찻종	촛국	콧병	탯줄	텃세
핏기	햇수	횟가루	횟배	

(2) 뒷말의 첫소리 'ㄴ, ㅁ' 앞에서 'ㄴ' 소리가 덧나는 것

곗날	제삿날	훗날	툇마루	양칫물

(3) 뒷말의 첫소리 모음 앞에서 'ㄴㄴ' 소리가 덧나는 것

가욋일	사삿일	예삿일	훗일

3. 두 음절로 된 다음 한자어

곳간(庫間) 셋방(貰房) 숫자(數字) 찻간(車間) 툇간(退間) 횟수(回數)

〈한글 맞춤법〉(1988)의 가장 큰 특징은 〈한글 맞춤법 통일안〉(1946) 이래로 40여년 동안이나 적용되어 오던 선행 요소와 후행 요소가 모두 한자인 경우의 사이시옷을, 예외의 여섯 가지만을 남기고 다시 밝히지 않기로 한 것이다. 그리고 이에 따라 사이시옷을 적는 경우만 명시하는 것으로 바뀐 것이다. 따라서 '잇과(理科)'과 같은 표기는 '이과'로만 적히고 '등불'과 같은 단어도 빠진 것이다.

3.1.4.3. 준말

한글 맞춤법에서는 제32항부터 제40항까지 준말의 경우 이를 어떻게 표기할 것인가에 대해 다루고 있다. 이처럼 줄어듦이 나타나는 것은 문어 보다는 구어에서 흔하다는 점에서 준말에 대한 규정은 일차적으로는 표음 주의 표기법을 지향하고 있음을 드러내고 있으며 나아가서는 구어 화법을 반영한 문어 화법의 특징을 보여 준다고도 말할 수 있다.

줄어듦이 나타나는 경우는 크게 두 가지로 나눌 수 있는데 하나는 음운 이나 음절의 탈락이고 다른 하나는 축약이다. 다음 제32항은 모음 탈락을 통한 줄어듦의 예이다.

제32항 단어의 끝 모음이 줄어지고 자음만 남은 것은 그 앞의 음절에 받침으로 적는다.[6]

(본말)	(준말)
기러기야	기럭아
어제그저께	엊그저께
어제저녁	엊저녁
가지고, 가지지	갖고, 갖지
디디고, 디디지	딛고, 딛지

이러한 경우 남는 자음은 그 앞의 음절에 받침으로 적는다는 것이 제32항 규정이다.

제33항은 체언과 조사가 결합할 경우 나타나는 준말을 위한 것이다.

제33항 체언과 조사가 어울려 줄어지는 경우에는 준 대로 적는다.

(본말)	(준말)
그것은	그건
그것이	그게
그것으로	그걸로
나는	난
나를	날
너는	넌
너를	널
무엇을	뭣을/무얼/뭘
무엇이	뭣이/무에

여기에서는 자음이나 모음의 탈락뿐만이 아니라 '그것이'가 '그게'로 되는 과정에서는 축약도 나타난다는 점에서 앞의 제32항과 차이가 있다.

---

6 고시본에서 보였던 '온갖, 온가지' 중 '온가지'는 '표준어 규정' 제14항에서 비표준어로 처리하였으므로 삭제하였다.

경우에 따라서는 축약이 두 가지로 나타나는 경우도 있다. 이에 대해서는 제38항에서 살펴볼 수 있다.

제38항 'ㅏ, ㅗ, ㅜ, ㅡ' 뒤에 '-이어'가 어울려 줄어질 적에는 준 대로 적는다.

(본말)	(준말)	(본말)	(준말)
싸이어	쌔어 싸여	뜨이어	띄어
보이어	뵈어 보여	쓰이어	씌어 쓰여
쏘이어	쐬어 쏘여	트이어	틔어 트여
누이어	뉘어 누여		

가령 본말 '싸이어'는, 첫 번째 음절과 두 번째 음절이 축약이 일어나면 '쌔어'가 되고 두 번째 음절과 세 번째 음절이 축약이 일어나면 '싸여'가 되는데 두 가지 모두 인정된다. 나머지의 것들도 이와 같은데 '뜨이어'의 경우만 첫 번째 음절과 두 번째 음절이 축약된 '띄어'만 인정되고 두 번째 음절과 세 번째 음절이 축약된 '뜨여'는 인정되지 않는다는 점이 특이하다. 다만 이때의 '띄어'는 '띄어 쓰다'의 경우이고 '눈이 떠지다'의 의미를 가지는 경우에는 '뜨여'도 된다는 점에 주의를 요한다.

준말의 경우에서 가장 자주 혼동하는 것은 다음의 제40항이 아닐까 한다.

제40항 어간의 끝음절 '하'의 'ㅏ'가 줄고 'ㅎ'이 다음 음절의 첫소리와 어울려 거센소리로 될 적에는 거센소리로 적는다.

(본말)	(준말)	(본말)	(준말)
간편하게	간편케	다정하다	다정타
연구하도록	연구토록	정결하다	정결타
가하다	가타	흔하다	흔타

[붙임 1] 'ㅎ'이 어간의 끝소리로 굳어진 것은 받침으로 적는다.

않다	않고	않지	않든지

그렇다	그렇고	그렇지	그렇든지
아무렇다	아무렇고	아무렇지	아무렇든지
어떻다	어떻고	어떻지	어떻든지
이렇다	이렇고	이렇지	이렇든지
저렇다	저렇고	저렇지	저렇든지

[붙임 2] 어간의 끝음절 '하'가 아주 줄 적에는 준 대로 적는다.

(본말)	(준말)	(본말)	(준말)
거북하지	거북지	넉넉하지 않다	넉넉지 않다
생각하건대	생각건대	못하지 않다	못지않다
생각하다 못해	생각다 못해	섭섭하지 않다	섭섭지 않다
깨끗하지 않다	깨끗지 않다	익숙하지 않다	익숙지 않다

[붙임 3] 다음과 같은 부사는 소리대로 적는다.

| 결단코 | 결코 | 기필코 | 무심코 | 아무튼 | 요컨대 |
| 정녕코 | 필연코 | 하마터면 | 하여튼 | 한사코 | |

이 가운데 특히 많이 혼동하는 것이 [붙임 2] 규정인데 '생각건대'를 '생각컨대', '깨끗지 않다'를 '깨끗치 않다', '섭섭지 않다'를 '섭섭치 않다', '익숙지 않다'를 '익숙치 않다'로 잘못 쓰는 경우를 찾는 것이 그리 어렵지 않기 때문이다. 이는 '하' 전체가 줄지 않고 'ㅎ'은 남는다는 상위 규정을 여기에도 적용한 결과이다. 모두 그러한 것은 아니지만 규정을 잘 살펴보면 'ㄱ, ㅅ, ㅂ' 받침을 가지고 '하다'와 결합하는 경우는 '하' 전체가 줄고 모음으로 끝나거나 'ㄴ, ㄹ, ㅇ'의 받침을 가지는 경우는 'ㅎ'이 남는다는 경향성으로 이 두 가지를 어느 정도 구별할 수 있을 듯하다.

3.1.5. 띄어쓰기

띄어쓰기에 대해서는 사실 총칙 제2항에서 다음과 같이 이미 규정한 바 있다.

> **제2항** 문장의 각 단어는 띄어 씀을 원칙으로 한다.

그런데 조사는 단어이지만 띄어 쓰지 않으므로 이를 위해 제41항을 마련하고 있다.

> **제41항** 조사는 그 앞말에 붙여 쓴다.
>
> | | | | | |
> |---|---|---|---|---|
> | 꽃이 | 꽃마저 | 꽃밖에 | 꽃에서부터 | 꽃으로만 |
> | 꽃이나마 | 꽃이다 | 꽃입니다 | 꽃처럼 | 어디까지나 |
> | 거기도 | 멀리는 | 웃고만 | | |

띄어쓰기 가운데 가장 논란의 여지가 많은 것은 제47항이 아닐까 한다.

> **제47항** 보조 용언은 띄어 씀을 원칙으로 하되, 경우에 따라 붙여 씀도 허용한다. (ㄱ을 원칙으로 하고, ㄴ을 허용함.)
>
> | ㄱ | ㄴ |
> |---|---|
> | 불이 꺼져 **간다.** | 불이 꺼져간다. |
> | 내 힘으로 막아 **낸다.** | 내 힘으로 막아낸다. |
> | 어머니를 도와 **드린다.** | 어머니를 도와드린다. |
> | 그릇을 깨뜨려 **버렸다.** | 그릇을 깨뜨려버렸다. |
> | 비가 올 **듯하다.** | 비가 올듯하다. |
> | 그 일은 할 **만하다.** | 그 일은 할만하다. |
> | 일이 될 **법하다.** | 일이 될법하다. |
> | 비가 올 **성싶다.** | 비가 올성싶다. |
> | 잘 아는 **척한다.** | 잘 아는척한다. |
>
> 다만, 앞말에 조사가 붙거나 앞말이 합성 용언인 경우, 그리고 중간에 조사가 들어갈 적에는 그 뒤에 오는 보조 용언은 띄어 쓴다.
>
> 잘도 놀아만 **나는구나!**　책을 읽어도 **보고…….**

네가 덤벼들어 **보아라.** 이런 기회는 다시없을 듯하다.

그가 올 듯도 **하다.** 잘난 체를 **한다.**

'듯하다', '만하다', '법하다', '성싶다', '척하다'는 사전에서도 하나의 단어처럼 처리하고 있으나 사실 그 앞에 오는 것이 모두 관형사형 어미이므로 그 구조는 가령 '할 만하다'는 [[할 만하다]처럼 분석이 된다. 더욱이 '할 만도 하다'와 같은 예들까지 염두에 둔다면 '할 만하다'는 '할 만하다'처럼 띄어 적는 것이 옳다고 할 수도 있다.

또한 단어의 연속인지 아니면 한 단어인지 구별하기 쉽지 않은 경우가 적지 않기 때문에 띄어쓰기는 규정이 있지만 구체적인 예에 이르러서는 어느 것이 맞는지 판별하기 어려운 경우가 매우 많다. 다만 한 가지 주의할 것은 단어의 연속이냐 아니면 한 단어이냐를 띄어쓰기로 구별하려는 경향이 있는데 이것은 엄밀한 의미에서 주객이 전도된 것이라는 점이다. 한 단어이기 때문에 붙여 쓰고 한 단어가 아니기 때문에 띄어 쓰는 것이기 때문이다.

3.1.6. 그 밖의 것

지금까지 언급한 것들은 대체로 맞춤법의 체계와 관련된 것들이지만 그 이외에도 개별 형태나 특수한 발음에 따라 표기가 정해지는 것들이 있다. 이들은 제51항부터 제57항까지 제시되어 있는데 여기서는 이를 살펴보기 위해 문자 메시지에서 잘못된 경우를 바로 잡는 형식을 취해 보기로 한다.

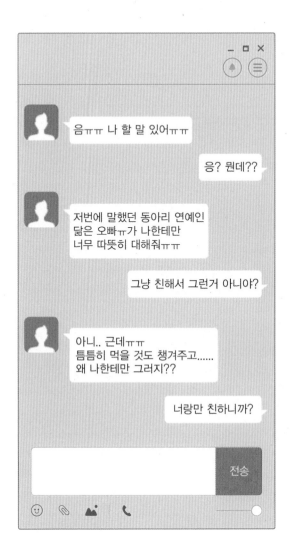

음ㅠㅠ 나 할 말 있어ㅠㅠ

응? 뭔데??

저번에 말했던 동아리 연예인 닮은 오빠ㅠㅠ가 나한테만 너무 따뜻히 대해줘ㅠㅠ

그냥 친해서 그런거 아니야?

아니.. 근데ㅠㅠ 틈틈히 먹을 것도 챙겨주고...... 왜 나한테만 그러지??

너랑만 친하니까?

전송

이 문자 메시지 가운데 '따뜻히'와 '틈틈히'는 아래 제51항을 보면 '따뜻이'와 '틈틈이'로 적어야 함을 알 수 있다.

제51항 부사의 끝음절이 분명히 '이'로만 나는 것은 '－이'로 적고, '히'로만 나거나 '이'나 '히'로 나는 것은 '－히'로 적는다.
  1. '이'로만 나는 것

가붓이	깨끗이	나붓이	느긋이	둥긋이
따뜻이	반듯이	버젓이	산뜻이	의젓이
가까이	고이	날카로이	대수로이	번거로이
많이	적이	헛되이	겹겹이	번번이
일일이	집집이	틈틈이		

  2. '히'로만 나는 것

극히	급히	딱히	속히	작히
족히	특히	엄격히	정확히	

  3. '이, 히'로 나는 것

솔직히	가만히	간편히	나른히	무단히
각별히	소홀히	쓸쓸히	정결히	과감히
꼼꼼히	심히	열심히	급급히	답답히
섭섭히	공평히	능히	당당히	분명히
상당히	조용히	간소히	고요히	도저히

위의 예들을 보면 접미사 '-하-'가 결합하는 것들은 대체로 '-히'로 적되 접미사를 제외한 어근 말음이 'ㅅ'으로 적히는 경우 '-이'로 적는다는 것을 알 수 있다. 이러한 관점에서 보면 다음의 것들은 접미사 '-하-'가 결합하고 어근 말음이 'ㅅ'으로 적히지 않는데도 '-이'로 적는 것들이라는 점에서 따로 알아둘 필요가 있다.

그윽이, 깊숙이, 끔찍이, 나직이, 납작이, 삐죽이, 수북이, 축축이, 큼직이

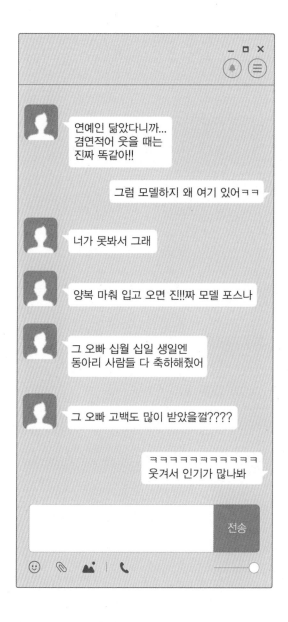

이 문자 메시지 가운데 '겸연적어', '마춰', '십월', '받았을껄'은 각각 제54
항, 제55항, 제52항, 제53항을 보면 '겸연쩍어', '맞춰', '시월', '받았을걸'로
적어야 한다는 것을 알 수 있다.

제54항 다음과 같은 접미사는 된소리로 적는다.(ㄱ을 취하고, ㄴ을 버림.)

ㄱ	ㄴ	ㄱ	ㄴ
심부름꾼	심부름군	귀때기	귓대기
익살꾼	익살군	볼때기	볼대기
일꾼	일군	판자때기	판잣대기
장꾼	장군	뒤꿈치	뒷굼치
장난꾼	장난군	팔꿈치	팔굼치
지게꾼	지겟군	이마빼기	이맛배기
때깔	땟갈	코빼기	콧배기
빛깔	빛갈	객쩍다	객적다
성깔	성갈	겸연쩍다	겸연적다

제55항 두 가지로 구별하여 적던 다음 말들은 한 가지로 적는다.(ㄱ을 취하고, ㄴ
을 버림.)

ㄱ	ㄴ
맞추다(입을 맞춘다. 양복을 맞춘다.)	마추다
뻗치다(다리를 뻗친다. 멀리 뻗친다.)	뻐치다

제52항 한자어에서 본음으로도 나고 속음으로도 나는 것은 각각 그 소리에 따라
적는다.

(본음으로 나는 것)	(속음으로 나는 것)
승낙(承諾)	수락(受諾), 쾌락(快諾), 허락(許諾)
만난(萬難)	곤란(困難), 논란(論難)
안녕(安寧)	의령(宜寧), 회령(會寧)
분노(忿怒)	대로(大怒), 희로애락(喜怒哀樂)
토론(討論)	의논(議論)

오륙십(五六十)	오뉴월, 유월(六月)
목재(木材)	모과(木瓜)
십일(十日)	시방정토(十方淨土), 시왕(十王), 시월(十月)
팔일(八日)	초파일(初八日)

제53항 다음과 같은 어미는 예사소리로 적는다.(ㄱ을 취하고, ㄴ을 버림.)

ㄱ	ㄴ
–(으)ㄹ거나	–(으)ㄹ꺼나
–(으)ㄹ걸	–(으)ㄹ껄
–(으)ㄹ게	–(으)ㄹ께
–(으)ㄹ세	–(으)ㄹ쎄
–(으)ㄹ세라	–(으)ㄹ쎄라
–(으)ㄹ수록	–(으)ㄹ쑤록
–(으)ㄹ시	–(으)ㄹ씨
–(으)ㄹ지	–(으)ㄹ찌
–(으)ㄹ지니라	–(으)ㄹ찌니라
–(으)ㄹ지라도	–(으)ㄹ찌라도
–(으)ㄹ지어다	–(으)ㄹ찌어다
–(으)ㄹ지언정	–(으)ㄹ찌언정
–(으)ㄹ진대	–(으)ㄹ찐대
–(으)ㄹ진저	–(으)ㄹ찐저
–올시다	–올씨다

다만, 의문을 나타내는 다음 어미들은 된소리로 적는다.

ㄱ	ㄴ
–(으)ㄹ까?	–(으)ㄹ꼬?
–(스)ㅂ니까?	–(으)리까?
–(으)ㄹ쏘냐?	

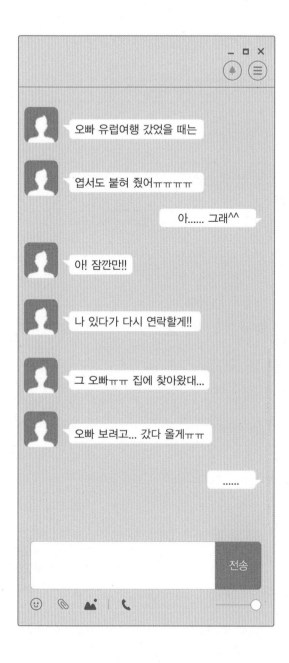

이 문자 메시지 가운데 '같든데', '안쳐', '남자로써', '주리고 주려도', '붙혀 줬어', '있다가'는 제56항, 제57항을 보면 각각 '같던데', '앉혀', '남자로서', '줄이고 줄여도', '부쳐 줬어', '이따가'로 고쳐야 한다는 것을 알 수 있다.

제56항 '-더라, -던'과 '-든지'는 다음과 같이 적는다.

1. 지난 일을 나타내는 어미는 '-더라, -던'으로 적는다.(ㄱ을 취하고, ㄴ을 버림.)

ㄱ	ㄴ
지난겨울은 몹시 춥더라.	지난겨울은 몹시 춥드라.
깊던 물이 얕아졌다.	깊든 물이 얕아졌다.
그렇게 좋던가?	그렇게 좋든가?
그 사람 말 잘하던데!	그 사람 말 잘하든데!
얼마나 놀랐던지 몰라.	얼마나 놀랐든지 몰라.

2. 물건이나 일의 내용을 가리지 아니하는 뜻을 나타내는 조사와 어미는 '(-)든지'로 적는다.(ㄱ을 취하고, ㄴ을 버림.)

ㄱ	ㄴ
배든지 사과든지 마음대로 먹어라.	배던지 사과던지 마음대로 먹어라.
가든지 오든지 마음대로 해라.	가던지 오던지 마음대로 해라.

제57항 다음 말들은 각각 구별하여 적는다.

가름	둘로 가름.
갈음	새 책상으로 갈음하였다.
거름	풀을 썩힌 거름.
걸음	빠른 걸음.
거치다	영월을 거쳐 왔다.
걷히다	외상값이 잘 걷힌다.
걷잡다	걷잡을 수 없는 상태.
겉잡다	겉잡아서 이틀 걸릴 일.
그러므로(그러니까)	그는 부지런하다. 그러므로 잘 산다.
그럼으로(써) (그렇게 하는 것으로)	그는 열심히 공부한다. 그럼으로(써) 은혜에 보답한다.

노름	노름판이 벌어졌다.
놀음(놀이)	즐거운 놀음.
느리다	진도가 너무 느리다.
늘이다	고무줄을 늘인다.
늘리다	수출량을 더 늘린다.
다리다	옷을 다린다.
달이다	약을 달인다.
다치다	부주의로 손을 다쳤다.
닫히다	문이 저절로 닫혔다.
닫치다	문을 힘껏 닫쳤다.
마치다	벌써 일을 마쳤다.
맞히다	여러 문제를 더 맞혔다.
목거리	목거리가 덧났다.
목걸이	금목걸이, 은목걸이.
바치다	나라를 위해 목숨을 바쳤다.
받치다	우산을 받치고 간다.
	책받침을 받친다.
받히다	쇠뿔에 받혔다.
밭치다	술을 체에 밭친다.
반드시	약속은 반드시 지켜라.
반듯이	고개를 반듯이 들어라.
부딪치다	차와 차가 마주 부딪쳤다.
부딪히다	마차가 화물차에 부딪혔다.
부치다	힘이 부치는 일이다.
	편지를 부친다.
	논밭을 부친다.
	빈대떡을 부친다.
	식목일에 부치는 글.
	회의에 부치는 안건.
	인쇄에 부치는 원고.
	삼촌 집에 숙식을 부친다.

붙이다	우표를 붙인다.
	책상을 벽에 붙였다.
	흥정을 붙인다.
	불을 붙인다.
	감시원을 붙인다.
	조건을 붙인다.
	취미를 붙인다.
	별명을 붙인다.
시키다	일을 시킨다.
식히다	끓인 물을 식힌다.
아름	세 아름 되는 둘레.
알음	전부터 알음이 있는 사이.
앎	앎이 힘이다.
안치다	밥을 안친다.
앉히다	윗자리에 앉힌다.
어름	두 물건의 어름에서 일어난 현상.
얼음	얼음이 얼었다.
이따가	이따가 오너라.
있다가	돈은 있다가도 없다.
저리다	다친 다리가 저린다.
절이다	김장 배추를 절인다.
조리다	생선을 조린다. 통조림, 병조림.
졸이다	마음을 졸인다.
주리다	여러 날을 주렸다.
줄이다	비용을 줄인다.
하노라고	하노라고 한 것이 이 모양이다.
하느라고	공부하느라고 밤을 새웠다.
–느니보다(어미)	나를 찾아오느니보다 집에 있거라.
–는 이보다(의존 명사)	오는 이가 가는 이보다 많다.
–(으)리만큼(어미)	나를 미워하리만큼 그에게 잘못한 일이 없다.
–(으)ㄹ 이만큼(의존 명사)	찬성할 이도 반대할 이만큼이나 많을 것이다.

-(으)러(목적)	공부하러 간다.
-(으)려(의도)	서울 가려 한다.
-(으)로서(자격)	사람으로서 그럴 수는 없다.
-(으)로써(수단)	닭으로써 꿩을 대신했다.
-(으)므로(어미)	그가 나를 믿으므로 나도 그를 믿는다.
(-ㅁ, -음)으로(써)(조사)	그는 믿음으로(써) 산 보람을 느꼈다.

01. 한글 맞춤법의 규정들을 '① 표음주의 표기법 ② 표의주의 표기법 ③ 표음주의와 표의주의 표기법의 혼용' 세 가지로 나누어 보자.

02. 다음 글은 한 수학자가 한글 맞춤법의 사이시옷 표기와 관련하여 신문에 기고한 글의 전문이다. 이를 읽고 현행 한글 맞춤법의 사이시옷 표기가 가지고 있는 문제점은 무엇인지 토론해 보자.

> 프랑스 수학자 푸리에(1768～1830)의 저서 '열의 이론'(1822년)은 정보통신(IT) 산업의 수학적 기초를 세운 업적인데, 그 역사적 중요성에 관해 일본 수학자의 강연을 들은 적이 있다. 거의 200년이나 된 책이라 읽는 데 어려움이 없느냐고 물었더니 "프랑스어는 그동안 철자법이 거의 바뀌지 않아 쉽게 읽을 수 있다."는 대답을 듣고 상당히 놀란 일이 있다.
>
> 이에 반해 우리나라 수학 용어의 경우, '소수(小數)'와 발음이 같은 '소수(素數)'는 오랫동안 '솟수'로 표기해 왔다. 나아가 '초점'은 '촛점', '도수 분포'는 '돗수 분포', 일반 단어인 '내과'도 '냇과'로 표기하다 1988년부터 다시 '소수', '초점', '도수', '내과'로 되돌아갔다.
>
> 맞춤법이 불과 수십 년 만에 이렇게 왔다 갔다 하던 차에 최근에는 교육인적자원부와 국립국어원이 '표준국어대사전'을 개정하면서 '사이시옷'에 관한 표기 기준을 통일하는 개정안을 마련했다고 한다. 이 기준에 의하면 지금까지 아무런 불편 없이 쓰여 온 상당수 수학·과학 용어에 '사이시옷'을 넣어 표기해야 한다. 그 요지는 다음과 같다.
>
> 첫째, 한자와 한자 사이에는 '사이시옷'을 쓰지 않는다. 즉 한자로만 결합돼 있는 '근사치'(近似値)는 사이시옷 없이 표기한다.
>
> 둘째, 한자와 우리말 사이에는 '사이시옷'을 넣어 표기한다. '근사값'(近似값)은 한자와 우리말이 결합돼 있으므로 '근삿값'으로 표기한다.

민족의 자랑인 말과 글을 지켜나가겠다는 관계 당국의 노력은 환영할 일이나 '함수'와 '함숫값', '초기'와 '초깃값'처럼 똑같은 용어의 표기가 일관성을 잃는다면 객관적 개념 유지가 생명인 수학 용어 표기에 커다란 혼란이 예상된다. 나아가 '대푯값, 극솟값, 최댓값' 등을 보면 글자 모양도 어색하고, '꼭지각, 단위길이'는 그대로 써야 할지 '꼭짓각, 단윗길이'로 써야 할지 아리송하다.

획일적인 기준에 맞추기 위해 걸핏하면 맞춤법을 손댈 일이 아니다. 특히 학술용어의 경우 별다른 혼란이 없는 한 관용적인 표기를 존중해 사이시옷을 쓰지 않는 것이 철자 경제상으로도 합리적이다. 200년은 고사하고 20년이 채 안 된 맞춤법 표기안을 또 바꾼다면 교과서를 비롯한 각종 사전 표기를 고쳐야 하는 경제적 부담 또한 결코 적지 않다.

관련 학회와 아무런 협의 없이 구시대적 행정 관행인 협조 공문 달랑 한 장으로 중대한 편수·학술용어를 바꾸려는 것도 어불성설이다. 대한수학회·한국물리학회·대한화학회 등 주요 기초과학 학회에는 국어를 사랑하는 학자들로 구성된 용어위원회가 있고, 한국학술단체총연합회도 한글 용어 사업을 매우 중시하고 있다.

따라서 국립국어원은 반드시 전문학자들과 사전에 충분히 협의해 신중하고도 합리적으로 학술용어 표기를 결정해야 한다. 북한의 과학 수준은 고립돼 상당히 낮은 수준이지만 학술용어 정비 사업에는 본받을 점이 적지 않다. 북한에선 어려운 한자 용어인 '이산'(離散)은 띄엄띄엄이라는 뜻에서 '띄엄'으로, '수식에서'를 나타내는 한자 용어 멱(冪)은 위치를 기준으로 '어깨수', 포물선은 (돌)'팔매선', '소수'(素數)는 '씨수'라고 표기하고 있다. 이런 정비가 처음에는 상당히 낯설게 보일 수도 있다. 그러나 곰곰이 생각하면 학술용어 정비에 고심을 거듭한 흔적이 역력하다. 타산지석이 될 만하다.

〈중앙일보(2007.3.12)〉

03. 다음은 전국 2,520명을 대상으로 아직 사전에 실려 있지 않은 미등재어의 사이시옷 표기 양상을 조사한 최형용(2018)의 일부이다. 각각의 미등재어들을 대상으로 자신은 사이시옷을 표기한 것을 선호하는지 아니면 그렇지 않은지 생각해 보고 그 이유에 대해 말해 보자.

미등재어	사이시옷 표기 비율
머리고기	62.66%
보리물	31.87%
나이대	27.74%
가사말	23.45%
둘레길	21.39%
변기솔	11.79%
휴지조각	5.91%
막내손녀	3.06%
평균	23.48%

04. 다음은 비디오 자막 가운데 한글 맞춤법 규정에 어긋나는 것들이 들어 있는 경우를 조사한 것이다. 어떤 것이 잘못되어 있는지 부록에 제시되어 있는 한글 맞춤법 규정을 참고하여 고쳐 보자.

▶ 가슴에 촛점을 맞춘 건데
▶ 곧 찾아줄께
▶ 그럴려던 참이었지
▶ 그럼 치매는 내 꺼
▶ 난류와 부딪혔습니다
▶ 날 이기려고 뭐든 열심히야
▶ 본능으로 기사거리를 느껴
▶ 아니면 내려가서 직접 얘길 듣던가
▶ 만나뵈서 영광입니다
▶ 이 머리 속에 다 들었으니까
▶ 날더러 조지를 배신하라구
▶ 39명의 친구들이 사망한지 39일이 흘렀습니다

- ▶ 속히 정착해야 될텐데
- ▶ 비상시 의무사항을 지킬 수 없으면
- ▶ 군정부가 뭐하는데 갈소?
- ▶ 조금 벗어난 것 뿐이야

05. 다음은 롯데홈쇼핑·국립국어원(2019)의 일부분이다. 홈쇼핑을 한 군데 선정하여 아래와 같이 맞춤법 규정에 어긋나는 부분을 찾아 이를 바로 잡아 보자.

텔레비전 화면에 나오는 방송 자막은 기본적으로 어법을 준수해야 합니다. 그리고 국어사전에 실려 있는 표준어를 사용해야 하는 것 역시 방송 자막에서 지켜야 할 기본 요건입니다. 입말로 많이 사용하는 '바램', '설레이다' 등은 틀린 말이며 국어사전에도 실려 있지 않은 단어들입니다. 그렇기 때문에 이것을 그대로 표기에 반영하는 것은 잘못입니다. 방송 자막에 사용하는 단어들에 대해서는 국어사전에 등재된 표준어인지를 확인할 필요가 있습니다.

고객님의 소중한 선택과 바램

▲<그림 1> 맞춤법 오류 사례: 바램(17041814 무형)

<그림2> 맞춤법 오류 사례:
설레이고(18010205 패션) ▶

[이렇게 고칠 수 있습니다]

고객님의 소중한 선택과 바램
↪ 여러분의 소중한 선택과 바람

더 설레이고 반가운 기분이 듭니다.
↪ 더 설레고 반갑습니다.

3.2. 표준어 사정 원칙과 표준어의 변동

2부에서 표준 발음법을 살펴보면서 표준어 규정의 변천과 표준어 규정의 체계에 대해 언급한 바 있다. 철저하게 구어 화법을 위한 표준 발음법은 표준어 규정의 2부에 해당하고 표준어 사정 원칙은 표준어 규정의 1부에 해당한다는 사실도 이미 언급한 바 있다. 사실 표준어 그 자체는 구어적인 속성이 강하지만 실제 미디어를 통해 우리가 확인하는 것은 문어를 통한 경우가 많으므로 편의상 문어 화법에서 표준어 규정의 사정 원칙에 대해 살펴보고자 한다. 이는 그동안 표준어 규정이 '국어 표기 4법' 안에서 다루어져 온 사정도 반영한 것이다. 그리고 최근에 추가된 표준어를 통해 표준어의 변동 양상에 대해서도 아울러 살펴보기로 한다.

3.2.1. 표준어 규정의 사정 원칙

표준어 사정 원칙은 다음의 3장으로 되어 있다.

표준어 사정 원칙
제1장 총칙 제2장 발음 변화에 따른 표준어 규정 제3장 어휘 선택의 변화에 따른 표준어 규정

그리고 모두 26항으로 구성되어 있는데 한글 맞춤법과 마찬가지로 이들 가운데 몇 가지 규정에 대해 살펴보고 나머지는 부록으로 미루기로 한다.

표준어의 정의에 대해 총칙 제1항에서는 다음과 같이 이를 명시하고 있다.

제1항 표준어는 교양 있는 사람들이 두루 쓰는 현대 서울말로 정함을 원칙으로 한다.

여기에서 제시하고 있는 표준어의 조건은 세 가지이다. 첫 번째는 표준어를 사용하는 사람들의 범위로서 '교양 있는 사람들'이 이에 해당한다. 어떤 사람들이 교양 있는 사람들에 해당하는지 그 범위를 결정하는 것은 쉽지 않은 일이나 이것은 교양 있는 사람들이 오로지 표준어만을 사용한다는 의미보다는 표준어를 사용하는 사람들이 교양 있는 사람들의 조건이 된다는 것으로 해석하는 것이 바람직하다.

두 번째는 표준어 사용의 계층성으로서 '두루 쓰는'에 이 조건이 포함되어 있다. '두루 쓰는'에 포함되어 있는 의미는 표준어가 특정 계층에 한정되어 있는 것이 아니라 통용성을 갖추고 있어야 한다는 의미이다. 이는 달리 말하자면 두루 쓰이게 된 말은 표준어의 자격을 가질 수 있다는 것이고 두루 쓰이다가 그렇지 못하게 되면 표준어에서 제외될 수 있다는 의미도 갖는다.

세 번째는 표준어 사용의 시간과 공간의 범위에 대한 것으로서 '현대 서울말'에 이 조건이 포함되어 있다. 이는 문면 그대로 표준어는 시간적으로 '현대'에 쓰이는 말이어야 하며 공간적으로 '서울말'이어야 한다는 것이다. 특히 '서울말'에 한정한 것은 정치, 행정 등의 중심지가 의사소통의 중심에 놓여 있어야 한다는 언어 외적 조건을 명시한 것이다. 즉 이것은 표준어가 가지는 순기능의 극대화를 의미하는 것으로 해석되어야 하며 서울말과 다른 지역의 말 사이의 가치 불균형으로 이해되어서는 안 될 것이다. 서울말도 따지고 보면 서울 지역의 말이므로 다른 지역의 말

즉 방언과 가치 측면에서 경중을 따질 수 없는 것은 지극히 당연한 일이다. 따라서 표준어는 어디까지나 의사소통의 효율성을 위해 그 지역을 한정한 것임을 잊지 말아야 할 것이다.

3.2.1.2. 발음 변화에 따른 표준어 규정

이 부분은 언어의 변화 가운데 발음의 변화가 현저하여 그 전의 표준어를 따를 수 없어서 개정한 표준어의 범위를 규정하기 위한 것이다. 구체적으로는 '자음', '모음', '준말', '단수 표준어', '복수 표준어'로 나뉘어 있다.

1) 자음

제3항은 거센소리를 가진 형태를 표준어로 삼는다는 것이고 제4항은 거센소리로 나지 않는 형태를 표준어로 삼는다는 것이다. 앞의 예로는 '끄나풀', '털어먹다' 등이 해당하고 뒤의 예로는 '거시기', '분침' 등이 해당한다.

제5항은 어원에서 멀어진 형태로 굳어져서 널리 쓰이는 것은 그것을 표준어로 삼는다는 것인데 원래는 '강남콩, 삭월세'이던 것이 '강낭콩, 사글세'로 된 것이 이에 해당한다. 발음 변화를 인정한다는 것은 곧 표음주의를 지향한다는 것이므로 그 의미가 보다 불투명해지는 것은 어쩔 수 없다.

제6항은 형태에 따라 의미가 구별되던 것인데 한 가지 형태만을 표준어로 삼아 결과적으로 다의어를 인정하게 된 경우를 위한 것이다.

제6항 다음 단어들은 의미를 구별함이 없이, 한 가지 형태만을 표준어로 삼는다. (ㄱ을 표준어로 삼고, ㄴ을 버림.)

ㄱ	ㄴ	비 고
돌	돐	생일, 주기.
둘 – 째	두 – 째	'제2, 두 개째'의 뜻.
셋 – 째	세 – 째	'제3, 세 개째'의 뜻.
넷 – 째	네 – 째	'제4, 네 개째'의 뜻.
빌리다	빌다	1. 빌려주다, 빌려 오다.
		2. '용서를 빌다'는 '빌다'임.

다만, '둘째'는 십 단위 이상의 서수사에 쓰일 때에 '두째'로 한다.

ㄱ	ㄴ	비 고
열두 – 째		열두 개째의 뜻은 '열둘째'로.
스물두 – 째		스물두 개째의 뜻은 '스물둘째'로.

위에 제시된 것에서 알 수 있는 것은 가령 '빌리다'와 '빌다'는 각각 '빌려 주다'와 '빌려 오다'의 의미로 구별되었는데 이러한 구별이 모호해지면서 '빌리다'만으로 '빌려 주다'와 '빌려 오다'의 두 가지 의미를 모두 나타내게 되었다는 것이다. 따라서 예전에는 "이 자리를 빌어 감사의 인사를 드립니 다."에서의 '빌어'도 '빌려'로 쓰는 것이 표준어 규정에 맞게 되었다.

제7항은 사정이 조금 복잡하다.

제7항 수컷을 이르는 접두사는 '수-'로 통일한다.(ㄱ을 표준어로 삼고, ㄴ을 버림.)

ㄱ	ㄴ	비 고
수 – 꿩	수 – 퀑/숫 – 꿩	'장끼'도 표준어임.
수 – 나사	숫 – 나사	
수 – 놈	숫 – 놈	
수 – 사돈	숫 – 사돈	
수 – 소	숫 – 소	'황소'도 표준어임.
수 – 은행나무	숫 – 은행나무	

다만 1. 다음 단어에서는 접두사 다음에서 나는 거센소리를 인정한다. 접두사 '암-'이 결합되는 경우에도 이에 준한다.(ㄱ을 표준어로 삼고, ㄴ을 버림.)

ㄱ	ㄴ	비 고
수 – 캉아지	숫 – 강아지	
수 – 캐	숫 – 개	
수 – 컷	숫 – 것	
수 – 키와	숫 – 기와	
수 – 탉	숫 – 닭	
수 – 탕나귀	숫 – 당나귀	
수 – 톨쩌귀	숫 – 돌쩌귀	
수 – 퇘지	숫 – 돼지	
수 – 평아리	숫 – 병아리	

다만 2. 다음 단어의 접두사는 '숫-'으로 한다.(ㄱ을 표준어로 삼고, ㄴ을 버림.)

ㄱ	ㄴ	비 고
숫 – 양	수 – 양	
숫 – 염소	수 – 염소	
숫 – 쥐	수 – 쥐	

우선 언급해야 하는 것은 '수컷'의 의미를 가지는 '수-'를 접두사로 인정하고 있다는 점이다. 이는 '암컷'의 의미를 가지는 '암-'도 마찬가지인데 사실은 원래 둘 다 명사의 자격을 가지고 있었다. 만약 둘 다 접두사였다면 '암수'와 같은 말을 접두사와 접두사가 결합한 말이라고 이해해야 할 것이고 '수컷', '암컷'에서 나타나는 'ㅎ'도 체언에만 나타나던 것이라는 사실과 모순이 된다. 더욱이 '다만 2'에 나타난 바와 같이 '숫양'에서 보이는 'ㅅ'도 명사와 명사가 결합할 때 나타나는 사이시옷임을 염두에 둔다면 '수'가 명사였던 사실이 분명해진다.

그러나 명사이던 것이 접두사나 접미사로 변화하는 것은 매우 일반적인 언어 변화의 한 가지이다. 따라서 '수-'와 '암-'도 접두사로 변화하는 것은 충분히 가능한 일이다. 문제는 언어 변화를 반영하고 있는 이들 예들에 대해 표준어로서 가능하면 일관적인 설명을 제공해야 한다는 점일 것이다.

접두사로서의 '암-'과 '수-'는 명사의 자격을 잃었다는 것을 의미한다는 점에서 사이시옷을 인정할 수 없다. 따라서 '수-'로 통일한다고 한 것이다. 다만 명사였을 시절에 가지고 있었던 'ㅎ'이 그 다음에 오는 말과 결합하여 굳어진 '수캉아지'류는 그대로 인정할 수밖에 없으므로 이를 '다만 1'에서 제시하고 있다. 그러나 접두사는 새로운 단어를 형성하는 일을 하기 때문에 '다만 1'에서 제시한 바와 같이 과거 명사였던 시절에 가지고 있었던 'ㅎ'은 이제 새로운 단어 형성에서는 노출할 수가 없다. 따라서 만약에 '수-'가 '다람쥐'와 결합을 하여 새로운 단어를 형성한다면 이제 그 말은 '수타람쥐'가 아니라 '수다람쥐'여야 한다는 점에 주의를 요한다. 이러한 측면에서 '다만 2'의 세 단어에서 나타나는 '숫-'의 'ㅅ'은 '다만 1'처럼 명사였던 시절에 결합한 사이시옷이 그 흔적을 남긴 것으로 보아 좋을 것이다. 따라서 새로운 단어 형성에 '수-'가 참여하더라도 '숫-'이 되는 일은 이제 생길 수 없다.

2) 모음

제8항은 양성 모음이 음성 모음으로 바뀌어 굳어진 경우 음성 모음 형태를 표준어로 삼는다는 것이다. '깡충깡충', '오뚝이'는 원래 모음조화를 따진다면 '깡총깡총', '오똑이'가 맞을 것이지만 이제는 모음이 변화된 것을 표준어로 삼게 되었다. 이러한 변화는 '주추'와 같이 원래는 '주초(柱礎)'였던 한자어도 대상으로 삼고 있다. 그러나 한자어는 특히 어원 의식이 강하기 때문에 '부조(扶助)', '사돈(查頓)', '삼촌(三寸)'은 각각 '부주', '사둔', '삼춘'으로 발음되는 일이 적지 않지만 이를 인정하고 있지는 않다.

제9항은 'ㅣ' 역행 동화와 관련된 것이다. 2부 표준 발음법에서 표준 발음으로 'ㅣ' 역행 동화는 인정되지 않지만 이미 굳어진 것들은 예외적으

로 인정한다고 한 바 있는데 이에 대한 표준어 구별을 명시하고 있는 것이 제9항이다.

제9항 'ㅣ' 역행 동화 현상에 의한 발음은 원칙적으로 표준 발음으로 인정하지 아니하되, 다만 다음 단어들은 그러한 동화가 적용된 형태를 표준어로 삼는다.(ㄱ을 표준어로 삼고, ㄴ을 버림.)

ㄱ	ㄴ	비 고
– 내기 냄비 동댕이 – 치다	– 나기 남비 동당이 – 치다	서울 –, 시골 –, 신출 –, 풋 –.

[붙임 1] 다음 단어는 'ㅣ' 역행 동화가 일어나지 아니한 형태를 표준어로 삼는다.(ㄱ을 표준어로 삼고, ㄴ을 버림.)

ㄱ	ㄴ	비 고
아지랑이	아지랭이	

[붙임 2] 기술자에게는 '– 장이', 그 외에는 '– 쟁이'가 붙는 형태를 표준어로 삼는다.(ㄱ을 표준어로 삼고, ㄴ을 버림.)

ㄱ	ㄴ	비 고
미장이 유기장이 멋쟁이 소금쟁이 담쟁이 – 덩굴 골목쟁이 발목쟁이	미쟁이 유기쟁이 멋장이 소금장이 담장이 – 덩굴 골목장이 발목장이	

이에 따라 표준어의 지위를 가졌던 '아지랭이'가 다시 비표준어로 간주되기에 이르렀다. 표준어의 역사를 보면 '아지랭이'는 원래 '아지랑이'였다가 '아지랭이'를 거쳐 다시 '아지랑이'가 표준으로 인정되는 변화를 겪었다

는 점에서 흥미롭다. '붙임 2' 규정은 'ㅣ' 역행 동화와 관련하여 원래 '장인(匠人)' 즉 기술자를 나타내던 '-장이'는 'ㅣ' 역행 동화 이전형을 원칙으로 하고 이러한 의미를 찾을 수 없는 경우는 'ㅣ' 역행 동화형을 표준어로 인정한 데 따른 것이다. 그런데 이러한 규정을 따른다면 가령 '영화장이'와 '영화쟁이' 모두 그 의미에 따라 가능하다는 결론에 다다르게 된다. 앞의 '영화장이'는 영화를 만드는 기술자이고 뒤의 '영화쟁이'는 영화를 만드는 기술자가 아니라 영화를 자주 보러 다니는 사람의 의미로 구별할 수 있기 때문이다.

제10항과 제11항은 모음의 변화를 인정하여 표준어를 결정하고 있는 현상을 정리한 것이다. 이들 가운데는 '미루나무'의 '미루', '주책', '지루하다'의 '지루'처럼 각각 한자어 '미류(美柳)', '주착(主着)', '지리(支離)' 등이 포함되어 있다는 점에 주의할 필요가 있다. '바라다'도 여기에 속하는데 '찾기 (바라는, ˙바래는) 사람'의 경우를 보면 '바라다'가 맞는 것 같지만 '찾기 바라.'보다는 '찾기 바래.'로 더 일반적으로 쓰이는 현상을 참조한다면 문제가 없는 것은 아니다.

제12항은 모음의 변화 안에 들어 있지만 이것도 결국 사이시옷과 관련되어 있다는 점에서 주의를 끈다.

제12항 '웃-' 및 '윗-'은 명사 '위'에 맞추어 '윗-'으로 통일한다.(ㄱ을 표준어로 삼고, ㄴ을 버림.)

ㄱ	ㄴ	비 고
윗 – 넓이	웃 – 넓이	
윗 – 눈썹	웃 – 눈썹	
윗 – 니	웃 – 니	
윗 – 당줄	웃 – 당줄	
윗 – 덧줄	웃 – 덧줄	
윗 – 도리	웃 – 도리	
윗 – 동아리	웃 – 동아리	준말은 '윗동'임.

윗 – 막이	웃 – 막이	
윗 – 머리	웃 – 머리	
윗 – 목	웃 – 목	
윗 – 몸	웃 – 몸	∼ 운동.
윗 – 바람	웃 – 바람	
윗 – 배	웃 – 배	
윗 – 벌	웃 – 벌	
윗 – 변	웃 – 변	수학 용어.
윗 – 사랑	웃 – 사랑	
윗 – 세장	웃 – 세장	
윗 – 수염	웃 – 수염	
윗 – 입술	웃 – 입술	
윗 – 잇몸	웃 – 잇몸	
윗 – 자리	웃 – 자리	
윗 – 중방	웃 – 중방	

다만 1. 된소리나 거센소리 앞에서는 '위 –'로 한다.(ㄱ을 표준어로 삼고, ㄴ을 버림.)

ㄱ	ㄴ	비 고
위 – 짝	웃 – 짝	
위 – 쪽	웃 – 쪽	
위 – 채	웃 – 채	
위 – 층	웃 – 층	
위 – 치마	웃 – 치마	
위 – 턱	웃 – 턱	∼ 구름[上層雲].
위 – 팔	웃 – 팔	

다만 2. '아래, 위'의 대립이 없는 단어는 '웃 –'으로 발음되는 형태를 표준어로 삼는다.(ㄱ을 표준어로 삼고, ㄴ을 버림.)

ㄱ	ㄴ	비 고
웃 – 국	윗 – 국	
웃 – 기	윗 – 기	
웃 – 돈	윗 – 돈	
웃 – 비	윗 – 비	∼ 걷다.

웃 – 어른	윗 – 어른	
웃 – 옷	윗 – 옷	

현대 국어에서는 '아래'에 대립되는 말이 '위'이지만 이 말은 원래 '우'였고 'ㅎ'을 가지고 있었기 때문에 역시 명사였다. 따라서 'ㅅ'은 명사와 명사의 연결에 나타나는 사이시옷이다. 그런데 '우'가 '위'로 바뀌게 되면서 '웃'도 '윗'으로 바꾼다는 것이 이 조항의 논리이다. 다만 앞의 자음 변화에서는 '숫-'이 아니라 '수-'로 통일한 것과는 정반대로 '위'가 아니라 '윗-'으로 통일하고 있다는 점에서 차이를 보인다. '다만 1'에 제시한 것처럼 된소리나 거센소리 앞에서 'ㅅ'을 표기하지 않는 것은 'ㅅ'이 사이시옷임을 보이는 것이고 '다만 2'에서 '아래, 위'의 대립이 없는 단어는 '웃-'으로 한다는 것은 원래 '우'이던 말이 결합한 것들 가운데 남아 있는 흔적을 인정한 것이다. 따라서 앞으로 새로운 단어가 형성된다면 이제 '웃-'이 나타나는 경우는 '숫-'의 경우처럼 역시 생길 수 없다.

3) 준말

준말과 관련한 경우의 수는 모두 세 가지이다. 첫째는 준말이 널리 쓰이고 본말이 잘 쓰이지 않는 경우이고 둘째는 반대로 준말이 쓰이고 있더라도 본말이 더 널리 쓰이고 있는 경우이며 셋째는 준말과 본말이 다 같이 널리 쓰이는 경우이다.

첫 번째를 위한 경우가 제14항으로서 '김', '똬리', '무' 등만 표준어로 인정하고 본말인 '기음', '또아리', '무우' 등을 인정하지 않는다는 것이다.

두 번째를 위한 경우는 제15항인데 '경황없다', '마구잡이' 등만 표준어로 인정하고 준말인 '경없다', '막잡이' 등은 인정하지 않는다는 것이다.

세 번째를 위한 규정은 제16항인데 '노을', '서두르다', '서투르다', '외우다' 등뿐만 아니라 그 준말인 '놀', '서둘다', '서툴다', '외다' 등도 표준어로 인정한다는 것이다.

4) 단수 표준어

제17항은 비슷한 발음의 몇 형태가 쓰일 경우, 그 의미에 아무런 차이가 없고 그 중 하나가 더 널리 쓰이면 그 한 형태만을 표준어로 삼는다는 것이다. 이에 해당하는 것의 대표적인 예는 '돈, 말, 발, 푼'에는 '서[三], 네[四]'만 쓰고 '세, 네'는 인정하지 않으며 '냥, 되, 섬, 자'에는 '석[三], 넉[四]'만 쓰고 '서, 너'나 '세, 네'는 인정하지 않는 경우이다. '가려고'만 인정하고 '갈려고'는 인정하지 않는다든가 '봉숭아'만 인정하고 '봉숭화'는 인정하지 않는 것도 모두 이 규정에서 다루고 있다.

5) 복수 표준어

이에 대해 복수 표준어는 양쪽을 모두 표준어로 인정한다는 것으로 제18항과 제19항에서 이에 대한 경우를 제시하고 있다. '네'와 '예'를 모두 인정하고 '괴다, 꾀다' 등에 대해 '고이다', '꼬이다' 등을 모두 인정하고 있는 것이 제18항이고 어감의 차이를 나타내는 단어 또는 발음이 비슷한 단어들이 다 같이 널리 쓰이는 경우 '고까'와 '꼬까', '고린내'와 '코린내' 등을 모두 인정하자는 것이 제19항이다.

3.2.1.3. 어휘 선택의 변화에 따른 표준어 규정

이 부분은 개별 어휘의 선택에 따라 표준어 인정 여부가 달라지는 경우를 위한 규정들을 모아 놓은 것이다. 세부적으로는 '고어', '한자어', '방언', '단수 표준어', '복수 표준어'로 나누고 있다.

1) 고어

고어란 사어(死語)가 되어 쓰이지 않게 된 단어인데 이들을 표준어에서 제외하자는 것이 제20항의 내용이다. 이에 따라 '설겆다', '애닯다' 등은 표준어에서 제외되고 '설거지하다', '애달프다' 등만 표준어로 인정되게 되었다.

2) 한자어

같은 지시 대상을 가지는 말들은 서로 세력 다툼을 벌인다. 특히 고유어와 한자어 사이에서 이러한 경향이 뚜렷이 발견된다. 표준어의 인정과 관련하여 그 경우의 수는 두 가지로 나뉘는데 하나는 고유어 계열의 단어가 널리 쓰이고 그에 대응되는 한자어 계열의 단어가 용도를 잃게 된 경우이고 다른 하나는 반대로 고유어 계열의 단어가 생명력을 잃고 그에 대응되는 한자어 계열의 단어가 널리 쓰이게 된 경우이다.

앞의 경우를 위한 것이 제21항이고 뒤의 경우를 위한 것이 제22항이다. 한자어 계열 '말약, 건빨래' 등에 대해 고유어 계열 '가루약, 마른빨래' 등만 인정하는 것이 제21항의 내용이고 고유어 계열 '개다리밥상, 맞상' 등에 대해 한자어 계열 '개다리소반, 겸상' 등만 인정하자는 것이 제22항의 내용이다.

3) 방언

방언을 표준어 규정과 관련하여 명시적으로 제시한 것은 이 경우가 유일하다. 제23항과 제24항이 이에 해당하는데 제23항은 방언이던 단어가 표준어보다 더 널리 쓰이게 된 것은 그것을 표준어로 삼되 원래의 표준어도 그대로 표준어로 남겨 두자는 것이고 제24항은 방언이던 단어가 널리 쓰이게 됨에 따라 표준어이던 단어가 안 쓰이게 된 것은 방언이던 단어를 표준어로 삼자는 것이다.

제23항의 예로는 '멍게'와 '우렁쉥이', '물방개'와 '선두리', '애순'과 '어린 순'이 제시되어 있고 제24항에는 방언이던 '귀밑머리', '까뭉개다', '막상', '빈대떡', '생인손', '역겹다', '코주부'가 표준어이던 '귓머리', '까무느다', '마기', '빈자떡', '생안손', '역스럽다', '코보'에 대해 단수 표준어로 인정되고 있음을 밝히고 있다.

4) 단수 표준어

제25항은 의미가 똑같은 형태가 몇 가지 있을 경우 그 중 어느 하나가 압도적으로 널리 쓰이면 그 단어만을 표준어로 삼자는 것이다. 이 가운데 는 후술하는 바와 같이 원래 비표준어였던 '까탈스럽다'가 2016년 표준어 의 자격을 가지게 되어 빠졌다는 점에 주의를 요한다. 한편 여기에서 흥미로운 것으로 '안절부절못하다'를 들 수 있다. 이는 '안절부절하다'를 표준어로 인정하지 않는다는 것을 의미하는 것인데 아직까지는 부정어의 의미 전이 혹은 감염을 인정하지 않은 데 따른 것이다.

5) 복수 표준어

그런데 제26항 복수 표준어에서는 '감감무소식'과 '감감소식'을 모두 표준어로 인정하고 있다. 이는 '감감무소식'의 부정어 '무(無)-'의 의미가 전이되어 '감감소식'만으로도 '감감무소식'의 의미를 나타낼 수 있다고 본 데 따른 것이다. 또한 흔히 혼동하는 '넝쿨, 덩굴'을 포함하여 '눈대중, 눈어림, 눈짐작', '되우, 된통, 되게', '보조개, 볼우물', '아무튼, 어떻든, 어쨌든, 하여튼, 여하튼', '욕심꾸러기, 욕심쟁이' 등이 모두 복수 표준어의 예임을 알아둘 필요가 있다.

3.2.2. 표준어의 변동

이상 표준어 규정의 제1부 표준어 사정 원칙에 대해 살펴보았다. 그런데 이들 원칙은 특히 언어의 변화에 적극적으로 대응하고 있음을 반영하고 있다는 것으로 정리될 수 있다. 이러한 측면에서 국립국어원에서 2011년, 2014년, 2015년에 이어 2016년에도 다음과 같이 표준어를 추가한 바 있음에 주목할 필요가 있다.

3.2.2.1. 2011년에 새로 추가된 표준어

먼저 2011년에 표준어와 같은 뜻으로 추가로 표준어로 인정한 것은 다음의 11개이다.

추가된 표준어	현재 표준어
간지럽히다	간질이다
남사스럽다	남우세스럽다
등물	목물
맨날	만날
묫자리	묏자리
복숭아뼈	복사뼈
세간살이	세간
쌉싸름하다	쌉싸래하다
토란대	고운대
허접쓰레기	허섭스레기
흙담	토담

다음으로 표준어와 별도의 표준어로 추가로 인정한 것은 다음의 25개 이다.

추가된 표준어	현재 표준어	뜻 차이
~길래	~기에	~길래: '~기에'의 구어적 표현.
개발새발	괴발개발	'괴발개발'은 '고양이의 발과 개의 발'이라는 뜻이고, '개발

		'새발'은 '개의 발과 새의 발'이라는 뜻임.
나래	날개	'나래'는 '날개'의 문학적 표현.
내음	냄새	'내음'은 향기롭거나 나쁘지 않은 냄새로 제한됨.
눈꼬리	눈초리	· 눈초리: 어떤 대상을 바라볼 때 눈에 나타나는 표정. 　　　　예) '매서운 눈초리' · 눈꼬리: 눈의 귀 쪽으로 째진 부분.
떨구다	떨어뜨리다	'떨구다'에 '시선을 아래로 향하다'라는 뜻 있음.
뜨락	뜰	'뜨락'에는 추상적 공간을 비유하는 뜻이 있음.
먹거리	먹을거리	먹거리: 사람이 살아가기 위하여 먹는 음식을 통틀어 이름.
메꾸다	메우다	'메꾸다'에 '무료한 시간을 적당히 또는 그럭저럭 흘러가게 하다.'라는 뜻이 있음
손주	손자(孫子)	· 손자: 아들의 아들. 또는 딸의 아들. · 손주: 손자와 손녀를 아울러 이르는 말.
어리숙하다	어수룩하다	'어수룩하다'는 '순박함/순진함'의 뜻이 강한 반면에, '어리숙하다'는 '어리석음'의 뜻이 강함.
연신	연방	'연신'이 반복성을 강조한다면, '연방'은 연속성을 강조.
휭하니	힁허케	힁허케: '휭하니'의 예스러운 표현.
걸리적거리다	거치적거리다	자음 또는 모음의 차이로 인한 어감 및 뜻 차이 존재
끄적거리다	끼적거리다	〃
두리뭉실하다	두루뭉술하다	〃
맨숭맨숭/ 맹숭맹숭	맨송맨송	〃
바둥바둥	바동바동	〃
새초롬하다	새치름하다	〃
아웅다웅	아옹다옹	〃
야멸차다	야멸치다	〃
오손도손	오순도순	〃
찌뿌둥하다	찌뿌듯하다	〃
추근거리다	치근거리다	〃

마지막으로 두 가지 표기를 모두 표준어로 인정한 것은 다음 3개이다.

추가된 표준어	현재 표준어
택견	태견
품새	품세
짜장면	자장면

3.2.2.2. 2014년에 새로 추가된 표준어

먼저 2014년에 표준어와 같은 뜻을 가진 표준어로 인정한 것은 다음의 5개이다.

추가된 표준어	현재 표준어
구안와사	구안괘사
굽신	굽실
눈두덩이	눈두덩
삐지다	삐치다
초장초	작장초

'굽신'이 표준어로 인정됨에 따라, '굽신거리다, 굽신대다, 굽신하다, 굽신굽신, 굽신굽신하다' 등도 표준어로 함께 인정되었다는 점에도 주목할 필요가 있다.

다음으로 2014년 현재 표준어와 뜻이나 어감이 차이가 나는 별도의 표준어로 인정한 것은 다음의 8개이다.

추가 표준어	현재 표준어	뜻 차이
개기다	개개다	개기다: (속되게) 명령이나 지시를 따르지 않고 버티거나 반항하다.

		(※개개다: 성가시게 달라붙어 손해를 끼치다.)
꼬시다	꾀다	꼬시다: '꾀다'를 속되게 이르는 말. (※꾀다: 그럴듯한 말이나 행동으로 남을 속이거나 부추겨서 자기 생각대로 끌다.)
놀잇감	장난감	놀잇감: 놀이 또는 아동 교육 현장 따위에서 활용되는 물건이나 재료. (※장난감: 아이들이 가지고 노는 여러 가지 물건.)
딴지	딴죽	딴지: ((주로 '걸다, 놓다'와 함께 쓰여)) 일이 순순히 진행되지 못하도록 훼방을 놓거나 어기대는 것. (※딴죽: 이미 동의하거나 약속한 일에 대하여 딴전을 부림을 비유적으로 이르는 말.)
사그라들다	사그라지다	사그라들다: 삭아서 없어져 가다. (※사그라지다: 삭아서 없어지다.)
섬찟	섬뜩	섬찟: 갑자기 소름이 끼치도록 무시무시하고 끔찍한 느낌이 드는 모양. (※섬뜩: 갑자가 소름이 끼치도록 무섭고 끔찍한 느낌이 드는 모양.)
속앓이	속병	속앓이: 「1」 속이 아픈 병. 또는 속에 병이 생겨 아파하는 일. 「2」 겉으로 드러내지 못하고 속으로 걱정하거나 괴로워하는 일. (※속병: 「1」 몸속의 병을 통틀어 이르는 말. 「2」 '위장병01'을 일상적으로 이르는 말. 「3」 화가 나거나 속이 상하여 생긴 마음의 심한 아픔.
허접하다	허접스럽다	허접하다: 허름하고 잡스럽다. (※허접스럽다: 허름하고 잡스러운 느낌이 있다.)

'섬찟'이 표준어로 인정됨에 따라 '섬찟하다, 섬찟섬찟, 섬찟섬찟하다' 등도 표준어로 함께 인정되었다는 점에도 유의할 필요가 있다.

3.2.2.3. 2015년에 새로 추가된 표준어

먼저 2015년에 표준어와 같은 뜻을 가진 표준어로 인정한 것은 다음의 4개이다.

추가 표준어	현재 표준어	비고
마실	마을	ㅇ '이웃에 놀러 다니는 일'의 의미에 한하여 표준어로 인정함. '여러 집이 모여 사는 곳'의 의미로 쓰인 '마실'은 비표준어임. ㅇ '마실꾼, 마실방, 마실돌이, 밤마실'도 표준어로 인정함. (예문) 나는 아들의 방문을 열고 이모네 마실 갔다 오마고 말했다.
이쁘다	예쁘다	ㅇ '이쁘장스럽다, 이쁘장스레, 이쁘장하다, 이쁘디이쁘다'도 표준어로 인정함. (예문) 어이구, 내 새끼 이쁘기도 하지.
찰지다	차지다	ㅇ 사전에서 〈'차지다'의 원말〉로 풀이함. (예문) 화단의 찰진 흙에 하얀 꽃잎이 화사하게 떨어져 날리 곤 했다.
-고프다	-고 싶다	ㅇ 사전에서 〈'-고 싶다'가 줄어든 말〉로 풀이함. (예문) 그 아이는 엄마가 보고파 앙앙 울었다.

다음으로 현재 표준어와 뜻이 다른 표준어로 인정한 것은 다음의 5개이다.

추가 표준어	현재 표준어	뜻 차이
꼬리연	가오리연	○ 꼬리연: 긴 꼬리를 단 연. ※ 가오리연: 가오리 모양으로 만들어 꼬리를 길게 단 연. 띄우면 오르면서 머리가 아래위로 흔들린다. (예문) 행사가 끝날 때까지 하늘을 수놓았던 대형 꼬리연도 비상을 꿈꾸듯 끊임없이 창공을 향해 날아올랐다.
의론	의논	○ 의론(議論): 어떤 사안에 대하여 각자의 의견을 제기함. 또는 그런 의견. ※ 의논(議論): 어떤 일에 대하여 서로 의견을 주고 받음. ○ '의론되다, 의론하다'도 표준어로 인정함. (예문) 이러니저러니 의론이 분분하다.
이크	이키	○ 이크: 당황하거나 놀랐을 때 내는 소리. '이키'보다 큰 느낌을 준다. ※ 이키: 당황하거나 놀랐을 때 내는 소리. '이끼'보다 거센 느낌을 준다. (예문) 이크, 이거 큰일 났구나 싶어 허겁지겁 뛰어갔다.
잎새	잎사귀	○ 잎새: 나무의 잎사귀. 주로 문학적 표현에 쓰인다. ※ 잎사귀: 낱낱의 잎. 주로 넓적한 잎을 이른다. (예문) 잎새가 몇 개 남지 않은 나무들이 창문 위로 뻗어올라 있었다.
푸르르다	푸르다	○ 푸르르다: '푸르다'를 강조할 때 이르는 말. ※ 푸르다: 맑은 가을 하늘이나 깊은 바다, 풀의 빛깔과 같이 밝고 선명하다. ○ '푸르르다'는 '으불규칙용언'으로[7] 분류함. (예문) 겨우내 찌푸리고 있던 잿빛 하늘이 푸르르게 맑아 오고 어디선지도 모르게 흙냄새가 뭉클하니 풍겨 오는 듯한 순간 벌써 봄이 온 것을 느낀다.

---

7 '으불규칙용언'이라는 표현은 현행 〈한글 맞춤법〉에서 '으' 탈락을 불규칙으로 처리한 것을 염두에 둔 것이다. 그러나 이는 어디까지나 표기의 문제일 뿐이고 규칙과 불규칙은 예측 가능성이 기준이므로 학교 문법을 포함하여 현재의 문법 이론에서는 이를 규칙으로 처리하고 있다는 점에 대해서는 이미 §3.1.4.1에서 언급한 바 있다.

마지막으로 표준적인 활용형과 용법이 같은 활용형으로 인정한 것으로 다음 2개를 들 수 있다.

추가 표준형	현재 표준형	비고
말아 말아라 말아요	마 마라 마요	○ '말다'에 명령형어미 '-아', '-아라', '-아요' 등이 결합할 때는 어간 끝의 'ㄹ'이 탈락하기도 하고 탈락하지 않기도 함. (예문) 내가 하는 말 농담으로 듣지 마/말아. 　　　얘야, 아무리 바빠도 제사는 잊지 마라/말아라. 　　　아유, 말도 마요/말아요.
노랗네 동그랗네 조그맣네 …	노라네 동그라네 조그마네 …	○ ㅎ불규칙용언이 어미 '-네'와 결합할 때는 어간 끝의 'ㅎ'이 탈락하기도 하고 탈락하지 않기도 함. ○ '그렇다, 노랗다, 동그랗다, 뿌옇다, 어떻다, 조그맣다, 커다랗다' 등등 모든 ㅎ불규칙용언의 활용형에 적용됨. (예문) 생각보다 훨씬 노랗네/노라네. 　　　이 빵은 동그랗네/동그라네. 　　　건물이 아주 조그맣네/조그마네.

이는 기존의 경우와 달리 특히 활용형을 기준으로 새롭게 표준어를 확대하고 있다는 점에서 흥미롭다. 우선 그동안 '말다'가 명령형으로 쓰일 때는 'ㄹ'을 탈락시켜 '(잊지) 마/마라'와 같이 써야 했으나, 현실의 쓰임을 반영하여 '(잊지) 말아/말아라'와 같이 'ㄹ'을 탈락시키지 않고 쓰는 것도 인정하기로 한 것이다. 또한 그동안 '노랗다, 동그랗다, 조그맣다' 등과 같은 'ㅎ' 불규칙 용언이 종결 어미 '-네'와 결합할 때는 'ㅎ'을 탈락시켜 '노라네/동그라네/조그마네'와 같이 써야 했으나, 불규칙 활용의 체계성과 현실의 쓰임을 반영하여 '노랗네/동그랗네/조그맣네'와 같이 'ㅎ'을 탈락시키지 않고 쓰는 것도 인정하였다.

3.2.2.4. 2016년에 새로 추가된 표준어

먼저 2016년 현재 표준어와는 뜻이나 어감이 달라 별도의 표준어로 인정한 경우는 다음의 4개 이다.

추가 표준어	현재 표준어	뜻 차이
걸판지다	거방지다	걸판지다 [형용사] ① 매우 푸지다. ¶ 술상이 걸판지다 / 마침 눈먼 돈이 생긴 것도 있으니 오늘 저녁은 내가 걸판지게 사지. ② 동작이나 모양이 크고 어수선하다. ¶ 싸움판은 자못 걸판져서 구경거리였다. / 소리판은 옛날이 걸판지고 소리할 맛이 났었지.
		거방지다 [형용사] ① 몸집이 크다. ② 하는 짓이 점잖고 무게가 있다. ③ =걸판지다①.
겉울음	건울음	겉울음 [명사] ① 드러내 놓고 우는 울음. ¶ 꼭꼭 참고만 있다 보면 간혹 속울음이 겉울음으로 터질 때가 있다. ② 마음에도 없이 겉으로만 우는 울음. ¶ 눈물도 안 나면서 슬픈 척 겉울음 울지 마.
		건울음 [명사] =강울음. 강울음 [명사] 눈물 없이 우는 울음. 또는 억지로 우는 울음.
까탈스럽다	까다롭다	까탈스럽다 [형용사] ① 조건, 규정 따위가 복잡하고 엄격하여 적응하거나 적용하기에 어려운 데가 있다. '가탈스럽다①'보다 센 느낌을 준다. ¶ 까탈스러운 공정을 거치다 / 규정을 까탈스럽게 정하다 / 가스레인지에 길들여진 현대인들에게 지루하고 까탈스러운 숯 굽기 작업은 쓸데없는 시간 낭비로 비칠 수도 있겠다. ② 성미나 취향 따위가 원만하지 않고 별스러워 맞춰 주기에

		어려운 데가 있다. '가탈스럽다②'보다 센 느낌을 준다. ¶ 까탈스러운 입맛 / 성격이 까탈스럽다 / 딸아이는 사 준 옷이 맘에 안 든다고 까탈스럽게 굴었다. ※ 같은 계열의 '가탈스럽다'도 표준어로 인정함.
		까다롭다 [형용사] ① 조건 따위가 복잡하거나 엄격하여 다루기에 순탄하지 않다. ② 성미나 취향 따위가 원만하지 않고 별스럽게 까탈이 많다.
실뭉치	실몽당이	실뭉치 [명사] 실을 한데 뭉치거나 감은 덩이. ¶ 뒤엉킨 실뭉치 / 실뭉치를 풀다 / 그의 머릿속은 엉클어진 실뭉치같이 갈피를 못 잡고 있었다.
		실몽당이 [명사] 실을 풀기 좋게 공 모양으로 감은 뭉치.

다음으로 비표준적인 것으로 다루어 왔던 표현 형식을 표준형으로 인정한 경우는 다음의 2개이다.

추가 표준형	현재 표준형	비고
엘랑	에는	○ 표준어 규정 제25항에서 '에는'의 비표준형으로 규정해 온 '엘랑'을 표준형으로 인정함. ○ '엘랑' 외에도 'ㄹ랑'에 조사 또는 어미가 결합한 '에설랑, 설랑, ‒고설랑, ‒어설랑, ‒질랑'도 표준형으로 인정함. ○ '엘랑, ‒고설랑' 등은 단순한 조사/어미 결합형이므로 사전 표제어로는 다루지 않음. (예문) 서울엘랑 가지를 마오. 교실에설랑 떠들지 마라. 나를 앞에 앉혀놓고설랑 자기 아들 자랑만 하더라.

추가 표준형	현재 표준형	비고
주책이다	주책없다	○ 표준어 규정 제25항에 따라 '주책없다'의 비표준형으로 규정해 온 '주책이다'를 표준형으로 인정함. ○ '주책이다'는 '일정한 줏대가 없이 되는대로 하는 짓'을 뜻하는 '주책'에 서술격조사 '이다'가 붙은 말로 봄. ○ '주책이다'는 단순한 명사+조사 결합형이므로 사전 표제 어로는 다루지 않음. (예문) 이제 와서 오래 전에 헤어진 그녀를 떠올리는 나 자신 을 보며 '나도 참 주책이군' 하는 생각이 들었다.

'주책이다'를 표준어로 인정한 것은 '주책없다'에서 부정어의 의미 전이 혹은 감염을 인정한 데 따른 것이다. 따라서 결과적으로 이는 '감감무소식'에 대해 '감감소식'도 인정한 것과 동일한 효과를 갖는다. 이렇게 보면 '안절부절못하다'도 부정어의 의미 전이 혹은 감염을 인정하게 되면 '안절부절하다'가 표준어로 인정될 가능성이 있다는 점을 알 수 있다.

3.2.2.5. 한국어문기자협회(2010)과 표준어의 변동

지금까지 살펴본 2011년, 2014년, 2015년, 2016년의 목록들은 모두 복수 표준어의 인정이라는 점에서 공통점이 있다. 이를 위해 국립국어원에서는 자체적으로 어휘 사용 실태를 조사하고 말뭉치 검색 결과 등을 종합적으로 검토하였다고 그 과정을 밝히고 있다.

이러한 측면에서 주목할 것은 한국어문기자협회(2010)이다. 한국어문기자협회(2010)은 서적과 신문을 대상으로 그때 당시까지 실제 표준어와 다른 단어들이 쓰이는 양상을 조사하고 이를 바탕으로 어떤 것을 사용하고 싶은지 담당자의 설문 결과를 아울러 제시하고 있기 때문이다. 이 내용이 2011년부터 2016년까지 국립국어원에서 추가로 인정한 표준어와 어떤 관련을 가지는지 살펴보기로 한다.

〈'~길래'와 '~기에'〉

국립국어원에서 2011년에 '~길래'를 추가하기까지 표준어는 '~기에'만 인정되었다. 국립국어원에서 '~길래'를 추가로 인정한 것은 외국인을 위한 한국어 문법에서 '~길래'를 다루고 있을 만큼 '~길래'가 실제 사용빈도가 높다는 것을 반영한 때문이다. 가령 '뭐길래'와 같은 어형을 사용하는 경우는 서적 2곳, 신문 3곳에서 발견되었으며 이들의 교열 담당자는 규범을 잘 몰랐지만 앞으로도 '~길래'를 계속 사용하겠다는 의지를 밝힌 곳이 서적 1곳, 신문 2곳에 해당하였다. 둘 다 모두 쓰고 싶다는 의견을 제출한 것은 서적, 신문을 통틀어 56%에 달하였다.

'뭐길래'형을 사용하지 않는 이유에 대해서는 다음과 같이 답변하였다.

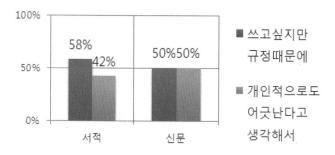

그리고 규정을 개정하는 데 찬성한다는 의견은 다음과 같이 조사되었다.

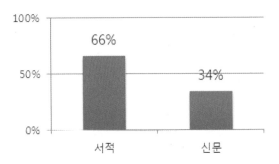

　그리고 그 이유로는 '뭐기에'는 규범적 판단일 뿐이고 '뭐길래'를 사용하는 것은, 현실적인 쓰임을 무시하기 어렵다는 것이었다. 결국 국립국어원에서는 2011년에 '뭐길래' 형도 표준어로 추가하였다.

〈'손자'와 '손주'〉

　다음으로 살펴볼 것은 '손자'와 '손주'에 대해서이다. 앞에서 살펴본 표준어 사정 원칙 제8항에서는 어원 의식이 강하게 남아 있는 '부조, 사돈, 삼촌'에 대해서 양성 모음 형태를 그대로 표준어로 삼고 음성 모음으로 굳어진 '주추'는 표준어로 인정한다고 한 바 있다.

　그런데 이에 대해 '손자'와 '손주'는 그 의미가 달리 쓰이는 것이 일반적이다. '손주'는 '손자'와 '손녀'를 포괄하는 의미로 쓰이기 때문이다. 한국어문기자협회(2010)에서는 '손주'의 사용 현황과 '손주'의 사용 욕구에 대해 조사한 결과를 다음과 같이 제시한 바 있다.

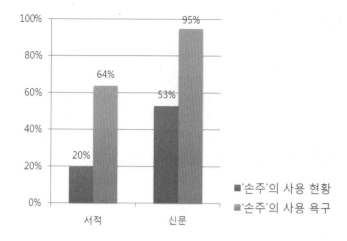

국립국어원에서는 2011년에 '손자'와는 달리 포괄적인 의미로 쓰이는 '손주'를 추가한 바 있다.

〈'먹을거리'와 '먹거리'〉

원래 표준어 규정에서는 명사 '거리' 앞에는 명사 혹은 용언의 관형사형만 인정하고 용언의 어간이 직접 결합하는 경우를 인정하지 않았다. 즉 '국거리, 일거리, 비웃음거리, 이야깃거리' 등의 단어나 '마실 거리', '토의할 거리', '일할 거리' 등에서 그 쓰임을 볼 수 있는 것이다. 그러나 '덮밥, 먹성, 밉상' 등의 예에서 볼 수 있듯이 실상에서는 용언의 어간이 합성어나 파생어 형성에 참여하는 경우가 있고 이에 따라 '먹거리'도 적지 않게 쓰이고 있었다. 이를 조사한 결과는 다음과 같다.

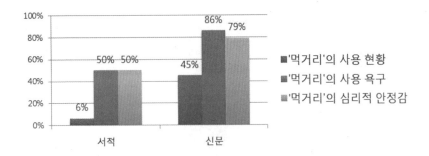

국립국어원에서는 이러한 현실을 반영하여 2011년에 '먹을거리' 외에 '먹거리'도 표준어로 인정한 바 있다.

〈'뜨락'과 '뜰', '내음'과 '냄새', '나래'와 '날개'〉

'뜨락', '내음', '나래'는 북한이나 강원도 방언으로 보아 표준어에서는 인정되지 않던 것들이었다. 그러나 이들 단어들은 단순히 '뜰', '냄새', '날개'와 같은 의미를 나타내는 것에서 벗어나 문학적, 시적, 관용적 표현으로 쓰이는 것이 현실이었다. 한국어문기자협회(2010)에서 이들에 대한 사용 현황과 사용 욕구를 조사한 것을 제시하면 다음과 같다.

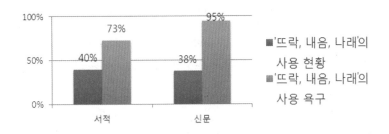

국립국어원에서는 이러한 사정을 반영하여 '뜨락, 내음, 나래'의 의미가 각각 '뜰, 냄새, 날개'와 다르다고 보아 2011년에 표준어로 추가한 바 있다.

〈'엉큼하다'와 '응큼하다', '떨어뜨리다'와 '떨구다', '굽실거리다'와 '굽신거리다', '만날'과 '맨날'〉

이들 단어 쌍 가운데는 앞의 것들 즉 '엉큼하다', '떨어뜨리다', '굽실거리다', '만날'이 2010년을 기준으로 했을 때 표준어에 해당한다. 이는 표준어 사정 원칙 제25항을 따른 것인데 실제 현실어는 그렇지 않아 2010년 기준으로 했을 때 비표준어인 '응큼하다', '떨구다', '굽신거리다', '맨날'의 사용 빈도가 매우 높다. 이들 비표준어의 사용 현황과 사용 욕구에 대해 한국어문기자협회(2010)에서 조사한 결과는 다음과 같다.

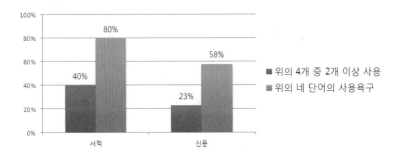

국립국어원에서는 이들 네 단어 가운데 특히 사용 빈도가 높다고 인정되는 '떨구다', '맨날'의 경우를 2011년에 표준어로 추가한 바 있다. 그리고 '굽신거리다'는 2014년에 표준어로 추가한 바 있다. 즉 아직까지 표준어의 지위를 가지고 있지 않은 것은 이들 네 단어 가운데 '응큼하다'뿐인데 이 단어도 언제 표준어의 지위를 가지게 될지 알 수 없다.

지금까지 국립국어원의 2011년, 2014년, 2015년, 2016년 표준어 목록 추가와 관련된 한국어문기자협회(2010)의 내용을 살펴보았다. 한국어문기자협회(2010)에서는 서적과 신문을 대상으로 조사한 결과 서적보다는 신문에서 비표준어에 대한 사용과 욕구가 높다는 사실을 지적하였다. 이는 서적이 규범을 지키려는 경향이 신문보다 강하고 신문은 서적보다 현실어를 반영하려는 경향이 강하다는 것을 의미하는 것으로 해석될 수 있다.

표준어는 특히 실제 언어 사용 양상을 반영한다는 것을 명시적으로 밝히고 있으므로 앞으로도 새로운 표준어가 끊임없이 추가될 것이고 또 어떤 것들은 표준어에서 사라질 운명을 맞이할 것이다. 이러한 점에서 보면 한국어문기자협회(2010)의 현실 언어 사용 조사는 그 나름대로의 의의를 가지기에 충분해 보인다.

01. 다음은 예전 신문에 나온 광고이다. 여기에서 현재를 기준으로 표준어가
아닌 것을 찾아 해당 규정을 찾고 그 이유에 대해 생각해 보자.

02. 한국어문기자협회(2010)을 구해 읽어 보고 본문에서 제시되지 않은 것들
가운데 서적이나 신문에서 사용 빈도가 높은 표현들에는 또 무엇이 있는
지 정리해 보자.

03. 다음은 방송언어에서 표준어 규정에 어긋난 것들을 조사한 것이다. 이들을 찾아 바로 잡아 보자.

> ▶ 그래도 너무 안타까와하지 마십쇼.
> ▶ 근데 애기들이 먹는 김치는 온갖 영양이 다 들어가기는 했지만
> ▶ 마약 피의자를 면회하면서 담배 아홉 개피를 준 변호사가 정직 삼 개월을 받았습니다.
> ▶ 먼저 남비에 밥과 물을 넣고 10분간 팍팍 끓여 준다.
> ▶ 별을 헤는 순수한 마음을 상으로 받았을 거예요.
> ▶ 불법 주차를 서슴치 않는 운전자들 때문에 제 기능을 하는 도심 도로는 이제 찾아보기 힘듭니다.
> ▶ 엘피가스 통이 방 안을 뒹굴고 천정은 구멍이 뻥 뚫렸습니다.
> ▶ 일하는 내내 짭쪼름한 미역 냄새가 입맛을 돋궜는데요.
> ▶ 저, 어디 놀래서 볼일 보겠어요?
> ▶ 좀 으스스해요.
> ▶ 하늘을 날라서 올라갈려고

04. 다음 글은 표준어와 방언에 대한 법정 공방을 다룬 기사이다. 이를 읽고 표준어와 방언의 관계, 표준어의 범위에 대해 자신의 의견을 정리해 보자.

> 18일 오후 2시40분 헌법재판소 대심판정에서 '교양있는 사람들이 두루 쓰는 현대 서울말'인 '표준어'를 둘러싸고 공방이 벌어졌다. 2006년 5월 전국의 초·중·고등학교에 재학 중인 학생 60명과 학부모 63명이 제기한 '표준어 규정'에 대한 선고에 앞서 헌재가 마련한 공개변론의 장이다.
> 청구인측 대리인은 국어기본법에 따른 표준어 규정의 불합리성을 집중 공략했다. 장철우 변호사는 "표준어가 '교양 있는 사람들'이 사용하는 말이라면 표준어를 사용하지 않는 사람은 교양 없는 사람이라는 말이냐?"라며 "또 각 지역어는 해당 지역의 역사적 문화적 소산으로 우열이 있을 수 없는데도

표준어를 서울말로 한정한 것은 문제"라고 주장했다.

청구인측은 '공공기관의 공문서와 교과용 도서는 표준어 규정에 맞춰 작성해야 한다.'는 '구 국어기본법'의 문제점도 지적했다. 장 변호사는 "청구인들에게 익숙한 지역어를 버리고 서울말로만 교육 받게 하는 것은 정당한 교육권 및 행복추구권을 침해하는 것"이라고 말했다.

피청구인측은 표준어가 국민통합을 위한 도구임을 강조하며 맞섰다. 문화체육관광부 대리인으로 나온 이선애 변호사는 "표준어는 그 나라의 기준이 되는 언어이며 대개 각국의 수도에서 쓰는 말이 기초로 성립한다."며 "서울말이 표준어의 기본이 된 건 역사성과 보편성을 고려했기 때문"이라고 주장했다.

또 "표준어로 인해 지역어 사용에 제한이 있지만 이는 과잉금지의 원칙에 어긋나지는 않고, 영화나 소설 등에서는 방언 사용이 충분히 가능해 국가의 지나친 제약으로도 볼 수 없다."고 말했다.

이 변호사의 말이 끝나자 김종대 재판관이 "교양있는 사람이 쓰지만 서울말이 아니거나 서울말을 쓰지만 교양이 없는 사람이라면, 또는 교양있고 서울말을 아무리 쓰더라도 현대말이 아니면 표준어가 아닌 것이냐?"는 다소 공격적인 질문을 던지기도 했다.

종합부동산세에 대한 위헌심판 선고가 내려진 직후 같은 자리에서 이어진 이날 공개변론은 종부세 선고와는 달리 차분한 가운데 진행됐다. 청구인측으로 참석한 중고생 50여명과 학부모 2,3명만이 대리인들의 공방을 지켜봤다.

〈권지윤, 「왜 교과서엔 사투리 쓰면 안 되나」, 한국일보(2008.11.14)〉

3.3. 외래어 표기법과 외래어 표기의 현실

3.3.1. 외래어 표기법

외국에서 들어온 말 가운데 우리말의 일부로 자리 잡은 것을 외래어(外來語)라고 한다. '버스', '라디오', '텔레비전'과 같이 사전에 실린 것들이 모두 외래어의 예이다. 어느 사전을 보면 이렇게 외래어의 자격을 가지는 것이 10%에 육박한다고 한다. 따라서 이들을 글로 적을 때 하나의 원칙을 정하는 것은 원활한 의사소통을 위해 반드시 필요한 과정이라 할 수 있다. 이처럼 외래어를 한글로 적는 방법을 외래어 표기법이라 한다.

국어의 외래어 표기에 대한 규정의 시작은 1933년 조선어학회에서 공표한 〈한글 맞춤법 통일안〉의 한 조항으로 외래어의 표기에 있어서는 새 문자나 부호를 쓰지 않고 한글 자모만으로 표음주의에 따르도록 한 일이다.

이에 따라 1940년 조선어학회에서 〈외래어 표기법 통일안〉을 공포하고 1941년 이를 책자로 발간함으로써 외래어 표기의 규범이 성립되었다. 현재의 외래어 표기법도 바로 여기에서 그 원칙을 이어받은 것이다.

우리가 지금 원칙으로 삼고 있는 외래어 표기법은 1986년에 제정·고시된 것이다. 이 외래어 표기법은 다음의 4개장으로 구성되어 있다.

외래어 표기법

제1장 기본 원칙
제2장 외국어와의 한글 표기 일람표
제3장 외국어 표기 세칙
제4장 인명, 지명의 표기 원칙

제2장 표기 일람표에는 현재 모두 열아홉 개의 표가 제시되어 있는데 국제 음성 기호와 한글 대조표를 시작으로 2005년 12월 28일 포르투갈어, 네덜란드어, 러시아어를 추가하여 지금 현재는 에스파냐어, 이탈리아어, 일본어, 중국어, 폴란드어, 체코어, 세르보크로아트어, 루마니아어, 헝가리어, 스웨덴어, 노르웨이어, 덴마크어, 말레이인도네시아어, 타이어, 베트남어, 포르투갈어, 네덜란드어, 러시아어의 총 18개 언어의 자모(중국어는 주음 부호(注音符號))와 한글 대조표가 제시되어 있다.

제3장 표기 세칙에는 영어, 독일어, 프랑스어 3개 언어의 표기와 이들 18개 언어의 표기가 모두 21개 절로 나뉘어 제시되어 있다. 표기 세칙에 영어, 독일어, 프랑스어 3개 언어의 표기가 따로 제시된 것은 표기 일람표에 제시된 국제 음성 기호만으로는 이들 세 언어의 구체적인 표기 방법을 포괄하기 어렵기 때문이다.

제4장의 인명, 지명 표기의 원칙은 특히 고유 명사의 외래어 표기가 가지는 특성 때문에 설정된 부분으로 먼저 외국의 인명, 지명에 대한 표기 원칙이 제시되어 있다. 그리고 동양의 인명, 지명에 대한 표기가 제시되어 있으며 마지막으로 바다, 섬, 강, 산 등의 표기 세칙이 제시되어 있다.

이러한 외래어 표기법은 아직 외래어의 지위를 가지지 못한 외국어에도 그대로 적용된다는 점에서 숙지할 필요가 있다. 여기서는 이들 가운데 기본 원칙에 대해 보다 자세히 살펴보기로 하고 나머지는 부록으로 미루기로 한다.

기본 원칙은 모두 다섯 개 항으로 이루어져 있는데 그 첫 번째는 다음과 같다.

제1항 외래어는 국어의 현용 24자모만으로 적는다.

한글은 세계 문자의 역사에서 그 유래를 찾아볼 수 없을 정도로 훌륭한 문자이지만 이것이 곧 모든 소리를 완벽하게 적을 수 있다는 것으로 오해되어서는 안 될 것이다. 즉 언어마다 자음이나 모음의 체계에 차이가 있을 뿐만 아니라 어떤 언어에는 없는 자음이나 모음이 다른 언어에는 존재하는 일이 적지 않은 것이다. 가령 영어의 [b]와 [p]는 성대를 울리느냐의 여부 즉 유성(有聲)과 무성(無聲)의 차이를 가지고 문자로도 구별되지만 우리말에서는 이를 구별하지 않고 문자 'ㅂ'으로밖에는 나타낼 수 없다든가 [f]는 우리말로 표기할 문자를 가지고 있지 않다는 것 등이 이에 속한다.

외래어를 국어의 현용 24자모만으로 적는다고 할 때의 '현용 24자모'는 물론 'ㄱ, ㄴ, ㄷ, ㄹ, ㅁ, ㅂ, ㅅ, ㅇ, ㅈ, ㅊ, ㅋ, ㅌ, ㅍ, ㅎ'의 14개 자음과 'ㅏ, ㅑ, ㅓ, ㅕ, ㅗ, ㅛ, ㅜ, ㅠ, ㅡ, ㅣ'의 10개 모음을 가리킨다. 그러나 여기에도 주의할 것이 하나 있다. 이 규정이 이들 자음과 모음 각각의 결합 형식 즉 'ㄲ, ㄸ' 등과 'ㅐ, ㅘ' 등을 배제하는 것은 아니라는 점이다.

기본 원칙의 두 번째는 다음과 같다.

제2항 외래어의 1음운은 원칙적으로 1기호로 적는다.

이것은 올바른 표기를 예측하거나 기억하는 것에 대한 부담을 덜어준다는 점에서 어찌 보면 당연한 것이라 할 수 있다. 영어의 [f]에 해당하는 우리 문자가 없기는 하지만 그렇다고 해서 이를 'ㅎ' 또는 'ㅍ'으로 경우에 따라 달리 적는다는 것은 바람직하지 않다. 'film'은 '필름'으로만 적는 것처럼 'fighting', 'file'도 '화이팅', '화일'이 아니라 '파이팅', '파일'로만 적어야 한다는 것이다. 그러나 외국어와 우리말은 음운의 수가 다르기 때문에 불가피하게 외국어의 자음 2개를 우리말의 자음 1개로 적는 경우가 생길 수밖에 없다. 외국어 파열음 [p]와 마찰음 [f]를 우리말의 파열음 'ㅍ'으로

적어야 한다거나 외국어의 파열음 [b]와 마찰음 [v]를 우리말의 파열음 'ㅂ'으로 적는 것이 그것이다. 또한 외국어의 한 소리가 우리말의 여러 소리에 대응시켜 적히는 경우도 있다. 예를 들어 외국어의 [p]는 '패스 (pass)', '컵(cup)', '수프(soup)'에서 보듯이 소리 나는 대로 'ㅍ', 'ㅂ', 'ㅍ' 등으로 달리 적히는 것이다. 이렇게 보면 이 규정은 원칙적으로 그리해야 한다는 것이고 실제로는 현실적인 예외를 적잖이 가진다는 것을 알 수 있다.

기본 원칙의 세 번째는 다음과 같다.

제3항 받침에는 'ㄱ, ㄴ, ㄹ, ㅁ, ㅂ, ㅅ, ㅇ'만을 쓴다.

이것은 우리말에서 음절의 끝에서 소리가 나는 것은 'ㄱ, ㄴ, ㄷ, ㄹ, ㅁ, ㅂ, ㅇ'의 일곱 개로 제한되어 있기 때문에 나타나는 자연스러운 현상이다. 만약 이외의 자음이 음절의 끝에 오면 7개 자음 가운데 하나로 바뀐다. 앞에서 '컵(cup)'을 '캎'으로 적지 않은 이유이다. 다만 여기서 한 가지 주의할 점은 [ㄷ]으로 소리 나는 경우도 'ㅅ'으로 적어 주어야 한다는 사실이다. 'rocket[rakit/rɔkit]'은 '로켇'으로 적으면 가장 합리적일 듯하지만 이렇게 적으면 [로케시]처럼 모음으로 시작되는 조사 앞에서 [시]로 소리 나는 현상을 설명하기 어렵다. 따라서 이러한 경우에는 '로켓'처럼 받침으로 'ㅅ'을 적어야 한다. 'ㅅ'은 음절 끝에서 [ㄷ]로 소리 나기 때문에 이렇게 하여야만 두 가지 사실을 모두 설명할 수 있다.

기본 원칙의 네 번째는 다음과 같다.

제4항 파열음 표기에는 된소리를 쓰지 않는 것을 원칙으로 한다.

우리말은 예사소리(평음), 된소리(경음), 거센소리(격음)로 이루어져 있지만 외국어의 파열음은 일반적으로 무성 파열음과 유성 파열음으로 나뉜다. 그런데 유성 파열음은 우리말의 예사소리로, 무성 파열음은 우리말의 거센소리로 인식하여 가령 [g]는 'ㄱ'으로 [k]는 'ㅋ'으로 받아들인다. 따라서 외래어의 파열음 표기에는 우리말의 된소리를 쓰지 않는 것이 원칙이 된 것이다. 그러나 유성과 무성으로 2항 대립되지 않고 우리말처럼 예사소리, 된소리, 거센소리로 3항 대립을 가지는 베트남어와 타이어에 대해서는 된소리를 밝힐 수 있도록 하였다. 즉 'Paris', 'Mozart'는 '파리', '모차르트'로만 적지만 베트남에서는 'Hochimin'을 '호치민'이 아닌 '호찌민'으로, 타이어에서는 'Phuket'을 '푸켓'이 아닌 '푸껫'으로 적도록 한 것이다. 한편 영어와 같은 외국어 중에서 흔히 된소리로 소리 나는 것들도 된소리 표기를 하지 않는다는 것을 알아 두어야 한다. 'double, ball, service, sale' 등은 흔히 '떠블, 뽈, 써비스, 쎄일'로 발음되지만 '더블, 볼, 서비스, 세일'로 적어야 하는 것이다.

기본 원칙의 마지막 다섯 번째 원칙은 다음과 같다.

제5항 이미 굳어진 외래어는 관용을 존중하되, 그 범위와 용례는 따로 정한다.

이는 자칫 예외를 인정한다는 것으로 단순히 치부되어서는 안 된다. 그보다는 이미 널리 사용된 외래어는 그 표기가 비록 외래어 표기법에 어긋나더라도 이를 인정하는 것이 외래어 표기의 일관성에 더 도움이 된다는 의미로 해석되어야 할 것이다. 가령 '담배'는 일본을 통하여 간접 차용한 포르투갈어인데 이미 포르투갈어 원음에서 소리가 크게 달라져 외래어인지 모르는 사람도 적지 않다. 만약 이것의 원음을 중시하여 '타바코' 정도로 적는다면 오히려 혼란만 야기하는 꼴이 될 것이다. '카메라'를 발음에 따라 '캐머러'로 적는 않는 것도 마찬가지 이유에서이다. 다만 관용은 단어 개별적으로 인정되는 것이기 때문에 이들에 대해서는 일일이 표기를 확인해야 한다는 점은 부담으로 남는다. 따라서 외래어들에 대해 그 올바른 표기에 대해 제시하고 있는 외래어 표기 용례를 참고해야 할 필요가 있다. 그리고 가능하다면 외래어를 우리 고유어로 순화하려는 노력도 게을리해서는 안 될 것이다. '네티즌'이 '누리꾼'으로 바뀌고 '리플'이 '댓글'로 자리를 잡아 당당히 국어사전에 오른 것은 이러한 점에서 시사하는 바가 크다.

3.3.2. 외래어 표기의 현실

위에서 살펴본 바와 같이 외래어 표기에는 원칙이 있다. 그러나 이것은 외국어를 한글로만 표기하면 된다는 것을 의미하는 것은 물론 아니다. 다음은 패션 잡지의 한 부분을 임의로 가져온 것이다.

> 그레이 컬러는 특유의 클래식하고 차분한 무드를 대변하는 모직, 코튼, 트위드 소재 외에도, 부드러운 느낌의 스웨이드, 청키한 니트나 반짝이는 새틴 등 드라마틱한 변화의 가능성을 가득 담고 돌아왔다. 여기에 매스큘린 트렌드가 더해져 그레이 컬러는 트렌디한 룩킹을 완성하는 키 컬러로도 활약한다. 넉넉한 피트의 그레이 블레이저는 가을·겨울을 아우르는 베스트 아우터가 될 것이다.

이 가운데 짙은 글씨로 되어 있는 것은 모두 외래어나 외국어에 해당한다. 극단적으로 말하자면 조사나 어미를 제외한 대부분의 단어들이 외래어나 외국어에 해당한다고 말할 수 있다. 다음의 글도 정도 차이는 있지만 외래어나 외국어가 만연한 현실을 반영한다는 데 이견은 없을 것이다. 또한 이미 2부에서 외래어·외국어의 잦은 사용이 오히려 부정적 인상을 준다는 사실에 대해 언급한 바 있다.

사실 우리 주변에서도 외래어나 외국어 표기를 찾는 것은 그리 어렵지 않을 뿐만 아니라 이를 외래어 표기법에 어긋나게 표기하는 경우도 비일비재(非一非再)하다. 여기서는 이에 대해 몇 가지 예들을 살펴보기로 하자.

앞서 언급한 것처럼 기본 원칙 제2항에 따라 외래어의 1음운은 원칙적으로 1기호를 사용해야 한다. 그렇기 때문에 '화일(file), 호일(foil), 후레시(fresh)'는 각각 '파일', '포일', '프레시'로 적어야 한다. 또한 기본 원칙 제4항에 따라 된소리를 쓰지 않는 것이 원칙이므로 '썬, 빠다코코낫, 씨리얼'은 (물론 고유 명사로 쓰이는 경우는 관용을 존중하지만) 각각 '선', '버터코코 넛', '시리얼'이라 표기해야 한다. '테잎' 역시 외래어 표기법에 어긋난 예이 다. 무성파열음 'p, t, k'에 '으'를 붙여 적는 경우엔 '테잎'이 아닌 '테이프'라 고 쓰는 게 옳다. '캐챂'의 경우 [ae]는 'ㅐ'로 적고 [e]는 'ㅔ'로 적기 때문에 '캐챂'이 아닌 '케첩'이 맞다.

다음은 간판에서 찾아볼 수 있는 외래어 표기의 오류 유형이다.

퀴인(QUEEN)

쏘렌토

페이스앤바디

연세쥬얼리치과

왼쪽부터 '퀴인(QUEEN)'은 '퀸'으로, '쏘렌토'는 '소렌토'로, '페이스앤바 디'는 '페이스앤보디'로, '연세쥬얼리치과'는 '연세주얼리치과'로 바꾸어야 한다. 하나씩 살펴보면, 먼저 영어 'Queen'을 '퀴인'으로 적은 경우 외래어 표기법 제3장 표기세칙의 제1절 제7항에서 밝히고 있는 바와 같이 "장모음의 장음은 따로 표기하지 않는다."에 위배된다.

다음으로 'Sorento'를 '쏘렌토'로 적은 경우 된소리를 쓰지 않는다는 원칙에 위배되며, 'face and body'를 '페이스앤바디'로 쓴 경우 'face'와 'and'는 각각 '페이스'와 '앤'으로 외래어 표기가 제대로 되었지만 '보디'는 '바디'로 잘못 표기되어 있다.

마지막으로 '연세쥬얼리치과'에서는 영어의 'jewelry[dʒúːəlri]'를 '쥬얼리'라고 표기하고 있으나, 외래어 표기법에서는 'ㅈ'이나 'ㅊ'에 이중 모음이 결합한 '쟈, 져, 죠, 쥬', '챠, 쳐, 쵸, 츄'를 쓰지 않도록 하고 있으므로 '주얼리'라고 고쳐야 한다.

다음은 일반 음식점 메뉴에서 잘못 표기된 외래어의 경우를 살펴보기로 한다. 원어 표기, 잘못된 외래어 표기, 그리고 올바른 외래어 표기 예를 다음과 같이 제시해 보기로 한다.

원어 표기	잘못된 외래어 표기	올바른 외래어 표기
Ton[豚]kasu	돈까스	돈가스
Soup	스프	수프
Parmesan cheese	파마산치즈	파르메산치즈
Mozzarella cheese	모짜렐라치즈	모차렐라치즈
Shrimp	쉬림프	슈림프
Risotto	리조또	리소토
Sausage	소세지	소시지
Barbecue	바베큐	바비큐
Gratin	그라탕	그라탱
Sirloin	서로인	설로인
Fish	피쉬, 휘시	피시
Seafood	씨푸드	시푸드
Churros	츄러스, 추러스	추로스

다음은 카페의 메뉴에서 사용되는 외래어의 경우를 조사해 본 것이다. 올바른 외래어 표기도 없지는 않지만(표에서 색깔 글씨) 대상 외래어 모두를 일관적으로 제대로 표기한 경우는 발견되지 않았다.

원어	S카페	B카페	B&T카페	E카페	A카페
caffee latte	카페라떼	카페라떼	카페라떼	카페라떼	카페라떼
chocolate	초콜릿	쵸콜릿	쵸코렛	초콜렛	초콜릿
macchiato	마키아또	마끼아또	마키아토	마끼아또	마끼야또
caramel	카라멜	카라멜	캐러멜	카라멜	카라멜

위에 제시된 것 이외에도 잘못된 표기가 발견되는데 '쉐이크(shake)', '후르츠(fruit)', '젤라또(gelato)' 등은 각각 '셰이크', '푸르트', '젤라토' 등으로 표기되어야 한다.

이상에서 우리 주변에서 잘못되거나 일관되지 못한 외래어 표기를 살펴보았다. 외래어나 외국어를 외래어 표기법에 맞게 표기하는 것도 중요하지만 보다 더 중요한 것은 이들 가운데 우리말로 순화할 수 있는 것들을 찾아 끊임없이 이를 바꾸려는 노력을 기울여야 한다는 점이다. 앞에서도 언급한 것처럼 '네티즌'이 '누리꾼'으로, '리플'이 '댓글'로 순화된 후 사전에 당당히 실린 것을 보면 이러한 노력이 늘 허사로 끝나는 것은 아니기 때문이다.

연 · 습 · 문 · 제

01. 다음은 국어의 외래어 표기법 가운데 동양의 인명 지명에 대한 규정이다. 각 항에 해당하는 예에는 어떠한 것이 있는지 조사해 발표해 보자.

제2절 동양의 인명, 지명 표기

　제1항 중국 인명은 과거인과 현대인을 구분하여 과거인은 종전의 한자음대로 표기하고, 현대인은 원칙적으로 중국어 표기법에 따라 표기하되, 필요한 경우 한자를 병기한다.

　제2항 중국의 역사 지명으로서 현재 쓰이지 않는 것은 우리 한자음대로 하고, 현재 지명과 동일한 것은 중국어 표기법에 따라 표기하되, 필요한 경우 한자를 병기한다.

　제3항 일본의 인명과 지명은 과거와 현대의 구분 없이 일본어 표기법에 따라 표기하는 것을 원칙으로 하되, 필요한 경우 한자를 병기한다.

　제4항 중국 및 일본의 지명 가운데 한국 한자음으로 읽는 관용이 있는 것은 이를 허용한다.

東京	도쿄, 동경	京都	교토, 경도	上海	상하이, 상해
臺灣	타이완, 대만	黃河	황허, 황하		

02. 다음은 공문서 작성과 관련된 국어기본법 위반 사례에 대한 기사이다. 이를 바탕으로 공공기관에서 작성된 문서를 찾아 외래어 표기법에 어긋난 경우를 조사해 보자.

"산업통상자원·미래창조과학·외교부, 한글 무시하는 3대 정부조직"

　제567돌 한글날을 앞두고 국가 주요기관의 국어기본법 위반 실태가 심각한 것으로 조사됐다. 8일 한글문화연대(대표 이건범)가 지난 4~6월 17개 정부 부처와 국회, 대법원 등이 낸 총 3068건의 보도자료를 분석한 결과다.

　조사 기준은 국어기본법 14조 1항 '공공기관 등의 공문서는 어문규범에 맞춰 한글로 작성해야 한다. 다만 대통령령으로 정하는 경우에는 괄호 안에 한자 또는 다른 외국 글자를 쓸 수 있다.'는 규정이다.

　한글문화연대는 "작년에 비해 국어기본법 위반은 줄었으나 외국어를 한글로 적기만 한 경우는 오히려 늘어났다."고 지적했다. 'R&D', 'First Follower', '對', '美' 등 외국 글자나 한자를 본문에 그냥 써 실정법인 국어기본법을 위반한 사례는 총 8842회로 드러났다. 보도 자료마다 평균 2.88회를 위반한 셈이다. 지난해 3~5월 14개 행정부처와 입법·사법부 보도자료 2947건에서 국어기본법 위반 횟수는 모두 1만3099회였다. 보도자료 건당 4.4회를 위반한 것에 비하면 줄어든 수치다.

　그러나 "I am a boy."를 '아이 앰 어 보이'라고 적는 것처럼 '가이드라인'(기준·지침)이나 '리스크'(위험), '시너지'(상승효과)와 같은 외국어를 한글로 적기만 하는 비율은 오히려 높아졌다. 작년 집계 당시 석 달치 보도자료에서 1만451회가 나타나 보도자료마다 3.6회였다. 그러나 올해에는 1만6795회로 나타나 보도자료마다 5.5회였다. 1.6배 늘어난 셈이다.

　한글문화연대는 "외국에서 들어온 전문용어를 우리말로 바꾸지 못한 경우도 있겠지만, 국어기본법 위반을 피하기 위해 외국어를 그냥 한글로만 적은 것은 아니냐는 의심을 지우기 어렵다."고 짚었다.

　본문에 영어 등 외국 글자를 그대로 드러내는 위반은 7687번이었다. 보도자료를 작성할 때마다 평균 2.51회를 위반한 것이다. 한자를 괄호 속에 넣지 않고 그대로 본문에 드러낸 위반 사례는 1155회다. 보도자료 2.6건을 작성할 때 한 번 꼴로 한자를 썼다. 한자 사용은 1155건으로 지난해 1230건과 비교해 그다지 줄지 않았다.

　국어기본법 위반 횟수는 산업통상자원부, 미래창조과학부, 외교부, 기획재정부 순으로 많았다. 산업통상자원부는 보도자료 217건에서 2681회를 위반, 보도자료마다 12.4회씩 로마자나 한자 표기를 했다. 미래창조과학부는 보도자료마다 5.8회(343건에서 1992회), 외교부는 하나마다 4.4회(285건에서 1249회), 기획재정부는 하나마다 4.2회(268건에서 1133회)씩 위반한 것으로 나타났다. 문화체육관광부는 157건의 보도 자료에서 11회를 위반, 횟수가 가장 적었다.

공문서에 한자를 그대로 사용한 국어기본법 위반 횟수는 산업통상자원부가 가장 많았다. 보도자료 한건마다 한자를 2.6회 사용, 모두 568회나 위반했다. 외교부는 246회, 기획재정부는 149회를 위반했다. 안전행정부, 문화체육관광부, 농림수산식품부, 환경부, 고용노동부는 전혀 한자를 사용하지 않았다.

외국어 · 외래어를 한글로 적기만 한 순위는 산업통상자원부, 미래창조과학부, 문화체육관광부, 기획재정부 순이다. 산업통상자원부는 2473건을 사용, 보도자료마다 11회씩 외국어 · 외래어를 한글로 적고 있었다. 2013년에 신설된 미래창조과학부는 3306회로, 보도자료 하나에 10회를 사용했다. 문화체육관광부는 보도자료 하나에 7회, 기획재정부는 5회씩 썼다.

한편, 한글문화연대는 공공기관이 우리말로 공문서를 쓰도록 유도하기 위해 2014년부터 알기 쉽고 바르게 쓴 공문서를 대상으로 '세종 보람'이라는 인증 표시를 부여한다.

〈뉴시스 2013. 10. 8〉

03. 다음은 "광고물 등의 표시방법"에 대한 조항이다. 우리 주변의 광고물에서 이러한 표시방법에 어긋나는 경우를 조사해 보자.

제3장 광고물 등의 표시방법 〈신설 2011.10.10〉

제12조(일반적 표시방법) ① 법 제3조제3항에 따른 광고물 등의 표시방법은 이 장에서 정하는 바에 따른다.

② 광고물의 문자는 원칙적으로 한글맞춤법, 국어의 로마자 표기법 및 외래어 표기법 등에 맞추어 한글로 표시하여야 하며, 외국문자로 표시할 경우에는 특별한 사유가 없으면 한글과 병기(倂記)하여야 한다.

04. 방송 프로그램을 대상으로 잘못된 외래어 표기의 예들을 찾아 이를 정리해 보자.

05. 다음은 영화 포스터이다. 잘못된 외래어 표기를 찾고 이처럼 외래어 표기가 잘못된 영화 포스터를 더 찾아 유형별로 분류해 보자.

06. 다음은 한 온라인 게임에서 사용된 외래어 및 외국어를 정리한 것이다. 국립국어원 홈페이지의 『표준국어대사전』과 『국어순화집합본』을 이용하여 순화어로 어떤 것이 제시되어 있는지 조사해 빈칸을 채워 보자.

표현	용례	빈도 수	순화어		원어
			표준국어대사전	국어순화집합본	
게임	게임에서 카트와 아이템을 살 수 있는 루찌가 있으니…	1			game
라이선스	새로운 초보 라이선스를 획득하였습니다.	2			license

표현	용례	빈도수	순화어		원어
			표준국어대사전	국어순화집합본	
레벨	자신에게 맞는 레벨을 선택해 보세요.	2			level
루키	여러가지 채널이 존재해요. 루키입문, 루키....	16			rookie
뱅크	뱅크트랙 돌기 뱅크트랙위에 보너스 루찌들이 놓여 있습니다.	2			bank
버튼	출발 직후 [Ctrl]버튼을 눌러 쇠덩어리를 조준합니다.	2			button
스피드	스피드전에서 쉽게 우승할 수 있다구~	1			speed
아이템	루찌로 멋진 아이템을 구매해 볼까요?	16			item
업그레이드	G3급 엔진을 장착한 업그레이드 연습 카트입니다.	2			upgrade
유저	다른 유저들과 레이싱을 즐길 수 있습니다.	2			user
채널	채널 변경 후 1회 주행하기	7			channel
카드	캐릭터 보너스 카드(7일)	1			card
캐릭터	카트를 바꿔타고, 캐릭터도 변경하고...	3			character
키보드	키보드 오른쪽에 보면 화살표 모양이 보이지?	2			keyboard
트랙	정해진 시간안에 트랙을 완주하면 성공입니다.	11			track
파이팅	주의해서 운전하라구~ 파이팅!	1			fighting
포인트	레이싱포인트와 루찌를 얻을 수 있습니다.	2			point

3.4. 로마자 표기법과 로마자 표기의 현실

3.4.1. 로마자 표기법

외래어 표기법이 외국어를 한글로 적는 방법에 대한 규정이라면 로마자 표기법은 한글을 외국어로 적는 방법에 대한 규정이라 할 수 있다. 외국어 가운데 가장 널리 보급되어 있는 로마자로 이를 표시하게 하였으므로 외래어 표기법과는 달리 여러 가지 언어에 대한 표기를 마련할 필요는 없다. 이를 흔히 '영어 표기법'이라고 언급하는 사람도 있으나 영어도 로마자를 사용하는 한 언어이므로 주의할 필요가 있다.

현재 우리가 따르고 있는 로마자 표기법은 1984년 1월 문교부 고시의 로마자 표기법을 5년여의 개정 작업을 통해 지난 2000년에 당시 문화관광부에서 고시한 것으로 다음과 같이 모두 3개장으로 이루어져 있다.

> **로마자 표기법**
>
> 제1장 표기의 기본 원칙
> 제2장 표기 일람
> 제3장 표기상의 유의점

먼저 제1장 표기의 기본 원칙은 다음 2개 항으로 이루어져 있다.

> **제1항** 국어의 로마자 표기는 국어의 표준 발음법에 따라 적는 것을 원칙으로 한다.
> **제2항** 로마자 이외의 부호는 되도록 사용하지 않는다.

제1항은 국어의 로마자 표기법이 한글 맞춤법과는 달리 '발음'을 중시하

는 전음법(轉音法)을 따르고 있음을 의미한다. 제2항은 이전에 사용하던 반달표(ˇ)와 어깻점(') 등이 컴퓨터를 이용한 정보화 시대에는 효율적이지 않다는 판단에 따른 것이다.

제2장 표기 일람은 모음과 자음을 적는 방법을 제시하고 있다. 먼저 모음을 단모음과 이중모음으로 나누어 보이면 다음과 같다(제1항).

〈단모음〉

ㅏ	ㅓ	ㅗ	ㅜ	ㅡ	ㅣ	ㅐ	ㅔ	ㅚ	ㅟ
a	eo	o	u	eu	i	ae	e	oe	wi

〈이중 모음〉

ㅑ	ㅕ	ㅛ	ㅠ	ㅒ	ㅖ	ㅘ	ㅙ	ㅝ	ㅞ	ㅢ
ya	yeo	yo	yu	yae	ye	wa	wae	wo	we	ui

여기서 우선 주의할 것은 로마자는 우리말과는 달리 모음이 5개뿐이므로 이를 제외한 'ㅓ, ㅡ, ㅐ, ㅚ, ㅟ'가 두 개의 로마자로 표기된다는 점이다. 또한 발음과 관련하여 알아 두어야 할 것은 'ㅢ'가 'ㅣ'로 소리 나더라도 'ui'로 적는다(제1항 [붙임 1])는 것이다. 장모음의 표기도 따로 하지 않는다 (제1항 [붙임 2])는 사실을 아울러 알아 둘 필요가 있다.

위에서 본 바와 같이 모음은 표기가 하나로 고정되어 있지만 자음은 경우에 따라 표기가 두 개로 나뉘는 경우가 있어 보다 복잡하다. 우선 자음의 표기를 조음 방법에 따라 나누어 보이면 다음과 같다(제2항).

〈파열음〉

ㄱ	ㄲ	ㅋ	ㄷ	ㄸ	ㅌ	ㅂ	ㅃ	ㅍ
g, k	kk	k	d, t	tt	t	b, p	pp	p

〈파찰음〉

ㅈ	ㅉ	ㅊ
j	jj	ch

〈마찰음〉

ㅅ	ㅆ	ㅎ
s	ss	h

〈비음〉

ㄴ	ㅁ	ㅇ
n	m	ng

〈유음〉

ㄹ
r, l

자음 가운데 두 가지 표기를 가지는 것은 파열음 'ㄱ, ㄷ, ㅂ'과 유음 'ㄹ'이다. 먼저 파열음 'ㄱ, ㄷ, ㅂ'이 'g, d, b'로 적히는 경우는 모음 앞에서이고 'k, t, p'로 적히는 경우는 자음 앞이나 어말에서이다(제2항 [붙임 1]). 따라서 '호법'은 'Hobeop'(고유 명사는 첫 글자를 대문자로 적는다)으로 적는다. 다음으로 유음 'ㄹ'의 두 가지 표기도 그것이 모음 앞이냐 아니면 자음 앞이나 어말이냐에 따라 모음 앞이면 'r'로, 자음 앞이나 어말에서는

'l'로 적는다. 다만 'ㄹㄹ'은 언제나 'll'로 적는다는 것도 알아 두어야 한다(제2항 [붙임 2]). 그래서 가령 '구리'는 'Guri'로, '임실'은 'Imsil'로, '울릉'은 'Ulleung'으로 적는다.

제3장 표기상의 유의점은 실제 로마자 표기에 있어 주의할 점을 정리한 것으로 모두 8개 항으로 이루어져 있다. 그 가운데 중요한 것 몇 가지에 대해 설명하면 다음과 같다.

먼저 음운 변화가 일어날 때에는 변화의 결과에 따라 적는다(제1항)는 것인데 이는 로마자 표기법이 '발음'을 중시한다는 앞의 서술과 맥을 같이 하는 것이다. 그래서 '신라', '알약', '해돋이', '좋고'는 [실라], [알략], [해도지], [조코]로 발음나므로 각각 'Silla', 'allyak', 'haedoji', 'joko'로 적는다. 다만 체언에서 'ㄱ, ㄷ, ㅂ' 뒤에 'ㅎ'이 따를 때에는 'ㅎ'을 밝혀 적어야 하고 된소리표기는 표기에 반영하지 않는다는 점에 주의할 필요가 있다. 그래서 가령 '묵호'는 [무코]로 소리 나지만 'Muko'가 아니라 'Mukho'로 적어야 하고 '팔당'은 [팔땅]으로 발음되지만 'Palttang'이 아니라 'Paldang'로 적어야 한다.

발음상 혼동의 우려가 있을 때에는 음절 사이에 붙임표(-)를 쓸 수 있다(제2항)는 것도 알아 둘 필요가 있다. 가령 '중앙'은 'Jungang'이지만 'Jungang'이라 적으면 '준강'으로도 읽을 수 있기 때문에 이를 'Jung-ang'과 같이 적을 수 있다는 것이다.

인명은 성과 이름의 순서로 띄어 쓰되 이름은 붙여 쓰는 것을 원칙으로 하고 음절 사이에 붙임표(-)를 쓰는 것을 허용한다(제4항). 예를 들어 '홍길동'은 'Hong Gildong'으로 써도 되고 'Hong Gil-dong'으로 적어도 된다는 것이다.

'도, 시, 군, 구, 읍, 면, 리, 동'의 행정 구역 단위와 길거리를 가리키는 '가'는 각각 'do, si, gun, gu, eup, myeon, ri, dong, ga'로 적고 그 앞에는 붙임표(-)를 넣어 표기한다(제5항). 인명처럼 붙임표(-) 앞뒤에서 일어나는 음운 변동은 표기에 반영하지 않기 때문에 '삼죽면'은 [삼중면]으로 발음되지만 'Samjuk-myeon'으로 적는다. 또한 '시, 군, 읍'은 생략할 수 있어서 '청주시'는 'Cheongju'로도 적을 수 있다.

끝으로 인명, 회사명, 단체명 등은 그동안 써 온 표기를 쓸 수 있다(제7항)는 점도 알아 둘 필요가 있다. 이것은 외래어 표기법에서 이미 굳어진 표현을 인정한 것과 마찬가지 맥락에서 이해할 수 있다. 어문 규정은 영구불변하는 것이 아니기 때문에 외래어 표기법이나 로마자 표기법도 바뀌게 되는데 그때마다 인명, 회사명, 단체명 등을 바꾸게 되면 심한 경우 정체성에 혼돈이 생길 수도 있기 때문이다. 따라서 이들에 대해서는 강제성을 두지 않고 자율에 맡기게 된 것이다. '고추장'은 현행 로마자 표기법에 따르면 'Gochujang'이 맞고 '김치'는 'Gimchi'로 적어야 하지만 '김치'가 이미 국제적으로 'Kimchi'로 통하는 이상 이를 다시 'Gimchi'로 적지 않는 이유이다.

로마자 표기법도 외래어 표기법처럼 표기 용례가 마련되어 있다. 외래어 표기법은 알파벳 순으로 용례가 정리되어 있지만 로마자 표기법은 행정 구역, 교통 관련 지명, 일반 용어로 주제별로 나뉘어 제시되어 있다. 그만큼 로마자 표기법은 고유 명사 표기에서 더 큰 위력을 발휘하고 있다고 보아도 좋을 것이다.

혹자는 간혹 지금의 로마자 표기법이 발음을 호도한다고 보기도 한다. 그래서 가령 '김포'를 'Gimpo'로 적으면 [짐뽀]로 발음하는 경향이 많으므로 로마자 표기법이 문제라고 지적한다. 그러나 주의할 것은 우리의 로마자 표기법이 특정한 문화권 사람을 위한 것도 아니고 모든 언어권 사람이 똑같이 읽어 줄 것을 기대하는 표기는 아니라는 점이다. 따라서 외래어 표기법과 마찬가지로 로마자 표기법이 가지는 한계를 올바로 인식하고 있는 것이 더 바람직할 것이다.

3.4.2. 로마자 표기의 현실

국립국어원에서는 2014년 5월 2일 주요 한식명 200가지에 대해 로마자 표기 및 번역(영, 중, 일) 표준안을 발표한 바 있다. 이들 가운데 몇 가지에 대해 실제 표기 예를 조사해 보기로 한다.

음식명	로마자 표기	실제 표기 예
깍두기	Kkakdugi	Kakdukee, Kakdukee, Kakdugi, Ggackdugi, Kkackdugi, Ggakdoogi, Ggwakdugi, Cakdugi, Kacktugi, Ggakdogi …
떡볶이	Tteok-bokki	Ddeokbokki, Ddukbogi, Ddukbokgi, Topokki, Ddukbokyi, Ddukbokki, Deukboggi, Dduckbbockgi, Tteockbockki, Duckbuckki …
갈비	Galbi	Kalbi, Gal-bee, Kal-bie, Kalbee …
계란찜	Gyeran-jjim	Kaeranjjim, Geranjim, Keranjim, Kyeranjim …
김치찌개	Kimchi-jjigae	Kimchi Jee-gae, Gimche jjikae, Kimchee-jige …
된장찌개	Doenjang-jjigae	Dwen-jang Jee-gae, Duenjangjjigae, Deonjang-zzkkae, Dhenjangjjige, Dainjangjigae, Doinjang-chige, Dwanjangjjigae …
육개장	Yukgaejang	Yugejang, Yuukkejang, Yookgaejang …
파전	Pajeon	Pajun, Pajuen, Pajeoun, Pageun, Pajyon, Pachon, Pajon …
불고기	Bulgogi	Pulgogi, Poolkogi, Boolkoki, Peulkogi …
비빔밥	Bibimbap	Bibimbab, Bibimbob, Bee-beem-bap, Bibimpob, Bibimbbop, Pibimbab …
김밥	Gimbap	Kimbab, Kimbob, Kimbbop, Gimppob …
김치	Kimchi	Kimchee, Geemchi, Gimchee …

이들 가운데 '불고기', '비빔밥', '김밥', '김치'의 경우는 영어 번역도 로마자 표기를 그대로 사용할 만큼 이제는 보편적으로 인정되는 것들이다.

그러나 실제 표기는 제각각이며 심지어 같은 음식점이라도 표기 원리가 일관적이지 않은 곳이 대부분이다.

이처럼 로마자 표기법이 마련되어 있지만 실제로는 원칙을 따르지 않는 경우를 찾는 것은 그리 어렵지 않다. 정부에서 주관이 되어 마련한 도로 표지판에서도 로마자 표기법에 어긋나는 예가 종종 발견된다. 이들은 어떤 원칙이 잘 되어 있는가 여부를 따지기 이전에 제대로 된 의사소통을 방해한다는 점에서 바람직한 모습이라고 할 수는 없을 것이다.

이제는 세계화라는 말이 더 이상 신선한 말로 다가오지 않는 시대에 접어들었다. 한국의 문화가 세계 속으로 점점 그 위상을 높여 나가기 위해서는 이를 담고 있는 내용을 제대로 또 일관적으로 표기하려는 노력도 병행되어야 할 것이다.

01. 다음 지도는 외국의 한 홈페이지에서 우리나라의 지명을 표기한 것이다. 현행 로마자 표기법의 측면에서 어떤 문제가 있는지 알아보고 이를 바로 잡아 보자.

02. 다음은 2009년 6월 국립국어원에서 제시한 주요 성씨의 로마자 표기안이다. 실제 주변에서 성씨를 로마자로 어떻게 쓰고 있는지 조사하고 국립국어원의 로마자 표기안에 대해 자신의 생각을 말해 보자.

국립국어원 제시 주요 성씨 로마자 표기 제2차 시안

성씨	표준안	성씨	표준안
강	Kang	양	Yang
고	Ko	염	Yeom
김	Kim	오	Oh
남	Nam	윤	Yun
문	Mun	이	Yi
민	Min	임	Im
박	Bak	장	Jang
배	Bae	정	Jeong
백	Baek	조	Jo
송	Song	최	Choe
신	Sin	하	Ha
안	An	한	Han

03. 국립국어원의 주요 한식명 200개 로마자 표기 표준안을 내려 받아 음식점을 대상으로 이 가운데 본문에서 제시된 것 이외에 잘못된 표기에 또 무엇이 더 있는지 조사해 보자.

참고문헌

강창석(2005), 「한자어의 한글 표기에 대하여」, 『국어학』 45, 243-274.

강희숙(2003), 『국어 정서법의 이해』, 도서출판 역락.

고영근(1983), 『국어문법의 연구-그 어제와 오늘-』, 탑출판사.

고영근(2008), 『민족어의 수호와 발전』, 제이앤씨.

구현정·전영옥(2005), 『의사소통의 기법』, 도서출판 박이정.

구현정·전정미(2007), 『화법의 이론과 실제』, 박이정.

국립국어연구원 편(1991), 『우리말의 예절』, 조선일보사.

국립국어연구원(1992), 『표준화법 해설』, 국립국어연구원.

국립국어연구원(1999), 『표준국어대사전』, 두산동아.

국립국어원(2007가), 『외래어 이렇게 다듬어 쓰자』.

국립국어원(2007나), 『영화 및 게임물 언어사용 실태 조사』.

국립국어원(2001), 『한국 어문 규정집』.

국립국어원(2011), 『표준 언어 예절』.

김동환(2005), 『인지언어학과 의미』, 태학사.

김상준 외(2005), 『화법과 방송언어』, 역락.

김선철(2006), 『중앙어의 음운론적 변이 양상』, 경진문화사.

김정남(2008), 「한글맞춤법의 원리-총칙 제1항의 의미 해석을 중심으로」, 『한국어 의미학』 27, 21-44.

김정란(2013), 「서사화법 개념 정립을 위한 시론-이야기 담화를 중심으로-」, 『국어교육연구』 52, 91-114.

김정선·윤영민(2011), 「욕설로 대화하는 한국 영화 : 한국 청소년 관람가 영화에 나타난 폭력적 언어 분석」, 『한국언론학보』 55-5, 81-104.

김창섭(1996), 『국어의 단어형성과 단어구조 연구』, 태학사.

김창영(2015), 『2015 국민의 언어 의식 조사』, 국립국어원.

김혜숙(2006), 「총장 연설의 텍스트담화적 전략」, 『사회언어학』 14-2, 117-146.

롯데홈쇼핑·국립국어원(2019), 『홈쇼핑 언어 사용 지침서』, 롯데홈쇼핑.

문교부(1988), 『국어 어문 규정집』, 대한교과서주식회사.

민현식(1999), 『국어 정서법 연구』, 태학사.

박갑수 외(2001), 『방송 화법의 이론과 실제』, 집문당.

박경래(2005), 「사회언어학」, 『방언학』 1, 125-171.

박용찬(2007), 『외래어표기법』, 랜덤하우스코리아.

박용익(1998), 『대화분석론』, 한국문화사.

박창원(2007), 「한글맞춤법 '총칙 제1항'의 음운론」, 『국어학회 제34회 겨울학술대회 발표자료집』, 154-158.

박형익 외(2008), 『한국어문규정의 이해』, 태학사.

배주채(2003), 『한국어의 발음』, 삼경문화사.

성환갑·이주행·이찬규(2001), 『삶을 함께하는 국어 화법』, 도서출판 동인.

송기중(1992), 「현대국어 한자어 형태론」, 『형태』, 태학사.

양명희(2005), 『국민의 언어의식 조사』, 국립국어원.

양정환(2010), 『2010 국민의 언어 의식 조사』, 국립국어원.

엄태수(2007가), 「사이시옷 현상과 한글 맞춤법」, 『시학과 언어학』 13, 239-288.

엄태수(2007나), 「표준어 규정에 대한 연구」, 『한중인문학연구』 22, 57-78.

연규동(2014), 「Meanings of writing」, 『언어학』 68, 175-196.

이기문(1963), 『국어표기법의 역사적 고찰』, 한국연구원.

이기문(1983), 「한국어 표기법의 변천과 원리」, 『한국어문의 제문제』, 일지사.

이선웅·정희창(2002), 『우리말 우리글 묻고 답하기』, 태학사.

이익섭(1992), 『국어 표기법 연구』, 서울대학교 출판부.

이익섭(1994), 『사회언어학』, 민음사.

이주행(2005), 『한국어 어문규범의 이해』, 보고사.

이주행 외(2004), 『화법 교육의 이해』, 도서출판 박이정.

이지양(2004), 「TV방송 자막의 기능과 우리말」, 『성심어문논집』 26, 225-256.

이진호(2012), 『한국어의 표준 발음과 현실 발음』, 아카넷.

이창덕 외 옮김(2008), 『발표와 연설의 핵심기법』, 도서출판 박이정(Sprague, J.& Stuart, D.(2005), The Speaker's Handbook).

이창덕(2013), 「국어 화법교육의 현황과 과제」, 『우리말교육현장연구』 7-1, 7-38.

이희승·안병희·한재영(2010), 『한글 맞춤법 강의』(증보판), 신구문화사.

임칠성 외(2004), 『말꽝에서 말짱되기』, 태학사.

장경희(2010), 『청소년 언어 사용 실태 조사』, 문화체육관광부.

장소원 외(2002), 『말의 세상, 세상의 말』, 도서출판 월인.

장소원·강재형·정희원·정재은(2007), 『방송화법』, 커뮤니케이션북스

전영우(1987), 『국어화법론』, 집문당.

전영우(2003), 『화법 개설』, 역락.

조문제(1996), 『말하기 듣기 지도: 교수학습의 이론과 방법』, 교학연구사.

조창환 외(2004), 『발표와 토의』, 관동출판.

차재은 외(2003), 『방송 언어와 국어 연구』, 도서출판 월인.

최형용(2003가), 『국어 단어의 형태와 통사-통사적 결합어를 중심으로-』, 태학사.

최형용(2003나), 「규범문법과 학문문법의 친소」, 『한중인문학연구』 11, 70-95.

최형용(2008), 「사잇소리 현상과 표기」, 『한중인문학연구』 23, 151-175.

최형용(2009), 「〈한글 맞춤법〉 총칙 제1항과 표기의 원리」, 『한중인문학연구』 26, 167-184.

최형용(2013), 『한국어 형태론의 유형론』, 도서출판 박이정.

최형용(2017), 『사이시옷 표기 실태 조사 및 규정 개선 방안 연구』, 국립국어원.

최형용(2018), 『사잇소리 관련 어휘의 발음 및 표기 실태 조사』, 국립국어원.

최형용 · 김수현 · 조경하(2014), 『열린 세상을 향한 발표와 토론』(제3판), 도서출판 박이정.

최형용 · 김선영 · 진 정(2014) · 한은주(2018), 『알기 쉽고 쓰기 쉬운 공공언어』, 역락.

최혜원(2002), 『표준 발음 실태 조사』, 국립국어원.

한국어문기자협회(2010), 「서적 · 신문의 어문규범 수용 실태-서적 · 신문, 우리말 규범 인식 차이 크다」, 『말과 글』 122, 15-33.

한국화법학회(1999), 『국어화법과 방송언어』, 역락.

Brown, P. & S. C. Levinson(1987), Politeness, *Some universals in language usage*, Cambridge : Cambridge University Press.

Grice, P.(1975), Logic and Conversation, *Syntax and Semantics* 4, 41-58.

Helmbrecht, J.(2005), Politeness Distinctions in Pronouns, In Haspelmath et als.(eds.), *The World Atlas of Language Structure*, Oxford : Oxford University Press, 186~189.

Lakoff, R.(1997), What you can do with words: Politeness, pragmatics and performatives, in R. Rogers, R. Wall & J. Murphy (eds.), *Proceedings of the Texas Conference on Performatives, Presuppositions and Implicatures*, Arlington : Center for Applied Linguistics, 79-106.

Leech, G.(1983), *Principles of Politeness*, London : Longman.

Leech, G.(2014), *The Pragmatics of Politeness*, New York : Oxford University Press.

Meharabian, A.(1972), *Nonverbal Communication*, Aldine-Atherton, Chicago, Illinois.

Meharabian, A.(1981), *Silent Messages Implicit communication of emotions and attitudes*, Wadsworth, Belmont, California.

부록

1. 한글 맞춤법[문화체육관광부 고시 제2017-12호(2017. 3. 28.)]

제1장 총칙

제1항 한글 맞춤법은 표준어를 소리대로 적되, 어법에 맞도록 함을 원칙으로 한다.

제2항 문장의 각 단어는 띄어 씀을 원칙으로 한다.

제3항 외래어는 '외래어 표기법'에 따라 적는다.

제2장 자모

제4항 한글 자모의 수는 스물넉 자로 하고, 그 순서와 이름은 다음과 같이 정한다.

ㄱ(기역)	ㄴ(니은)	ㄷ(디귿)	ㄹ(리을)	ㅁ(미음)
ㅂ(비읍)	ㅅ(시옷)	ㅇ(이응)	ㅈ(지읒)	ㅊ(치읓)
ㅋ(키읔)	ㅌ(티읕)	ㅍ(피읖)	ㅎ(히읗)	
ㅏ(아)	ㅑ(야)	ㅓ(어)	ㅕ(여)	ㅗ(오)
ㅛ(요)	ㅜ(우)	ㅠ(유)	ㅡ(으)	ㅣ(이)

[붙임 1] 위의 자모로써 적을 수 없는 소리는 두 개 이상의 자모를 어울러서 적되, 그 순서와 이름은 다음과 같이 정한다.

ㄲ(쌍기역)	ㄸ(쌍디귿)	ㅃ(쌍비읍)	ㅆ(쌍시옷)	ㅉ(쌍지읒)	
ㅐ(애)	ㅒ(얘)	ㅔ(에)	ㅖ(예)	ㅘ(와)	ㅙ(왜)
ㅚ(외)	ㅝ(워)	ㅞ(웨)	ㅟ(위)	ㅢ(의)	

[붙임 2] 사전에 올릴 적의 자모 순서는 다음과 같이 정한다.

자 음 :	ㄱ	ㄲ	ㄴ	ㄷ	ㄸ	ㄹ	ㅁ	ㅂ
	ㅃ	ㅅ	ㅆ	ㅇ	ㅈ	ㅉ	ㅊ	ㅋ
	ㅌ	ㅍ	ㅎ					
모 음 :	ㅏ	ㅐ	ㅑ	ㅒ	ㅓ	ㅔ	ㅕ	ㅖ
	ㅗ	ㅘ	ㅙ	ㅚ	ㅛ	ㅜ	ㅝ	ㅞ
	ㅟ	ㅠ	ㅡ	ㅢ	ㅣ			

제3장 소리에 관한 것

제1절 된소리

제5항 한 단어 안에서 뚜렷한 까닭 없이 나는 된소리는 다음 음절의
첫소리를 된소리로 적는다.

1. 두 모음 사이에서 나는 된소리

소쩍새	어깨	오빠	으뜸	아끼다
기쁘다	깨끗하다	어떠하다	해쓱하다	가끔
거꾸로	부썩	어찌	이따금	

2. 'ㄴ, ㄹ, ㅁ, ㅇ' 받침 뒤에서 나는 된소리

| 산뜻하다 | 잔뜩 | 살짝 | 훨씬 | 담뿍 |
| 움찔 | 몽땅 | 엉뚱하다 | | |

다만, 'ㄱ, ㅂ' 받침 뒤에서 나는 된소리는, 같은 음절이나 비슷한 음절이
겹쳐 나는 경우가 아니면 된소리로 적지 아니한다.

| 국수 | 깍두기 | 딱지 | 색시 | 싹둑(~싹둑) |
| 법석 | 갑자기 | 몹시 | | |

제2절 구개음화

제6항 'ㄷ, ㅌ' 받침 뒤에 종속적 관계를 가진 '-이(-)'나 '-히-'가 올 적에는, 그 'ㄷ, ㅌ'이 'ㅈ, ㅊ'으로 소리 나더라도 'ㄷ, ㅌ'으로 적는다. (ㄱ을 취하고, ㄴ을 버림.)

ㄱ	ㄴ	ㄱ	ㄴ
맏이	마지	핥이다	할치다
해돋이	해도지	걷히다	거치다
굳이	구지	닫히다	다치다
같이	가치	묻히다	무치다
끝이	끄치		

제3절 'ㄷ' 소리 받침

제7항 'ㄷ' 소리로 나는 받침 중에서 'ㄷ'으로 적을 근거가 없는 것은 'ㅅ'으로 적는다.

덧저고리	돗자리	엇셈	웃어른	핫옷
무릇	사뭇	얼핏	자칫하면	뭇[衆]
옛	첫	헛		

제4절 모음

제8항 '계, 례, 몌, 폐, 혜'의 'ㅖ'는 'ㅔ'로 소리 나는 경우가 있더라도 'ㅖ'로 적는다.(ㄱ을 취하고, ㄴ을 버림.)

ㄱ	ㄴ	ㄱ	ㄴ
계수(桂樹)	게수	혜택(惠澤)	헤택
사례(謝禮)	사레	계집	게집
연몌(連袂)	연메	핑계	핑게
폐품(廢品)	페품	계시다	게시다

다만, 다음 말은 본음대로 적는다.

게송(偈頌)   게시판(揭示板)   휴게실(休憩室)

제9항 '의'나, 자음을 첫소리로 가지고 있는 음절의 'ㅢ'는 'ㅣ'로 소리
나는 경우가 있더라도 'ㅢ'로 적는다.(ㄱ을 취하고, ㄴ을 버림.)

ㄱ	ㄴ	ㄱ	ㄴ
의의(意義)	의이	닝큼	닝큼
본의(本義)	본이	띄어쓰기	띠어쓰기
무늬[紋]	무니	씌어	씨어
보늬	보니	틔어	티어
오늬	오니	희망(希望)	히망
하늬바람	하니바람	희다	히다
닐리리	닐리리	유희(遊戲)	유히

제5절 두음 법칙

제10항 한자음 '녀, 뇨, 뉴, 니'가 단어 첫머리에 올 적에는, 두음 법칙에
따라 '여, 요, 유, 이'로 적는다.(ㄱ을 취하고, ㄴ을 버림.)

ㄱ	ㄴ	ㄱ	ㄴ
여자(女子)	녀자	유대(紐帶)	뉴대
연세(年歲)	년세	이토(泥土)	니토
요소(尿素)	뇨소	익명(匿名)	닉명

다만, 다음과 같은 의존 명사에서는 '냐, 녀' 음을 인정한다.

냥(兩)   냥쫑(兩-)   년(年)(몇 년)

[붙임 1] 단어의 첫머리 이외의 경우에는 본음대로 적는다.

남녀(男女)   당뇨(糖尿)   결뉴(結紐)   은닉(隱匿)

[붙임 2] 접두사처럼 쓰이는 한자가 붙어서 된 말이나 합성어에서, 뒷말의 첫소리가 'ㄴ' 소리로 나더라도 두음 법칙에 따라 적는다.

신여성(新女性)　　　공염불(空念佛)　　　남존여비(男尊女卑)

[붙임 3] 둘 이상의 단어로 이루어진 고유 명사를 붙여 쓰는 경우에도 붙임 2에 준하여 적는다.

한국여자대학　　　　　　　　대한요소비료회사

제11항 한자음 '랴, 려, 례, 료, 류, 리'가 단어의 첫머리에 올 적에는, 두음 법칙에 따라 '야, 여, 예, 요, 유, 이'로 적는다.(ㄱ을 취하고, ㄴ을 버림.)

ㄱ	ㄴ	ㄱ	ㄴ
양심(良心)	량심	용궁(龍宮)	룡궁
역사(歷史)	력사	유행(流行)	류행
예의(禮儀)	례의	이발(理髮)	리발

다만, 다음과 같은 의존 명사는 본음대로 적는다.

리(里): 몇 리냐?　　　　　　리(理): 그럴 리가 없다.

[붙임 1] 단어의 첫머리 이외의 경우에는 본음대로 적는다.

개량(改良)	선량(善良)	수력(水力)	협력(協力)
사례(謝禮)	혼례(婚禮)	와룡(臥龍)	쌍룡(雙龍)
하류(下流)	급류(急流)	도리(道理)	진리(眞理)

다만, 모음이나 'ㄴ' 받침 뒤에 이어지는 '렬, 률'은 '열, 율'로 적는다.(ㄱ을 취하고, ㄴ을 버림.)

ㄱ	ㄴ	ㄱ	ㄴ
나열(羅列)	나렬	분열(分裂)	분렬

치열(齒列)	치렬	선열(先烈)	선렬
비열(卑劣)	비렬	진열(陳列)	진렬
규율(規律)	규률	선율(旋律)	선률
비율(比率)	비률	전율(戰慄)	전률
실패율(失敗率)	실패률	백분율(百分率)	백분률

[붙임 2] 외자로 된 이름을 성에 붙여 쓸 경우에도 본음대로 적을 수 있다.

신립(申砬)　　　최린(崔麟)　　　채륜(蔡倫)　　　하륜(河崙)

[붙임 3] 준말에서 본음으로 소리 나는 것은 본음대로 적는다.

국련(국제연합)　　　　　　한시련(한국 시각 장애인 연합회)

[붙임 4] 접두사처럼 쓰이는 한자가 붙어서 된 말이나 합성어에서, 뒷말의 첫소리가 'ㄴ' 또는 'ㄹ' 소리로 나더라도 두음 법칙에 따라 적는다.

역이용(逆利用)　연이율(年利率)　열역학(熱力學)　해외여행(海外旅行)

[붙임 5] 둘 이상의 단어로 이루어진 고유 명사를 붙여 쓰는 경우나 십진법에 따라 쓰는 수(數)도 붙임 4에 준하여 적는다.

서울여관　　　신흥이발관　　　육천육백육십육(六千六百六十六)

제12항 한자음 '라, 래, 로, 뢰, 루, 르'가 단어의 첫머리에 올 적에는, 두음 법칙에 따라 '나, 내, 노, 뇌, 누, 느'로 적는다.(ㄱ을 취하고, ㄴ을 버림.)

ㄱ	ㄴ	ㄱ	ㄴ
낙원(樂園)	락원	뇌성(雷聲)	뢰성
내일(來日)	래일	누각(樓閣)	루각
노인(老人)	로인	능묘(陵墓)	릉묘

[붙임 1] 단어의 첫머리 이외의 경우에는 본음대로 적는다.

쾌락(快樂)	극락(極樂)	거래(去來)	왕래(往來)
부로(父老)	연로(年老)	지뢰(地雷)	낙뢰(落雷)
고루(高樓)	광한루(廣寒樓)	동구릉(東九陵)	가정란(家庭欄)

[붙임 2] 접두사처럼 쓰이는 한자가 붙어서 된 단어는 뒷말을 두음 법칙
에 따라 적는다.

내내월(來來月) 상노인(上老人) 중노동(重勞動) 비논리적(非論理的)

제6절 겹쳐 나는 소리

제13항 한 단어 안에서 같은 음절이나 비슷한 음절이 겹쳐 나는 부분은
같은 글자로 적는다.(ㄱ을 취하고, ㄴ을 버림.)

ㄱ	ㄴ	ㄱ	ㄴ
딱딱	딱닥	꼿꼿하다	꼿곳하다
쌕쌕	쌕색	놀놀하다	놀롤하다
씩씩	씩식	눅눅하다	눙눅하다
똑딱똑딱	똑닥똑닥	밋밋하다	민밋하다
쓱싹쓱싹	쓱삭쓱삭	싹싹하다	싹삭하다
연연불망(戀戀不忘)	연련불망	쌉쌀하다	쌉살하다
유유상종(類類相從)	유류상종	씁쓸하다	씁슬하다
누누이(屢屢-)	누루이	짭짤하다	짭잘하다

제4장 형태에 관한 것

제1절 체언과 조사

제14항 체언은 조사와 구별하여 적는다.

떡이	떡을	떡에	떡도	떡만
손이	손을	손에	손도	손만
팔이	팔을	팔에	팔도	팔만
밤이	밤을	밤에	밤도	밤만
집이	집을	집에	집도	집만
옷이	옷을	옷에	옷도	옷만
콩이	콩을	콩에	콩도	콩만
낮이	낮을	낮에	낮도	낮만
꽃이	꽃을	꽃에	꽃도	꽃만
밭이	밭을	밭에	밭도	밭만
앞이	앞을	앞에	앞도	앞만
밖이	밖을	밖에	밖도	밖만
넋이	넋을	넋에	넋도	넋만
흙이	흙을	흙에	흙도	흙만
삶이	삶을	삶에	삶도	삶만
여덟이	여덟을	여덟에	여덟도	여덟만
곬이	곬을	곬에	곬도	곬만
값이	값을	값에	값도	값만

제2절 어간과 어미

제15항 용언의 어간과 어미는 구별하여 적는다.

먹다	먹고	먹어	먹으니
신다	신고	신어	신으니
믿다	믿고	믿어	믿으니
울다	울고	울어	(우니)
넘다	넘고	넘어	넘으니
입다	입고	입어	입으니
웃다	웃고	웃어	웃으니
찾다	찾고	찾아	찾으니
좇다	좇고	좇아	좇으니
같다	같고	같아	같으니

높다	높고	높아	높으니
좋다	좋고	좋아	좋으니
깎다	깎고	깎아	깎으니
앉다	앉고	앉아	앉으니
많다	많고	많아	많으니
늙다	늙고	늙어	늙으니
젊다	젊고	젊어	젊으니
넓다	넓고	넓어	넓으니
훑다	훑고	훑어	훑으니
읊다	읊고	읊어	읊으니
옳다	옳고	옳아	옳으니
없다	없고	없어	없으니
있다	있고	있어	있으니

[붙임 1] 두 개의 용언이 어울려 한 개의 용언이 될 적에, 앞말의 본뜻이 유지되고 있는 것은 그 원형을 밝히어 적고, 그 본뜻에서 멀어진 것은 밝히어 적지 아니한다.

(1) 앞말의 본뜻이 유지되고 있는 것

넘어지다	늘어나다	늘어지다	돌아가다	되짚어가다
들어가다	떨어지다	벌어지다	엎어지다	접어들다
틀어지다	흩어지다			

(2) 본뜻에서 멀어진 것

드러나다	사라지다	쓰러지다

[붙임 2] 종결형에서 사용되는 어미 '- 오'는 '요'로 소리 나는 경우가 있더라도 그 원형을 밝혀 '오'로 적는다.(ㄱ을 취하고, ㄴ을 버림.)

ㄱ	ㄴ
이것은 책이오.	이것은 책이요.
이리로 오시오.	이리로 오시요.
이것은 책이 아니오.	이것은 책이 아니요.

[붙임 3] 연결형에서 사용되는 '이요'는 '이요'로 적는다.(ㄱ을 취하고, ㄴ을 버림.)

ㄱ	ㄴ
이것은 책이요, 저것은 붓이요,	이것은 책이오, 저것은 붓이오,
또 저것은 먹이다.	또 저것은 먹이다.

제16항 어간의 끝음절 모음이 'ㅏ, ㅗ'일 때에는 어미를 '-아'로 적고, 그 밖의 모음일 때에는 '-어'로 적는다.

1. '-아'로 적는 경우

나아	나아도	나아서
막아	막아도	막아서
얇아	얇아도	얇아서
돌아	돌아도	돌아서
보아	보아도	보아서

2. '-어'로 적는 경우

개어	개어도	개어서
겪어	겪어도	겪어서
되어	되어도	되어서
베어	베어도	베어서
쉬어	쉬어도	쉬어서
저어	저어도	저어서
주어	주어도	주어서

피어	피어도	피어서
희어	희어도	희어서

제17항 어미 뒤에 덧붙는 조사 '-요'는 '-요'로 적는다.

읽어	읽어요
참으리	참으리요
좋지	좋지요

제18항 다음과 같은 용언들은 어미가 바뀔 경우, 그 어간이나 어미가 원칙에 벗어나면 벗어나는 대로 적는다.

1. 어간의 끝 'ㄹ'이 줄어질 적

갈다 :	가니	간	갑니다	가시다	가오
놀다 :	노니	논	놉니다	노시다	노오
불다 :	부니	분	붑니다	부시다	부오
둥글다 :	둥그니	둥근	둥급니다	둥그시다	둥그오
어질다 :	어지니	어진	어집니다	어지시다	어지오

[붙임] 다음과 같은 말에서도 'ㄹ'이 준 대로 적는다.

마지못하다	마지않다	(하)다마다	(하)자마자
(하)지 마라	(하)지 마(아)		

2. 어간의 끝 'ㅅ'이 줄어질 적

긋다 :	그어	그으니	그었다
낫다 :	나아	나으니	나았다
잇다 :	이어	이으니	이었다
짓다 :	지어	지으니	지었다

3. 어간의 끝 'ㅎ'이 줄어질 적[1]

그렇다 :	그러니	그럴	그러면	그러오
까맣다 :	까마니	까말	까마면	까마오
동그랗다 :	동그라니	동그랄	동그라면	동그라오
퍼렇다 :	퍼러니	퍼럴	퍼러면	퍼러오
하얗다 :	하야니	하얄	하야면	하야오

4. 어간의 끝 'ㅜ, ㅡ'가 줄어질 적

푸다 :	퍼	펐다		뜨다 :	떠	떴다
끄다 :	꺼	껐다		크다 :	커	컸다
담그다 :	담가	담갔다		고프다 :	고파	고팠다
따르다 :	따라	따랐다		바쁘다 :	바빠	바빴다

5. 어간의 끝 'ㄷ'이 'ㄹ'로 바뀔 적

걷다[步] :	걸어	걸으니	걸었다
듣다[聽] :	들어	들으니	들었다
묻다[問] :	물어	물으니	물었다
싣다[載] :	실어	실으니	실었다

6. 어간의 끝 'ㅂ'이 'ㅜ'로 바뀔 적

깁다 :	기워	기우니	기웠다
굽다[炙] :	구워	구우니	구웠다
가깝다 :	가까워	가까우니	가까웠다
괴롭다 :	괴로워	괴로우니	괴로웠다
맵다 :	매워	매우니	매웠다
무겁다 :	무거워	무거우니	무거웠다

---

1 고시본에서 보였던 용례 중 '그럽니다, 까맙니다, 동그랍니다, 퍼럽니다, 하얍니다'는 1994년 12월 16일에 열린 국어 심의회의 결정에 따라 삭제하기로 하였다. '표준어 규정' 제17항이 자음 뒤의 '-습니다'를 표준어로 정함에 따라 '그렇습니다, 까맣습니다, 동그랗습니다, 퍼렇습니다, 하얗습니다'가 표준어가 되는 것과 상충하기 때문이다.

밉다 :	미워	미우니	미웠다
쉽다 :	쉬워	쉬우니	쉬웠다

다만, '돕-, 곱-'과 같은 단음절 어간에 어미 '- 아'가 결합되어 '와'로 소리 나는 것은 '- 와'로 적는다.

돕다[助] :	도와	도와서	도와도	도왔다
곱다[麗] :	고와	고와서	고와도	고왔다

7. '하다'의 활용에서 어미 '- 아'가 '- 여'로 바뀔 적

하다:	하여	하여서	하여도	하여라	하였다

8. 어간의 끝음절 '르' 뒤에 오는 어미 '- 어'가 '- 러'로 바뀔 적

이르다[至] :	이르러	이르렀다
노르다 :	노르러	노르렀다
누르다 :	누르러	누르렀다
푸르다 :	푸르러	푸르렀다

9. 어간의 끝음절 '르'의 'ㅡ'가 줄고, 그 뒤에 오는 어미 '- 아/- 어'가 '- 라/- 러'로 바뀔 적

가르다 :	갈라	갈랐다	부르다 :	불러	불렀다
거르다 :	걸러	걸렀다	오르다 :	올라	올랐다
구르다 :	굴러	굴렀다	이르다 :	일러	일렀다
벼르다 :	별러	별렀다	지르다 :	질러	질렀다

제3절 접미사가 붙어서 된 말

제19항 어간에 '- 이'나 '- 음/- ㅁ'이 붙어서 명사로 된 것과 '- 이'나 '- 히'가 붙어서 부사로 된 것은 그 어간의 원형을 밝히어 적는다.

1. '- 이'가 붙어서 명사로 된 것

| 길이 | 깊이 | 높이 | 다듬이 | 땀받이 | 달맞이 |
| 먹이 | 미닫이 | 벌이 | 벼훑이 | 살림살이 | 쇠붙이 |

2. '- 음/- ㅁ'이 붙어서 명사로 된 것

| 걸음 | 묶음 | 믿음 | 얼음 | 엮음 | 울음 |
| 웃음 | 졸음 | 죽음 | 앎 |

3. '- 이'가 붙어서 부사로 된 것

| 같이 | 굳이 | 길이 | 높이 | 많이 | 실없이 |
| 좋이 | 짓궂이 |

4. '- 히'가 붙어서 부사로 된 것

| 밝히 | 익히 | 작히 |

다만, 어간에 '- 이'나 '- 음'이 붙어서 명사로 바뀐 것이라도 그 어간의 뜻과 멀어진 것은 원형을 밝히어 적지 아니한다.

| 굽도리 | 다리[髢] | 목거리(목병) | 무녀리 |
| 코끼리 | 거름(비료) | 고름[膿] | 노름(도박) |

[붙임] 어간에 '- 이'나 '- 음' 이외의 모음으로 시작된 접미사가 붙어서 다른 품사로 바뀐 것은 그 어간의 원형을 밝히어 적지 아니한다.

(1) 명사로 바뀐 것

| 귀머거리 | 까마귀 | 너머 | 뜨더귀 | 마감 |
| 마개 | 마중 | 무덤 | 비렁뱅이 | 쓰레기 |

올가미   주검

(2) 부사로 바뀐 것

거뭇거뭇   너무   도로   뜨덤뜨덤   바투
불긋불긋   비로소   오긋오긋   자주   차마

(3) 조사로 바뀌어 뜻이 달라진 것

나마   부터   조차

제20항 명사 뒤에 '–이'가 붙어서 된 말은 그 명사의 원형을 밝히어
적는다.

1. 부사로 된 것

곳곳이   낱낱이   몫몫이   샅샅이   앞앞이   집집이

2. 명사로 된 것

곰배팔이   바둑이   삼발이   애꾸눈이
육손이   절뚝발이/절름발이

[붙임] '–이' 이외의 모음으로 시작된 접미사가 붙어서 된 말은 그 명사의
원형을 밝히어 적지 아니한다.

꼬락서니   끄트머리   모가치   바가지   바깥
사타구니   싸라기   이파리   지붕   지푸라기   짜개

제21항 명사나 혹은 용언의 어간 뒤에 자음으로 시작된 접미사가 붙어
서 된 말은 그 명사나 어간의 원형을 밝히어 적는다.

1. 명사 뒤에 자음으로 시작된 접미사가 붙어서 된 것

값지다   홑지다   넋두리   빛깔   옆댕이   잎사귀

2. 어간 뒤에 자음으로 시작된 접미사가 붙어서 된 것

낚시   늙정이   덮개   뜯게질   갉작갉작하다
갉작거리다   뜯적거리다   뜯적뜯적하다 굵다랗다   굵직하다
깊숙하다   넓적하다   높다랗다   늙수그레하다 얽죽얽죽하다

다만, 다음과 같은 말은 소리대로 적는다.

(1) 겹받침의 끝소리가 드러나지 아니하는 것

할짝거리다   널따랗다   널찍하다   말끔하다   말쑥하다
말짱하다   실쭉하다   실큼하다   얄따랗다   얄팍하다
짤따랗다   짤막하다   실컷

(2) 어원이 분명하지 아니하거나 본뜻에서 멀어진 것

넙치   올무   골막하다   납작하다

제22항 용언의 어간에 다음과 같은 접미사들이 붙어서 이루어진 말들은 그 어간을 밝히어 적는다.

1. '-기-, -리-, -이-, -히-, -구-, -우-, -추-, -으키-, -이키-, -애-'가 붙는 것

맡기다   옮기다   웃기다   쫓기다   뚫리다
울리다   낚이다   쌓이다   핥이다   굳히다
굽히다   넓히다   앉히다   얽히다   잡히다
돋구다   솟구다   돋우다   갖추다   곧추다

맞추다　　　일으키다　　돌이키다　　없애다

　다만, '-이-, -히-, -우-'가 붙어서 된 말이라도 본뜻에서 멀어진
것은 소리대로 적는다.

　　도리다(칼로 ~)　　　드리다(용돈을 ~)　　고치다
　　바치다(세금을 ~)　　부치다(편지를 ~)　　거두다
　　미루다　　　　　　　이루다

　2. '-치-, -뜨리-, -트리-'가 붙는 것

　　놓치다　　　　　덮치다　　　　떠받치다　　　받치다
　　부딪치다　　　　뻗치다　　　　엎치다　　　　밭치다
　　흩뜨리다/흩트리다　　　　　　젖뜨리다/젖트리다
　　부딪뜨리다/부딪트리다　　　　쏟뜨리다/쏟트리다
　　찢뜨리다/찢트리다

　[붙임] '-업-, -읍-, -브-'가 붙어서 된 말은 소리대로 적는다.

　　　미덥다　　　　　　　우습다　　　　　　　미쁘다

　제23항 '-하다'나 '-거리다'가 붙는 어근에 '-이'가 붙어서 명사가 된
것은 그 원형을 밝히어 적는다.(ㄱ을 취하고, ㄴ을 버림.)

ㄱ	ㄴ	ㄱ	ㄴ
깔쭉이	깔쭈기	살살이	살사리
꿀꿀이	꿀꾸리	쌕쌕이	쌕쌔기
눈깜짝이	눈깜짜기	오뚝이	오뚜기
더펄이	더퍼리	코납작이	코납자기
배불뚝이	배불뚜기	푸석이	푸서기
삐죽이	삐주기	홀쭉이	홀쭈기

　[붙임] '-하다'나 '-거리다'가 붙을 수 없는 어근에 '-이'나 또는 다른

모음으로 시작되는 접미사가 붙어서 명사가 된 것은 그 원형을 밝히어 적지 아니한다.

개구리	귀뚜라미	기러기	깍두기	꽹과리
날라리	누더기	동그라미	두드러기	딱따구리
매미	부스러기	뻐꾸기	얼루기	칼싹두기

제24항 '‒거리다'가 붙을 수 있는 시늉말 어근에 '‒이다'가 붙어서 된 용언은 그 어근을 밝히어 적는다.(ㄱ을 취하고, ㄴ을 버림.)

ㄱ	ㄴ	ㄱ	ㄴ
깜짝이다	깜짜기다	속삭이다	속사기다
꾸벅이다	꾸버기다	숙덕이다	숙더기다
끄덕이다	끄더기다	울먹이다	울머기다
뒤척이다	뒤처기다	움직이다	움지기다
들먹이다	들머기다	지껄이다	지꺼리다
망설이다	망서리다	퍼덕이다	퍼더기다
번득이다	번드기다	허덕이다	허더기다
번쩍이다	번쩌기다	헐떡이다	헐떠기다

제25항 '‒하다'가 붙는 어근에 '‒히'나 '‒이'가 붙어서 부사가 되거나, 부사에 '‒이'가 붙어서 뜻을 더하는 경우에는 그 어근이나 부사의 원형을 밝히어 적는다.

1. '‒하다'가 붙는 어근에 '‒히'나 '‒이'가 붙는 경우

급히	꾸준히	도저히	딱히	어렴풋이	깨끗이

[붙임] '‒하다'가 붙지 않는 경우에는 소리대로 적는다.

갑자기	반드시(꼭)	슬며시

2. 부사에 '-이'가 붙어서 역시 부사가 되는 경우

곰곰이　　더욱이　　생긋이　　오뚝이　　일찍이　　해죽이

제26항 '-하다'나 '-없다'가 붙어서 된 용언은 그 '-하다'나 '-없다'를 밝히어 적는다.

1. '-하다'가 붙어서 용언이 된 것

딱하다　　　숱하다　　　착하다　　　텁텁하다　　푹하다

2. '-없다'가 붙어서 용언이 된 것

부질없다　　상없다　　　시름없다　　열없다　　　하염없다

제4절 합성어 및 접두사가 붙은 말

제27항 둘 이상의 단어가 어울리거나 접두사가 붙어서 이루어진 말은 각각 그 원형을 밝히어 적는다.

국말이	꺾꽂이	꽃잎	끝장	물난리
밑천	부엌일	싫증	옷안	웃옷
젖몸살	첫아들	칼날	팥알	헛웃음
홀아비	홑몸	흙내		
값없다	겉늙다	굶주리다	낮잡다	맞먹다
받내다	벋놓다	빗나가다	빛나다	새파랗다
샛노랗다	시꺼멓다	싯누렇다	엇나가다	엎누르다
엿듣다	옻오르다	짓이기다	헛되다	

[붙임 1] 어원은 분명하나 소리만 특이하게 변한 것은 변한 대로 적는다.

할아버지　　　　　　　　　할아범

[붙임 2] 어원이 분명하지 아니한 것은 원형을 밝히어 적지 아니한다.

골병	골탕	끌탕	며칠	아재비
오라비	업신여기다	부리나케		

[붙임 3] '이[齒, 齒]'가 합성어나 이에 준하는 말에서 '니' 또는 '리'로 소리 날 때에는 '니'로 적는다.

간니	덧니	사랑니	송곳니	앞니
어금니	윗니	젖니	톱니	틀니
가랑니	머릿니			

제28항 끝소리가 'ㄹ'인 말과 딴 말이 어울릴 적에 'ㄹ' 소리가 나지 아니하는 것은 아니 나는 대로 적는다.

다달이(달 - 달 - 이)	따님(딸 - 님)	마되(말 - 되)
마소(말 - 소)	무자위(물 - 자위)	바느질(바늘 - 질)
부삽(불 - 삽)	부손(불 - 손)	싸전(쌀 - 전)
여닫이(열 - 닫이)	우짖다(울 - 짖다)	화살(활 - 살)

제29항 끝소리가 'ㄹ'인 말과 딴 말이 어울릴 적에 'ㄹ' 소리가 'ㄷ' 소리로 나는 것은 'ㄷ'으로 적는다.

반짇고리(바느질~)	사흗날(사흘~)	삼짇날(삼질~)
섣달(설~)	숟가락(술 ~)	이튿날(이틀 ~)
잗주름(잘~)	푿소(풀~)	섣부르다(설~)
잗다듬다(잘~)	잗다랗다(잘~)	

제30항 사이시옷은 다음과 같은 경우에 받치어 적는다.

1. 순우리말로 된 합성어로서 앞말이 모음으로 끝난 경우

(1) 뒷말의 첫소리가 된소리로 나는 것

고랫재	귓밥	나룻배	나뭇가지	냇가
댓가지	뒷갈망	맷돌	머릿기름	모깃불
못자리	바닷가	뱃길	볏가리	부싯돌
선짓국	쇳조각	아랫집	우렁잇속	잇자국
잿더미	조갯살	찻집	쳇바퀴	킷값
핏대	햇볕	혓바늘		

(2) 뒷말의 첫소리 'ㄴ, ㅁ' 앞에서 'ㄴ' 소리가 덧나는 것

멧나물	아랫니	텃마당	아랫마을	뒷머리
잇몸	깻묵	냇물	빗물	

(3) 뒷말의 첫소리 모음 앞에서 'ㄴㄴ' 소리가 덧나는 것

도리깻열	뒷윷	두렛일	뒷일	뒷입맛
베갯잇	욧잇	깻잎	나뭇잎	댓잎

2. 순우리말과 한자어로 된 합성어로서 앞말이 모음으로 끝난 경우

(1) 뒷말의 첫소리가 된소리로 나는 것

귓병	머릿방	뱃병	봇둑	사잣밥
샛강	아랫방	자릿세	전셋집	찻잔
찻종	촛국	콧병	탯줄	텃세
핏기	햇수	횟가루	횟배	

(2) 뒷말의 첫소리 'ㄴ, ㅁ' 앞에서 'ㄴ' 소리가 덧나는 것

곗날	제삿날	훗날	툇마루	양칫물

(3) 뒷말의 첫소리 모음 앞에서 'ㄴㄴ' 소리가 덧나는 것

가욋일   사삿일   예삿일   훗일

3. 두 음절로 된 다음 한자어

곳간(庫間) 셋방(貰房) 숫자(數字) 찻간(車間) 툇간(退間) 횟수(回數)

제31항 두 말이 어울릴 적에 'ㅂ' 소리나 'ㅎ' 소리가 덧나는 것은 소리대로 적는다.

1. 'ㅂ' 소리가 덧나는 것

댑싸리(대ㅂ싸리)   멥쌀(메ㅂ쌀)   볍씨(벼ㅂ씨)
입때(이ㅂ때)   입쌀(이ㅂ쌀)   접때(저ㅂ때)
좁쌀(조ㅂ쌀)   햅쌀(해ㅂ쌀)

2. 'ㅎ' 소리가 덧나는 것

머리카락(머리ㅎ가락)   살코기(살ㅎ고기)   수캐(수ㅎ개)
수컷(수ㅎ것)   수탉(수ㅎ닭)   안팎(안ㅎ밖)
암캐(암ㅎ개)   암컷(암ㅎ것)   암탉(암ㅎ닭)

제5절 준말

제32항 단어의 끝모음이 줄어지고 자음만 남은 것은 그 앞의 음절에 받침으로 적는다.[2]

(본말)	(준말)
기러기야	기럭아

---

2 고시본에서 보였던 '온갖, 온가지' 중 '온가지'는 '표준어 규정' 제14항에서 비표준어로 처리하였으므로 삭제하였다.

어제그저께	엊그저께
어제저녁	엊저녁
가지고, 가지지	갖고, 갖지
디디고, 디디지	딛고, 딛지

제33항 체언과 조사가 어울려 줄어지는 경우에는 준 대로 적는다.

(본말)	(준말)
그것은	그건
그것이	그게
그것으로	그걸로
나는	난
나를	날
너는	넌
너를	널
무엇을	뭣을/무얼/뭘
무엇이	뭣이/무에

제34항 모음 'ㅏ, ㅓ'로 끝난 어간에 '-아/-어, -았-/-었-'이 어울릴 적에는 준 대로 적는다.

(본말)	(준말)	(본말)	(준말)
가아	가	가았다	갔다
나아	나	나았다	났다
타아	타	타았다	탔다
서어	서	서었다	섰다
켜어	켜	켜었다	켰다
펴어	펴	펴었다	폈다

[붙임 1] 'ㅐ, ㅔ' 뒤에 '-어, -었-'이 어울려 줄 적에는 준 대로 적는다.

(본말)	(준말)	(본말)	(준말)
개어	개	개었다	갰다
내어	내	내었다	냈다

베어	베	베었다	벴다
세어	세	세었다	셌다

[붙임 2] '하여'가 한 음절로 줄어서 '해'로 될 적에는 준 대로 적는다.

(본말)	(준말)	(본말)	(준말)
하여	해	하였다	했다
더하여	더해	더하였다	더했다
흔하여	흔해	흔하였다	흔했다

제35항 모음 'ㅗ, ㅜ'로 끝난 어간에 '-아/-어, -았-/-었-'이 어울려 'ㅘ/ㅝ, 왔/웠'으로 될 적에는 준 대로 적는다.

(본말)	(준말)	(본말)	(준말)
꼬아	꽈	꼬았다	꽜다
보아	봐	보았다	봤다
쏘아	쏴	쏘았다	쐈다
두어	둬	두었다	뒀다
쑤어	쒀	쑤었다	쒔다
주어	줘	주었다	줬다

[붙임 1] '놓아'가 '놔'로 줄 적에는 준 대로 적는다.

[붙임 2] 'ㅚ' 뒤에 '-어, -었-'이 어울려 'ㅙ, ㅙㅆ'으로 될 적에도 준 대로 적는다.

(본말)	(준말)	(본말)	(준말)
괴어	괘	괴었다	괬다
되어	돼	되었다	됐다
뵈어	봬	뵈었다	뵀다
쇠어	쇄	쇠었다	쇘다
쐬어	쐐	쐬었다	쐤다

제36항 ' ㅣ ' 뒤에 '‒어'가 와서 'ㅕ'로 줄 적에는 준 대로 적는다.

(본말)	(준말)	(본말)	(준말)
가지어	가져	가지었다	가졌다
견디어	견뎌	견디었다	견뎠다
다니어	다녀	다니었다	다녔다
막히어	막혀	막히었다	막혔다
버티어	버텨	버티었다	버텼다
치이어	치여	치이었다	치였다

제37항 'ㅏ, ㅕ, ㅗ, ㅜ, ㅡ'로 끝난 어간에 '‒이‒'가 와서 각각 'ㅐ, ㅖ, ㅚ, ㅟ, ㅢ'로 줄 적에는 준 대로 적는다.

(본말)	(준말)	(본말)	(준말)
싸이다	쌔다	누이다	뉘다
펴이다	폐다	뜨이다	띄다
보이다	뵈다	쓰이다	씌다

제38항 'ㅏ, ㅗ, ㅜ, ㅡ' 뒤에 '‒이어'가 어울려 줄어질 적에는 준 대로 적는다.

(본말)	(준말)	(본말)	(준말)
싸이어	쌔어, 싸여	뜨이어	띄어
보이어	뵈어, 보여	쓰이어	씌어, 쓰여
쏘이어	쐬어, 쏘여	트이어	틔어, 트여
누이어	뉘어, 누여		

제39항 어미 '‒지' 뒤에 '않‒'이 어울려 '‒잖‒'이 될 적과 '‒하지' 뒤에 '않‒'이 어울려 '‒찮‒'이 될 적에는 준 대로 적는다.

(본말)	(준말)	(본말)	(준말)
그렇지 않은	그렇잖은	만만하지 않다	만만찮다
적지 않은	적잖은	변변하지 않다	변변찮다

제40항 어간의 끝음절 '하'의 'ㅏ'가 줄고 'ㅎ'이 다음 음절의 첫소리와 어울려 거센소리로 될 적에는 거센소리로 적는다.

(본말)	(준말)	(본말)	(준말)
간편하게	간편케	다정하다	다정타
연구하도록	연구토록	정결하다	정결타
가하다	가타	흔하다	흔타

[붙임 1] 'ㅎ'이 어간의 끝소리로 굳어진 것은 받침으로 적는다.

않다	않고	않지	않든지
그렇다	그렇고	그렇지	그렇든지
아무렇다	아무렇고	아무렇지	아무렇든지
어떻다	어떻고	어떻지	어떻든지
이렇다	이렇고	이렇지	이렇든지
저렇다	저렇고	저렇지	저렇든지

[붙임 2] 어간의 끝음절 '하'가 아주 줄 적에는 준 대로 적는다.

(본말)	(준말)	(본말)	(준말)
거북하지	거북지	넉넉하지 않다	넉넉지 않다
생각하건대	생각건대	못하지 않다	못지않다
생각하다 못해	생각다 못해	섭섭하지 않다	섭섭지 않다
깨끗하지 않다	깨끗지 않다	익숙하지 않다	익숙지 않다

[붙임 3] 다음과 같은 부사는 소리대로 적는다.

결단코	결코	기필코	무심코	아무튼	요컨대
정녕코	필연코	하마터면	하여튼	한사코	

제5장 띄어쓰기

제1절 조사

제41항 조사는 그 앞말에 붙여 쓴다.

꽃이	꽃마저	꽃밖에	꽃에서부터	꽃으로만
꽃이나마	꽃이다	꽃입니다	꽃처럼	어디까지나
거기도	멀리는	웃고만		

제2절 의존 명사, 단위를 나타내는 명사 및 열거하는 말 등

제42항 의존 명사는 띄어 쓴다.

아는 것이 힘이다.	나도 할 수 있다.
먹을 만큼 먹어라.	아는 이를 만났다.
네가 뜻한 바를 알겠다.	그가 떠난 지가 오래다.

제43항 단위를 나타내는 명사는 띄어 쓴다.

한 개	차 한 대	금 서 돈	소 한 마리
옷 한 벌	열 살	조기 한 손	연필 한 자루
버선 한 죽	집 한 채	신 두 켤레	북어 한 쾌

다만, 순서를 나타내는 경우나 숫자와 어울리어 쓰이는 경우에는 붙여 쓸 수 있다.

두시 삼십분 오초	제일과	삼학년
육층	1446년 10월 9일	2대대
16동 502호	제1실습실	80원
10개	7미터	

제44항 수를 적을 적에는 '만(萬)' 단위로 띄어 쓴다.

십이억 삼천사백오십육만 칠천팔백구십팔   12억 3456만 7898

제45항 두 말을 이어 주거나 열거할 적에 쓰이는 다음의 말들은 띄어
쓴다.

국장 겸 과장	열 내지 스물	청군 대 백군
책상, 걸상 등이 있다	이사장 및 이사들	사과, 배, 귤 등등
사과, 배 등속	부산, 광주 등지	

제46항 단음절로 된 단어가 연이어 나타날 적에는 붙여 쓸 수 있다.

좀더   큰것   이말   저말   한잎   두잎

제3절 보조 용언

제47항 보조 용언은 띄어 씀을 원칙으로 하되, 경우에 따라 붙여 씀도
허용한다.(ㄱ을 원칙으로 하고, ㄴ을 허용함.)

ㄱ	ㄴ
불이 꺼져 간다.	불이 꺼져간다.
내 힘으로 막아 낸다.	내 힘으로 막아낸다.
어머니를 도와 드린다.	어머니를 도와드린다.
그릇을 깨뜨려 버렸다.	그릇을 깨뜨려버렸다.
비가 올 듯하다.	비가 올듯하다.
그 일은 할 만하다.	그 일은 할만하다.
일이 될 법하다.	일이 될법하다.
비가 올 성싶다.	비가 올성싶다.
잘 아는 척한다.	잘 아는척한다.

다만, 앞말에 조사가 붙거나 앞말이 합성 용언인 경우, 그리고 중간에
조사가 들어갈 적에는 그 뒤에 오는 보조 용언은 띄어 쓴다.

잘도 놀아만 나는구나!   책을 읽어도 보고…….
네가 덤벼들어 보아라.   이런 기회는 다시없을 듯하다.
그가 올 듯도 하다.   잘난 체를 한다.

제4절 고유 명사 및 전문 용어

제48항 성과 이름, 성과 호 등은 붙여 쓰고, 이에 덧붙는 호칭어, 관직명
등은 띄어 쓴다.

김양수(金良洙)   서화담(徐花潭)   채영신 씨
최치원 선생   박동식 박사   충무공 이순신 장군

다만, 성과 이름, 성과 호를 분명히 구분할 필요가 있을 경우에는 띄어
쓸 수 있다.

남궁억/남궁 억   독고준/독고 준
황보지봉(皇甫芝峰)/황보 지봉

제49항 성명 이외의 고유 명사는 단어별로 띄어 씀을 원칙으로 하되,
단위별로 띄어 쓸 수 있다.(ㄱ을 원칙으로 하고, ㄴ을 허용함.)

ㄱ	ㄴ
대한 중학교	대한중학교
한국 대학교 사범 대학	한국대학교 사범대학

제50항 전문 용어는 단어별로 띄어 씀을 원칙으로 하되, 붙여 쓸 수
있다.(ㄱ을 원칙으로 하고, ㄴ을 허용함.)

ㄱ	ㄴ
만성 골수성 백혈병	만성골수성백혈병
중거리 탄도 유도탄	중거리탄도유도탄

제6장 그 밖의 것

제51항 부사의 끝음절이 분명히 '이'로만 나는 것은 '- 이'로 적고, '히'로만 나거나 '이'나 '히'로 나는 것은 '- 히'로 적는다.

1. '이'로만 나는 것

가붓이	깨끗이	나붓이	느긋이	둥긋이	따뜻이
반듯이	버젓이	산뜻이	의젓이	가까이	고이
날카로이	대수로이	번거로이	많이	적이	헛되이
겹겹이	번번이	일일이	집집이	틈틈이	

2. '히'로만 나는 것

극히	급히	딱히	속히	작히
족히	특히	엄격히	정확히	

3. '이, 히'로 나는 것

솔직히	가만히	간편히	나른히	무단히
각별히	소홀히	쓸쓸히	정결히	과감히
꼼꼼히	심히	열심히	급급히	답답히
섭섭히	공평히	능히	당당히	분명히
상당히	조용히	간소히	고요히	도저히

제52항 한자어에서 본음으로도 나고 속음으로도 나는 것은 각각 그 소리에 따라 적는다.

(본음으로 나는 것)	(속음으로 나는 것)
승낙(承諾)	수락(受諾), 쾌락(快諾), 허락(許諾)
만난(萬難)	곤란(困難), 논란(論難)
안녕(安寧)	의령(宜寧), 회령(會寧)
분노(忿怒)	대로(大怒), 희로애락(喜怒哀樂)

토론(討論)	의논(議論)
오륙십(五六十)	오뉴월, 유월(六月)
목재(木材)	모과(木瓜)
십일(十日)	시방정토(十方淨土), 시왕(十王), 시월(十月)
팔일(八日)	초파일(初八日)

제53항 다음과 같은 어미는 예사소리로 적는다.(ㄱ을 취하고, ㄴ을 버림.)

ㄱ	ㄴ
- (으)ㄹ거나	- (으)ㄹ꺼나
- (으)ㄹ걸	- (으)ㄹ껄
- (으)ㄹ게	- (으)ㄹ께
- (으)ㄹ세	- (으)ㄹ쎄
- (으)ㄹ세라	- (으)ㄹ쎄라
- (으)ㄹ수록	- (으)ㄹ쑤록
- (으)ㄹ시	- (으)ㄹ씨
- (으)ㄹ지	- (으)ㄹ찌
- (으)ㄹ지니라	- (으)ㄹ찌니라
- (으)ㄹ지라도	- (으)ㄹ찌라도
- (으)ㄹ지어다	- (으)ㄹ찌어다
- (으)ㄹ지언정	- (으)ㄹ찌언정
- (으)ㄹ진대	- (으)ㄹ찐대
- (으)ㄹ진저	- (으)ㄹ찐저
- 올시다	- 올씨다

다만, 의문을 나타내는 다음·어미들은 된소리로 적는다.

- (으)ㄹ까?	- (으)ㄹ꼬?	- (스)ㅂ니까?
- (으)리까?	- (으)ㄹ쏘냐?	

제54항 다음과 같은 접미사는 된소리로 적는다.(ㄱ을 취하고, ㄴ을 버림.)

ㄱ	ㄴ	ㄱ	ㄴ
심부름꾼	심부름군	귀때기	귓대기

익살꾼	익살군	볼때기	볼대기
일꾼	일군	판자때기	판잣대기
장꾼	장군	뒤꿈치	뒷굼치
장난꾼	장난군	팔꿈치	팔굼치
지게꾼	지겟군	이마빼기	이맛배기
때깔	땟갈	코빼기	콧배기
빛깔	빛갈	객쩍다	객적다
성깔	성갈	겸연쩍다	겸연적다

제55항 두 가지로 구별하여 적던 다음 말들은 한 가지로 적는다.(ㄱ을 취하고, ㄴ을 버림.)

ㄱ	ㄴ
맞추다(입을 맞춘다. 양복을 맞춘다.)	마추다
뻗치다(다리를 뻗친다. 멀리 뻗친다.)	뻐치다

제56항 '- 더라, - 던'과 '- 든지'는 다음과 같이 적는다.

1. 지난 일을 나타내는 어미는 '- 더라, - 던'으로 적는다.(ㄱ을 취하고, ㄴ을 버림.)

ㄱ	ㄴ
지난겨울은 몹시 춥더라.	지난겨울은 몹시 춥드라.
깊던 물이 얕아졌다.	깊든 물이 얕아졌다.
그렇게 좋던가?	그렇게 좋든가?
그 사람 말 잘하던데!	그 사람 말 잘하든데!
얼마나 놀랐던지 몰라.	얼마나 놀랐든지 몰라.

2. 물건이나 일의 내용을 가리지 아니하는 뜻을 나타내는 조사와 어미는 '(-)든지'로 적는다.(ㄱ을 취하고, ㄴ을 버림.)

배든지 사과든지 마음대로 먹어라. 배던지 사과던지 마음대로 먹어라.
가든지 오든지 마음대로 해라.   가던지 오던지 마음대로 해라.

제57항 다음 말들은 각각 구별하여 적는다.

가름	둘로 가름.
갈음	새 책상으로 갈음하였다.
거름	풀을 썩힌 거름.
걸음	빠른 걸음.
거치다	영월을 거쳐 왔다.
걷히다	외상값이 잘 걷힌다.
걷잡다	걷잡을 수 없는 상태.
겉잡다	겉잡아서 이틀 걸릴 일.
그러므로(그러니까)	그는 부지런하다. 그러므로 잘 산다.
그럼으로(써)	그는 열심히 공부한다. 그럼으로(써)(그렇게 하는 것으로) 은혜에 보답한다.
노름	노름판이 벌어졌다.
놀음(놀이)	즐거운 놀음.
느리다	진도가 너무 느리다.
늘이다	고무줄을 늘인다.
늘리다	수출량을 더 늘린다.
다리다	옷을 다린다.
달이다	약을 달인다.

다치다	부주의로 손을 다쳤다.
닫히다	문이 저절로 닫혔다.
닫치다	문을 힘껏 닫쳤다.
마치다	벌써 일을 마쳤다.
맞히다	여러 문제를 더 맞혔다.
목거리	목거리가 덧났다.
목걸이	금목걸이, 은목걸이.
바치다	나라를 위해 목숨을 바쳤다.
받치다	우산을 받치고 간다.
	책받침을 받친다.
받히다	쇠뿔에 받혔다.
밭치다	술을 체에 밭친다.
반드시	약속은 반드시 지켜라.
반듯이	고개를 반듯이 들어라.
부딪치다	차와 차가 마주 부딪쳤다.
부딪히다	마차가 화물차에 부딪혔다.
부치다	힘이 부치는 일이다.
	편지를 부친다.
	논밭을 부친다.
	빈대떡을 부친다.
	식목일에 부치는 글.
	회의에 부치는 안건.
	인쇄에 부치는 원고.
	삼촌 집에 숙식을 부친다.
붙이다	우표를 붙인다.
	책상을 벽에 붙였다.

흥정을 붙인다.

불을 붙인다.

감시원을 붙인다.

조건을 붙인다.

취미를 붙인다.

별명을 붙인다.

시키다	일을 시킨다.
식히다	끓인 물을 식힌다.

아름	세 아름 되는 둘레.
알음	전부터 알음이 있는 사이.
앎	앎이 힘이다.

안치다	밥을 안친다.
앉히다	윗자리에 앉힌다.

어름	두 물건의 어름에서 일어난 현상.
얼음	얼음이 얼었다.

이따가	이따가 오너라.
있다가	돈은 있다가도 없다.

저리다	다친 다리가 저린다.
절이다	김장 배추를 절인다.

조리다	생선을 조린다. 통조림, 병조림.
졸이다	마음을 졸인다.

주리다	여러 날을 주렸다.
줄이다	비용을 줄인다.

하노라고	하노라고 한 것이 이 모양이다.
하느라고	공부하느라고 밤을 새웠다.
- 느니보다(어미)	나를 찾아오느니보다 집에 있거라.
- 는 이보다(의존 명사)	오는 이가 가는 이보다 많다.
- (으)리만큼(어미)	나를 미워하리만큼 그에게 잘못한 일이 없다.
- (으)ㄹ 이만큼(의존 명사)	찬성할 이도 반대할 이만큼이나 많을 것이다.
- (으)러(목적)	공부하러 간다.
- (으)려(의도)	서울 가려 한다.
- (으)로서(자격)	사람으로서 그럴 수는 없다.
- (으)로써(수단)	닭으로써 꿩을 대신했다.
- (으)므로(어미)	그가 나를 믿으므로 나도 그를 믿는다.
(- ㅁ, - 음)으로(써)(조사)	그는 믿음으로(써) 산 보람을 느꼈다.

□ **부록**

문장 부호

문장 부호는 글에서 문장의 구조를 드러내거나 글쓴이의 의도를 전달하기 위하여 사용하는 부호이다. 문장 부호의 이름과 사용법은 다음과 같이 정한다.

1. 마침표(.)

(1) 서술, 명령, 청유 등을 나타내는 문장의 끝에 쓴다.
예 젊은이는 나라의 기둥입니다.   예 제 손을 꼭 잡으세요.

예 집으로 돌아갑시다.　　　　　예 가는 말이 고와야 오는 말이 곱다.

[붙임 1] 직접 인용한 문장의 끝에는 쓰는 것을 원칙으로 하되, 쓰지 않는 것을 허용한다.(ㄱ을 원칙으로 하고, ㄴ을 허용함.)

예 ㄱ. 그는 "지금 바로 떠나자."라고 말하며 서둘러 짐을 챙겼다.

　　ㄴ. 그는 "지금 바로 떠나자"라고 말하며 서둘러 짐을 챙겼다.

[붙임 2] 용언의 명사형이나 명사로 끝나는 문장에는 쓰는 것을 원칙으로 하되, 쓰지 않는 것을 허용한다.(ㄱ을 원칙으로 하고, ㄴ을 허용함.)

예 ㄱ. 목적을 이루기 위하여 몸과 마음을 다하여 애를 씀.

　　ㄴ. 목적을 이루기 위하여 몸과 마음을 다하여 애를 씀

예 ㄱ. 결과에 연연하지 않고 끝까지 최선을 다하기.

　　ㄴ. 결과에 연연하지 않고 끝까지 최선을 다하기

예 ㄱ. 신입 사원 모집을 위한 기업 설명회 개최.

　　ㄴ. 신입 사원 모집을 위한 기업 설명회 개최

예 ㄱ. 내일 오전까지 보고서를 제출할 것.

　　ㄴ. 내일 오전까지 보고서를 제출할 것

다만, 제목이나 표어에는 쓰지 않음을 원칙으로 한다.

예 압록강은 흐른다　　　　　예 꺼진 불도 다시 보자

예 건강한 몸 만들기

(2) 아라비아 숫자만으로 연월일을 표시할 때 쓴다.

예 1919. 3. 1.　　　　　예 10. 1.~10. 12.

(3) 특정한 의미가 있는 날을 표시할 때 월과 일을 나타내는 아라비아 숫자 사이에 쓴다.

예 3.1 운동　　　　　예 8.15 광복

[붙임] 이때는 마침표 대신 가운뎃점을 쓸 수 있다.

예 3·1 운동 　　　　　　　　　예 8·15 광복

(4) 장, 절, 항 등을 표시하는 문자나 숫자 다음에 쓴다.
　예 가. 인명 　　　　　　　　　예 ㄱ. 머리말
　예 Ⅰ. 서론 　　　　　　　　　예 1. 연구 목적

[붙임] '마침표' 대신 '온점'이라는 용어를 쓸 수 있다.

2. 물음표(?)

(1) 의문문이나 의문을 나타내는 어구의 끝에 쓴다.
　예 점심 먹었어? 　　　　　　　예 이번에 가시면 언제 돌아오세요?
　예 제가 부모님 말씀을 따르지 않을 리가 있겠습니까?
　예 남북이 통일되면 얼마나 좋을까?
　예 다섯 살짜리 꼬마가 이 멀고 험한 곳까지 혼자 왔다?
　예 지금? 　　　　　　　　　예 뭐라고? 　　　예 네?

[붙임 1] 한 문장 안에 몇 개의 선택적인 물음이 이어질 때는 맨 끝의 물음에만 쓰고, 각 물음이 독립적일 때는 각 물음의 뒤에 쓴다.
　예 너는 중학생이냐, 고등학생이냐?
　예 너는 여기에 언제 왔니? 어디서 왔니? 무엇하러 왔니?

[붙임 2] 의문의 정도가 약할 때는 물음표 대신 마침표를 쓸 수 있다.
　예 도대체 이 일을 어쩐단 말이냐.
　예 이것이 과연 내가 찾던 행복일까.

다만, 제목이나 표어에는 쓰지 않음을 원칙으로 한다.
　예 역사란 무엇인가 　　　　　예 아직도 담배를 피우십니까

(2) 특정한 어구의 내용에 대하여 의심, 빈정거림 등을 표시할 때, 또는

적절한 말을 쓰기 어려울 때 소괄호 안에 쓴다.

　[예] 우리와 의견을 같이할 사람은 최 선생(?) 정도인 것 같다.

　[예] 30점이라, 거참 훌륭한(?) 성적이군.

　[예] 우리 집 강아지가 가출(?)을 했어요.

(3) 모르거나 불확실한 내용임을 나타낼 때 쓴다.

　[예] 최치원(857~?)은 통일 신라 말기에 이름을 떨쳤던 학자이자 문장가이다.

　[예] 조선 시대의 시인 강백(1690?~1777?)의 자는 자청이고, 호는 우곡이다.

3. 느낌표(!)

(1) 감탄문이나 감탄사의 끝에 쓴다.

　[예] 이거 정말 큰일이 났구나!　　　　[예] 어머!

[붙임] 감탄의 정도가 약할 때는 느낌표 대신 쉼표나 마침표를 쓸 수 있다.

　[예] 어, 벌써 끝났네.　　　　　　[예] 날씨가 참 좋군.

(2) 특별히 강한 느낌을 나타내는 어구, 평서문, 명령문, 청유문에 쓴다.

　[예] 청춘! 이는 듣기만 하여도 가슴이 설레는 말이다.

　[예] 이야, 정말 재밌다!　　　　[예] 지금 즉시 대답해!

　[예] 앞만 보고 달리자!

(3) 물음의 말로 놀람이나 항의의 뜻을 나타내는 경우에 쓴다.

　[예] 이게 누구야!　　　　　　[예] 내가 왜 나빠!

(4) 감정을 넣어 대답하거나 다른 사람을 부를 때 쓴다.

　[예] 네!　　　　　　　　[예] 네, 선생님!

　[예] 흥부야!　　　　　　[예] 언니!

4. 쉼표(,)

(1) 같은 자격의 어구를 열거할 때 그 사이에 쓴다.

　예 근면, 검소, 협동은 우리 겨레의 미덕이다.

　예 충청도의 계룡산, 전라도의 내장산, 강원도의 설악산은 모두 국립 공원이다.

　예 집을 보러 가면 그 집이 내가 원하는 조건에 맞는지, 살기에 편한지, 망가진
　　곳은 없는지 확인해야 한다.

　예 5보다 작은 자연수는 1, 2, 3, 4이다.

다만, (가) 쉼표 없이도 열거되는 사항임이 쉽게 드러날 때는 쓰지 않을 수 있다.

　예 아버지 어머니께서 함께 오셨어요.

　예 네 돈 내 돈 다 합쳐 보아야 만 원도 안 되겠다.

(나) 열거할 어구들을 생략할 때 사용하는 줄임표 앞에는 쉼표를 쓰지 않는다.

　예 광역시: 광주, 대구, 대전……

(2) 짝을 지어 구별할 때 쓴다.

　예 닭과 지네, 개와 고양이는 상극이다.

(3) 이웃하는 수를 개략적으로 나타낼 때 쓴다.

　예 5, 6세기　　　　　　　　　　　　예 6, 7, 8개

(4) 열거의 순서를 나타내는 어구 다음에 쓴다.

　예 첫째, 몸이 튼튼해야 한다.

　예 마지막으로, 무엇보다 마음이 편해야 한다.

(5) 문장의 연결 관계를 분명히 하고자 할 때 절과 절 사이에 쓴다.

　예 콩 심은 데 콩 나고, 팥 심은 데 팥 난다.

　예 저는 신뢰와 정직을 생명과 같이 여기고 살아온바, 이번 비리 사건과는

무관하다는 점을 분명히 밝힙니다.

　　예 떡국은 설날의 대표적인 음식인데, 이걸 먹어야 비로소 나이도 한 살 더
　　　먹는다고 한다.

(6) 같은 말이 되풀이되는 것을 피하기 위하여 일정한 부분을 줄여서
열거할 때 쓴다.

　　예 여름에는 바다에서, 겨울에는 산에서 휴가를 즐겼다.

(7) 부르거나 대답하는 말 뒤에 쓴다.

　　예 지은아, 이리 좀 와 봐.　　　　예 네, 지금 가겠습니다.

(8) 한 문장 안에서 앞말을 '곧', '다시 말해' 등과 같은 어구로 다시
설명할 때 앞말 다음에 쓴다.

　　예 책의 서문, 곧 머리말에는 책을 지은 목적이 드러나 있다.
　　예 원만한 인간관계는 말과 관련한 예의, 즉 언어 예절을 갖추는 것에서 시작된다.
　　예 호준이 어머니, 다시 말해 나의 누님은 올해로 결혼한 지 20년이 된다.
　　예 나에게도 작은 소망, 이를테면 나만의 정원을 가졌으면 하는 소망이 있어.

(9) 문장 앞부분에서 조사 없이 쓰인 제시어나 주제어의 뒤에 쓴다.

　　예 돈, 돈이 인생의 전부이더냐?
　　예 열정, 이것이야말로 젊은이의 가장 소중한 자산이다.
　　예 지금 네가 여기 있다는 것, 그것만으로도 나는 충분히 행복해.
　　예 저 친구, 저러다가 큰일 한번 내겠어.
　　예 그 사실, 넌 알고 있었지?

(10) 한 문장에 같은 의미의 어구가 반복될 때 앞에 오는 어구 다음에
쓴다.

　　예 그의 애국심, 몸을 사리지 않고 국가를 위해 헌신한 정신을 우리는 본받아야
　　　한다.

(11) 도치문에서 도치된 어구들 사이에 쓴다.

예 이리 오세요, 어머님.　　　　예 다시 보자, 한강수야.

(12) 바로 다음 말과 직접적인 관계에 있지 않음을 나타낼 때 쓴다.

예 갑돌이는, 울면서 떠나는 갑순이를 배웅했다.

예 철원과, 대관령을 중심으로 한 강원도 산간 지대에 예년보다 일찍 첫눈이
내렸습니다.

(13) 문장 중간에 끼어든 어구의 앞뒤에 쓴다.

예 나는, 솔직히 말하면, 그 말이 별로 탐탁지 않아.

예 영호는 미소를 띠고, 속으로는 화가 치밀어 올라 잠시라도 견딜 수 없을
만큼 괴로웠지만, 그들을 맞았다.

[붙임 1] 이때는 쉼표 대신 줄표를 쓸 수 있다.

예 나는 — 솔직히 말하면 — 그 말이 별로 탐탁지 않아.

예 영호는 미소를 띠고 — 속으로는 화가 치밀어 올라 잠시라도 견딜 수 없을
만큼 괴로웠지만 — 그들을 맞았다.

[붙임 2] 끼어든 어구 안에 다른 쉼표가 들어 있을 때는 쉼표 대신 줄표를 쓴다.

예 이건 내 것이니까 — 아니, 내가 처음 발견한 것이니까 — 절대로 양보할
수 없다.

(14) 특별한 효과를 위해 끊어 읽는 곳을 나타낼 때 쓴다.

예 내가, 정말 그 일을 오늘 안에 해낼 수 있을까?

예 이 전투는 바로 우리가, 우리만이, 승리로 이끌 수 있다.

(15) 짧게 더듬는 말을 표시할 때 쓴다.

예 선생님, 부, 부정행위라니요? 그런 건 새, 생각조차 하지 않았습니다.

[붙임] '쉼표' 대신 '반점'이라는 용어를 쓸 수 있다.

5. 가운뎃점(·)

(1) 열거할 어구들을 일정한 기준으로 묶어서 나타낼 때 쓴다.
　예 민수·영희, 선미·준호가 서로 짝이 되어 윷놀이를 하였다.
　예 지금의 경상남도·경상북도, 전라남도·전라북도, 충청남도·충청북도 지
　　역을 예부터 삼남이라 일러 왔다.

(2) 짝을 이루는 어구들 사이에 쓴다.
　예 한(韓)·이(伊) 양국 간의 무역량이 늘고 있다.
　예 우리는 그 일의 참·거짓을 따질 겨를도 없었다.
　예 하천 수질의 조사·분석
　예 빨강·초록·파랑이 빛의 삼원색이다.

다만, 이때는 가운뎃점을 쓰지 않거나 쉼표를 쓸 수도 있다.
　예 한(韓) 이(伊) 양국 간의 무역량이 늘고 있다.
　예 우리는 그 일의 참 거짓을 따질 겨를도 없었다.
　예 하천 수질의 조사, 분석
　예 빨강, 초록, 파랑이 빛의 삼원색이다.

(3) 공통 성분을 줄여서 하나의 어구로 묶을 때 쓴다.
　예 상·중·하위권　　　　　　예 금·은·동메달
　예 통권 제54·55·56호

[붙임] 이때는 가운뎃점 대신 쉼표를 쓸 수 있다.
　예 상, 중, 하위권　　　　　　예 금, 은, 동메달
　예 통권 제54, 55, 56호

6. 쌍점(:)

(1) 표제 다음에 해당 항목을 들거나 설명을 붙일 때 쓴다.

예 문방사우: 종이, 붓, 먹, 벼루

예 일시: 2014년 10월 9일 10시

예 흔하진 않지만 두 자로 된 성씨도 있다.(예: 남궁, 선우, 황보)

예 올림표(♯): 음의 높이를 반음 올릴 것을 지시한다.

(2) 희곡 등에서 대화 내용을 제시할 때 말하는 이와 말한 내용 사이에 쓴다.

예 김 과장: 난 못 참겠다.

예 아들: 아버지, 제발 제 말씀 좀 들어 보세요.

(3) 시와 분, 장과 절 등을 구별할 때 쓴다.

예 오전 10:20(오전 10시 20분)

예 두시언해 6:15(두시언해 제6권 제15장)

(4) 의존 명사 '대'가 쓰일 자리에 쓴다.

예 65:60(65 대 60)   예 청군:백군(청군 대 백군)

[붙임] 쌍점의 앞은 붙여 쓰고 뒤는 띄어 쓴다. 다만, (3)과 (4)에서는 쌍점의 앞뒤를 붙여 쓴다.

7. 빗금(/)

(1) 대비되는 두 개 이상의 어구를 묶어 나타낼 때 그 사이에 쓴다.

예 먹이다/먹히다   예 남반구/북반구

예 금메달/은메달/동메달

예 (   )이/가 우리나라의 보물 제1호이다.

(2) 기준 단위당 수량을 표시할 때 해당 수량과 기준 단위 사이에 쓴다.

    예 100미터/초   예 1,000원/개

(3) 시의 행이 바뀌는 부분임을 나타낼 때 쓴다.

    예 산에 / 산에 / 피는 꽃은 / 저만치 혼자서 피어 있네

다만, 연이 바뀜을 나타낼 때는 두 번 겹쳐 쓴다.

    예 산에는 꽃 피네 / 꽃이 피네 / 갈 봄 여름 없이 / 꽃이 피네 // 산에 / 산에 / 피는 꽃은 / 저만치 혼자서 피어 있네

[붙임] 빗금의 앞뒤는 (1)과 (2)에서는 붙여 쓰며, (3)에서는 띄어 쓰는 것을 원칙으로 하되 붙여 쓰는 것을 허용한다. 단, (1)에서 대비되는 어구가 두 어절 이상인 경우에는 빗금의 앞뒤를 띄어 쓸 수 있다.

8. 큰따옴표(" ")

(1) 글 가운데에서 직접 대화를 표시할 때 쓴다.

    예 "어머니, 제가 가겠어요."

    "아니다. 내가 다녀오마."

(2) 말이나 글을 직접 인용할 때 쓴다.

    예 나는 "어, 광훈이 아니냐?" 하는 소리에 깜짝 놀랐다.

    예 밤하늘에 반짝이는 별들을 보면서 "나는 아무 걱정도 없이 가을 속의 별들을 다 헬 듯합니다."라는 시구를 떠올렸다.

    예 편지의 끝머리에는 이렇게 적혀 있었다.

    "할머니, 편지에 사진을 동봉했다고 하셨지만 봉투 안에는 아무것도 없었어요."

9. 작은따옴표(' ')

(1) 인용한 말 안에 있는 인용한 말을 나타낼 때 쓴다.

예 그는 "여러분! '시작이 반이다.'라는 말 들어 보셨죠?"라고 말하며 강연을 시작했다.

(2) 마음속으로 한 말을 적을 때 쓴다.

예 나는 '일이 다 틀렸나 보군.' 하고 생각하였다.

예 '이번에는 꼭 이기고야 말겠어.' 호연이는 마음속으로 몇 번이나 그렇게 다짐하며 주먹을 불끈 쥐었다.

10. 소괄호(( ))

(1) 주석이나 보충적인 내용을 덧붙일 때 쓴다.

예 니체(독일의 철학자)의 말을 빌리면 다음과 같다.

예 2014. 12. 19.(금)

예 문인화의 대표적인 소재인 사군자(매화, 난초, 국화, 대나무)는 고결한 선비 정신을 상징한다.

(2) 우리말 표기와 원어 표기를 아울러 보일 때 쓴다.

예 기호(嗜好), 자세(姿勢)   예 커피(coffee), 에티켓(étiquette)

(3) 생략할 수 있는 요소임을 나타낼 때 쓴다.

예 학교에서 동료 교사를 부를 때는 이름 뒤에 '선생(님)'이라는 말을 덧붙인다.

예 광개토(대)왕은 고구려의 전성기를 이끌었던 임금이다.

(4) 희곡 등 대화를 적은 글에서 동작이나 분위기, 상태를 드러낼 때 쓴다.

예 현우: (가쁜 숨을 내쉬며) 왜 이렇게 빨리 뛰어?

예 "관찰한 것을 쓰는 것이 습관이 되었죠. 그러다 보니, 상상력이 생겼나 봐요." (웃음)

(5) 내용이 들어갈 자리임을 나타낼 때 쓴다.

예 우리나라의 수도는 (　　　)이다.

예 다음 빈칸에 알맞은 조사를 쓰시오.

　민수가 할아버지(　) 꽃을 드렸다.

(6) 항목의 순서나 종류를 나타내는 숫자나 문자 등에 쓴다.

예 사람의 인격은 (1) 용모, (2) 언어, (3) 행동, (4) 덕성 등으로 표현된다.

예 (가) 동해, (나) 서해, (다) 남해

11. 중괄호({ })

(1) 같은 범주에 속하는 여러 요소를 세로로 묶어서 보일 때 쓴다.

예 주격 조사　{ 이
　　　　　　　　 가 }

예 국가의 성립 요소　{ 영토
　　　　　　　　　　　 국민
　　　　　　　　　　　 주권 }

(2) 열거된 항목 중 어느 하나가 자유롭게 선택될 수 있음을 보일 때 쓴다.

예 아이들이 모두 학교{에, 로, 까지} 갔어요.

12. 대괄호([ ])

(1) 괄호 안에 또 괄호를 쓸 필요가 있을 때 바깥쪽의 괄호로 쓴다.

예 어린이날이 새로 제정되었을 당시에는 어린이들에게 경어를 쓰라고 하였다.

　[윤석중 전집(1988), 70쪽 참조]

예 이번 회의에는 두 명[이혜정(실장), 박철용(과장)]만 빼고 모두 참석했습니다.

(2) 고유어에 대응하는 한자어를 함께 보일 때 쓴다.

〔예〕 나이[年歲]　　　　　　　〔예〕 낱말[單語]

〔예〕 손발[手足]

(3) 원문에 대한 이해를 돕기 위해 설명이나 논평 등을 덧붙일 때 쓴다.

　〔예〕 그것[한글]은 이처럼 정보화 시대에 알맞은 과학적인 문자이다.

　〔예〕 신경준의 ≪여암전서≫에 "삼각산은 산이 모두 돌 봉우리인데, 그 으뜸 봉우

　　리를 구름 위에 솟아 있다고 백운(白雲)이라 하며 [이하 생략]"

　〔예〕 그런 일은 결코 있을 수 없다.[원문에는 '업다'임.]

13. 겹낫표(『 』)와 겹화살괄호(≪ ≫)

책의 제목이나 신문 이름 등을 나타낼 때 쓴다.

　〔예〕 우리나라 최초의 민간 신문은 1896년에 창간된 『독립신문』이다.

　〔예〕 『훈민정음』은 1997년에 유네스코 세계 기록 유산으로 지정되었다.

　〔예〕 ≪한성순보≫는 우리나라 최초의 근대 신문이다.

　〔예〕 윤동주의 유고 시집인 ≪하늘과 바람과 별과 시≫에는 31편의 시가 실려

있다.

[붙임] 겹낫표나 겹화살괄호 대신 큰따옴표를 쓸 수 있다.

　〔예〕 우리나라 최초의 민간 신문은 1896년에 창간된 "독립신문"이다.

　〔예〕 윤동주의 유고 시집인 "하늘과 바람과 별과 시"에는 31편의 시가 실려 있다.

14. 홑낫표(「 」)와 홑화살괄호(< >)

소제목, 그림이나 노래와 같은 예술 작품의 제목, 상호, 법률, 규정

등을 나타낼 때 쓴다.

　〔예〕 「국어 기본법 시행령」은 「국어 기본법」에서 위임된 사항과 그 시행에 필요한

　　사항을 규정함을 목적으로 한다.

　〔예〕 이 곡은 베르디가 작곡한 「축배의 노래」이다.

　〔예〕 사무실 밖에 「해와 달」이라고 쓴 간판을 달았다.

예 〈한강〉은 사진집 ≪아름다운 땅≫에 실린 작품이다.

예 백남준은 2005년에 〈엄마〉라는 작품을 선보였다.

[붙임] 홑낫표나 홑화살괄호 대신 작은따옴표를 쓸 수 있다.

예 사무실 밖에 '해와 달'이라고 쓴 간판을 달았다.

예 '한강'은 사진집 "아름다운 땅"에 실린 작품이다.

15. 줄표(―)

제목 다음에 표시하는 부제의 앞뒤에 쓴다.

예 이번 토론회의 제목은 '역사 바로잡기 ― 근대의 설정 ―'이다.

예 '환경 보호 ― 숲 가꾸기 ―'라는 제목으로 글짓기를 했다.

다만, 뒤에 오는 줄표는 생략할 수 있다.

예 이번 토론회의 제목은 '역사 바로잡기 ― 근대의 설정'이다.

예 '환경 보호 ― 숲 가꾸기'라는 제목으로 글짓기를 했다.

[붙임] 줄표의 앞뒤는 띄어 쓰는 것을 원칙으로 하되, 붙여 쓰는 것을 허용한다.

16. 붙임표(-)

(1) 차례대로 이어지는 내용을 하나로 묶어 열거할 때 각 어구 사이에 쓴다.

예 멀리뛰기는 도움닫기-도약-공중 자세-착지의 순서로 이루어진다.

예 김 과장은 기획-실무-홍보까지 직접 발로 뛰었다.

(2) 두 개 이상의 어구가 밀접한 관련이 있음을 나타내고자 할 때 쓴다.

예 드디어 서울-북경의 항로가 열렸다.

예 원-달러 환율　　　　　　예 남한-북한-일본 삼자 관계

17. 물결표(~)

기간이나 거리 또는 범위를 나타낼 때 쓴다.
　예 9월 15일~9월 25일　　　　　예 김정희(1786~1856)
　예 서울~천안 정도는 출퇴근이 가능하다.
　예 이번 시험의 범위는 3~78쪽입니다.

[붙임] 물결표 대신 붙임표를 쓸 수 있다.
　예 9월 15일-9월 25일　　　　　예 김정희(1786-1856)
　예 서울-천안 정도는 출퇴근이 가능하다.
　예 이번 시험의 범위는 3-78쪽입니다.

18. 드러냄표(˙)와 밑줄(＿＿)

문장 내용 중에서 주의가 미쳐야 할 곳이나 중요한 부분을 특별히 드러
내 보일 때 쓴다.
　예 한글의 본디 이름은 훈민정음이다.
　예 중요한 것은 왜 사느냐가 아니라 어떻게 사느냐이다.
　예 지금 필요한 것은 지식이 아니라 실천입니다.
　예 다음 보기에서 명사가 아닌 것은?

[붙임] 드러냄표나 밑줄 대신 작은따옴표를 쓸 수 있다.
　예 한글의 본디 이름은 '훈민정음'이다.
　예 중요한 것은 '왜 사느냐'가 아니라 '어떻게 사느냐'이다.
　예 지금 필요한 것은 '지식'이 아니라 '실천'입니다.
　예 다음 보기에서 명사가 '아닌' 것은?

19. 숨김표(○, ×)

(1) 금기어나 공공연히 쓰기 어려운 비속어임을 나타낼 때, 그 글자의 수효만큼 쓴다.

> 예 배운 사람 입에서 어찌 ○○○란 말이 나올 수 있느냐?
>
> 예 그 말을 듣는 순간 ×××란 말이 목구멍까지 치밀었다.

(2) 비밀을 유지해야 하거나 밝힐 수 없는 사항임을 나타낼 때 쓴다.

> 예 1차 시험 합격자는 김○영, 이○준, 박○순 등 모두 3명이다.
>
> 예 육군 ○○ 부대 ○○○ 명이 작전에 참가하였다.
>
> 예 그 모임의 참석자는 김×× 씨, 정×× 씨 등 5명이었다.

20. 빠짐표(□)

(1) 옛 비문이나 문헌 등에서 글자가 분명하지 않을 때 그 글자의 수효만큼 쓴다.

> 예 大師爲法主□□賴之大□薦

(2) 글자가 들어가야 할 자리를 나타낼 때 쓴다.

> 예 훈민정음의 초성 중에서 아음(牙音)은 □□□의 석 자다.

21. 줄임표(……)

(1) 할 말을 줄였을 때 쓴다.

> 예 "어디 나하고 한번……." 하고 민수가 나섰다.

(2) 말이 없음을 나타낼 때 쓴다.

> 예 "빨리 말해!"
>
> "……."

(3) 문장이나 글의 일부를 생략할 때 쓴다.

예 '고유'라는 말은 문자 그대로 본디부터 있었다는 뜻은 아닙니다. ...... 같은 역사적 환경에서 공동의 집단생활을 영위해 오는 동안 공동으로 발견된, 사물에 대한 공동의 사고방식을 우리는 한국의 고유 사상이라 부를 수 있다는 것입니다.

(4) 머뭇거림을 보일 때 쓴다.

예 "우리는 모두...... 그러니까...... 예외 없이 눈물만...... 흘렸다."

[붙임 1] 점은 가운데에 찍는 대신 아래쪽에 찍을 수도 있다.

예 "어디 나하고 한번......." 하고 민수가 나섰다.

예 "실은...... 저 사람...... 우리 아저씨일지 몰라."

[붙임 2] 점은 여섯 점을 찍는 대신 세 점을 찍을 수도 있다.

예 "어디 나하고 한번...." 하고 민수가 나섰다.

예 "실은... 저 사람... 우리 아저씨일지 몰라."

[붙임 3] 줄임표는 앞말에 붙여 쓴다. 다만, (3)에서는 줄임표의 앞뒤를 띄어 쓴다.

2. 표준어 규정[문화체육관광부 고시 제2017-13호(2017. 3. 28.)]

제1부 표준어 사정 원칙

제1장 총칙

제1항 표준어는 교양 있는 사람들이 두루 쓰는 현대 서울말로 정함을 원칙으로 한다.

제2항 외래어는 따로 정한다.

제2장 발음 변화에 따른 표준어 규정

제1절 자음

제3항 다음 단어들은 거센소리를 가진 형태를 표준어로 삼는다. (ㄱ을 표준어로 삼고, ㄴ을 버림.)

ㄱ	ㄴ	비고
끄나풀	끄나불	
나팔-꽃	나발-꽃	
녘	녘	동~, 들~, 새벽~, 동틀~.
부엌	부억	
살-쾡이	삵-괭이	
칸	간	1. ~막이, 빈~, 방 한~. 2. '초가삼간, 윗간'의 경우에는 '간'임.
털어-먹다	떨어-먹다	재물을 다 없애다.

제4항 다음 단어들은 거센소리로 나지 않는 형태를 표준어로 삼는다. (ㄱ을 표준어로 삼고, ㄴ을 버림.)

ㄱ	ㄴ	비 고
가을-갈이 거시기 분침	가을-카리 거시키 푼침	

제5항 어원에서 멀어진 형태로 굳어져서 널리 쓰이는 것은, 그것을 표준어로 삼는다. (ㄱ을 표준어로 삼고, ㄴ을 버림.)

ㄱ	ㄴ	비 고
강낭-콩 고삿 사글-세 울력-성당	강남-콩 고샅 삭월-세 위력-성당	겉~, 속~. '월세'는 표준어임. 떼를 지어서 이르고 협박하는 일.

다만, 어원적으로 원형에 더 가까운 형태가 아직 쓰이고 있는 경우에는, 그것을 표준어로 삼는다. (ㄱ을 표준어로 삼고, ㄴ을 버림.)

ㄱ	ㄴ	비 고
갈비 갓모	가리 갈모	~구이, ~찜, 갈빗-대. 1. 사기 만드는 물레 밑 고리. 2. '갈모'는 갓 위에 쓰는, 유지로 만든 우비.
굴-젓 말-곁 물-수란 밀-뜨리다 적-이 휴지	구-젓 말-겻 물-수랄 미-뜨리다 저으기 수지	적이 - 나, 적이나 - 하면.

제6항 다음 단어들은 의미를 구별함이 없이, 한 가지 형태만을 표준어로 삼는다. (ㄱ을 표준어로 삼고, ㄴ을 버림.)

ㄱ	ㄴ	비 고
돌	돐	생일, 주기.
둘-째	두-째	'제2, 두 개째의 뜻'.
셋-째	세-째	'제3, 세 개째의 뜻'.
넷-째	네-째	'제4, 네 개째의 뜻'.
빌리다	빌다	1. 빌려주다, 빌려오다.
		2. '용서를 빌다'는 '빌다'임.

다만, '둘째'는 십 단위 이상의 서수사에 쓰일 때에 '두째'로 한다.

ㄱ	ㄴ	비 고
열두-째		열두 개째의 뜻은 '열둘째'로.
스물두-째		스물두 개째의 뜻은 '스물둘째'로.

제7항 수컷을 이르는 접두사는 '수-'로 통일한다. (ㄱ을 표준어로 삼고, ㄴ을 버림.)

ㄱ	ㄴ	비 고
수-꿩	수-퀑, 숫-꿩	'장끼'도 표준어임.
수-나사	숫-나사	
수-놈	숫-놈	
수-사돈	숫-사돈	
수소	숫-소	'황소'도 표준어임.
수-은행나무	숫-은행나무	

다만 1. 다음 단어에서는 접두사 다음에서 나는 거센소리를 인정한다. 접두사 '암-'이 결합되는 경우에도 이에 준한다. (ㄱ을 표준어로 삼고, ㄴ을 버림.)

ㄱ	ㄴ	비 고
수-캉아지	숫-강아지	
수-캐	숫-개	
수-컷	숫-것	
수-키와	숫-기와	
수-탉	숫-닭	
수-탕나귀	숫-당나귀	
수-톨쩌귀	숫-돌쩌귀	
수-톄지	숫-톄지	
수-평아리	숫-병아리	

다만 2. 다음 단어의 접두사는 '숫-'으로 한다. (ㄱ을 표준어로 삼고, ㄴ을 버림.)

ㄱ	ㄴ	비 고
숫-양	수-양	
숫-염소	수-염소	
숫-쥐	수-쥐	

제2절 모음

제8항 양성 모음이 음성 모음으로 바뀌어 굳어진 다음 단어는 음성 모음 형태를 표준어로 삼는다. (ㄱ을 표준어로 삼고, ㄴ을 버림.)

ㄱ	ㄴ	비 고
깡충-깡충	깡총-깡총	큰말은 '껑충껑충'임.
-둥이	-동이	←童-이. 귀-, 막-, 선-, 쌍-, 바람-.
발가-숭이	발가-송이	센말은 '빨가숭이',
		큰말은 '벌거숭이', '뻘거숭이'임.
보퉁이	보통이	
봉죽	봉족	←奉足. ~꾼, ~들다.
뻗정-다리	뻗장-다리	
아서, 아서라	앗아, 앗아라	하지 말라고 금지하는 말.
오뚝-이	오똑이	부사도 '오뚝-이'임.
주추	주초	←柱礎. 주춧-돌.

다만, 어원 의식이 강하게 작용하는 다음 단어에서는 양성모음 형태를 그대로 표준어로 삼는다. (ㄱ을 표준어로 삼고, ㄴ을 버림.)

ㄱ	ㄴ	비 고
부조(扶助)	부주	~금, 부좃-술.
사돈(査頓)	사둔	밭~, 안~.
삼촌(三寸)	삼춘	시~, 외~, 처~.

제9항 'ㅣ' 역행 동화 현상에 의한 발음은 원칙적으로 표준 발음으로 인정하지 아니하되, 다만 다음 단어들은 그러한 동화가 적용된 형태를 표준어로 삼는다. (ㄱ을 표준어로 삼고, ㄴ을 버림.)

ㄱ	ㄴ	비 고
-내기	-나기	서울-, 시골-, 신출-, 풋-.
냄비	남비	
동댕이-치다	동당이-치다	

[붙임 1] 다음 단어는 'ㅣ' 역행동화가 일어나지 아니한 형태를 표준어로 삼는다. (ㄱ을 표준어로 삼고, ㄴ을 버림.)

ㄱ	ㄴ	비 고
아지랑이	아지랭이	

[붙임 2] 기술자에게는 '-장이', 그 이외에는 '-쟁이'가 붙는 형태를 표준어로 삼는다. (ㄱ을 표준어로 삼고, ㄴ을 버림)

ㄱ	ㄴ	비 고
미장이	미쟁이	
유기장이	유기쟁이	
멋쟁이	멋장이	
소금쟁이	소금장이	
담쟁이-덩굴	담장이-덩굴	
골목쟁이	골목장이	
발목쟁이	발목장이	

제10항 다음 단어는 모음이 단순화한 형태를 표준어로 삼는다. (ㄱ을 표준어로 삼고, ㄴ을 버림)

ㄱ	ㄴ	비 고
괴팍-하다	괴퍅-하다/괴팩-하다	
-구먼	-구면	
미루-나무	미류-나무	← 美柳~.
미륵	미력	← 彌勒. ~보살, ~불, 돌~.
여느	여늬	
온-달	왼-달	만 한 달.
으레	으례	
케케-묵다	켸켸-묵다	
허우대	허위대	
허우적-허우적	허위적-허위적	허우적-거리다.

제11항 다음 단어에서는 모음의 발음 변화를 인정하여, 발음이 바뀌어

굳어진 형태를 표준어로 삼는다. (ㄱ을 표준어로 삼고, ㄴ을 버림.)

ㄱ	ㄴ	비 고
-구려	-구료	
깍쟁이	깍정이	1. 서울~, 알~, 찰~.
		2. 도토리, 상수리 등의 받침은 '깍정이'임.
나무라다	나무래다	
미수	미시	미숫-가루.
바라다	바래다	'바램(所望)'은 비표준어임.
상추	상치	~쌈.
시러베-아들	실업의-아들	
주책	주착	← 主着. ~망나니, ~없다.
지루-하다	지리-하다	← 支離.
튀기	트기	
허드레	허드래	허드렛-물, 허드렛-일.
호루라기	호루루기	

제12항 '웃-' 및 '윗-'은 명사 '위'에 맞추어 '윗-'으로 통일한다. (ㄱ을 표준어로 삼고, ㄴ을 버림.)

ㄱ	ㄴ	비 고
윗-넓이	웃-넓이	
윗-눈썹	웃-눈썹	
윗-니	웃-니	
윗-당줄	웃-당줄	
윗-덧줄	웃-덧줄	
윗-도리	웃-도리	
윗-동아리	웃-동아리	준말은 '윗동'임.
윗-막이	웃-막이	
윗-머리	웃-머리	
윗-목	웃-목	
윗-몸	웃-몸	~ 운동.
윗-바람	웃-바람	
윗-배	웃-배	
윗-벌	웃-벌	

ㄱ	ㄴ	비 고
윗-변	웃-변	수학 용어.
윗-사랑	웃-사랑	
윗-세장	웃-세장	
윗-수염	웃-수염	
윗-입술	웃-입술	
윗-잇몸	웃-잇몸	
윗-자리	웃-자리	
윗-중방	웃-중방	

다만 1. 된소리나 거센소리 앞에서는 '위'로 한다. (ㄱ을 표준어로 삼고, ㄴ을 버림.)

ㄱ	ㄴ	비 고
위-짝	웃-짝	
위-쪽	웃-쪽	
위-채	웃-채	
위-층	웃-층	
위-치마	웃-치마	
위-턱	웃-턱	~ 구름(上層雲)
위-팔	웃-팔	

다만 2. '아래, 위'의 대립이 없는 단어는 '웃-'으로 발음되는 형태를 표준어로 삼는다. (ㄱ을 표준어로 삼고, ㄴ을 버림.)

ㄱ	ㄴ	비 고
웃-국	윗-국	
웃-기	윗-기	
웃-돈	윗-돈	
웃-비	윗-비	~ 걷다.
웃-어른	윗-어른	
웃-옷	윗-옷	

제13항 한자 '구(句)'가 붙어서 이루어진 단어는 '귀'로 읽는 것을 인정하

지 아니하고, '구'로 통일한다. (ㄱ을 표준어로 삼고, ㄴ을 버림.)

ㄱ	ㄴ	비 고
구법(句法)	귀법	
구절(句節)	귀절	
구점(句點)	귀점	
결구(結句)	결귀	
경구(警句)	경귀	
경인구(警人句)	경인귀	
난구(難句)	난귀	
단구(短句)	단귀	
단명구(短命丘)	단명귀	
대구(對句)	대귀	~법(對句法).
문구(文句)	문귀	
성구(成句)	성귀	~어(成句語).
시구(詩句)	시귀	
어구(語句)	어귀	
연구(聯句)	연귀	
인용구(引用句)	인용귀	
절구(絕句)	절귀	

다만, 다음 단어는 '귀'로 발음되는 형태를 표준어로 삼는다. (ㄱ을 표준어로 삼고, ㄴ을 버림.)

ㄱ	ㄴ	비 고
귀-글 글-귀	구-글 글-구	

제3절 준말

제14항 준말이 널리 쓰이고 본말이 잘 쓰이지 않는 경우에는, 준말만을 표준어로 삼는다. (ㄱ을 표준어로 삼고, ㄴ을 버림.)

ㄱ	ㄴ	비 고
귀찮다	귀치 않다	
김	기음	~ 매다.
따리	또아리	
무	무우	~강즙, ~말랭이, ~생채, 가랑~, 갓~, 왜~, 총각~.
미다	무이다	1. 털이 빠져 살이 드러나다. 2. 찢어지다.
뱀	배암	
뱀-장어	배암-장어	
빔	비음	설~, 생일~.
샘	새암	~바르다, ~바리.
생-쥐	새앙-쥐	
솔개	소리개	
온갖	온-가지	
장사-치	장사-아치	

제15항 준말이 쓰이고 있더라도, 본말이 널리 쓰이고 있으면 본말을 표준어로 삼는다. (ㄱ을 표준어로 삼고, ㄴ을 버림.)

ㄱ	ㄴ	비 고
경황-없다	경-없다	
궁상-떨다	궁-떨다	
귀이-개	귀-개	
낌새	낌	
낙인-찍다	낙-하다/낙-치다	
내왕-꾼	냉-꾼	
돗자리	돗	
뒤웅-박	뒝박	
뒷물-대야	뒷-대야	
마구-잡이	막-잡이	
맵자-하다	맵자다	모양이 제격에 어울리다.
모이	모	
벽-돌	벽	
부스럼	부럼	정월 보름에 쓰는 '부럼'은

ㄱ	ㄴ	비 고
살얼음-판	살-판	표준어임.
수두룩-하다	수둑-하다	
암-죽	암	
어음	엄	
일구다	일다	
죽-살이	죽-살	
퇴박-맞다	퇴-맞다	
한통-치다	통-치다	

[붙임] 다만, 다음과 같이 명사에 조사가 붙은 경우에도 이 원칙을 적용한다.(ㄱ을 표준어로 삼고, ㄴ을 버림.)

ㄱ	ㄴ	비 고
아래-로	알-로	

제16항 준말과 본말이 다 같이 널리 쓰이면서 준말의 효용이 뚜렷이 인정되는 것은, 두 가지 다 표준어로 삼는다. (ㄱ은 본말이며, ㄴ은 준말임.)

ㄱ	ㄴ	비 고
거짓-부리	거짓-불	작은말은 '가짓부리, 가짓불'임.
노을	놀	저녁~.
막대기	막대	
망태기	망태	
머무르다	머물다	
서두르다	서둘다	모음 어미가 연결될 때에는
서투르다	서툴다	준말의 활용형을 인정하지 않음.
석새-삼베	석새-베	
시-누이	시-뉘/시-누	
오-누이	오-뉘/오-누	
외우다	외다	외우며, 외워 : 외며, 외어.
이기죽-거리다	이죽-거리다	
찌꺼기	찌끼	'찌꺽지'는 비표준어임.

제4절 단수 표준어

제17항 비슷한 발음의 몇 형태가 쓰일 경우, 그 의미에 아무런 차이가 없고, 그 중 하나가 더 널리 쓰이면, 그 한 형태만을 표준어로 삼는다. (ㄱ을 표준어로 삼고, ㄴ을 버림.)

ㄱ	ㄴ	비 고
거든-그리다	거둥-그리다	1. 거든하게 거두어 싸다. 2. 작은 말은 '가든-그리다'임. 사람이 한 군데에서만 지내다.
구어-박다	구워-박다	
귀-고리	귀엣-고리	
귀-띔	귀-틤	
귀-지	귀에-지	
까딱-하면	까땍-하면	
꼭두-각시	꼭둑-각시	
내색	나색	감정이 나타나는 얼굴빛.
내숭-스럽다	내흉-스럽다	
냠냠-거리다	얌냠-거리다	냠냠-하다.
냠냠-이	냠얌-이	
너[四]	네	~돈, ~말, ~발, ~푼.
넉[四]	너/네	~냥, ~되, ~섬, ~자.
다다르다	다달다	
댑-싸리	대-싸리	
더부룩-하다	더뿌룩하다/듬뿌룩-하다	
-던	-든	선택, 무관의 뜻을 나타내는 어미는 '-든'임.
-던가	-든가	가-든(지) 말-든(지), 보-든
-던걸	-든걸	(가) 말-든(가).
-던고	-든고	
-던데	-든데	
-던지	-든지	
-(으)려고	-(으)ㄹ려고/ -(으)ㄹ라고	
-(으)려야	-(으)ㄹ려야/ -(으)ㄹ래야	
망가-뜨리다	망그-뜨리다	

멸치	며루치/메리치	
반빗-아치	반비-아치	'반빗' 노릇하는 사람. 찬비 (饌婢).
보습	보십/보섭	'반비'는 밥 짓는 일을 맡은
본새	뽄새	계집종.
봉숭아	봉숭화	'봉선화'도 표준어임.
뺨-따귀	뺌-따귀/뺨-따구니	'뺨'의 비속어임.
뻐개다[斫]	뻐기다	두 조각으로 가르다.
뻐기다[誇]	뻐개다	뽐내다.
사자-탈	사지-탈	
상-판대기³	쌍-판대기	
서[三]	세/석	~돈, ~말, ~발, ~푼.
석[三]	세	~냥, ~되, ~섬, ~자.
설령(設令)	서령	
-습니다	-읍니다	먹습니다, 갔습니다, 있습니다, 좋습니다. 모음 뒤에는 '-ㅂ니다'임.
시름-시름	시늠-시늠	
씀벅-씀벅	썸벅-썸벅	
아궁이	아궁지	
아내	안해	
어-중간	어지-중간	
오금-팽이	오금-탱이	
오래-오래	도래-도래	돼지 부르는 소리.
-올시다	-올습니다	
옹골-차다	공골-차다	
우두커니	우두머니	작은말은 '오도카니'.
잠-투정	잠-투세/잠-주정	발~, 손~.
재봉-틀	자봉-틀	
짓-무르다	짓-물다	
짚-북데기	짚-북세기	'짚북더기'도 비표준어임.
쪽	짝	편(便). 이~, 그~, 저~. 다만, '아무-짝'은 '짝'임.
천장[天障]	천정	'천정부지(天井不知)'는 '천정'임.
코-맹맹이	코-맹녕이	
흉-업다	흉-헙다	

제5절 복수 표준어

제18항 다음 단어는 ㄱ을 원칙으로 하고, ㄴ도 허용한다.

ㄱ	ㄴ	비 고
네	예	
쇠—	소—	~가죽, ~고기, ~기름, ~머리, ~뼈.
괴다	고이다	물이 ~, 밑을 ~.
꾀다	꼬이다	어린애를 ~, 벌레가 ~.
쐬다	쏘이다	바람을 ~.
죄다	조이다	나사를 ~.
쬐다	쪼이다	볕을 ~.

제19항 어감의 차이를 나타내는 단어 또는 발음이 비슷한 단어들이 다 같이 널리 쓰이는 경우에는, 그 모두를 표준어로 삼는다. (ㄱ, ㄴ을 모두 표준어로 삼음.)

ㄱ	ㄴ	비 고
거슴츠레-하다	게슴츠레-하다	
고까	꼬까	~신, ~옷.
고린-내	코린-내	
교기(驕氣)	갸기	교만한 태도.
구린-내	쿠린-내	
꺼림-하다	께름-하다	
나부랭이	너부렁이	

---

3 이 예를 '상판때기'로 적고, '상판-때기'로 분석한다고 생각할 수도 있으나, 고시본대로 둔다.

제 3 장 어휘 선택의 변화에 따른 표준어 규정

제 1 절 고어

　제20항 사어(死語)가 되어 쓰이지 않게 된 단어는 고어로 처리하고, 현재 널리 사용되는 단어를 표준어로 삼는다. (ㄱ을 표준어로 삼고, ㄴ을 버림.)

ㄱ	ㄴ	비 고
난봉	봉	
낭떠러지	낭	
설거지-하다	설겆다	
애달프다	애닯다	
오동-나무	머귀-나무	
자두	오얏	

제2절 한자어

　제21항 고유어 계열의 단어가 널리 쓰이고 그에 대응되는 한자어 계열의 단어가 용도를 잃게 된 것은, 고유어 계열의 단어만을 표준어로 삼는다. (ㄱ을 표준어로 삼고, ㄴ을 버림.)

ㄱ	ㄴ	비 고
가루-약	말-약	
구들-장	방-돌	
길품-삯	보행-삯	
까막-눈	맹-눈	
꼭지-미역	총각-미역	
나뭇-갓	시장-갓	
늙-다리	노닥다리	
두껍-닫이	두껍-창	
떡-암죽	병-암죽	
마른-갈이	건-갈이	
마른-빨래	건-빨래	
메-찰떡	반-찰떡	

ㄱ	ㄴ	비 고
박달-나무	배달-나무	
밥-소라	식-소라	큰 놋그릇.
사래-논	사래-답	묘지기나 마름이 부쳐 먹는 땅.
사래-밭	사래-전	
삯-말	삯-마	
성냥	화곽	
솟을-무늬	솟을-문	
외-지다	벽-지다	
움-파	동-파	
잎-담배	잎-초	
잔-돈	잔-전	
조-당수	조-당죽	
죽데기	피-죽	'죽더기'도 비표준어임.
지겟-다리	목-발	지게 동발의 양쪽 다리.
짐-꾼	부지-군(負持~)	
푼-돈	분전/푼전	
흰-말	백-말/부루-말	'백마'는 표준어임.
흰-죽	백-죽	

제22항 고유어 계열의 단어가 생명력을 잃고 그에 대응되는 한자어 계열의 단어가 널리 쓰이면, 한자어 계열의 단어를 표준어로 삼는다. (ㄱ을 표준어로 삼고, ㄴ을 버림.)

ㄱ	ㄴ	비 고
개다리-소반	개다리-밥상	
겸-상	맞-상	
고봉-밥	높은-밥	
단-벌	홑-벌	
마방-집	마바리-집	馬房~.
민망-스럽다/면구-스럽다	민주-스럽다	
방-고래	구들-고래	
부항-단지	뜸-단지	
산-누에	멧-누에	
산-줄기	멧-줄기/멧-발	

ㄱ	ㄴ	비 고
수-삼	무-삼	
심-돋우개	불-돋우개	
어질-병	어질-머리	
양-파	둥근-파	
윤-달	군-달	
장력-세다	장성-세다	
제석	젯-돗	
총각-무	알-무/알타리-무	
칫-솔	잇-솔	
포수	총-댕이	

제3절 방언

제23항 방언이던 단어가 표준어보다 더 널리 쓰이게 된 것은, 그것을 표준어로 삼는다. 이 경우, 원래의 표준어는 그대로 표준어로 남겨두는 것을 원칙으로 한다. (ㄱ을 표준어로 삼고, ㄴ도 표준어로 남겨 둠.)

ㄱ	ㄴ	비 고
멍게	우렁쉥이	
물-방개	선두리	
애-순	어린-순	

제24항 방언이던 단어가 널리 쓰이게 됨에 따라 표준어이던 단어가 안 쓰이게 된 것은, 방언이던 단어를 표준어로 삼는다. (ㄱ을 표준어로 삼고, ㄴ을 버림.)

ㄱ	ㄴ	비고
귀밑-머리	귓-머리	
까-뭉개다	까-무느다	
막상	마기	
빈대-떡	빈자-떡	
생인-손	생안-손	준말은 '생-손'임.
역-겹다	역-스럽다	
코-주부	코-보	

제4절 단수 표준어

제25항 의미가 똑같은 형태가 몇 가지 있을 경우, 그중 어느 하나가 압도적으로 널리 쓰이면, 그 단어만을 표준어로 삼는다. (ㄱ을 표준어로 삼고, ㄴ을 버림.)

ㄱ	ㄴ	비고
~게끔	~게시리	
겸사-겸사	겸지-겸지/겸두-겸두	
고구마	참-감자	
고치다	낫우다	병을 ~.
골목-쟁이	골목-자기	
광주리	광우리	
괴통	호구	자루를 박는 부분.
국-물	먹-국/말-국	
군-표	군용-어음	
길-잡이	길-앞잡이	'길라잡이'도 표준어임.
까치-발	까치-다리	선반 따위를 받치는 물건.
꼬창-모	말뚝-모	꼬챙이로 구멍을 뚫으면서 심는 모.
나룻-배	나루	'나루[津]'는 표준어임.
납-도리	민-도리	
농-지거리	기롱-지거리	다른 의미의 '기롱지거리'는 표준어임.
다사-스럽다	다사-하다	간섭을 잘하다.
다오	다구	이리 ~.
담배-꽁초	담배-꼬투리/담배-꽁치/담배-꽁추	

ㄱ	ㄴ	비고
담배-설대	대-설대	
대장-일	성냥-일	
뒤져-내다	뒤어-내다	
뒤통수-치다	뒤꼭지-치다	
등-나무	등-칡	
등-때기	등-떠리	'등'의 낮은 말.
등잔-걸이	등경-걸이	
떡-보	떡-충이	
똑딱-단추	딸꼭-단추	
매-만지다	우미다	
먼-발치	먼-발치기	
며느리-발톱	뒷-발톱	
명주-붙이	주-사니	
목-메다	목-맺히다	
밀짚-모자	보릿짚-모자	
바가지	열-바가지/열-박	
바람-꼭지	바람-고다리	튜브의 바람을 넣는 구멍에 붙은, 쇠로 만든 꼭지.
반-나절	나절-가웃	
반두	독대	그물의 한 가지.
버젓-이	뉘연-히	
본-받다	법-받다	
부각	다시마-자반	
부끄러워-하다	부끄리다	
부스러기	부스럭지	
부지깽이	부지팽이	
부항-단지	부항-항아리	부스럼에서 피고름을 빨아내기 위하여 부항을 붙이는 데 쓰는, 자그마한 단지.
붉으락-푸르락	푸르락-붉으락	
비켜-덩이	옆-사리미	김맬 때에 흙덩이를 옆으로 빼내는 일, 또는 그 흙덩이.
빙충이	빙충-맞이	작은말은 '뱅충이'.
빠-뜨리다	빠-치다	'빠트리다'도 표준어임.
뻣뻣-하다	왜긋다	
뽐-내다	느물다	

ㄱ	ㄴ	비고
사로-잠그다	사로-채우다	자물쇠나 빗장 따위를 반 정도만 걸어 놓다.
살-풀이	살-막이	
상투-쟁이	상투-꼬부랑이	상투 튼 이를 놀리는 말.
새앙-손이	생강-손이	
샛-별	새벽-별	
선-머슴	풋-머슴	
섭섭-하다	애운-하다	
속-말	속-소리	국악 용어 '속소리'는 표준어임.
수도-꼭지	수도-고동	
숙성-하다	숙-지다	
순대	골집	
술-고래	술-꾸러기/술-부대/술-보/술-푸대	
식은-땀	찬-땀	
신기-롭다	신기-스럽다	'신기하다'도 표준어임.
쌍동-밤	쪽-밤	
쏜살-같이	쏜살-로	
아주	영판	
안-걸이	안-낚시	씨름 용어.
안다미-씌우다	안다미-시키다	제가 담당할 책임을 남에게 넘기다.
안쓰럽다	안-슬프다	
안절부절-못하다	안절부절-하다	
앉은뱅이-저울	앉은-저울	
알-사탕	구슬-사탕	
암-내	곁땀-내	
앞-지르다	따라-먹다	
애-벌레	어린-벌레	
얕은-꾀	물탄-꾀	
언뜻	펀뜻	
언제나	노다지	
얼룩-말	워라-말	
-에는	-엘랑	
열심-히	열심-으로	
열어-제치다	열어-젖뜨리다	

ㄱ	ㄴ	비고
입-담	말-담	
자배기	너벅지	
전봇-대	전선-대	
쥐락-펴락	펴락-쥐락	
-지만	-지만서도	← -지마는.
짓고-땡	지어-땡/짓고-땡이	
짧은-작	짜른-작	
찹쌀	이-찹쌀	
청대-콩	푸른-콩	
칡-범	갈-범	

제5절 복수 표준어

제26항 한 가지 의미를 나타내는 형태 몇 가지가 널리 쓰이며 표준어
규정에 맞으면, 그 모두를 표준어로 삼는다.

복수 표준어	비 고
가는-허리/잔-허리	
가락-엿/가래-엿	
가뭄/가물	
가엾다/가엽다	가엾어/가여워, 가엾은/가여운.
감감-무소식/감감-소식	
개수-통/설거지-통	'설겆다'는 '설거지-하다'로.
개숫-물/설거지-물	
갱-엿/검은엿	
-거리다/-대다	가물-, 출렁-.
거위-배/횟-배	
것/해	내 ~, 네 ~, 뉘 ~.
게을러-빠지다/게을러-터지다	
고깃-간/푸줏-간	'고깃-관, 푸줏-관, 다림-방'은 비표준어임.
곰곰/곰곰-이	
관계-없다/상관-없다	
교정-보다/준-보다	

복수 표준어	비 고
구들-재/구재	
귀퉁-머리/귀퉁-배기	'귀퉁이'의 비어임.
극성-떨다/극성-부리다	
기세-부리다/기세-피우다	
기승-떨다/기승-부리다	
깃-저고리/배내-옷/배냇-저고리	
까까-중/중-대가리	'까까중이'는 비표준어임.
꼬까/때때/고까	~신, ~옷
꼬리-별/살-별	
꽃-도미/붉-돔	
나귀/당-나귀	
날-걸/세-뿔	윷판의 쨀밭 다음의 셋째 밭.
내리-글씨/세로-글씨	
넝쿨/덩굴	'덩쿨'은 비표준어임.
녘/쪽	동~, 서~.
눈-대중/눈-어림/눈-짐작	
느리-광이/느림-보/늘-보	
늦-모/마냥-모	← 만이앙-모.
다기-지다/다기-차다	
다달-이/매-달	
-다마다/-고말고	
다박-나룻/다박-수염	
닭의-장/닭-장	
댓-돌/툇-돌	
덧-창/겉-창	
독장-치다/독판-치다	
동자-기둥/쪼구미	
돼지-감자/뚱딴지	
되우/된통/되게	
두동-무니/두동-사니	윷놀이에서, 두 동이 한데 어울려 가는 말.
뒷-갈망/뒷-감당	
뒷-말/뒷-소리	
들락-거리다/들랑-거리다	
들락-날락/들랑날랑	
딴-전/딴-청	

복수 표준어	비 고
땅-콩/호-콩	
땔-감/땔-거리	
-뜨리다/-트리다	깨-, 떨어-, 쏟-.
뜬-것/뜬-귀신	
마룻-줄/용총-줄	돛대에 매어 놓은 줄. '이어줄'은 비표준어임.
마-파람/앞-바람	
만장-판/만장-중(滿場中)	
만큼/만치	
말-동무/말-벗	
매-같이/매-조미	
매-통/목-매	
먹-새/먹음-새	'먹음-먹이'는 비표준어임.
멀찌감치/멀찌가니/멀찍이	
멱통/산-멱/산-멱통	
면-치레/외면-치레	
모-내다/모-심다	모-내기/모-심기.
모쪼록/아무쪼록	
목판-되/모-되	
목화-씨/면화-씨	
무심-결/무심-중	
물-봉숭아/물-봉선화	
물-부리/빨-부리	
물-심부름/물-시중	
물추리-나무/물추리-막대	
물-타작/진-타작	
민둥-산/벌거숭이-산	
밑-층/아래-층	
바깥-벽/밭-벽	
바른/오른(右)	~손, ~쪽, ~편
발-모가지/발-목쟁이	'발목'의 비속어임.
버들-강아지/버들-개지	
벌레/버러지	'벌거지, 벌러지'는 비표준어임.
변덕-스럽다/변덕-맞다	
보-조개/볼-우물	
보통-내기/여간-내기/예사-내기	'행-내기'는 비표준어임.

복수 표준어	비 고
볼-따구니/볼-퉁이/볼-때기	'볼'의 비속어임.
부침개-질/부침-질/지짐-질	'부치개-질'은 비표준어임.
불똥-앉다/등화-지다/등화-앉다	
불-사르다/사르다	
비발/비용(費用)	
뾰두라지/뾰루지	
살-쾡이/삵	삵-피.
삽살-개/삽사리	
상두-꾼/상여-꾼	'상도-꾼, 향도-꾼'은 비표준어임.
상-씨름/소-걸이	
생/새앙/생강	
생-뿔/새앙-뿔/생강-뿔	'쇠뿔'의 형용.
생-철/양-철	1. '서양철'은 비표준어임.
	2. '生鐵'은 '무쇠'임.
서럽다/섧다	'설다'는 비표준어임.
서방-질/화냥-질	
성글다/성기다	
-(으)세요/-(으)셔요	
송이/송이-버섯	
수수-깡/수숫-대	
술-안주/안주	
-스레하다/-스름하다	거무-, 발그-.
시늉-말/흉내-말	
시새/세사(細沙)	
신/신발	
신주-보/독보	
심술-꾸러기/심술-쟁이	
씁쓰레-하다/씁쓰름-하다	
아귀-세다/아귀-차다	
아래-위/위-아래	
아무튼/어떻든/어쨌든/하여튼/여하튼	
앉음-새/앉음-앉음	
알은-척/알은 체	
애-갈이/애벌-갈이	'외대-박이, 외눈-퉁이'는 비표준어임.

복수 표준어	비 고
애꾸눈-이/외눈-박이	
양념-감/양념-거리	
어금버금-하다/어금지금-하다	
어기여차/어여차	
어림-잡다/어림-치다	
어이-없다/어처구니-없다	
어저께/어제	
언덕-바지/언덕-배기	
얼렁-뚱땅/엄벙-뗑	
여왕-벌/장수-벌	
여쭈다/여쭙다	
여태/입때	'여직'은 비표준어임.
여태-껏/이제-껏/입때-껏	'여지-껏'은 비표준어임.
역성-들다/역성-하다	'편역-들다'는 비표준어임.
연-달다/잇-달다	
엿-가락/엿-가래	
엿-기름/엿-길금	
엿-반대기/엿-자반	
오사리-잡놈/오색-잡놈	'오합-잡놈'은 비표준어임.
옥수수/강냉이	~떡, ~묵, ~밥, ~튀김.
왕골-기직/왕골-자리	
외겹-실/외올-실/홑-실	'홑겹-실, 올-실'은 비표준어임.
외손-잡이/한손-잡이	
욕심-꾸러기/욕심-쟁이	
우레/천둥	우렛-소리/천둥-소리.
우지/울-보	
을러-대다/을러-메다	
의심-스럽다/의심-쩍다	
-이에요/-이어요	
이틀-거리/당-고금	학질의 일종임.
일일-이/하나-하나	
일찌감치/일찌거니	
입찬-말/입찬-소리	
자리-옷/잠-옷	
자물-쇠/자물-통	

복수 표준어	비 고
장가-가다/장가-들다	'서방-가다'는 비표준어임.
재롱-떨다/재롱-부리다	
제-가끔/제-각기	
좀-처럼/좀-체	'좀-체로, 좀-해선, 좀-해'는 비표준어임.
줄-꾼/줄-잡이	
중신/중매	
짚-단/짚-뭇	
쪽/편	오른~, 왼~.
차차/차츰	
책-씻이/책-거리	
척/체	모르는 ~, 잘난 ~.
천연덕-스럽다/천연-스럽다	'철-때기'는 비표준어임.
철-따구니/철-딱서니/철-딱지	
추어-올리다/추어-주다	'추켜-올리다'는 비표준어임.
축-가다/축-나다	
침-놓다/침-주다	
통-꼭지/통-젖	통에 붙은 손잡이.
파자-쟁이/해자-쟁이	점치는 이.
편지-투/편지-틀	
한턱-내다/한턱-하다	
해웃-값/해웃-돈	'해우-차'는 비표준어임.
혼자-되다/홀로-되다	
흠-가다/흠-나다/흠-지다	

제2부 표준 발음법

제1장 총칙

제1항 표준 발음법은 표준어의 실제 발음을 따르되, 국어의 전통성과 합리성을 고려하여 정함을 원칙으로 한다.

제2장 자음과 모음

제2항 표준어의 자음은 다음 19개로 한다.

ㄱ ㄲ ㄴ ㄷ ㄸ ㄹ ㅁ ㅂ ㅃ ㅅ ㅆ ㅇ ㅈ ㅉ ㅊ ㅋ ㅌ ㅍ ㅎ

제3항 표준어의 모음은 다음 21개로 한다.

ㅏ ㅐ ㅑ ㅒ ㅓ ㅔ ㅕ ㅖ ㅗ ㅘ ㅙ ㅚ ㅛ ㅜ ㅝ ㅞ ㅟ ㅠ ㅡ ㅢ ㅣ

제4항 'ㅏ ㅐ ㅓ ㅔ ㅗ ㅚ ㅜ ㅟ ㅡ ㅣ'는 단모음(單母音)으로 발음한다.

[붙임] 'ㅚ, ㅟ'는 이중 모음으로 발음할 수 있다.

제5항 'ㅑ ㅒ ㅕ ㅖ ㅘ ㅙ ㅛ ㅝ ㅞ ㅠ ㅢ'는 이중 모음으로 발음한다.

다만 1. 용언의 활용형에 나타나는 '져, 쪄, 쳐'는 [저, 쩌, 처]로 발음한다.

가지어 → 가져[가저]　　찌어 → 쪄[쩌]　　다치어 → 다쳐[다처]

다만 2. '예, 례' 이외의 'ㅖ'는 [ㅔ]로도 발음한다.

계집[계:집/게:집]　　계시다[계:시다/게:시다]　시계[시계/시게](時計)
연계[연계/연게](連繫)　　메별[메별/메별](袂別)　개폐[개폐/개페](開閉)

혜택[혜:택/헤:택](惠澤) 지혜[지혜/지혜](智慧)

다만 3. 자음을 첫소리로 가지고 있는 음절의 '긔'는 [ㅣ]로 발음한다.

늴리리	닁큼	무늬	띄어쓰기	씌어
틔어	희어	희떱다	희망	유희

다만 4. 단어의 첫음절 이외의 '의'는 [ㅣ]로, 조사 '의'는 [ㅔ]로 발음함도 허용한다.

주의[주의/주이]   협의[혀븨/혀비]

우리의[우리의/우리에]   강의의[강:의의/강:이에]

제3장 소리의 길이

제6항 모음의 장단을 구별하여 발음하되, 단어의 첫 음절에서만 긴소리가 나타나는 것을 원칙으로 한다.

(1) 눈보라[눈:보라]   말씨[말:씨]   밤나무[밤:나무]

　　 많다[만:타]   멀리[멀:리]   벌리다[벌:리다]

(2) 첫눈[천눈]   참말[참말]   쌍동밤[쌍동밤]

　　 수많이[수:마니]   눈멀다[눈멀다]   떠벌리다[떠벌리다]

다만, 합성어의 경우에는 둘째 음절 이하에서도 분명한 긴소리를 인정한다.

반신반의[반:신 바:늬/반:신 바:니]   재삼재사[재:삼 재:사]

[붙임] 용언의 단음절 어간에 어미 '-아/-어'가 결합되어 한 음절로 축약되는 경우에도 긴소리로 발음한다

보아 → 봐[봐:]　　　기어 → 겨[겨:]　　　되어 → 돼[돼:]
두어 → 둬[둬:]　　　하여 → 해[해:]

다만, '오아→와, 지어→져, 찌어→쩌, 치어→쳐' 등은 긴소리로 발음하지 않는다.

제7항 긴소리를 가진 음절이라도, 다음과 같은 경우에는 짧게 발음한다.

1. 단음절인 용언 어간에 모음으로 시작된 어미가 결합되는 경우

감다[감:따]-감으니[가므니]　　　밟다[밥:따]-밟으면[발브면]
신다[신:따]-신어[시너]　　　　　알다[알:다]-알아[아라]

다만, 다음과 같은 경우에는 예외적이다.

끌다[끌:다]-끌어[끄:러]　　　　　떫다[떨:따]-떫은[떨:븐]
벌다[벌:다]-벌어[버:러]　　　　　썰다[썰:다]-썰어[써:러]
없다[업:따]-없으니[업:쓰니]

2. 용언 어간에 피동, 사동의 접미사가 결합되는 경우

감다[감:따]-감기다[감기다]　　　꼬다[꼬:다]-꼬이다[꼬이다]
밟다[밥:따]-밟히다[발피다]

다만, 다음과 같은 경우에는 예외적이다.

끌리다[끌:리다]　　　벌리다[벌:리다]　　　없애다[업:쌔다]

[붙임] 다음과 같은 복합어[4]에서는 본디의 길이에 관계없이 짧게 발음한다.

---

4 학교 문법 용어에 따른다면 이 '복합어'는 '합성어'가 된다.

밀-물   썰-물   쏜살-같이[5]   작은아버지

제4장 받침의 발음

제8항 받침소리로는 'ㄱ, ㄴ, ㄷ, ㄹ, ㅁ, ㅂ, ㅇ'의 7개 자음만 발음한다.

제9항 받침 'ㄲ, ㅋ', 'ㅅ, ㅆ, ㅈ, ㅊ, ㅌ', 'ㅍ'은 어말 또는 자음 앞에서 각각 대표음 [ㄱ, ㄷ, ㅂ]으로 발음한다.

닦다[닥따]	키읔[키윽]	키읔과[키윽꽈]	옷[옫]
웃다[욷:따]	있다[읻따]	젖[젇]	빚다[빋따]
꽃[꼳]	쫓다[쫃따]	솥[솓]	뱉다[밷:따]
앞[압]	덮다[덥따]		

제10항 겹받침 'ㄳ', 'ㄵ', 'ㄼ, ㄽ, ㄾ', 'ㅄ'은 어말 또는 자음 앞에서 각각 [ㄱ, ㄴ, ㄹ, ㅂ]으로 발음한다.

넋[넉]	넋과[넉꽈]	앉다[안따]	여덟[여덜]
넓다[널따]	외곬[외골]	핥다[할따]	값[갑]
없다[업:따]			

다만, '밟-'은 자음 앞에서 [밥]으로 발음하고, '넓-'은 다음과 같은 경우에 [넙]으로 발음한다.

(1) 밟다[밥:따]   밟소[밥:쏘]   밟지[밥:찌]   밟는[밥:는→밤:는]
     밟게[밥:께]   밟고[밥:꼬]
(2) 넓-죽하다[넙쭈카다]   넓-둥글다[넙뚱글다]

제11항 겹받침 'ㄺ, ㄻ, ㄿ'은 어말 또는 자음 앞에서 각각[ㄱ, ㅁ, ㅂ]으로 발음한다.

---

5 이를 '쏜살같-이'로 분석한다고 생각할 수 있으나, 고시본대로 둔다.

닭[닥]	흙과[흑꽈]	맑다[막따]	늙지[늑찌]
삶[삼:]	젊다[점:따]	읊고[읍꼬]	읊다[읍따]

다만, 용언의 어간 말음 'ㄹㄱ'은 'ㄱ' 앞에서 [ㄹ]로 발음한다.

맑게[말께]	묽고[물꼬]	얽거나[얼꺼나]

제12항 받침 'ㅎ'의 발음은 다음과 같다.

1. 'ㅎ(ㄶ, ㅀ)' 뒤에 'ㄱ, ㄷ, ㅈ'이 결합되는 경우에는, 뒤 음절 첫소리와 합쳐서 [ㅋ, ㅌ, ㅊ]으로 발음한다.

놓고[노코]	좋던[조:턴]	쌓지[싸치]	많고[만:코]
않던[안턴]	닳지[달치]		

[붙임 1] 받침 'ㄱ(ㄹㄱ), ㄷ, ㅂ(ㄹㅂ), ㅈ(ㄴㅈ)'이 뒤 음절 첫소리 'ㅎ'과 결합되는 경우에도, 역시 두 소리를 합쳐서 [ㅋ, ㅌ, ㅍ, ㅊ]으로 발음한다.

각하[가카]	먹히다[머키다]	밝히다[발키다]	맏형[마텽]
좁히다[조피다]	넓히다[널피다]	꽂히다[꼬치다]	앉히다[안치다]

[붙임 2] 규정에 따라 'ㄷ'으로 발음되는 'ㅅ, ㅈ, ㅊ, ㅌ'의 경우에는 이에 준한다.

옷 한 벌[오탄벌] 낮 한때[나탄때] 꽃 한 송이[꼬탄송이] 숱하다[수타다]

2. 'ㅎ(ㄶ, ㅀ)' 뒤에 'ㅅ'이 결합되는 경우에는, 'ㅅ'을 [ㅆ]으로 발음한다.

닿소[다쏘]	많소[만:쏘]	싫소[실쏘]

3. 'ㅎ' 뒤에 'ㄴ'이 결합되는 경우에는, [ㄴ]으로 발음한다.

놓는[논는]   쌓네[싼네]

[붙임] 'ㄶ, ㄹㅎ' 뒤에 'ㄴ'이 결합되는 경우에는, 'ㅎ'을 발음하지 않는다.

않네[안네]   않는[안는]   뚫네[뚤네 → 뚤레]   뚫는[뚤는 → 뚤른]

* '뚫네[뚤네 → 뚤레], 뚫는[뚤는 → 뚤른]'에 대해서는 제20항 참조.

4. 'ㅎ(ㄶ, ㄹㅎ)' 뒤에 모음으로 시작된 어미나 접미사가 결합되는 경우에는, 'ㅎ'을 발음하지 않는다.

낳은[나은]   놓아[노아]   쌓이다[싸이다]   많아[마:나]
않은[아는]   닳아[다라]   싫어도[시러도]

제13항 홑받침이나 쌍받침이 모음으로 시작된 조사나 어미, 접미사와 결합되는 경우에는, 제 음가대로 뒤 음절 첫소리로 옮겨 발음한다.

깎아[까까]   옷이[오시]   있어[이써]   낮이[나지]
꽃아[꼬자]   꽃을[꼬츨]   쫓아[쪼차]   밭에[바테]
앞으로[아프로]   덮이다[더피다]

제14항 겹받침이 모음으로 시작된 조사나 어미, 접미사와 결합되는 경우에는, 뒤엣것만을 뒤 음절 첫소리로 옮겨 발음한다.(이 경우, 'ㅅ'은 된소리로 발음함.).

넋이[넉씨]   앉아[안자]   닭을[달글]   젊어[절머]
곬이[골씨]   핥아[할타]   읊어[을퍼]   값을[갑쓸]
없어[업:써]

제15항 받침 뒤에 모음 'ㅏ, ㅓ, ㅗ, ㅜ ㅟ'들로 시작되는 실질 형태소가 연결되는 경우에는, 대표음으로 바꾸어서 뒤 음절 첫소리로 옮겨 발음한다.

밭 아래[바다래] 늪 앞[느밥]   젖어미[저더미]   맛없다[마덥따]
겉옷[거돋]   헛웃음[허두슴]   꽃 위[꼬뒤]

다만, '맛있다, 멋있다'는 [마싣따], [머싣따]로도 발음할 수 있다.

[붙임] 겹받침의 경우에는 그중 하나만을 옮겨 발음한다.
    넋 없다[너겁따] 닭 앞에[다가페] 값어치[가버치]   값있는[가빈는]

제16항 한글 자모의 이름은 그 받침소리를 연음하되, 'ㄷ, ㅈ, ㅊ, ㅋ, ㅌ, ㅍ, ㅎ'의 경우에는 특별히 다음과 같이 발음한다.

디귿이[디그시]   디귿을[디그슬]   디귿에[디그세]
지읒이[지으시]   지읒을[지으슬]   지읒에[지으세]
치읓이[치으시]   치읓을[치으슬]   치읓에[치으세]
키읔이[키으기]   키읔을[키으글]   키읔에[키으게]
티읕이[티으시]   티읕을[티으슬]   티읕에[티으세]
피읖이[피으비]   피읖을[피으블]   피읖에[피으베]
히읗이[히으시]   히읗을[히으슬]   히읗에[히으세]

제5장 음의 동화

제17항 받침 'ㄷ, ㅌ(ㄾ)'이 조사나 접미사의 모음 'ㅣ'와 결합되는 경우에는 [ㅈ, ㅊ]으로 바꾸어서 뒤 음절 첫소리로 옮겨 발음한다.

곧이듣다[고지듣따]   굳이[구지]   미닫이[미:다지]
땀받이[땀바지]   밭이[바치]   벼훑이[벼훌치]

[붙임] 'ㄷ' 뒤에 접미사 '히'가 결합되어 '티'를 이루는 것은 [치]로 발음한다.
    굳히다[구치다]   닫히다[다치다]   묻히다[무치다]

제18항 받침 'ㄱ(ㄲ,ㅋ, ㄳ, ㄺ), ㄷ(ㅅ, ㅆ, ㅈ, ㅊ, ㅌ, ㅎ), ㅂ(ㅍ, ㄼ, ㄿ, ㅄ)'은 'ㄴ, ㅁ' 앞에서 [ㅇ, ㄴ, ㅁ]으로 발음한다.

먹는[멍는]	국물[궁물]	깎는[깡는]	키읔만[키응만]
몫몫이[몽목씨]	긁는[긍는]	흙만[흥만]	닫는[단는]
짓는[진:는]	옷맵시[온맵씨]	있는[인는]	맞는[만는]
젖멍울[전멍울]	쫓는[쫀는]	꽃망울[꼰망울]	붙는[분는]
놓는[논는]	잡는[잠는]	밥물[밤물]	앞마당[암마당]
밟는[밤:는]	읊는[음는]	없는[엄:는]	

[붙임] 두 단어를 이어서 한 마디로 발음하는 경우에도 이와 같다.

책 넣는다[챙넌는다]   흙 말리다[흥말리다]   옷 맞추다[온맏추다]
밥 먹는다[밤멍는다]   값 매기다[감매기다]

제19항 받침 'ㅁ, ㅇ' 뒤에 연결되는 'ㄹ'은 [ㄴ]으로 발음한다.

담력[담:녁]   침략[침:냑]   강릉[강능]   항로[항:노]
대통령[대:통녕]

[붙임] 받침 'ㄱ, ㅂ' 뒤에 연결되는 'ㄹ'도 [ㄴ]으로 발음한다.[6]

막론[막논 → 망논]   석류[석뉴 → 성뉴]   협력[협녁 → 혐녁]
법리[법니 → 범니]

제20항 'ㄴ'은 'ㄹ'의 앞이나 뒤에서 [ㄹ]로 발음한다.

(1) 난로[날:로]   신라[실라]   천리[철리]   광한루[광:할루]
    대관령[대:괄령]
(2) 칼날[칼랄]   물난리[물랄리]   줄넘기[줄럼끼]   핥는지[할른지]

---

6 예시어 중 '백리', '십리'를 '백 리', '십 리'처럼 띄어 쓸 수 있겠으나, 현용 사전에서 이들을
하나의 단어로 처리한 것도 있으므로, 고시본대로 두기로 한다.

[붙임] 첫소리 'ㄴ'이 'ㅀ', 'ㄹㅌ' 뒤에 연결되는 경우에도 이에 준한다.

닳는[달른]   뚫는[뚤른]   핥네[할레]

다만, 다음과 같은 단어들은 'ㄹ'을 [ㄴ]으로 발음한다.

의견란[의:견난]   임진란[임:진난]   생산량[생산냥]
결단력[결딴녁]   공권력[공꿘녁]   동원령[동:원녕]
상견례[상견녜]   횡단로[횡단노]   이원론[이:원논]
입원료[이붠뇨]   구근류[구근뉴]

제21항 위에서 지적한 이외의 자음 동화는 인정하지 않는다.

감기[감:기](×[강:기])   옷감[옫깜](×[옥깜])
있고[읻꼬](×[익꼬])   꽃길[꼳낄](×[꼭낄])
젖먹이[전머기](×[점머기])   문법[문뻡](×[뭄뻡])
꽃밭[꼳빧](×[꼽빧])

제22항 다음과 같은 용언의 어미는 [어]로 발음함을 원칙으로 하되, [여]로 발음함도 허용한다.

피어[피어/피여]   되어[되어/되여]

[붙임] '이오, 아니오'도 이에 준하여 [이요, 아니요]로 발음함을 허용한다.

제6장 된소리되기

제23항 받침 'ㄱ(ㄲ, ㅋ, ㄳ, ㄺ), ㄷ(ㅅ, ㅆ, ㅈ, ㅊ, ㅌ), ㅂ(ㅍ, ㄼ, ㄿ, ㅄ)' 뒤에 연결되는 'ㄱ, ㄷ, ㅂ, ㅅ, ㅈ'은 된소리로 발음한다.

국밥[국빱]	깎다[깍따]	넋받이[넉빠지]	삯돈[삭똔]
닭장[닥짱]	칡범[칙뻠]	뻗대다[뻗때다]	옷고름[옫꼬름]
있던[읻떤]	꽂고[꼳꼬]	꽃다발[꼳따발]	낯설다[낟썰다]
밭갈이[받까리]	솥전[솓쩐]	곱돌[곱똘]	덮개[덥깨]
옆집[엽찝]	넓죽하다[넙쭈카다]	읊조리다[읍쪼리다]	값지다[갑찌다]

제24항 어간 받침 'ㄴ(ㄵ), ㅁ(ㄻ)' 뒤에 결합되는 어미의 첫소리 'ㄱ, ㄷ, ㅅ, ㅈ'은 된소리로 발음한다.

신고[신:꼬]	껴안다[껴안따]	앉고[안꼬]	얹대[언따]
삼고[삼:꼬]	더듬지[더듬찌]	닮고[담:꼬]	젊지[점:찌]

다만, 피동, 사동의 접미사 '-기-'는 된소리로 발음하지 않는다.

안기다	감기다	굶기다	옮기다

제25항 어간 받침 'ㄼ, ㄾ' 뒤에 결합되는 어미의 첫소리 'ㄱ, ㄷ, ㅅ, ㅈ'은 된소리로 발음한다.

넓게[널께]	핥다[할따]	훑소[훌쏘]	떫지[떨:찌]

제26항 한자어에서, 'ㄹ' 받침 뒤에 연결되는 'ㄷ, ㅅ, ㅈ'은 된소리로 발음한다.

갈등[갈뜽]	발동[발똥]	절도[절또]	말살[말쌀]
불소[불쏘](弗素)	일시[일씨]	갈증[갈쯩]	물질[물찔]
발전[발쩐]	몰상식[몰쌍식]	불세출[불쎄출]	

다만, 같은 한자가 겹쳐진 단어의 경우에는 된소리로 발음하지 않는다.

허허실실[허허실실](虛虛實實)	절절-하다[절절하다](切切-)

제27항 관형사형 '-(으)ㄹ' 뒤에 연결되는 'ㄱ, ㄷ, ㅂ, ㅅ, ㅈ'은 된소리로 발음한다.

할 것을[할꺼슬] 갈 데가[갈떼가] 할 바를[할빠를] 할 수는[할쑤는]
할 적에[할쩌게] 갈 곳[갈꼳]   할 도리[할또리] 만날 사람[만날싸람]

다만, 끊어서 말할 적에는 예사소리로 발음한다.

[붙임] '-(으)ㄹ'로 시작되는 어미의 경우에도 이에 준한다.

할걸[할껄]   할밖에[할빠께]   할세라[할쎄라]   할수록[할쑤록]
할지라도[할찌라도] 할지언정[할찌언정] 할진대[할찐대]

제28항 표기상으로는 사이시옷이 없더라도, 관형격 기능을 지니는 사이시옷이 있어야 할 (휴지가 성립되는) 합성어의 경우에는, 뒤 단어의 첫소리 'ㄱ, ㄷ, ㅂ, ㅅ, ㅈ'을 된소리로 발음한다.

문-고리[문꼬리] 눈-동자[눈똥자] 신-바람[신빠람] 산-새[산쌔]
손-재주[손째주] 길-가[길까]   물-동이[물똥이] 발-바닥[발빠닥]
굴-속[굴ː쏙]   술-잔[술짠]   바람-결[바람껼] 그믐-달[그믐딸]
아침-밥[아침빱] 잠-자리[잠짜리] 강-가[강까]   초승-달[초승딸]
등-불[등뿔]   창-살[창쌀]   강-줄기[강쭐기]

제7장 소리의 첨가

제29항 합성어 및 파생어에서, 앞 단어나 접두사의 끝이 자음이고 뒤 단어나 접미사의 첫 음절이 '이, 야, 여, 요, 유'인 경우에는 'ㄴ' 소리를 첨가하여 [니, 냐, 녀, 뇨, 뉴]로 발음한다.

솜-이불[솜:니불]	홑-이불[혼니불]	막-일[망닐]	삯-일[상닐]
맨-입[맨닙]	꽃-잎[꼰닙]	내복-약[내:봉냑]	한-여름[한녀름]
남존-여비[남존녀비]	신-여성[신녀성]	색-연필[생년필]	직행-열차[지캥녈차]
늑막-염[능망념]	콩-엿[콩녇]	담-요[담:뇨]	눈-요기[눈뇨기]
영업-용[영엄뇽]	식용-유[시굥뉴]	백분-율[백뿐뉼]	밤-윷[밤:뉻]

다만, 다음과 같은 말들은 'ㄴ' 소리를 첨가하여 발음하되, 표기대로 발음할 수 있다.

이죽-이죽[이중니죽/이주기죽]	야금-야금[야금냐금/야그먀금]
검열[검:녈/거:멸]	욜랑-욜랑[욜랑뇰랑/욜랑욜랑]
금융[금늉/그뮹]	

[붙임 1] 'ㄹ' 받침 뒤에 첨가되는 'ㄴ' 소리는 [ㄹ]로 발음한다

들-일[들:릴]	솔-잎[솔립]	설-익다[설릭따]
물-약[물략]	불-여우[불려우]	서울-역[서울력]
물-엿[물렫]	휘발-유[휘발류]	유들-유들[유들류들]

[붙임 2] 두 단어를 이어서 한 마디로 발음하는 경우에도 이에 준한다.[7]

한 일[한닐]	옷 입다[온닙따]	서른 여섯[서른녀섣]
3연대[삼년대]	먹은 엿[머근녇]	할 일[할릴]
잘 입다[잘립따]	스물 여섯[스물려섣]	1연대[일련대]
먹을 엿[머글렫]		

다만, 다음과 같은 단어에서는 'ㄴ(ㄹ)' 소리를 첨가하여 발음하지 않는다.

6·25[유기오]	3·1절[사밀쩔]	송별-연[송:벼련]
등-용문[등용문]		

---

7 예시어 중 '서른여섯[서른녀섣]', '스물여섯[스물려섣]'을 한 단어로 보느냐 두 단어로 보느냐에 대하여 논란의 여지가 있으나, 여기에서는 고시본에서 제시한 대로 두기로 한다.

제30항 사이시옷이 붙은 단어는 다음과 같이 발음한다.

1. 'ㄱ, ㄷ, ㅂ, ㅅ, ㅈ'으로 시작하는 단어 앞에 사이시옷이 올 때에는 이들 자음만을 된소리로 발음하는 것을 원칙으로 하되, 사이시옷을 [ㄷ]으로 발음하는 것도 허용한다.

냇가[내:까/낻:까]　　샛길[새:낄/샏:낄]　　빨랫돌[빨래똘/빨랟똘]
콧등[코뜽/콛뜽]　　깃발[기빨/긷빨]　　대팻밥[대:패빱/대:팯빱]
햇살[해쌀/핻쌀]　　뱃속[배쏙/밷쏙]　　뱃전[배쩐/밷쩐]
고갯짓[고개찓/고갣찓]

2. 사이시옷 뒤에 'ㄴ, ㅁ'이 결합되는 경우에는 [ㄴ]으로 발음한다.

콧날[콛날 → 콘날]　　　　아랫니[아랟니 → 아랜니]
툇마루[퇻:마루 → 퇸:마루]　　뱃머리[밷머리 → 밴머리]

3. 사이시옷 뒤에 '이' 소리가 결합되는 경우에는 [ㄴㄴ]으로 발음한다.

베갯잇[베갣닏 → 베갠닏]　　　　깻잎[깯닙 → 깬닙]
나뭇잎[나묻닙 → 나문닙]　　　　도리깻열[도리깯녈 → 도리깬녈]
뒷윷[뒫:뉻 → 뒨:뉻]

3. 외래어 표기법[문화체육관광부 고시 제2017-13호(2017. 3. 28.)]

제1장 표기의 원칙

제1항 외래어는 국어의 현용 24 자모만으로 적는다.

제2항 외래어의 1 음운은 원칙적으로 1 기호로 적는다.

제3항 받침에는 'ㄱ, ㄴ, ㄹ, ㅁ, ㅂ, ㅅ, ㅇ'만을 쓴다.

제4항 파열음 표기에는 된소리를 쓰지 않는 것을 원칙으로 한다.

제5항 이미 굳어진 외래어는 관용을 존중하되, 그 범위와 용례는 따로 정한다.

제2장 표기일람표

〈표1〉 국제음성 기호와 한글 대조표

자음			반모음		모음	
국제음성기호	한글		국제음성기호	한글	국제음성기호	한글
	모음 앞	자음 앞 또는 어말				
p	ㅍ	ㅂ, 프	j	이*	i	이
b	ㅂ	브	ɥ	위	y	위
t	ㅌ	ㅅ, 트	w	오, 우*	e	에
d	ㄷ	드			ø	외
k	ㅋ	ㄱ, 크			ɛ	에
g	ㄱ	그			ɛ̃	앵
f	ㅍ	프			œ	외
v	ㅂ	브			œ̃	욍
θ	ㅅ	스			æ	애

ɦ	ㄷ	드			a	아
s	ㅅ	스			ɑ	아
z	ㅈ	즈			ɑ̃	앙
ʃ	시	슈, 시			ʌ	어
ʒ	ㅈ	지			ɔ	오
ts	ㅊ	츠				옹
dz	ㅈ	즈			o	오
tʃ	ㅊ	치			u	우
ʤ	ㅈ	지			ə**	어
m	ㅁ	ㅁ			ɚ	어
n	ㄴ	ㄴ				
ɲ	니*	뉴				
ŋ	ㅇ	ㅇ				
l	ㄹ, ㄹㄹ	ㄹ				
r	ㄹ	르				
h	ㅎ	흐				
ç	ㅎ	히				
x	ㅎ	흐				

* [j], [w]의 '이'와 '오, 우', 그리고 [ɲ]의 '니'는 모음과 결합할 때 제3장 표기 세칙에 따른다.

** 독일어의 경우에는 '에', 프랑스어의 경우에는 '으'로 적는다.

〈표2〉 에스파냐어 자모와 한글 대조표

	자모	한글		보기
		모음앞	자음앞·어말	
자음	b	ㅂ	브	biz 비스, blandon 블란돈, braceo 브라세오.
	c	ㅋ, ㅅ	ㄱ, ㅋ	colcren 콜크렌, Cecilia 세실리아, coccion 콕시온, bistec 비스텍, dictado 딕타도.
	ch	ㅊ	―	chicharra 치차라.

	d	ㄷ	드	felicidad 펠리시다드.
	f	ㅍ	프	fuga 푸가, fran 프란.
	g	ㄱ, ㅎ	그	ganga 강가, geologia 헤올로히아, yungla 융글라.
	h	—	—	hipo 이포, quehacer 케아세르.
	j	ㅎ	—	jueves 후에베스, reloj 렐로.
	k	ㅋ	크	kapok 카포크.
	l	ㄹ, ㄹㄹ	ㄹ	lacrar 라크라르, Lulio 룰리오, ocal 오칼.
	ll	이*	—	llama 야마, lluvia 유비아.
	m	ㅁ	ㅁ	membrete 멤브레테.
	n	ㄴ	ㄴ	noche 노체, flan 플란.
	n	니*	—	nonez 뇨녜스, manana 마냐나.
	p	ㅍ	ㅂ, 프	pepsina 펩시나, planton플란톤.
	q	ㅋ	—	quisquilla 키스키야.
	r	ㄹ	르	rascador 라스카도르.
	s	ㅅ	스	sastreria 사스트레리아.
	t	ㅌ	트	tetraetro 테트라에트로.
	v	ㅂ	—	viudedad 비우데다드.
	x	ㅅ, ㄲ	ㄱ스	xenon 세논, laxante 락산테, yuxta 육스타.
	z	ㅅ	스	zagal 사갈, liquidez 리키데스.
반모음	w	오·우*	—	walkirias 왈키리아스.
	y	이*	—	yungla 융글라.
모음	a	아		braceo 브라세오.
	e	에		reloj 렐로.
	i	이		Lulio 룰리오.
	o	오		ocal 오칼.
	u	우		viudedad 비우데다드.

* ll, y, n, w의 '이, 니, 오, 우'는 다른 모음과 결합할 때 합쳐서 1 음절로 적는다.

〈표3〉 이탈리아어 자모와 한글 대조표

자모	한글		보기
	모음앞	자음앞·어말	
b	ㅂ	브	Bologna 볼로냐, bravo 브라보.
c	ㅋ, ㅊ	크	Como 코모, Sicilia 시칠리아, credo 크레도.
ch	ㅋ	—	Pinocchio 피노키오, cherubino 케루비노.
d	ㄷ	드	Dante 단테, drizza 드리차.
f	ㅍ	프	Firenze 피렌체, freddo 프레도.
g	ㄱ, ㅈ	그	Galileo 갈릴레오, Genova 제노바, gloria 글로리아.
h	—	—	hanno 안노, oh 오.
l	ㄹ, ㄹㄹ	ㄹ	Milano 밀라노, largo 라르고, palco 팔코.
m	ㅁ	ㅁ	Macchiavelli 마키아벨리, mamma 맘마, Campanella 캄파넬라.
n	ㄴ	ㄴ	Nero 네로, Anna 안나, divertimento 디베르티멘토.
p	ㅍ	프	Pisa 피사, prima 프리마.
q	ㅋ	—	quando 콴도, queto 퀘토.
r	ㄹ	르	Roma 로마, Marconi 마르코니.
s	ㅅ	스	Sorrento 소렌토, asma 아스마, sasso 사소.
t	ㅌ	트	Torino 토리노, tranne 트란네.
v	ㅂ	브	Vivace 비바체, manovra 마노브라.
z	ㅊ	—	nozze 노체, mancanza 만칸차.
a	아		abituro 아비투로, capra 카프라.
e	에		erta 에르타, padrone 파드로네.
i	이		infamia 인파미아, manica 마니카.
o	오		oblio 오블리오, poetica 포에티카.
u	우		uva 우바, spuma 스푸마.

자모 행은 b~z, 모음 행은 a~u에 해당한다.

〈표4〉 일본어 가나와 한글 대조표

가나	한글	
	어두	어중·어말
ア イ ウ エ オ	아 이 우 에 오	아 이 우 에 오
カ キ ク ケ コ	가 기 구 게 고	카 키 쿠 케 코
サ シ ス セ ソ	사 시 스 세 소	사 시 스 세 소
タ チ ツ テ ト	다 지 쓰 데 도	타 치 쓰 테 토
ナ ニ ヌ ネ ノ	나 니 누 네 노	나 니 누 네 노
ハ ヒ フ ヘ ホ	하 히 후 헤 호	하 히 후 헤 호
マ ミ ム メ モ	마 미 무 메 모	마 미 무 메 모
ヤ イ ユ エ ヨ	야 이 유 에 요	야 이 유 에 요
ラ リ ル レ ロ	라 리 루 레 로	라 리 루 레 로
ワ (ヰ) ウ (ヱ) ヲ	와 (이) 우 (에) 오	와 (이) 우 (에) 오
ン		ㄴ
ガ ギ グ ゲ ゴ	가 기 구 게 고	가 기 구 게 고
ザ ジ ズ ゼ ゾ	자 지 즈 제 조	자 지 즈 제 조
ダ ヂ ヅ デ ド	다 지 즈 데 도	다 지 즈 데 도
バ ビ ブ ベ ボ	바 비 부 베 보	바 비 부 베 보
パ ピ プ ペ ポ	파 피 푸 페 포	파 피 푸 페 포
キャ キュ キョ	갸 규 교	캬 큐 쿄
ギャ ギュ ギョ	갸 규 교	갸 규 교
シャ シュ ショ	샤 슈 쇼	샤 슈 쇼
ジャ ジュ ジョ	자 주 조	자 주 조
チャ チュ チョ	자 주 조	차 추 초
ヒャ ヒュ ヒョ	햐 휴 효	햐 휴 효
ビャ ビュ ビョ	뱌 뷰 뵤	뱌 뷰 뵤
ピャ ピュ ピョ	퍄 퓨 표	퍄 퓨 표
ミャ ミュ ミョ	먀 뮤 묘	먀 뮤 묘
リャ リュ リョ	랴 류 료	랴 류 료

〈표5〉 중국어의 발음 부호와 한글 대조표

성모(聲母)							
음의 분류	한어 병음 자모	주음 부호	한글	음의 분류	한어 병음 자모	주음 부호	한글
종순성 (重脣聲)	b	ㄅ	ㅂ	설면성 (舌面聲)	j	ㄐ	ㅈ
	p	ㄆ	ㅍ		q	ㄑ	ㅊ
	m	ㄇ	ㅁ		x	ㄒ	ㅅ
순치성*	f	ㄈ	ㅍ	교설첨성 (翹舌尖聲)	zh [zhi]	ㄓ	ㅈ [즈]
설첨성 (舌尖聲)	d	ㄉ	ㄷ		ch [chi]	ㄔ	ㅊ [츠]
	t	ㄊ	ㅌ		sh [shi]	ㄕ	ㅅ [스]
	n	ㄋ	ㄴ		r [ri]	ㄖ	ㄹ[르]
	l	ㄌ	ㄹ	설치성 (舌齒聲)	z [zi]	ㄗ	ㅉ [쯔]
설근성 (舌根聲)	g	ㄍ	ㄱ		c [ci]	ㄘ	ㅊ [츠]
	k	ㄎ	ㅋ		s [si]	ㄙ	ㅆ [쓰]
	h	ㄏ	ㅎ				

성모(聲母)							
음의 분류	한어 병음 자모	주음 부호	한글	음의 분류	한어 병음 자모	주음 부호	한글
단운 (單韻)	a	ㄚ	아	결합운모 結合韻母 / 齊齒類	yai	ㄞ	야이
	o	ㄛ	오		yao (iao)	ㄠ	야오
	e	ㄜ	어		you (ou, iu)	ㄡ	유
	ê	ㄝ	에		yan (ian)	ㄢ	옌
	yi (i)	ㄧ	이		yin (in)	ㄣ	인

	wu (u)	ㄨ	우		yang (iang)	ㄧㄤ	양
	yu (u)	ㄩ	위		ying (ing)	ㄧㄥ	잉
복운 (複韻)	ai	ㄞ	아이	합구류 合口類	wa (ua)	ㄨㄚ	와
	ei	ㄟ	에이		wo (uo)	ㄨㄛ	워
	ao	ㄠ	아오		wai (uai)	ㄨㄞ	와이
	ou	ㄡ	어우		wei (ui)	ㄨㄟ	웨이 (우이)
부성운 (附聲韻)	an	ㄢ	안		wan (uan)	ㄨㄢ	완
	en	ㄣ	언		wen (un)	ㄨㄣ	원 (운)
	ang	ㄤ	앙		wang (uang)	ㄨㄤ	왕
	eng	ㄥ	엉		weng (ong)	ㄨㄥ	웡 (웅)
권설운*	er (r)	ㄦ	얼	촬구류 撮口類	yue (ue)	ㄩㄝ	웨
제치류	ya (ia)	ㄧㄚ	야		yuan (uan)	ㄩㄢ	위안
	yo	ㄧㄛ	요		yun (un)	ㄩㄣ	윈
	ye (ie)	ㄧㄝ	예		yong (iong)	ㄩㄥ	융

※ [ ]는 단독 발음될 경우의 표기임.

※ ( )는 자음이 선행할 경우의 표기임.

※ * 순치성(脣齒聲), 권설운(捲舌韻).

〈표6〉 폴란드어 자모와 한글 대조표

자모	한글		보기
	모음앞	자음앞·어말	
자음 b	ㅂ	ㅂ, 브, 프	burak 부라크, szybko 십코, dobrze 도브제, chleb 흘레프.
c	ㅊ	츠	cel 첼, Balicki 발리츠키, noc 노츠.
ć	—	치	dać 다치.
d	ㄷ	드, 트	dach 다흐, zdrowy 즈드로비, słodki 스워트키, pod 포트.
f	ㅍ	프	fasola 파솔라, befsztyk 베프슈티크.
g	ㄱ	ㄱ, 그, 크	góra 구라, grad 그라트, targ 타르크.
h	ㅎ	흐	herbata 헤르바타, Hrubieszów 흐루비에슈프.
k	ㅋ	ㄱ, 크	kino 키노, daktyl 닥틸, król 크룰, bank 반크.
l	ㄹ, ㄹㄹ	ㄹ	lis 리스, kolano 콜라노, motyl 모틸.
m	ㅁ	ㅁ, 므	most 모스트, zimno 짐노, sam 삼.
n	ㄴ	ㄴ	nerka 네르카, dokument 도쿠멘트, dywan 디반.
ń	—	ㄴ	Gdańsk 그단스크, Poznań 포즈난.
p	ㅍ	ㅂ, 프	para 파라, Słupsk 스웁스크, chłop 흐워프.
r	ㄹ	르	rower 로베르, garnek 가르네크, sznur 슈누르.
s	ㅅ	스	serce 세르체, srebro 스레브로, pas 파스.
ś	—	시	ślepy 실레피, dziś 지시.
t	ㅌ	트	tam 탐, matka 마트카, but 부트.
w	ㅂ	브, 프	Warszawa 바르샤바, piwnica 피브니차, krew 크레프.
z	ㅈ	즈, 스	zamek 자메크, zbrodnia 즈브로드니아, wywóz 비부스.

ź	—	지, 시		gwoździk 그보지지크, więź 비엥시.
ż	ㅈ, 시*	주, 슈, 시		żyto 지토, różny 루주니, łyżka 위슈카, straż 스트라시.
ch	ㅎ	흐		chory 호리, kuchnia 쿠흐니아, dach 다흐.
dz	ㅈ	즈, 츠		dziura 지우라, dzwon 즈본, mosiądz 모시옹츠.
dź	—	치		niedźwiedź 니에치비에치.
dż, drz	ㅈ	치		drzewo 제보, łodż 워치.
cz	ㅊ	치		czysty 치스티, beczka 베치카, klucz 클루치.
sz	시*	슈, 시		szary 샤리, musztarda 무슈타르다, kapelusz 카펠루시.
rz	ㅈ, 시*	주, 슈, 시		rzeka 제카, Przemyśl 프셰미실, kołnierz 코우니에시.

반모음	j	이*	jasny 야스니, kraj 크라이.
	ł	우*	łono 워노, głowa 그워바, bułka 부우카, kanał 카나우.

모음	a	아	trawa 트라바.
	ą	옹	trąba 트롱바, mąka 몽카, kąt 콩트, tą 통.
	e	에	zero 제로.
	ę	엥, 에	kępa 켕파, węgorz 벵고시, Częstochowa 쳉스토호바, proszę 프로셰.
	i	이	zima 지마.
	o	오	udo 우도.
	ó	우	próba 프루바.
	u	우	kula 쿨라.
	y	이	daktyl 닥틸.

※ ż, sz, rz의 '시'와 j의 '이'는 뒤따르는 모음과 결합할 때 합쳐서 1 음절로 적는다.

〈표7〉 체코어 자모와 한글 대조표

| 자모 | 한글 | | 보기 |
	모음앞	자음앞·어말	
b	ㅂ	ㅂ, 브, 프	barva 바르바, obchod 옵호트, dobrý 도브리, jeřab 예르자프.
c	ㅊ	츠	cigareta 치가레타, nemocnice 네모츠니체, nemoc 네모츠.
č	ㅊ	치	čapek 차페크, kulečnik 쿨레치니크, míč 미치.
d	ㄷ	드, 트	dech 데흐, divadlo 디바들로, led 레트.
ď	디*	디, 티	ďábel 댜벨, loďka 로티카, hruď 흐루티.
f	ㅍ	프	fík 피크, knoflík 크노플리크.
g	ㄱ	ㄱ, 그, 크	gramofon 그라모폰.
h	ㅎ	흐	hadr 하드르, hmyz 흐미스, bůh 부흐.
ch	ㅎ	흐	choditi 호디티, chlapec 흘라페츠, prach 프라흐.
k	ㅋ	ㄱ, 크	kachna 카흐나, nikdy 니크디, padák 파다크.
l	르, ㄹㄹ	ㄹ	lev 레프, šplhati 슈플하티, postel 포스텔.
m	ㅁ	ㅁ, 므	most 모스트, mrak 므라크, podzim 포드짐.
n	ㄴ	ㄴ	noha 노하, podmínka 포드민카.
ň	니*	ㄴ	němý 네미, sáňky 산키, Plzeň 플젠.
p	ㅍ	ㅂ, 프	Praha 프라하, koroptev 코롭테프, strop 스트로프.
qu	크ㅂ	—	quasi 크바시.
r	ㄹ	르	ruka 루카, harmonika 하르모니카, mír 미르.
ř	ㄹㅈ	르주, 르슈, 르시	řeka 르제카, námořník 나모르주니크, hořký 호르슈키, kouř 코우르시.
s	ㅅ	스	sedlo 세들로, máslo 마슬로, nos 노스.

	š	시*	슈, 시	šaty 샤티, šternberk 슈테른베르크, koš 코시.
	t	ㅌ	트	tam 탐, matka 마트카, bolest 볼레스트.
	t'	티*	티	tělo 텔로, štěstí 슈테스티, obět' 오베티.
	v	ㅂ	브, 프	vysoký 비소키, knihovna 크니호브나, kov 코프.
	w	ㅂ	브, 프	
	x**	ㄱㅅ, ㅈ	ㄱ ㅅ	xerox 제록스, saxofón 삭소폰.
	z	ㅈ	즈, 스	zámek 자메크, pozdní 포즈드니, bez 베스.
	ž	ㅈ	주, 슈, 시	žižka 지슈카, žvěřina 주베르지나, Brož 브로시.
반모음	j		이*	jaro 야로, pokoj 포코이.
모음	a, á		아	balík 발리크, komár 코마르.
	e, é		에	dech 데흐, léto 레토.
	ě		예	šest 셰스트, věk 베크.
	i, í		이	kino 키노, míra 미라.
	o, ó		오	obec 오베츠, nervózni 네르보즈니.
	u, ú, ů		우	buben 부벤, úrok 우로크, dům 둠.
	y, ý		이	jazýk 야지크, líný 리니.

※ ď, ň, š, t', j의 '디, 니, 시, 티, 이'는 뒤따르는 모음과 결합할 때 합쳐서 1 음절로 적는다.
※ x는 개별 용례에 따라 한글 표기를 정한다.

〈표8〉세르보크로아트어 자모와 한글 대조표

자모	한글 모음앞	한글 자음앞·어말	보기
b	ㅂ	브	bog 보그, drobnjak 드로브냐크, pogreb 포그레브.
c	ㅊ	츠	cigara 치가라, novac 노바츠.
č	ㅊ	치	čelik 첼리크, točka 토치카, kolač 콜라치.
ć, tj	ㅊ	치	naći 나치, sestrić 세스트리치.
d	ㄷ	드	desno 데스노, drvo 드르보, medved 메드베드.
dž	ㅈ	지	džep 제프, narudžba 나루지바.
đ ,dj	ㅈ	지	Đura đ 주라지.
f	ㅍ	프	fasada 파사다, kifla 키플라, šaraf 샤라프.
g	ㄱ	그	gost 고스트, dugme 두그메, krug 크루그.
h	ㅎ	흐	hitan 히탄, šah 샤흐.
k	ㅋ	ㄱ, ㅋ	korist 코리스트, krug 크루그, jastuk 야스투크.
l	ㄹ, ㄹㄹ	ㄹ	levo 레보, balkon 발콘, šal 샬.
lj	리*, ㄹ리*	ㄹ	ljeto 레토, pasulj 파술.
m	ㅁ	ㅁ, 므	malo 말로, mnogo 므노고, osam 오삼.
n	ㄴ	ㄴ	nos 노스, banka 반카, loman 로만.
nj	니*	ㄴ	Njegoš 네고시, svibanj 스비반.
p	ㅍ	ㅂ, 프	peta 페타, opština 옵슈티나, lep 레프.
r	ㄹ	르	riba 리바, torba 토르바, mir 미르.
s	ㅅ	스	sedam 세담, posle 포슬레, glas 글라스.
š	시*	슈, 시	šal 샬, vlasništvo 블라스니슈트보, broš 브로시.
t	ㅌ	트	telo 텔로, ostrvo 오스트르보, put 푸트.
v	ㅂ	브	vatra 바트라, olovka 올로브카, proliv 프롤리브.
z	ㅈ	즈	zavoj 자보이, pozno 포즈노, obraz 오브라즈.

자음

	ž	ㅈ	주	žena 제나, izložba 이즐로주바, muž 무주.
반모음	j		이*	pojas 포야스, zavoj 자보이, odjelo 오델로.
모음	a		아	bakar 바카르.
	e		에	cev 체브.
	i		이	dim 딤.
	o		오	molim 몰림.
	u		우	zubar 주바르.

※ lj, nj, š, j의 '리, 니, 시, 이'는 뒤따르는 모음과 결합할 때 합쳐서 1 음절로
적는다.

<표9> 루마니아어 자모와 한글 대조표

	자모	한글		보기
		모음앞	자음앞 · 어말	
자음	b	ㅂ	브	bibliotecă 비블리오테커, alb 알브.
	c	ㅋ, ㅊ	ㄱ, ㅋ	Cîntec 큰테크, Cine 치네, factură 팍투러.
	d	ㄷ	드	Moldova 몰도바, Brad 브라드.
	f	ㅍ	프	Focşani 폭샤니, Cartof 카르토프.
	g	ㄱ, ㅈ	그	Galaţi 갈라치, Gigel 지젤, hering 헤린그.
	h	ㅎ	흐	haţeg 하체그, duh 두흐.
	j	ㅈ	지	Jiu 지우, Cluj 클루지.
	k	ㅋ	—	kilogram 킬로그람.
	l	ㄹ, ㄹㄹ	ㄹ	bibliotecă 비블리오테커, hotel 호텔.
	m	ㅁ	ㅁ	Maramureş 마라무레슈, Avram 아브람.
	n	ㄴ	ㄴ, 느	Nucet 누체트, Bran 브란, pumn 품느.
	p	ㅍ	ㅂ, 프	pianist 피아니스트, septembrie 셉템브리에, cap 카프.
	r	ㄹ	르	radio 라디오, dor 도르.
	s	ㅅ	스	Sibiu 시비우, pas 파스.
	ş	시*	슈	şag 샤그, Mureş 무레슈.

	t	ㅌ	트	telefonist 텔레포니스트, bilet 빌레트.
	ţ	ㅊ	츠	ţigară 치가러, braţ 브라츠.
	v	ㅂ	브	Victoria 빅토리아, Braşov 브라쇼브.
	x**	ㄱㅅ,ㄱㅈ	크스, ㄱ스	taxi 탁시, examen 에그자멘.
	z	ㅈ	즈	ziar 지아르, autobuz 아우토부즈.
	ch	ㅋ	—	Cheia 케이아.
	gh	ㄱ	—	Gheorghe 게오르게.
모음	a		아	Arad 아라드.
	ă		어	Bacău 바커우.
	e		에	Elena 엘레나.
	i		이	pianist 피아니스트.
	î, â		으	Cîmpina 큼피나, România 로므니아.
	o		오	Oradea 오라데아.
	u		우	Nucet 누체트.

※ ş의 '시'는 뒤따르는 모음과 결합할 때 합쳐서 1 음절로 적는다.
※ x는 개별 용례에 따라 한글 표기를 정한다.

〈표10〉 헝가리어 자모와 한글 대조표

	자모	한글		보기
		모음앞	자음앞 · 어말	
자음	b	ㅂ	브	bab 버브, ablak 어블러크.
	c	ㅊ	츠	citrom 치트롬, nyolcvan 뇰츠번, arc 어르츠.
	cs	ㅊ	치	csavar 처버르, kulcs 쿨치.
	d	ㄷ	드	daru 더루, medve 메드베, gond 곤드.
	dzs	ㅈ	지	dzsem 젬.
	f	ㅍ	프	elfog 엘포그.
	g	ㄱ	그	gumi 구미, nyugta 뉴그터, csomag 초머그.
	gy	ㅈ	지	gyár 자르, hagyma 허지머, nagy 너지.

h	ㅎ	흐	hal 헐, juh 유흐.
k	ㅋ	ㄱ, 크	béka 베커, keksz 켁스, szék 세크.
l	ㄹ, ㄹㄹ	ㄹ	len 렌, meleg 멜레그, dél 델.
m	ㅁ	ㅁ	málna 말너, bomba 봄버, álom 알롬.
n	ㄴ	ㄴ	néma 네머, bunda 분더, pihen 피헨.
ny	니*	니	nyak 녀크, hányszor 하니소르, irány 이라니.
p	ㅍ	ㅂ, 프	árpa 아르퍼, csipke 칩케, hónap 호너프.
r	ㄹ	르	róka 로커, barna 버르너, ár 아르.
s	시*	슈, 시	sál 샬, puska 푸슈카, aratás 어러타시.
sz	ㅅ	ㅅ	alszik 얼시크, asztal 어스털, húsz 후스.
t	ㅌ	트	ajto 어이토, borotva 보로트버, csont 촌트.
ty	ㅊ	치	atya 어쳐.
v	ㅂ	브	vesz 베스, évszázad 에브사저드, enyv 에니브.
z	ㅈ	즈	zab 저브, kezd 케즈드, blúz 블루즈.
zs	ㅈ	주	zsák 자크, tőzsde 퇴주데, rozs 로주.
반모음	j		이*	ajak 어여크, fej 페이, január 여누아르.
	ly		이*	lyuk 유크, mélység 메이셰그, király 키라이.
모음	a		어	lakat 러커트.
	á		아	máj 마이.
	e		에	mert 메르트.
	é		에	mész 메스.
	i		이	isten 이슈텐.
	í		이	sí 시.
	o		오	torna 토르너.
	ó		오	róka 로커.
	ö		외	sör 쇠르.
	ő		외	nő 뇌.
	u		우	bunda 분더.

	ú	우	hús 후시.
	ü	위	füst 퓌슈트.
	ű	위	fű 퓌.

〈표11〉 스웨덴어 자모와 한글 대조표

자모		한글		보기
		모음앞	자음앞 · 어말	
자음	b	ㅂ	ㅂ, 브	bal 발, snabbt 스납트, Jacob 야코브.
	c	ㅋ, ㅅ	ㄱ	Carlsson칼손,Celsius셀시우스, Ericson 에릭손.
	ch	시*	ㅋ	charm 샤름, och 오크.
	d	ㄷ	드	dag 다그, dricka 드리카, Halmstad 할름스타드.
	dj	이*	—	Djurgården 유르고르덴, adjö 아예.
	ds	—	스	Sundsvall 순스발.
	f	ㅍ	프	Falun 팔룬, luft 루프트.
	g	ㄱ		Gustav 구스타브, helgon 헬곤.
		이*		Göteborg 예테보리, Geijer 예이예르,Gislaved 이슬라베드.
			이(lg, rg)	älg 엘리, Strindberg 스트린드베리, Borg 보리.
			ㅇ(n 앞)	Magnus 망누스, Ragnar 랑나르, Agnes 앙네스.
			ㄱ(무성음 앞)	högst 획스트.
			그	Grönberg 그뢴베리, Ludvig 루드비그.
	gj	이*	—	Gjerstad 예르스타드, Gjörwell 예르벨.
	h	ㅎ	적지 않음.	Hälsingborg 헬싱보리, hyra 휘라, Dahl 달.
	hj	이*	—	Hjälmaren 옐마렌, Hjalmar 얄마르, Hjort 요르트.
	j	이*	—	Jansson 얀손, Jönköping 옌셰핑, Johansson 요한손, börja 뵈리아, fjäril 피에릴, mjuk 미우크, mjöl 미엘.
	k	ㅋ, 시*	ㄱ, ㅋ	Karl 칼, Kock 코크, Kungsholm 쿵스홀름,

			Kerstin 셰르스틴, Norrköping 노르셰핑, Lysekil 뤼세실, oktober 옥토베르, Fredrik 프레드리크, kniv 크니브.
ck	ㅋ	ㄱ, ㅋ	vacker 바케르, Stockholm 스톡홀름, bock 보크.
kj	시*	—	Kjell 셸, Kjula 슐라.
l	ㄹ, ㄹㄹ	ㄹ	Linköping 린셰핑, tala 탈라, tal 탈.
lj	이*, ㄹ리	ㄹ리	Ljusnan 유스난, Södertälje 쇠데르텔리에, detalj 데탈리.
m	ㅁ	ㅁ	Malmö 말뫼, samtal 삼탈, hummer 훔메르.
n	ㄴ	ㄴ	Norrköping 노르셰핑, Vänern 베네른, land 란드.
		적지 않음.	Karlshamn 칼스함.
		(m 다음)	
ng	ㅇ	ㅇ	Borlänge 볼렝에, kung 쿵, lång 롱.
nk	ㅇㅋ	ㅇ, ㅇㅋ	anka 앙카, Sankt 상트, bank 방크.
p	ㅍ	ㅂ, ㅍ	Piteå 피테오, knappt 크납트, Uppsala 웁살라, kamp 캄프.
qv	ㅋㅂ	—	Malmqvist 말름크비스트, Lindqvist 린드크비스트.
r	ㄹ	르	röd 뢰드, Wilander 빌란데르, Björk 비에르크.
rl	ㄹㄹ	ㄹ	Erlander 엘란데르, Karlgren 칼그렌, Jarl 얄.
s	ㅅ	스	sommar 솜마르, Storvik 스토르비크, dans 단스.
sch	시*	슈	Schack 샤크, Schein 셰인, revansch 레반슈.
sj	시*	—	Nässjö 네셰, sjukhem 슈크헴, Sjöberg 셰베리.
sk	스크, 시*	—	Skoglund 스코글룬드, Skellefteå 셸레프테오, Skövde 셰브데, Skeppsholmen 셉스홀멘.
skj	시*	—	Hammarskjöld 함마르셸드, Skjöldebrand 셸데브란드.
stj	시*	—	Stjärneborg 셰르네보리, Oxenstjerna 옥센셰르나.

	t	ㅌ	ㅅ, 트	Göta 예타, Botkyrka 봇쉬르카, Trelleborg 트렐레보리, båt 보트.
	th	ㅌ	트	Luther 루테르, Thunberg 툰베리.
	ti	시*	—	lektion 렉숀, station 스타숀.
	tj	시*	—	tjeck 셰크, Tjåkkå 쇼코, tjäna 셰나, tjugo 슈고.
	v, w	ㅂ	브	Sverige 스베리예, Wasa 바사, Swedenborg 스베덴보리, Eslöv 에슬뢰브.
	x	ㄱㅅ	ㄱ스	Axel 악셀, Alexander 알렉산데르, sex 섹스.
	z	ㅅ	—	Zachris 사크리스, zon 손, Lorenzo 로렌소.
모음	a		아	Kalix 칼릭스, Falun 팔룬, Alvesta 알베스타.
	e		에	Enköping 엔셰핑, Svealand 스베알란드.
	ä		에	Mälaren 멜라렌, Vänern 베네른, Trollhättan 트롤헤탄.
	i		이	Idre 이드레, Kiruna 키루나.
	å		오	Åmål 오몰, Västerås 베스테로스, Småland 스몰란드.
	o		오	Boden 보덴, Stockholm 스톡홀름, Örebro 외레브로.
	ö		외, 에	Östersund 외스테르순드, Björn 비에른, Linköping 린셰핑.
	u		우	Umeå 우메오, Luleå 룰레오, Lund 룬드.
	y		위	Ystad 위스타드, Nynäshamn 뉘네스함, Visby 비스뷔.

자모	한글		보기
	모음앞	자음앞·어말	
b	ㅂ	ㅂ, 브	Bodø 보되, Ibsen 입센, dobb 도브.
c	ㅋ, ㅅ	ㅋ	Jacob 야코브, Vincent 빈센트.
ch	ㅋ	ㅋ	Joachim 요아킴, Christian 크리스티안.
d	ㄷ		Bodø 보되, Norden 노르덴.
	적지 않음. (장모음 뒤)		spade 스파에.
		적지 않음. (ld, nd의 d)	Arnold 아르놀, Harald 하랄, Roald 로알, Aasmund 오스문, Vigeland 비겔란, Svendsen 스벤센.
		적지 않음. (장모음+rd)	fjord 피오르, Sigurd 시구르, gård 고르, nord 노르, Halvard 할바르, Edvard 에드바르.
		드 (단모음+rd)	ferd 페르드, Rikard 리카르드.
		적지 않음. (장모음 뒤)	glad 글라, Sjaastad 쇼스타.
		드	dreng 드렝, bad 바드.
f	ㅍ	프	Hammerfest 함메르페스트, biff 비프.
g	ㄱ		gå 고, gave 가베.
	이*		gigla 이글라, gyllen 윌렌.
		적지 않음. (이중 모음 뒤와 ig, lig)	haug 헤우, deig 데이, Solveig 솔베이, farlig 팔리.
		ㅇ (n 앞)	Agnes 앙네스, Magnus 망누스.
		ㄱ (무성음 앞)	sagtang 삭탕.
		그	grov 그로브, berg 베르그, helg 헬그.
gj	이*	―	Gjeld 옐, gjenta 옌타.

h	ㅎ			Johan 요한, Holm 홀름.
		적지 않음.		Hjalmar 얄마르, Hvalter 발테르, Krohg 크로그.
j	이*	―		Jonas 요나스, Bjørn 비에른, fjord 피오르, Skodje 스코디에, Evje 에비에, Tjeldstø 티엘스퇴.
k	ㅋ, 시*	ㄱ, ㅋ		Rikard 리카르드, Kirsten 시르스텐, Kyndig 쉰디, Køyra 셰위라, lukt 룩트, Erik 에리크.
kj	시*	―		Kjerschow 셰르쇼브, Kjerulf 셰룰프, Mikkjel 미셸.
l	ㄹ, ㄹㄹ	ㄹ		Larvik 라르비크, Ålesund 올레순, sol 솔.
m	ㅁ	ㅁ		Moss 모스, Trivandrum 트리반드룸.
n	ㄴ	ㄴ		Namsos 남소스, konto 콘토.
ng	ㅇ	ㅇ		Lange 랑에, Elling 엘링, tvang 트방.
nk	ㅇㅋ	ㅇㅋ		ankel 앙켈, punkt 풍트, bank 방크.
p	ㅍ	ㅂ, ㅍ		pels 펠스, september 셉템베르, sopp 소프.
qu	ㅋㅂ	―		Quisling 크비슬링.
r	ㄹ	ㄹ		Ringvassøy 링바쇠위, Lillehammer 릴레함메르.
rl	ㄹㄹ	ㄹ		Øverland 외벨란.
s	ㅅ	ㅅ		Namsos 남소스, Svalbard 스발바르.
sch	시*	슈		Schæferhund 셰페르훈, Frisch 프리슈.
sj	시*	―		Sjaastad 쇼스타, Sjoa 쇼아.
sk	스ㅋ	스크		skatt 스카트, Skienselv 시엔스엘브, skram 스크람, Ekofisk 에코피스크.
skj	시*	―		Skjeggedalsfoss 셰게달스포스, Skjåk 쇼크.
t	ㅌ	ㅅ, ㅌ		metal 메탈, husets 후셋스, slet 슬레트, lukt 룩트.
		적지 않음. (어말 관사 et)		huset 후세, møtet 뫼테, taket 타케.

	th	ㅌ	트	Dorthe 도르테, Matthias 마티아스, Hjorth 요르트.
	tj	시*	—	tjem 셰른, tjue 슈에.
	v, w	ㅂ	브	varm 바름, Kjerschow 셰르쇼브.
모음	a	아		Hamar 하마르, Alta 알타.
	aa, å	오		Aall 올, Aasmund 오스문, Kåre 코레, Vesterålen 베스테롤렌, Vestvågøy 베스트보괴위, Ålesund 올레순.
	au	에우		haug 헤우, lauk 레우크, grauk 그레우크.
	æ	에		være 베레, Svolvær 스볼베르.
	e	에		esel 에셀, fare 파레.
	eg	에이, 에그		regn 레인, tegn 테인, negl 네일, deg 데그, egg 에그.
	ø	외, 에		Løken 뢰켄, Gjøvik 예비크, Bjøm 비에른.
	i	이		Larvik 라르비크, Narvik 나르비크.
	ie	이		Grieg 그리그, Nielsen 닐센, Lie 리.
	o	오		Lonin 로닌, bok 보크, bord 보르, fjorten 피오르텐.
	øg	외위		døgn 되윈, løgn 뢰윈.
	øy	외위		høy 회위, røyk 뢰위크, nøytral 뇌위트랄.
	u	우		Ålesund 올레순, Porsgrunn 포르스그룬.
	y	위		Stjernøy 스티에르뇌위, Vestvågøy 베스트보괴위.

※ g, gj, j, lj의 '이'와 k, kj, sch, sj, sk, skj, tj의 '시'가 뒤따르는 모음과 결합할 때에는 합쳐서 한 음절로 적는다. 다만, j는 표기 세칙 제5항, 제12항을 따른다.

자모	한글		보기
	모음앞	자음앞·어말	
자음 b	ㅂ	ㅂ, 브	Bornholm 보른홀름, Jacobsen 야콥센, Holstebro 홀스테브로.
c	ㅋ, ㅅ	ㅋ	cafeteria 카페테리아, centrum 센트룸, crosset 크로세트.
ch	시*	ㅋ	Charlotte 샤를로테, Brochmand 브로크만, Grønbech 그뢴베크.
d	ㄷ		Odense 오덴세, dansk 단스크, vendisk 벤디스크.
		적지 않음. (ds, dt, ld, nd, rd)	plads 플라스, Grundtvig 그룬트비, kridt 크리트, Lolland 롤란, Öresund 외레순, hård 호르.
		드 (ndr)	andre 안드레, vandre 반드레.
		드	dreng 드렝.
f	ㅍ	프	Falster 팔스테르, flod 플로드, ruf 루프.
g	ㄱ		give 기베, general 게네랄, gevær 게베르, hugge 후게.
		적지 않음. (어미 ig)	herlig 헤를리, Grundtvig 그룬트비.
		(u와 l 사이)	fugl 풀, kugle 쿨레,
		(borg, berg)	Nyborg 뉘보르, Frederiksberg 프레데릭스베르.
		그	magt 마그트, dug 두그.
h	ㅎ	적지 않음.	Helsingør 헬싱외르, Dahl 달.
hj	이*	—	hjem 옘, hjort 요르트, Hjøring 예링.
j	이*	—	Jensen 옌센, Esbjerg 에스비에르그, Skjern 스키에른.
k	ㅋ	ㄱ, ㅋ	København 쾨벤하운, køre 쾨레,

			Sk æ re 스케레, Frederikshavn 프레데릭스하운, Holb æ k 홀베크.
l	르, ㄹㄹ	ㄹ	Lolland 롤란, Falster 팔스테르.
m	ㅁ	ㅁ	M ø n 묀, Bornholm 보른홀름.
n	ㄴ	ㄴ	R ø nne 뢰네, Fyn 퓐.
ng	ㅇ	ㅇ	Helsing ø r 헬싱외르, Hj ø ring 예링.
nk	ㅇㅋ	ㅇ크	ankel 앙켈, Munk 뭉크.
p	ㅍ	ㅂ, 프	hoppe 호페, september 셉템베르, spring 스프링, hop 호프.
qu	크ㅂ	—	Taanquist 톤크비스트.
r	ㄹ	르	R ø nne 뢰네, Helsing ø r 헬싱외르.
s, sc	ㅅ	스	Sor ø 소뢰, Roskilde 로스킬레, Århus 오르후스, scene 세네.
sch	시*	슈	Sch æ fer 셰페르.
sj	시*	—	Sj æ lland 셀란, sjal 샬, sjus 슈스.
t	ㅌ	ㅅ, ㅌ	T ø nder 퇴네르, stå 스토, vittig 비티, nattkappe 낫카페, tr æ de 트레데, streng 스트렝, hat 하트, krudt 크루트.
th	ㅌ	ㅌ	Thorshavn 토르스하운, Thisted 티스테드.
v	ㅂ		Vejle 바일레, dvale 드발레, pulver 풀베르, rive 리베, lyve 뤼베, l ø ve 뢰베.
	우 (단모음 뒤)		doven 도우엔, hoven 호우엔, oven 오우엔, sove 소우에.
		적지 않음(lv)	halv 할, gulv 굴.
		우 (av, æ v, ø v, ov, ev)	gravsten 그라우스텐, K ø benhavn 쾨벤하운, Thorshavn 토르스하운, j æ vn 예운, St ø vle 스퇴울레, lov 로우, rov 로우,Hjelmslev 옐름슬레우.

			브	arv 아르브.
	x	ㄱㅅ	ㄱ스	Blixen 블릭센, sex 섹스.
	z	ㅅ	―	zebra 세브라.
모음	a	아		Falster 팔스테르, Randers 라네르스.
	æ	에		Næstved 네스트베드, træ 트레, fæ 페, mæt 메트.
	aa, å	오		Kierkegaard 키르케고르, Århus 오르후스, lås 로스.
	e	에		Horsens 호르센스, Brande 브라네.
	eg	아이		negl 나일, segl 사일, regn 라인.
	ej	아이		Vejle 바일레, Sejerø 사이에뢰.
	ø	외		Rønne 뢰네, Ringkøbing 링쾨빙, Sorø 소뢰.
	øg	오이		nøgle 노일레, øgle 오일레, løgn 로인, døgn 도인.
	øj	오이		Højer 호이에르, øje 오이에.
	i	이		Ribe 리베, Viborg 비보르.
	ie	이		Niels 닐스, Nielsen 닐센, Nielson 닐손.
	o	오		Odense 오덴세, Svendborg 스벤보르.
	u	우		Århus 오르후스, Toflund 토플룬.
	y	위		Fyn 퓐, Thy 튀.

※ hj, j의 '이'와 sch, sj의 '시'가 뒤따르는 모음과 결합할 때에는 합쳐서 한 음절로 적는다.

다만, j는 표기 세칙 제5항을 따른다.

〈표14〉 말레이인도네시아어 자모와 한글 대조표

자모	한글		보기
	모음앞	자음앞·어말	
b	ㅂ	ㅂ, 브	Bali 발리, Abdul 압둘, Najib 나집, Bromo 브로모
c	ㅊ	츠	Ceto 체토, Aceh 아체, Mac 마츠
d	ㄷ	ㅅ, 드	Denpasar 덴파사르, Ahmad 아맛, Idris 이드리스
f	ㅍ	ㅂ	Fuji 푸지, Arifin 아리핀, Jusuf 유숩
g	ㄱ	ㄱ, 그	gamelan 가믈란, gudeg 구득, Nugroho 누그로호
h	ㅎ	―	Halmahera 할마헤라, Johor 조호르, Ipoh 이포
j	ㅈ	즈	Jambi 잠비, Majapahit 마자파힛, mikraj 미크라즈
k	ㅋ	ㄱ, 크	Kalimantan 칼리만탄, batik 바틱, Krakatau 크라카타우
kh	ㅎ	ㄱ, 크	khas 하스, akhbar 악바르, Fakhrudin 파크루딘
l	ㄹ, ㄹㄹ	ㄹ	Lombok 롬복, Palembang 팔렘방, Bangsal 방살
m	ㅁ	ㅁ	Maluku 말루쿠, bemo 베모, Iram 이람
n	ㄴ	ㄴ	Nias 니아스, Sukarno 수카르노, Prambanan 프람바난
ng	응	ㅇ	Ngarai 응아라이, bonang 보낭, Bandung 반둥
p	ㅍ	ㅍ, 프	Padang 파당, Yap 얍, Suprana 수프라나
q	ㅋ	ㄱ	furqan 푸르칸, Taufiq 타우픽
r	ㄹ	르	ringgit 링깃, Rendra 렌드라, asar 아사르
s	ㅅ	스	Sabah 사바, Brastagi 브라스타기, Gemas 게마스

자음

	t	ㅌ	ㅅ, 트	Timor 티모르, Jakarta 자카르타, Rahmat 라맛, Trisno 트리스노
	v	ㅂ	—	Valina 발리나, Eva 에바, Lovina 로비나
	x	ㅅ	—	xenon 세논
	z	ㅈ	즈	zakat 자캇, Azlan 아즐란, Haz 하즈
반모음	w	오, 우		Wamena 와메나, Badawi 바다위
	y	이		Yudhoyono 유도요노, Surabaya 수라바야
모음	a	아		Ambon 암본, sate 사테, Pancasila 판차실라
	e	에, 으		Ende 엔데, Ampenan 암페난, Pane 파네, empat 음팟, besar 브사르, gendang 근당
	i	이		Ibrahim 이브라힘, Biak 비악, trimurti 트리무르티
	o	오		Odalan 오달란, Barong 바롱, komodo 코모도
	u	우		Ubud 우붓, kulit 쿨릿, Dampu 담푸
이중모음	ai	아이		ain 아인, Rais 라이스, Jelai 즐라이
	au	아우		aula 아울라, Maumere 마우메레, Riau 리아우
	oi	오이		Amboina 암보이나, boikot 보이콧

〈표15〉 타이어 자모와 한글 대조표

	로마자	타이어 자모	한글		보기
			모음앞	자음앞 · 어말	
자음	b	บ	ㅂ	ㅂ	baht 밧, Chonburi 촌부리, Kulab 꿀랍
	c	จ	ㅉ	—	Caolaw 짜올라우
	ch	ฉ	ㅊ	ㅅ	Chiang Mai 치앙마이, buach 부앗
		ช			
		ฌ			
	d	ฎ	ㄷ	ㅅ	Dindaeng 딘댕, Rad Burana 랏부라

	ด			나, Samed 사멧
f	ฝ ฟ	ㅍ	—	Maefaluang 매팔루앙
h	ห ฮ	ㅎ	—	He 헤, Lahu 라후, Mae Hong Son 매홍손
k	ก	ㄲ	ㄱ	Kaew 깨우, malako 말라꼬, Rak Mueang 락므앙, phrik 프릭
kh	ข ฃ ค ฅ ฆ	ㅋ	ㄱ	Khaosan 카오산, lakhon 라콘, Caroenrachphakh 짜른랏팍
l	ล ฬ	ㄹ, ㄹㄹ	ㄴ	lamyai 람야이, Thalang 탈랑, Sichol 시촌
m	ม	ㅁ	ㅁ	Maikhao 마이카오, mamuang 마무앙, khanom 카놈, Silom 실롬
n	ณ น	ㄴ	ㄴ	Nan 난, Ranong 라농, Arun 아룬, Huahin 후아힌
ng	ง	응	ㅇ	nga 응아, Mongkut 몽꿋, Chang 창
p	ป	ㅃ	ㅂ	Pimai 삐마이, Paknam 빡남, Nakhaprathip 나카쁘라팁
ph	ผ พ ภ	ㅍ	ㅂ	Phuket 푸껫, Phicit 피찟, Saithiph 사이팁
r	ร	ㄹ	ㄴ	ranat 라낫, thurian 투리안
s	ซ ศ	ㅅ	ㅅ	Siam 시암, Lisu 리수, Saket 사껫

		ㅂ			
		ㅅ			
	t	ฏ	ㄸ	ㅅ	Tak 딱, Satun 사뚠, natsin 낫신, Phuket 푸껫
		ต			
	th	ฐ	ㅌ	ㅅ	Tham Boya 탐보야, Thon Buri 톤부리, thurian 투리안, song thaew 송태우, Pathumthani 빠툼타니, Chaiyawath 차이야왓
		ฑ			
		ฒ			
		ถ			
		ท			
		ธ			
반모음	y	ญ	이		lamyai 람야이, Ayutthaya 아유타야
		ย			
	w	ว	오, 우		Wan Songkran 완송끄란, Malai-wong 말라이웡, song thaew 송태우
모음	a	–ั	아		Akha 아카, kapi 까삐, lang sad 랑삿, Phanga 팡아
		–า			
	e	เ–ะ	에, 예		Erawan 에라완, Akhane 아카네, Panare 빠나레
		เ–			
	i	–ิ	이		Sire 시레, linci 린찌, Krabi 끄라비, Lumphini 룸피니
		–ี			
	o	โ–ะ	오		khon 콘, Loi 로이, namdokmai 남독마이, Huaito 후아이또
		โ–			
		เ–าะ			
		–อ			
	u	–ุ	우		thurian 투리안, Chonburi 촌부리, Satun 사뚠
		–ู			
	ae	แ–ะ	애		kaeng daeng 깽댕, Maew 매우,

	ㄴㄴ		Bangsaen 방샌, Kaibae 까이배
oe	ㄴ옽 ㄴ옅	으	Mai Mueangdoem 마이 므앙듬
ue	ᅿ ᅿ	으	kaeng cued 깽쯧, Maeraphueng 매라풍, Buengkum 붕꿈

〈표16〉 베트남어 자모와 한글 대조표

자모	한글		보기
	모음앞	자음앞·어말	
b	ㅂ	—	Bao 바오, bo 보
c,k,q	ㄲ	ㄱ	cao 까오, khac 칵, kiêt 끼엣, lăk 락, quan 꽌
ch	ㅉ	ㄱ	cha 짜, bach 박
d,gi	ㅈ	—	duc 죽, Dương 즈엉, gia 자, giây 저이
đ	ㄷ	—	đan 단, đinh 딘
g,gh	ㄱ	—	gai 가이, go 고, ghe 개, ghi 기
h	ㅎ	—	hai 하이, hoa 호아
kh	ㅋ	—	Khai 카이, khi 키
l	ㄹ,ㄹㄹ	—	lâu 러우, long 롱, My Lay 밀라이
m	ㅁ	ㅁ	minh 민, măm 맘, tôm 똠
n	ㄴ	ㄴ	Nam 남, non 논, bun 분
ng,ngh	응	ㅇ	ngo 응오, ang 앙, đông 동, nghi 응이, nghê 응에
nh	니	ㄴ	nhât 녓, nhơn 년, minh 민, anh 아인
p	ㅃ	ㅂ	put 뿟, chap 짭
ph	ㅍ	—	Pham 팜, phơ 퍼
r	ㄹ	—	rang 랑, rôi 로이
s	ㅅ	—	sang 상, so 소

자음 (세로 병합 셀)

	t	ㄸ	ㅅ	tam 땀, têt 뗏, hat 핫
	th	ㅌ	—	thao 타오, thu 투
		ㅉ	—	Trân 쩐, tre 째
	v	ㅂ	—	vai 바이, vu 부
	x	ㅆ	—	xanh 싸인, xeo 쌔오
모음	a		아	an 안, nam 남
	ă		아	ăn 안, Đăng 당, măc 막
	â		어	ân 언, cân 껀, lâu 러우
	e		애	em 앰, cheo 째오
	ê		에	êm 엠, chê 쩨, Huê 후에
	i		이	in 인, dai 자이
	y		이	yên 옌, quy 꾸이
	o		오	ong 옹, bo 보
	ô		오	ôm 옴, đông 동
	ơ		어	ơn 언, sơn 선, mơi 머이
	u		우	um 움, cung 꿍
	ư		으	ưn 은, tư 뜨
이중모음	ia		이어	kia 끼어, ria 리어
	iê		이에	chiêng 찌엥, diêm 지엠
	ua		우어	lua 루어, mua 무어
	uô		우오	buôn 부온, quôc 꾸옥
	ưa		으어	cưa 끄어, mưa 므어, sưa 스어
	ươ		으어	rươu 르어우, phương 프엉

〈표17〉 포르투갈어 자모와 한글 대조표

자모	한글		보기
	모음앞	자음앞·어말	
b	ㅂ	브	bossa nova 보사노바, Abreu 아브레우
c	ㅋ, ㅅ	ㄱ	Cabral 카브랄, Francisco 프란시스쿠, aspecto 아스펙투
ç	ㅅ	—	saraça 사라사, Eça 에사
ch	시*	—	Chaves 샤베스, Espichel 이스피셸
d	ㄷ, ㅈ	드	escudo 이스쿠두, Bernardim 베르나르딩, Dias 지아스(브)
f	ㅍ	프	fado 파두, Figo 피구
g	ㄱ, ㅈ	그	Saramago 사라마구, Jorge 조르즈, Portalegre 포르탈레그르, Guerra 게하
h	—	—	Henrique 엔히크, hostia 오스티아
j	ㅈ	—	Aljezur 알제주르, panja 판자
l	ㄹ, ㄹㄹ	ㄹ, 우	Lisboa 리스보아, Manuel 마누엘, Melo 멜루, Salvador 사우바도르(브)
lh	ㄹ리*	—	Coelho 코엘류, Batalha 바탈랴
m	ㅁ	ㅁ, ㅇ	Moniz 모니스, Humberto 움베르투, Camocim 카모싱
n	ㄴ	ㄴ, ㅇ	Natal 나탈, António 안토니우, Angola 앙골라, Rondon 혼동
nh	니*	—	Marinha 마리냐, Matosinhos 마토지뉴스
p	ㅍ	프	Pedroso 페드로주, Lopes 로페스, Prado 프라두
q	ㅋ	—	Aquilino 아킬리누, Junqueiro 중케이루
r	ㄹ, ㅎ	ㄹ	Freire 프레이르, Rodrigues 호드리게스, Cardoso 카르도주
s	ㅅ, ㅈ	스, 즈	Salazar 살라자르, Barroso 바호주, Egas 에가스, mesmo 메즈무

※ 자음 (세로로 병합된 셀)

	t	ㅌ, ㅊ	ㅌ	Tavira 타비라, Garrett 가헤트, Aracati 아라카치(브)
	v	ㅂ	―	Vicente 비센트, Oliveira 올리베이라
	x	시*, ㅈ	스	Xira 시라, exame 이자므, exportar 이스포르타르
	z	ㅈ	스	fazenda 파젠다, Diaz 디아스
모음	a	아		Almeida 알메이다, Egas 에가스
	e	에, 이, 으		Elvas 엘바스, escudo 이스쿠두, Mangualde 망구알드, Belmonte 베우몬치(브)
	i	이		Amalia 아말리아, Vitorino 비토리누
	o	오, 우		Odemira 오데미라, Melo 멜루, Passos 파수스
	u	우		Manuel 마누엘, Guterres 구테흐스
이중모음	ai	아이		Sampaio 삼파이우, Cascais 카스카이스
	au	아우		Bauru 바우루, São Paulo 상파울루
	ae	앙이		Guimarães 기마랑이스, Magalhães 마갈량이스
	ão	앙		Durão 두랑, Fundão 푼당
	ei	에이		Ribeiro 히베이루, Oliveira 올리베이라
	eu	에우		Abreu 아브레우, Eusebio 에우제비우
	iu	이우		Aeminium 아에미니웅, Ituiutaba 이투이우타바
	oi	오이		Coimbra 코임브라, Goiás 고이아스
	ou	오		Lousã 로장, Mogadouro 모가도루
	õe	옹이		Camões 카몽이스, Pilões 필롱이스
	ui	우이		Luis 루이스, Cuiabá 쿠이아바

※ ch의 '시', lh의 '리', nh의 '니', x의 '시'가 뒤따르는 모음과 결합할 때에는 합쳐서 한 음절로 적는다.

※ k, w, y는 외래어나 외래어에서 파생된 포르투갈식 어휘 또는 국제적으로 통용되

는 약자나 기호의 표기에서 사용 되는 것으로 포르투갈어 알파벳에 속하지 않으므로 해당 외래어 발음에 가깝게 표기한다.

※ (브)는 브라질 포르투갈어에 적용되는 표기이다.

〈표18〉 네덜란드어 자모와 한글 대조표

자모	한글		보기
	모음앞	자음앞 · 어말	
b	ㅂ	ㅂ, 브, 프	Borst 보르스트, Bram 브람, Jacob 야코프
c	ㅋ	ㄱ, ㅋ	Campen 캄펀, Nicolaas 니콜라스, topic 토픽, scrupel 스크뤼펄
	ㅅ		cyaan 시안, Ceelen 세일런
ch	ㅎ	흐	Volcher 폴허르, Utrecht 위트레흐트
d	ㄷ	ㅅ, 드, 트	Delft 델프트, Edgar 엣하르, Hendrik 헨드릭, Helmond 헬몬트
f	ㅍ	프	Flevoland 플레볼란트, Graaf 흐라프
g	ㅎ	흐	Goes 후스, Limburg 림뷔르흐
h	ㅎ	—	Heineken 헤이네컨, Hendrik 헨드릭
j	이*	—	Jongkind 용킨트, Jan 얀, Jeroen 예룬
k	ㅋ	ㄱ, ㅋ	Kok 콕, Alkmaar 알크마르, Zierik-zee 지릭제이
kw (qu)	ㅋ ㅂ	—	kwaliteit 크발리테이트, kwellen 크벨런, kwitantie 크비탄시
l	ㄹ, ㄹㄹ	ㄹ	Lasso 라소, Friesland 프리슬란트, sabel 사벌
m	ㅁ	ㅁ	Meerssen 메이르선, Zalm 잘름
n	ㄴ	ㄴ	Nijmegen 네이메헌, Jansen 얀선
ng	ㅇ	ㅇ	Inge 잉어, Groningen 흐로닝언
p	ㅍ	ㅂ, 프	Peper 페퍼르, Kapteyn 캅테인, Koopmans 코프만스

r	ㄹ	르	Rotterdam 로테르담, Asser 아서르
s	ㅅ	스	Spinoza 스피노자, Hals 할스
sch	스ㅎ	스	Schiphol 스히폴, Escher 에스허르, typisch 티피스
sj	시*	시	sjaal 샬, huisje 하위셔, ramsj 람시 fetisj 페티시
t	ㅌ	ㅅ, 트	Tinbergen 틴베르헌, Gerrit 헤릿, Petrus 페트뤼스
ts	ㅊ	츠	Aartsen 아르천, Beets 베이츠
v	ㅂ, ㅍ	브	Veltman 펠트만, Einthoven 에인트호번, Weltevree 벨테브레이
w	ㅂ	—	Wim 빔
y	이	이	cyaan 시안, Lyonnet 리오넷, typisch 티피스, Verwey 페르베이
z	ㅈ	—	Zeeman 제이만, Huizinga 하위징아

모음	a	아	Asser 아서르, Frans 프란스
	e	에, 어	Egmont 에흐몬트, Frederik 프레데릭, Heineken 헤이네컨, Lubbers 뤼버르스, Campen 캄펀
	i	이	Nicolaas 니콜라스 , Tobias 토비아스
	ie	이	Pieter 피터르, Vries 프리스
	o	오	Onnes 오너스, Vondel 폰덜
	oe	우	Boer 부르, Boerhaave 부르하버
	u	위	Utrecht 위트레흐트, Petrus 페트뤼스
	eu	외	Europort 외로포르트, Deurne 되르너
	uw	위	ruw 뤼, duwen 뒤언, Euwen 에위언
이중모음	ou(w), au(w)	아우	Bouts 바우츠, Bouwman 바우만, Paul 파울, Lauwersmeer 라우에르스메이르

ei, ij	에이	Heike 헤이커, Bolkestein 볼케스테인, Ijssel 에이설
ui(uy)	아워	Huizinga 하위징아, Zuid-Holland 자위트홀란트, Buys 바위스
aai	아이	draaien 드라이언, fraai 프라이, zaait 자이트, Maaikes 마이커스
ooi	오이	Booisman 보이스만 Hooites 호이터스
oei	우이	Boeijinga 부잉아, moeite 무이터
eeuw	에이우	Leeuwenhoek 레이우엔훅, Meeuwes 메이우어스
ieuw	이우	Lieuwma 리우마, Rieuwers 리우어르스

* j의 '이', sj의 '시'가 뒤따르는 모음과 결합할 때에는 합쳐서 한 음절로 적는다.

〈표19〉 러시아어 자모와 한글 대조표

| 로마자 | 러시아어 자모 | 한글 | | | 보기 |
		모음앞	자음앞	어말	
자음					
b	б	ㅂ	ㅂ, 브	프	Bolotov(Болотов) 볼로토프, Bobrov(Бобров) 보브로프, Kurbskii(Курбский)쿠릅스키, Gleb(Глеб) 글레프
ch	ч	ㅊ		치	Goncharov(Гончаров) 곤차로프, Manechka(Манечка) 마네치카, Yakubovich(Якубович) 야쿠보비치
d	д	ㄷ	ㅅ, 드	트	Dmitrii(Дмитрий) 드미트리, Benediktov(Бенедиктов) 베네딕토프, Nakhodka(Находка) 나홋카, Voskhod(Восход) 보스호트
f	ф	ㅍ	ㅂ, 프	프	Fyodor(Фёдор) 표도르, Yefremov(Ефремов) 예프레모프, Iosif(Иосиф) 이오시프

g	г	ㄱ	ㄱ, 그	ㅋ	Gogol'(Гоголь) 고골, Musorgskii(Мусоргский) 무소륵스키, Bogdan(Богдан) 보그단, Andarbag(Андарбаг) 안다르바크
kh	х	ㅎ	ㅎ		Khabarovsk(Хабаровск) 하바롭스크, Akhmatova(Ахматова) 아흐마토바, Oistrakh(Ойстрах) 오이스트라흐
k	к	ㅋ	ㄱ, ㅋ	ㅋ	Kalmyk(Калмык) 칼미크, Aksakov(Аксаков) 악사코프, Kvas(Квас) 크바스, Vladivostok(Владивосток) 블라디보스토크
l	л	ㄹ,ㄹㄹ	ㄹ		Lenin(Ленин) 레닌, Nikolai(Николай) 니콜라이, Krylov(Крылов) 크릴로프, Pavel(Павел) 파벨
m	м	ㅁ	ㅁ, 므	ㅁ	Mikhaiil(Михаийл) 미하일, Maksim(Максим) 막심, Mtsensk(Мценск) 므첸스크
n	н	ㄴ	ㄴ		Nadya(Надя) 나댜, Stefan(Стефан) 스테판
p	п	ㅍ	ㅂ, ㅍ	ㅍ	Pyotr(Пётр) 표트르, Rostopchinya(Ростопчиня) 로스톱치나, Pskov(Псков) 프스코프, Maikop(Майкоп) 마이코프
r	р	ㄹ	르		Rybinsk(Рыбинск) 리빈스크, Lermontov(Лермонтов) 레르몬토프, Artyom(Артём) 아르툠
s	с	ㅅ	ㅅ		Vasilii(Василий) 바실리, Stefan(Стефан) 스테판, Boris(Борис) 보리스
sh	ш	시*	시		Shelgunov(Шелгунов) 셸구노프, Shishkov(Шишков) 시시코프
shch	щ	시*	시		Shcherbakov(Щербаков) 셰르바코프, Shchirets(Щирец) 시레츠, borshch(борщ) 보르시

t	т	ㅌ	ㅅ, 트	트	Tat'yana(Татьяна) 타티야나, Khvatkov(Хватков) 흐밧코프, Tver'(Тверь) 트베리, Buryat(Бурят) 부랴트
tch	тч	ㅊ	—	Gatchina(Гатчина) 가치나, Tyutchev(Тютчев) 튜체프
ts	ц, тс	ㅊ	츠	Kapitsa(Капица) 카피차, Tsvetaeva(Цветаева) 츠베타예바, Bryatsk(Брятск) 브랴츠크, Yakutsk(Якутск) 야쿠츠크
v	в	ㅂ	ㅂ, 브	프	Verevkin(Веревкин) 베렙킨, Dostoevskii(Достоевский) 도스토옙스키, Vladivostok(Владивосток) 블라디보스토크, Markov(Марков) 마르코프
z	з	ㅈ	즈, 스	스	Zaichev(Зайчев) 자이체프, Kuznetsov(Кузнецов) 쿠즈네초프, Agryz(Агрыз) 아그리스
zh	ж	ㅈ	즈, 시	시	Zhadovskaya(Жадовская) 자돕스카야, Zhdanov(Жданов) 즈다노프, Luzhkov(Лужков) 루시코프, Kebezh(Кебеж) 케베시
j/i	й	이	이	Yurii(Юрий)유리, Andrei(Андрей)안드레이, Belyi(Белый)벨리

모음	a	а	아	Aksakov(Аксаков) 악사코프, Abakan(Абакан) 아바칸
	e	е / э	에, 예	Petrov(Петров) 페트로프, Evgenii(Евгений) 예브게니, Alekseev(Алексеев) 알렉세예프, Ertel'(Эртель) 에르텔
	i	и	이	Ivanov(Иванов) 이바노프, Iosif(Иосиф) 이오시프
	o	о	오	Khomyakov(Хомяков) 호먀코프, Oka(Ока) 오카
	u	у	우	Ushakov(Ушаков) 우샤코프, Sarapul(Сарапул) 사라풀

y	ы	이	Saltykov(Салтыков) 살티코프, Kyra (Кыра) 키라, Belyi(Белый)벨리
ya	я	야	Yasinskii(Ясинский) 야신스키, Adygeya(Адыгея) 아디게야
yo	ё	요	Solov'yov(Соловьёв) 솔로비요프, Artyom(Артём) 아르툠
yu	ю	유	Yurii(Юрий) 유리, Yurga(Юрга) 유르가

※ sh(ш), shch(щ)의 '시'가 뒤따르는 모음과 결합할 때에는 합쳐서 한 음절로 적는다.

제3장 표기세칙

제1절 영어 표기

※ 표1에 따라 적되, 다음 사항에 유의하여 적는다.

제1항 무성 파열음 ([p], [t], [k])

1. 짧은 모음 다음의 어말 무성 파열음([p], [t], [k])은 받침으로 적는다.

    gap[gæp] 갭   cat[kæt] 캣   book[buk] 북

2. 짧은 모음과 유음·비음([l], [r], [m], [n]) 이외의 자음 사이에 오는 무성 파열음([p], [t], [k])은 받침으로 적는다.

    apt[æpt] 앱트   setback[setbæk] 셋백   act[ækt] 액트

3. 위 경우 이외의 어말과 자음 앞의 [p], [t], [k]는 '으'를 붙여 적는다.

    stamp[stæmp] 스탬프   cape[keip] 케이프   nest[nest] 네스트
    part[pɑːt] 파트   desk[desk] 데스크   make[meik] 메이크
    apple[æpl] 애플   mattress[mætris] 매트리스

sickness[siknis] 시크니스　　　　　chipmunk[tʃipmʌŋk] 치프멍크

제2항 유성 파열음([b], [d], [g])

어말과 모든 자음 앞에 오는 유성 파열음은 '으'를 붙여 적는다.

bulb[bʌlb] 벌브　　　　　　　　land[lænd] 랜드
zigzag[zigzæg] 지그재그　　　　　lobster[lɔbstə] 로브스터
kidnap[kidnæp] 키드냅　　　　　　signal[signəl] 시그널

제3항 마찰음([s], [z], [f], [v], [θ], [ə], [ʃ], [ʒ])

1. 어말 또는 자음 앞의 [s], [z], [f], [v], [θ], [ə]는 '으'를 붙여 적는다.

mask[mɑːsk] 마스크　　jazz[dʒæz] 재즈　　graph[græf] 그래프
olive[ɔliv] 올리브　　　thrill[θril] 스릴　　bathe[beiə] 베이드

2. 어말의 [ʃ]는 '시'로 적고, 자음 앞의 [ʃ]는 '슈'로, 모음 앞의 [ʃ]는 뒤따르는 모음에 따라 '샤', '섀', '셔', '셰', '쇼', '슈', '시'로 적는다.

flash[flæʃ] 플래시　　shrub[ʃrʌb] 슈러브　　shark[ʃɑːk] 샤크
shank[ʃæŋk] 섕크　　　fashion[fæʃən] 패션　　sheriff[ʃerif] 셰리프
shopping[ʃɔpiŋ] 쇼핑　shoe[ʃuː] 슈　　　　　shim[ʃim] 심

3. 어말 또는 자음 앞의 [ʒ]는 '지'로 적고, 모음 앞의 [ʒ]는 'ㅈ'으로 적는다.

mirage[mirɑːʒ] 미라지　　　　　　vision[viʒən] 비전

제4항 파찰음([ts], [dz], [tʃ], [dʒ])

1. 어말 또는 자음 앞의 [ts], [dz]는 '츠', '즈'로 적고, [tʃ], [dʒ]는 '치', '지'로 적는다.

Keats[kiːts] 키츠　　　　　　　　odds[ɔdz] 오즈
switch[switʃ] 스위치　　　　　　　bridge[bridʒ] 브리지

Pittsburgh[pitsbə:g] 피츠버그   hitchhike[hitʃhaik] 히치하이크

2. 모음 앞의 [tʃ], [dʒ]는 'ㅊ', 'ㅈ'으로 적는다.

chart[tʃɑ:t] 차트   virgin[və:dʒin] 버진

제5항 비음([m], [n], [ŋ])

1. 어말 또는 자음 앞의 비음은 모두 받침으로 적는다.

steam[sti:m] 스팀   corn[kɔ:n] 콘   ring[riŋ] 링
lamp[læmp] 램프   hint[hint] 힌트   ink[iŋk] 잉크

2. 모음과 모음 사이의 [ŋ]은 앞 음절의 받침 'ㅇ'으로 적는다.

hanging[hæŋiŋ] 행잉   longing[lɔŋiŋ] 롱잉

제6항 유음([l])

1. 어말 또는 자음 앞의 [l]은 받침으로 적는다.

hotel[houtel] 호텔   pulp[pʌlp] 펄프

2. 어중의 [l]이 모음 앞에 오거나, 모음이 따르지 않는 비음([m], [n])
앞에 올 때에는 'ㄹㄹ'로 적는다. 다만, 비음([m], [n]) 뒤의 [l]은 모음 앞에
오더라도 'ㄹ'로 적는다.

slide[slaid] 슬라이드   film[film] 필름   helm[helm] 헬름
swoln[swouln] 스월른   Hamlet[hæmlit] 햄릿   Henley[henli] 헨리

제7항 장모음

장모음의 장음은 따로 표기하지 않는다.

    team[ti:m] 팀   route[ru:t] 루트

제8항 중모음(2) ([ai], [au], [ei], [ɔi], [ou], [auə])

중모음은 각 단모음의 음가를 살려서 적되, [ou]는 '오'로, [auə]는 '아워'
로 적는다.

    time[taim] 타임   house[haus] 하우스   skate[skeit] 스케이트
    oil[ɔil] 오일   boat[bout] 보트   tower[tauə] 타워

제9항 반모음([w], [j])

1. [w]는 뒤따르는 모음에 따라 [wə], [wɔ], [wou]는 '워', [wɑ]는 '와',
[wæ]는 '왜', [we]는 '웨', [wi]는 '위', [wu]는 '우'로 적는다.

    word[wə:d] 워드   want[wɔnt] 원트   woe[wou] 워
    wander[wɑndə] 완더   wag[wæg] 왜그   west[west] 웨스트
    witch[witʃ] 위치   wool[wul] 울

2. 자음 뒤에 [w]가 올 때에는 두 음절로 갈라 적되, [gw], [hw], [kw]는
한 음절로 붙여 적는다.

    swing[swiŋ] 스윙   twist[twist] 트위스트   penguin[peŋgwin] 펭귄
    whistle[hwisl] 휘슬   quarter[kwɔ:tə] 쿼터

3. 반모음 [j]는 뒤따르는 모음과 합쳐 '야', '얘', '여', '예', '요', '유', '이'로
적는다. 다만, [d], [l], [n] 다음에 [jə]가 올 때에는 각각 '디어', '리어', '니어'로
적는다.

yard[jɑːd] 야드	yank[jæŋk] 앵크
yearn[jəːn] 연	yellow[jelou] 옐로
yawn[jɔːn] 욘	you[juː] 유
year[jiə] 이어	Indian[indjən] 인디언
union[juːnjən] 유니언	battalion[bətæljən] 버탤리언

제10항 복합어(3)

1. 따로 설 수 있는 말의 합성으로 이루어진 복합어는 그것을 구성하고 있는 말이 단독으로 쓰일 때의 표기대로 적는다.

cuplike[kʌplaik] 컵라이크	bookend[bukend] 북엔드
headlight[hedlait] 헤드라이트	touchwood[tʌtʃwud] 터치우드
sit-in[sitin] 싯인	bookmaker[bukmeikə] 북메이커
flashgun[flæʃɡʌn] 플래시건	topknot[tɔpnɔt] 톱놋

2. 원어에서 띄어 쓴 말은 띄어 쓴 대로 한글 표기를 하되, 붙여 쓸 수도 있다.

Los Alamos[lɔsæləmous] 로스 앨러모스/로스앨러모스

top class[tɔpklæs] 톱 클래스/톱클래스

제2절 독일어 표기

※ 표1을 따르고, 제1절(영어의 표기 세칙)을 준용한다. 다만, 독일어의 독특한 것은 그 특징을 살려서 다음과 같이 적는다.

제1항[r]

1. 자음 앞의 [r]는 '으'를 붙여 적는다.

Hormon[hɔrmoːn] 호르몬   Hermes[hɛrmɛs] 헤르메스

2. 어말의 [r]와 '-er[ər]'는 '어'로 적는다.

   Herr[hɛr] 헤어　　　　Rasur[razuːr] 라주어　　Tür[tyːr] 튀어
   Ohr[oːr] 오어　　　　Vater[faːtər] 파터　　　Schiller[ʃilər] 실러

3. 복합어 및 파생어의 선행 요소가 [r]로 끝나는 경우는 2의 규정을
준용한다.

   verarbeiten[fɛrarbaitən] 페어아르바이텐　zerknirschen[tsɛrknirʃən] 체어크니르셴
   Fürsorge[fyːrzorgə] 퓌어조르게　　Vorbild[foːrbilt] 포어빌트
   auβerhalb[ausərhalp] 아우서할프　　Urkunde[uːrkundə] 우어쿤데
   Vaterland[faːtərlant] 파터란트

제2항 어말의 파열음은 '으'를 붙여 적는 것을 원칙으로 한다.

   Rostock[rɔstɔk] 로스토크　　　　　　Stadt[ʃtat] 슈타트

제3항 철자 'berg', 'burg'는 '베르크', '부르크'로 통일해서 적는다.

   Heidelberg[haidəlbɛrk, -bɛrç] 하이델베르크
   Hamburg[hamburk, -burç] 함부르크

제4항 [ʃ]

1. 어말 또는 자음 앞에서는 '슈'로 적는다.

   Mensch[menʃ] 멘슈　　　　　　　Mischling[miʃliŋ] 미슐링

2. [y], [ø] 앞에서는 'ㅅ'으로 적는다.

   Schüler[ʃyːlər] 쉴러　　　　　　schön[ʃøːn] 쇤

3. 그 밖의 모음 앞에서는 뒤따르는 모음에 따라 '샤, 쇼, 슈' 등으로 적는다.

Schatz[ʃats] 샤츠　　　schon[ʃoːn] 숀　　　Schule[ʃuːlə] 슐레
Schelle[ʃɛlə] 셸레

제5항 [ɔy]로 발음되는 äu, eu는 '오이'로 적는다.

läuten[lɔytə̂n] 로이텐　　　　　Fräulein[frɔylain] 프로일라인
Europa[ɔyroːpa] 오이로파　　　Freundin[frɔyndin] 프로인딘

제3절 프랑스어 표기

※ 표1에 따르고, 제1절(영어의 표기 세칙)을 준용한다. 다만, 프랑스 어의 독특한 것은 그 특징을 살려서 다음과 같이 적는다.

제1항 파열음([p], [t], [k]; [b], [d], [g])

1. 어말에서는 '으'를 붙여서 적는다.

soupe[sup] 수프　　　　tête[tɛt] 테트　　　avec[avɛk] 아베크
baobab[baɔbab] 바오바브　ronde[rɔ̃ːd] 롱드　bague[bag] 바그

2. 구강 모음과 무성 자음 사이에 오는 무성 파열음('구강 모음+무성 파열음+무성 파열음 또는 무성 마찰음'의 경우)은 받침으로 적는다.

septembre[sɛptɑ̃ːbr] 셉탕브르　　　apte[apt] 압트
octobre[ɔktɔbr] 옥토브르　　　　　action[aksjɔ̃] 악시옹

제2항 마찰음([ʃ], [ʒ])

1. 어말과 자음 앞의 [ʃ], [ʒ]는 '슈', '주'로 적는다.

manche[mã:ʃ] 망슈　　　　　　　　piège[pjɛ:ʒ] 피에주
acheter[aʃte] 아슈테　　　　　　　dégeler[deʒle] 데줄레

2. [ʃ]가 [ə], [w] 앞에 올 때에는 뒤따르는 모음과 합쳐 '슈'로 적는다.

chemise[ʃəmi:z] 슈미즈　　　　　chevalier[ʃəvalje] 슈발리에
choix[ʃwa] 슈아　　　　　　　　　chouette[ʃwɛt] 슈에트

3. [ʃ]가 [y], [œ], [ø] 및 [j], [ɥ]앞에 올 때에는 'ㅅ'으로 적는다.

chute[ʃyt] 쉬트　　　　　　　　　chuchoter[ʃyʃɔte] 쉬쇼테
pêcheur[pɛʃœ:r] 페쇠르　　　　　shunt[ʃœ̃t] 쉥트
fâcheux[fɑʃø] 파쇠　　　　　　　chien[ʃjɛ̃] 시앵
chuinter[ʃɥɛ̃te] 쉬앵테

제3항 비자음([ɲ])

1. 어말과 자음 앞의 [ɲ]는 '뉴'로 적는다.

campagne[kãpaɲ] 캉파뉴　　　　　dignement[diɲmã] 디뉴망

2. [ɲ]가 '아, 에, 오, 우' 앞에 올 때에는 뒤따르는 모음과 합쳐 각각
'냐, 녜, 뇨, 뉴'로 적는다.

saignant[sɛɲã] 세냥　　　　　　　peigner[peɲe] 페녜
agneau[aɲo] 아뇨　　　　　　　　mignon[miɲɔ̃] 미뇽

3. [ɲ]가 [ə], [w] 앞에 올 때에는 뒤따르는 소리와 합쳐 '뉴'로 적는다.

lorgnement[lɔrɲəmã] 로르뉴망　　　baignoire[bɛɲwa:r] 베뉴아르

4. 그 밖의 [ɲ]는 'ㄴ'으로 적는다.

magnifique[maɲifik] 마니피크   guignier[giɲje] 기니에
gagneur[gaɲœːr] 가뇌르   montagneux[mɔtaɲ ø] 몽타뇌
peignures[pɛɲyːr] 페뉘르

제4항 반모음([j])

1. 어말에 올 때에는 '유'로 적는다.

Marseille[marsɛj] 마르세유   taille[tɑːj] 타유

2. 모음 사이의 [j]는 뒤따르는 모음과 합쳐 '예, 영, 야, 양, 요, 용, 유, 이' 등으로 적는다. 다만, 뒷모음이 [ø], [œ]일 때에는 '이'로 적는다.

payer[peje] 페예   billet[bijɛ] 비예   moyen[mwaj ɛ̃] 무아앵
pleiade[plejad] 플레야드   ayant[ɛjɑ̃] 에양   noyau[nwajo] 누아요
crayon[krɛjɔ̃] 크레용   voyou[vwaju] 부아유   cueillir[kœjiːr] 쾨이르
aïeul[ajœl] 아이욀   aïeux[aj ø] 아이외

3. 그 밖의 [j]는 '이'로 적는다.

hier[jɛːr] 이에르   Montesquieu[mɔ̃teskj ø] 몽테스키외
champion[ʃɑ̃pjɔ̃] 샹피옹   diable[djɑːbl] 디아블

제5항 반모음([w])
[w]는 '우'로 적는다.

alouette[alwɛt] 알루에트   douane[dwan] 두안
quoi[kwa] 쿠아   toi[twa] 투아

제4절 에스파냐어 표기

※ 표 2에 따라 적되, 다음과 같은 특징을 살려서 적는다.

제1항 gu, qu

gu, qu는 i, e 앞에서는 각각 'ㄱ, ㅋ'으로 적고, o 앞에서는 '구, 쿠'로 적는다. 다만, a 앞에서는 그 a와 합쳐 '과, 콰'로 적는다.

guerra 게라	queso 케소	Guipuzcoa 기푸스코아
quisquilla 키스키야	antiguo 안티구오	Quórum 쿠오룸
Nicaragua 니카라과	Quarai 콰라이	

제2항 같은 자음이 겹치는 경우에는 겹치지 않은 경우와 같이 적는다. 다만, -cc-는 'ㄱㅅ'으로 적는다.

carrera 카레라	carretera 카레테라	accion 악시온

제3항 c, g

c와 g 다음에 모음 e와 i가 올 때에는 c는 'ㅅ'으로, g는 'ㅎ'으로 적고, 그 외는 'ㅋ'과 'ㄱ'으로 적는다.

Cecilia 세실리아	cifra 시프라	georgico 헤오르히코
giganta 히간타	coquito 코키토	gato 가토

제4항 x

x가 모음 앞에 오되 어두일 때에는 'ㅅ'으로 적고, 어중일 때에는 'ㄱㅅ'으로 적는다.

xilofono 실로포노	laxante 락산테

제5항 l

어말 또는 자음 앞의 l은 받침 'ㄹ'로 적고, 어중의 l이 모음 앞에 올 때에는 '르ㄹ'로 적는다.

ocal 오칼	colcren 콜크렌
blandon 블란돈	Cecilia 세실리아

제6항 nc, ng

c와 g 앞에 오는 n은 받침 'ㅇ'으로 적는다.

blanco 블랑코	yungla 융글라

제5절 이탈리아어 표기

※ 표 3에 따르고, 다음과 같은 특징을 살려서 적는다.

제1항 gl

i 앞에서는 '르ㄹ'로 적고, 그 밖의 경우에는 '글ㄹ'로 적는다.

paglia 팔리아   egli 엘리   gloria 글로리아   glossa 글로사

제2항 gn

뒤따르는 모음과 합쳐 '냐', '녜', '뇨', '뉴', '니'로 적는다.

montagna 몬타냐	gneiss 녜이스	gnocco 뇨코
gnu 뉴	ogni 오니	

제3항 sc

sce는 '셰'로, sci는 '시'로 적고, 그 밖의 경우에는 '스ㅋ'으로 적는다.

crescendo 크레셴도   scivolo 시볼로   Tosca 토스카   scudo 스쿠도

제4항 같은 자음이 겹쳤을 때에는 겹치지 않은 경우와 같이 적는다.

다만, −mm−, −nn−의 경우는 'ㅁㅁ', 'ㄴㄴ'으로 적는다.

Puccini 푸치니	buffa 부파	allegretto 알레그레토
carro 카로	rosso 로소	Abruzzo 아브루초
gomma 곰마	bisnonno 비스논노	

제5항 c, g

1. c와 g는 e, i 앞에서 각각 'ㅊ', 'ㅈ'으로 적는다.

cenere 체네레   genere 제네레   cima 치마   gita 지타

2. c와 g 다음에 ia, io, iu가 올 때에는 각각 '차, 초, 추', '자, 조, 주'로 적는다.

caccia 카차   micio 미초

제6항 qu

qu는 뒤따르는 모음과 합쳐 '콰, 퀘, 퀴' 등으로 적는다. 다만, o 앞에서는 '쿠'로 적는다.

soqquadro 소콰드로   quello 퀠로   quieto 퀴에토   quota 쿠오타

제7항 l, ll

어말 또는 자음 앞의 l, ll은 받침으로 적고, 어중의 l, ll이 모음 앞에 올 때에는 'ㄹㄹ'로 적는다.

sol 솔   polca 폴카   Carlo 카를로   quello 퀠로

제6절 일본어 표기

※ 표 4에 따르고, 다음 사항에 유의하여 적는다.

제1항 촉음(促音) [ッ(っ)]는 'ㅅ'으로 통일해서 적는다.

サッポロ 삿포로   トットリ 돗토리   ヨッカイチ 욧카이치

제2항 장모음

장모음은 따로 표기하지 않는다.

キュウシュウ(九州) 규슈   ニイガタ(新潟) 니가타
トウキョウ(東京) 도쿄   オオサカ(大阪) 오사카

제7절 중국어 표기

※ 표 5에 따르고, 다음 사항에 유의하여 적는다.

제1항 성조는 구별하여 적지 아니한다.

제2항 ㅈ, ㅉ, ㅊ

'ㅈ, ㅉ, ㅊ'으로 표기되는 자음(ㄐ,ㄓ,ㄗ,ㄑ,ㄔ,ㄘ) 뒤의 'ㅑ, ㅖ, ㅛ, ㅠ' 음은 'ㅏ, ㅔ, ㅗ, ㅜ'로 적는다.

ㄐㅣㄚ 쟈→자   ㄐㅣㄝ 졔→제

제8절 폴란드어 표기

※ 표 6에 따르고, 다음과 같은 특징을 살려서 적는다.

제1항 k, p

어말과 유성 자음 앞에서는 '으'를 붙여 적고, 무성 자음 앞에서는 받침으로 적는다.

zamek 자메크   mokry 모크리   S∤upsk 스웁스크

제2항 b, d, g

1. 어말에 올 때에는 '프', '트', '크'로 적는다.

od 오트

2. 유성 자음 앞에서는 '브', '드', '그'로 적는다.

zbrodnia 즈브로드니아

3. 무성 자음 앞에서 b, g는 받침으로 적고, d는 '트'로 적는다.

Grabski 그랍스키   odpis 오트피스

제3항 w, z, ź, dz, ż, rz, sz

1. w, z, ź, dz가 무성 자음 앞이나 어말에 올 때에는 '프, 스, 시, 츠'로
적는다.

zabawka 자바프카   obraz 오브라스

2. ż와 rz는 모음 앞에 올 때에는 'ㅈ'으로 적되, 앞의 자음이 무성 자음일
때에는 '시'로 적는다. 유성 자음 앞에 올 때에는 '주', 무성 자음 앞에
올 때에는 '슈', 어말에 올 때에는 '시'로 적는다.

Rzeszów 제슈프   Przemyśl 프셰미실   grzmot 그주모트
∤óżko 우슈코   pęcherz 펭헤시

3. sz는 자음 앞에서는 '슈', 어말에서는 '시'로 적는다.

koszt 코슈트   kosz 코시

제4항 ł

1. ł는 뒤따르는 모음과 결합할 때 합쳐서 적는다. (ło는 '워'로 적는다.) 다만, 자음 뒤에 올 때에는 두 음절로 갈라 적는다.

    łono 워노   głowa 그워바

2. oł는 '우'로 적는다.

    przjyació ł   프시야치우

제5항 l

어중의 l이 모음 앞에 올 때에는 'ㄹㄹ'로 적는다.

    olej 올레이

제6항 m

어두의 m이 l, r 앞에 올 때에는 '으'를 붙여 적는다.

    mleko 믈레코   mrówka 므루프카

제7항 ę

ę은 '엥'으로 적는다. 다만, 어말의 ę는 '에'로 적는다.

    ręka 렝카   proszę 프로셰

제8항 'ㅈ', 'ㅊ'으로 표기되는 자음(c, z) 뒤의 이중 모음은 단모음으로 적는다.

    stacja 스타차   fryzjer 프리제르

제9절 체코어 표기

※ 표 7에 따르고, 다음과 같은 특징을 살려서 적는다

제1항 k, p

어말과 유성 자음 앞에서는 '으'를 붙여 적고, 무성 자음 앞에서는 받침으로 적는다.

    mozek 모제크   koroptev 코롭테프

제2항 b, d, d', g

1. 어말에 올 때에는 '프', '트', '티', '크'로 적는다.
   led 레트

2. 유성 자음 앞에서는 '브', '드', '디', '그'로 적는다.
   ledvina 레드비나

3. 무성 자음 앞에서 b, g는 받침으로 적고, d, d'는 '트', '티'로 적는다.
   obchod 옵호트   odpadky 오트파트키

제3항 v, w, z, ř, ž, š

1. v, w, z가 무성 자음 앞이나 어말에 올 때에는 '프, 프, 스'로 적는다.
   hmyz 흐미스

2. ř, ž가 유성 자음 앞에 올 때에는 '르주', '주', 무성 자음 앞에 올 때에는 '르슈', '슈', 어말에 올 때에는 '르시', '시'로 적는다.

   námořník 나모르주니크   hořký 호르슈키   kouř 코우르시

3. š는 자음 앞에서는 '슈', 어말에서는 '시'로 적는다.

    puška 푸슈카   myš 미시

제4항 l, lj

어중의 l, lj가 모음 앞에 올 때에는 'ㄹㄹ', 'ㄹ리'로 적는다.

    kolo 콜로

제5항 m

m이 r 앞에 올 때에는 '으'를 붙여 적는다.

    humr 후므르

제6항 자음에 '예'가 결합되는 경우에는 '예' 대신에 '에'로 적는다. 다만, 자음이 'ㅅ'인 경우에는 '셰'로 적는다.

    věk 베크   šest 셰스트

제10절 세르보크로아트어 표기

※ 표 8에 따르고, 다음과 같은 특징을 살려서 적는다.

제1항 k, p

k, p는 어말과 유성 자음 앞에서는 '으'를 붙여 적고, 무성 자음 앞에서는 받침으로 적는다.

    jastuk 야스투크   opština옵슈티나

제2항 l

어중의 l이 모음 앞에 올 때에는 'ㄹㄹ'로 적는다.

kula 쿨라

제3항 m

어두의 m이 l, r, n 앞에 오거나 어중의 m이 r 앞에 올 때에는 '으'를 붙여 적는다.

mlad 믈라드   mnogo 므노고   smrt 스므르트

제4항 š

š는 자음 앞에서는 '슈', 어말에서는 '시'로 적는다.

šljivovica 슐리보비차   Niš 니시

제5항

자음에 '예'가 결합되는 경우에는 '예' 대신에 '에'로 적는다. 다만, 자음이 'ㅅ'인 경우에는 '셰'로 적는다.

bjedro 베드로   sjedlo 셰들로

제11절 루마니아어 표기

※ 표 9에 따르고, 다음과 같은 특징을 살려서 적는다.

제1항 c, p

어말과 유성 자음 앞에서는 '으'를 붙여 적고, 무성 자음 앞에서는 받침으로 적는다.

cap 카프   Cîntec 큰테크   factură 팍투러   septembrie 셉템브리에

제2항 c, g

c, g는 e, i 앞에서는 각각 'ㅊ', 'ㅈ'으로, 그 밖의 모음 앞에서는 'ㅋ',

‘ㄱ’으로 적는다.

    cap 카프   centru 첸트루   Galaţi 갈라치   Gigel 지젤

제3항 l

어중의 l이 모음 앞에 올 때에는 ‘ㄹㄹ’로 적는다.

    clei 클레이

제4항 n

n이 어말에서 m 뒤에 올 때는 ‘으’를 붙여 적는다.

    lemn 렘느   pumn 품느

제5항 e

e는 ‘에’로 적되, 인칭 대명사 및 동사 este, era 등의 어두 모음 e는
‘예’로 적는다.

    Emil 에밀   eu 예우   el 옐
    este 예스테   era 예라

제12절 헝가리어 표기

※ 표 10에 따르고, 다음과 같은 특징을 살려서 적는다.

제1항 k, p

어말과 유성 자음 앞에서는 ‘으’를 붙여 적고, 무성 자음 앞에서는 받침으
로 적는다.

    ablak 어블러크   csipke 칩케

제2항

bb, cc, dd, ff, gg, ggy, kk, ll, lly, nn, nny, pp, rr, ss, ssz, tt, tty는 b, c, d, f, g, gy, k, l, ly, n, ny, p, r, s, sz, t, ty와 같이 적는다. 다만, 어중의 nn, nny와 모음 앞의 ll은 'ㄴㄴ', 'ㄴ니', 'ㄹㄹ'로 적는다.

köztött 쾨죄트　　　　dinnye 딘네　　　　nulla 눌러

제3항 l

어중의 l이 모음 앞에 올 때에는 'ㄹㄹ'로 적는다.

olaj 올러이

제4항 s

s는 자음 앞에서는 '슈', 어말에서는 '시'로 적는다.

Pest 페슈트　　　　lapos 러포시

제5항

자음에 '예'가 결합되는 경우에는 '예' 대신에 '에'로 적는다. 다만, 자음이 'ㅅ'인 경우에는 '셰'로 적는다.

nyer 네르　　　　selyem 셰옘

제13절 스웨덴어 표기

※ 표 11에 따르고, 다음과 같은 특징을 살려서 적는다.

제1항

1. b, g가 무성 자음 앞에 올 때에는 받침 'ㅂ, ㄱ'으로 적는다.

snabbt 스납트　　　　högst 획스트

2. k, ck, p, t는 무성 자음 앞에서 받침 'ㄱ, ㄱ, ㅂ, ㅅ'으로 적는다.

oktober 옥토베르 Stockholm 스톡홀름
Uppsala 웁살라 Botkyrka 봇쉬르카

제2항 c는 'ㅋ'으로 적되, e, i, a, y, o 앞에서는 'ㅅ'으로 적는다.

campa 캄파 Celsius 셀시우스

제3항 g

1. 모음 앞의 g는 'ㄱ'으로 적되, e, i, a, y, o 앞에서는 '이'로 적고 뒤따르는
모음과 합쳐 적는다.

Gustav 구스타브 Göteborg 예테보리

2. lg, rg의 g는 '이'로 적는다

älg 엘리 Borg 보리

3. n 앞의 g는 'ㅇ'으로 적는다.

Magnus 망누스

4. 무성 자음 앞의 g는 받침 'ㄱ'으로 적는다.

högst 획스트

5. 그 밖의 자음 앞과 어말에서는 '그로 적는다.

Ludvig 루드비그 Greta 그레타

제4항 j는 자음과 모음 사이에 올 때에 앞의 자음과 합쳐서 적는다.

fjäril 피에릴 mjuk 미우크 kedja 셰디아 Björn 비에른

제5항

k는 'ㅋ'으로 적되, e, i, a, y, o 앞에서는 '시'로 적고 뒤따르는 모음과 합쳐 적는다.

    Kungsholm 쿵스홀름   Norrköping 노르셰핑

제6항

어말 또는 자음 앞의 l은 받침 'ㄹ'로 적고, 어중의 l이 모음 앞에 올 때에는 'ㄹㄹ'로 적는다.

    folk 폴크   tal 탈   tala 탈라

제7항

어두의 lj는 '이'로 적되 뒤따르는 모음과 합쳐 적고, 어중의 lj는 'ㄹ리'로 적는다.

    Ljusnan 유스난   Södertälje 쇠데르텔리에

제8항

n은 어말에서 m 다음에 올 때 적지 않는다.

    Karlshamn 칼스함   namn 남

제9항 nk는 자음 t 앞에서는 'ㅇ'으로, 그 밖의 경우에는 'ㅇㅋ'로 적는다.

    anka 앙카   Sankt 상트   punkt 풍트   bank 방크

제10항 sk는 '스ㅋ'으로 적되 e, i, a, y, o 앞에서는 '시'로 적고, 뒤따르는 모음과 합쳐 적는다.

Skoglund 스코글룬드   skuldra 스쿨드라   skål 스콜
skörd 셰르드   skydda 쉬다

제11항

o는 '외'로 적되 g, j, k, kj, lj, skj 다음에서는 '에'로 적고, 앞의 '이' 또는 '시'와 합쳐서 적는다. 다만, jo 앞에 그 밖의 자음이 올 때에는 j는 앞의 자음과 합쳐 적고, o는 '에'로 적는다.

Örebro 외레브로   Göta 예타   Jönköping 옌셰핑
Björn 비에른   Björling 비엘링   mjöl 미엘

제12항

같은 자음이 겹치는 경우에는 겹치지 않은 경우와 같이 적는다. 단, mm, nn은 모음 앞에서 'ㅁㅁ', 'ㄴㄴ'으로 적는다.

Kattegatt 카테가트   Norrköping 노르셰핑
Uppsala 웁살라   Bromma 브롬마
Dannemora 단네모라

제14절 노르웨이어 표기

※ 표 12에 따르고, 다음과 같은 특징을 살려서 적는다.

제1항

1. b, g가 무성 자음 앞에 올 때에는 받침 'ㅂ, ㄱ'으로 적는다.

Ibsen 입센   sagtang 삭탕

2. k, p, t는 무성 자음 앞에서 받침 'ㄱ, ㅂ, ㅅ'으로 적는다.

lukt 룩트   september 셉템베르   husets 후셋스

제2항 c는 'ㅋ'으로 적되, e, i, y, æ, ø 앞에서는 'ㅅ'으로 적는다.

Jacob 야코브   Vincent 빈센트

제3항 d

1. 모음 앞의 d는 'ㄷ'으로 적되, 장모음 뒤에서는 적지 않는다.

Bod ø 보되   Norden 노르덴   (장모음 뒤) spade 스파에

2. ld, nd의 d는 적지 않는다.

Harald 하랄   Aasmund 오스문

3. 장모음+rd의 d는 적지 않는다.

fjord 피오르   Halvard 할바르   nord 노르

4. 단모음+rd의 d는 어말에서는 '드'로 적는다.

ferd 페르드   mord 모르드

5. 장모음+d의 d는 적지 않는다.

glad 글라   Sjaastad 쇼스타

6. 그 밖의 경우에는 '드'로 적는다.

dreng 드렝   bad 바드

※ 모음의 장단에 대해서는 노르웨이어의 발음을 보여 주는 사전을 참조하여야 한다.

제4항 g

1. 모음 앞의 g는 'ㄱ'으로 적되 e, i, y, æ, ø 앞에서는 '이'로 적고 뒤따르는 모음과 합쳐 적는다.

        god 고드   gyllen 윌렌

2. g는 이중 모음 뒤와 ig, lig에서는 적지 않는다.

   haug 헤우   deig 데이   Solveig 솔베이
   fattig 파티   farlig 팔리

3. n 앞의 g는 'ㅇ'으로 적는다.

   Agnes 앙네스   Magnus 망누스

4. 무성 자음 앞의 g는 받침 'ㄱ'으로 적는다.

   sagtang 삭탕

5. 그 밖의 자음 앞과 어말에서는 '그'로 적는다.

   berg 베르그   helg 헬그   Grieg 그리그

제5항 j는 자음과 모음 사이에 올 때에 앞의 자음과 합쳐서 적는다.

   Bjørn 비에른   fjord 피오르   Skodje 스코디에
   Evje 에비에   Tjeldstø 티엘스퇴

제6항 k는 'ㅋ'으로 적되 e, i, y, æ, ø 앞에서는 '시'로 적고, 뒤따르는 모음과 합쳐 적는다.

   Rikard 리카르드   Kirsten 시르스텐

제7항 어말 또는 자음 앞의 l은 받침 'ㄹ'로 적고, 어중의 l이 모음 앞에

올 때에는 'ㄹㄹ'로 적는다.

　　sol 솔　　　　　　　　　　　　Quisling 크비슬링

제8항 nk는 자음 t 앞에서는 'ㅇ'으로, 그 밖의 경우에는 'ㅇ크'로 적는다.

　　　　punkt 풍트　　　　　　　　　bank 방크

제9항 sk는 '스크'로 적되, e, i, y, æ, ø 앞에서는 '시'로 적고 뒤따르는
모음과 합쳐 적는다.

　　　　skatt 스카트　　　　　　　Skienselv 시엔스엘브

제10항 t

1. 어말 관사 et의 t는 적지 않는다.

　　huset 후세　　　　　møtet 뫼테　　　　taket 타케

2. 다만, 어말 관사 et에 s가 첨가되면 받침 'ㅅ'으로 적는다.

　　husets 후셋스

제11항 eg

1. eg는 n, l 앞에서 '에이'로 적는다.

　　regn 레인　　　　　tegn 테인　　　　negl 네일

2. 그 밖의 경우에는 '에그'로 적는다.

　　deg 데그　　　　　　　　egg 에그

제12항

ø는 '외'로 적되, g, j, k, kj, lj, skj 다음에서는 '에'로 적고 앞의 '이' 또는 '시'와 합쳐서 적는다. 다만, jø 앞에 그 밖의 자음이 올 때에는 j는 앞의 자음과 합쳐 적고 ø는 '에'로 적는다.

Bodø 보되   Gjøvik 예비크   Bjørn 비에른

제13항

같은 자음이 겹치는 경우에는 겹치지 않은 경우와 같이 적는다. 단, mm, nn은 모음 앞에서 'ㅁㅁ', 'ㄴㄴ'으로 적는다.

Moss 모스   Mikkjel 미셸   Matthias 마티아스
Hammerfest 함메르페스트

제15절 덴마크어 표기

※ 표 13에 따르고, 다음과 같은 특징을 살려서 적는다.

제1항

1. b는 무성 자음 앞에서 받침 'ㅂ'으로 적는다.

Jacobsen 야콥센   Jakobsen 야콥센

2. k, p, t는 무성 자음 앞에서 받침 'ㄱ, ㅂ, ㅅ'으로 적는다.

insekt 인섹트   september 셉템베르   nattkappe 낫카페

제2항 c는 'ㅋ'으로 적되, e, i, y, æ, ø 앞에서는 'ㅅ'으로 적는다.

campere 캄페레   centrum 센트룸

제3항 d

1. ds, dt, ld, nd, rd의 d는 적지 않는다.

plads 플라스	kridt 크리트	fødte 푀테
vold 볼	Kolding 콜링	Öresund 외레순
Jylland 윌란	hård 호르	bord 보르
nord 노르		

2. 다만, ndr의 d는 '드'로 적는다.

andre 안드레   vandre 반드레

3. 그 밖의 경우에는 '드'로 적는다.

dreng 드렝

제4항 g

1. 어미 ig의 g는 적지 않는다.

vældig 벨디	mandig 만디	herlig 헤를리
lykkelig 뤼켈리	Grundtvig 그룬트비	

2. u와 l 사이의 g는 적지 않는다.

fugl 풀   kugle 쿨레

3. borg, berg의 g는 적지 않는다.

Nyborg 뉘보르   Esberg 에스베르   Frederiksberg 프레데릭스베르

4. 그 밖의 자음 앞과 어말에서는 '그'로 적는다.

magt 마그트   dug 두그

제5항 j는 자음과 모음 사이에 올 때에 앞의 자음과 합쳐서 적는다.

Esbjerg 에스비에르   Skjern 스키에른

Kjellerup 키엘레루프   Fjellerup 피엘레루프

제6항 어말 또는 자음 앞의 l은 받침 '르'로 적고, 어중의 l이 모음 앞에 올 때에는 '르르'로 적는다.

Holstebro 홀스테브로   Lolland 롤란

제7항 v

1. 모음 앞의 v는 'ㅂ'으로 적되, 단모음 뒤에서는 '우'로 적는다.

Vejle 바일레   dvale 드발레   pulver 풀베르
rive 리베   lyve 뤼베   løve 뢰베
doven 도우엔   hoven 호우엔   oven 오우엔
sove 소우에

2. lv의 v는 묵음일 때 적지 않는다.

halv 할   gulv 굴

3. av, æv, øv, ov, ev에서는 '우'로 적는다.

gravsten 그라우스텐   havn 하운   København 쾨벤하운
Thorshavn 토르스하운   jævn 예운   Støvle 스퇴울레
lov 로우   rov 로우   Hjelmslev 옐름슬레우

4. 그 밖의 경우에는 '브'로 적는다.

arv 아르브

※ 묵음과 모음의 장단에 대해서는 덴마크어의 발음을 보여 주는 사전을 참조하여야 한다.

제8항 같은 자음이 겹치는 경우에는 겹치지 않은 경우와 같이 적는다.

lykkelig 뤼켈리	hoppe 호페	Hjørring 예링
blomme 블로메	Rønne 뢰네	

제16절 말레이인도네시아어 표기

※ 표 14에 따르고, 다음과 같은 특징을 살려서 적는다.

제1항

유음이나 비음 앞에 오는 파열음은 '으'를 붙여 적는다.

Prambanan 프람바난	Trisno 트리스노
Ibrahim 이브라힘	Fakhrudin 파크루딘
Tasikmalaya 타시크말라야	Supratman 수프라트만

제2항

sy는 뒤따르는 모음과 합쳐서 '샤, 셰, 시, 쇼, 슈' 등으로 적는다. 구철자 sh는 sy와 마찬가지로 적는다.

Syarwan 샤르완	Paramesywara 파라메시와라
Syed 솃	Shah 샤

제3항

인도네시아어의 구철자 dj와 tj는 신철자 j, c와 마찬가지로 적는다.

Djakarta 자카르타	Jakarta 자카르타
Banda Atjeh 반다아체	Banda Aceh 반다아체

제4항

인도네시아어의 구철자 j와 sj는 신철자 y, sy와 마찬가지로 적는다.

Jusuf 유숩	Yusuf 유숩
Sjarifuddin 샤리푸딘	Syarifuddin 샤리푸딘

제5항

인도네시아어의 구철자 bh와 dh는 신철자 b, d와 마찬가지로 적는다.

Bhinneka 비네카   Binneka 비네카
Yudhoyono 유도요노   Yudoyono 유도요노

제6항

인도네시아어의 구철자 ch는 신철자 kh와 마찬가지로 적는다.

Chairil 하이릴   Khairil 하이릴
Bacharuddin 바하루딘   Bakharuddin 바하루딘

제7항

말레이시아어의 구철자 ch는 신철자 c와 마찬가지로 적는다.

Changi 창이   Cangi 창이
Kuching 쿠칭   Kucing 쿠칭

제8항

말레이시아어 철자법에 따라 표기한 gh, th는 각각 g, t와 마찬가지로 적는다.

Ghazali 가잘리   baligh 발릭
Mahathir 마하티르(말레이시아어 철자법)
Gazali 가잘리   balig 발릭
Mahatir 마하티르 (인도네시아어 철자법)

제9항

어중의 l이 모음 앞에 올 때에는 '르르'로 적는다.

Palembang 팔렘방   Malik 말릭

제10항

같은 자음이 겹쳐 나올 때에는 한 번만 적는다.

Hasanuddin 하사누딘   Mohammad 모하맛
Mappanre 마판레   Bukittinggi 부키팅기

제11항

반모음 w는 뒤의 모음과 합쳐 '와', '웨' 등으로 적는다. 자음 뒤에 w가
올 때에는 두 음절로 갈라 적되, 앞에 자음 k가 있으면 '콰', '퀘' 등으로
한 음절로 붙여 적는다.

Megawati 메가와티   Anwar 안와르
kwartir 콰르티르   kweni 퀘니

제12항

반모음 y는 뒤의 모음과 합쳐 '야', '예' 등으로 적으며 앞에 자음이 있을
경우에는 그 자음까지 합쳐 적는다. 다만 g나 k가 y 앞에 올 때에는 합쳐
적지 않고 뒤 모음과만 합쳐 적는다.

Yadnya 야드냐   tanya 타냐
satya 사탸   Yogyakarta 욕야카르타

제13항

e는 [e]와 [ə] 두 가지로 소리 나므로 발음을 확인하여 [e]는 '에'로 [ə]는
'으'로 적는다. 다만, ye의 e가 [ə]일 때에는 ye를 '여'로 적는다.

Ampenan 암페난   sate 사테
Cirebon 치르본   kecapi 크차피
Yeh Sani 예사니   Nyepi 녀피

제14항

같은 모음이 겹쳐 나올 때에는 한 번만 적는다.

Pandaan 판단	Paramesywara 파라메시와라
saat 삿	Shah 샤

제15항

인도네시아어의 구철자 중모음 표기 oe, ie는 신철자 u, i와 마찬가지로 '우, 이'로 적는다.

Bandoeng 반둥	Bandung 반둥
Habibie 하비비	Habibi 하비비

제17절 타이어 표기

※ 표 15에 따르고, 다음과 같은 특징을 살려서 적는다.

제1항

유음 앞에 오는 파열음은 '으'를 붙여 적는다.

Nakhaprathip 나카쁘라팁	Krung Thep 끄룽텝
Phraya 프라야	Songkhram 송크람

제2항

모음 사이에서 l은 'ㄹㄹ'로, ll은 'ㄴㄹ'로 적는다.

thale 탈레	malako 말라꼬
Sillapaacha 신라빠차	Kallasin 깐라신

제3항

같은 자음이 겹쳐 있을 때에는 겹치지 않은 경우와 같이 적는다. ‒pph‒, ‒tth‒ 등 같은 계열의 자음이 겹쳐 나올 때에도 겹치지 않은 경우와 같이 적는다. 다만, ‒mm‒, ‒nn‒의 경우에는 'ㅁㅁ', 'ㄴㄴ'으로 적는다.

Suwit Khunkitti 수윗 쿤끼띠	Pattani 빠따니

Ayutthaya 아유타야 　　　　　 Thappharangsi 타파랑시

Thammamongkhon 탐마몽콘 　　　 Lanna Thai 란나타이

제4항

관용적 로마자 표기에서 c 대신 쓰이는 j는 c와 마찬가지로 적는다.

Janthaphimpha 짠타핌파 　　　 Jit Phumisak 찟 푸미삭

제5항

sr 와 thr는 모음 앞에서 s와 마찬가지로 'ㅅ'으로 적는다.

Intharasuksri 인타라숙시 　　　 Sri Chang 시창

Bangthrai 방사이

제6항

반모음 y는 모음 사이, 또는 어두에 있을 때에는 뒤의 모음과 합쳐 '야, 예' 등으로 적으며, 자음과 모음 사이에 있을 때에는 앞의 자음과는 갈라 적고 뒤의 모음과는 합쳐 적는다.

khaoniyao 카오니야오 　　　　 yai 야이

Adunyadet 아둔야뎃 　　　　　 lamyai 람야이

제7항

반모음 w는 뒤의 모음과 합쳐 '와', '웨' 등으로 적는다. 자음 뒤에 w가 올 때에는 두 음절로 갈라 적되, 앞에 자음 k, kh가 있으면 '꽈', '콰', '꿰', '퀘' 등으로 한 음절로 붙여 적는다.

Suebwongli 습웡리 　　　　　 Sukhumwit 수쿰윗

Huaikhwang 후아이쾅 　　　　 Maenamkhwe 매남퀘

제8항

관용적 로마자 표기에서 사용되는 or은 '오'로 적고, oo는 '우'로, ee는

'이'로 적는다.

Korn 꼰   Somboon 솜분   Meechai 미차이

제18절 베트남어 표기

※ 표 16에 따르고, 다음과 같은 특징을 살려서 적는다.

제1항

nh는 이어지는 모음과 합쳐서 한 음절로 적는다. 어말이나 자음 앞에서는 받침 'ㄴ'으로 적되, 그 앞의 모음이 a인 경우에는 a와 합쳐 '아인'으로 적는다.

Nha Trang 냐짱   Hô Chi Minh 호찌민
Thanh Hoa 타인호아   Đông Khanh 동카인

제2항

qu는 이어지는 모음이 a일 경우에는 합쳐서 '꽈'로 적는다.

Quang 꽝   hat quan ho 핫꽌호
Quôc 꾸옥   Quyên 꾸옌

제3항

y는 뒤따르는 모음과 합쳐서 한 음절로 적는다.

yên 옌   Nguyên 응우옌

제4항

어중의 l이 모음 앞에 올 때에는 'ㄹㄹ'로 적는다.

klông put 끌롱쁫   Pleiku 쁠래이꾸
Ha Long 할롱   My Lay 밀라이

다만, 인명의 성과 이름은 별개의 단어로 보아 이 규칙을 적용하지

않는다.

The L 테르   Che Lan Vien 쩨란비엔

제19절 포르투갈어 표기

※ 표 17에 따르고, 다음과 같은 특징을 살려서 적는다. 다만, '브라질 포르투갈어에서'라는 단서가 붙은 조항은 브라질 지명·인명의 표기에만 적용한다.

제1항

c, g는 a, o, u 앞에서는 각각 'ㅋ, ㄱ'으로 적고, e, i 앞에서는 'ㅅ, ㅈ'으로 적는다.

Cabral 카브랄   Camocim 카모싱
Egas 에가스   Gil 질

제2항

gu, qu는 a, o, u 앞에서는 각각 '구, 쿠'로 적고, e, i 앞에서는 'ㄱ, ㅋ'으로 적는다.

Iguaçú 이구아수   Araquari 아라쿠아리
Guerra 게하   Aquilino 아킬리누

제3항

d, t는 ㄷ, ㅌ으로 적는다. 다만, 브라질 포르투갈어에서 i 앞이나 어말 e 및 어말 –es 앞에서는 'ㅈ, ㅊ'으로 적는다.

Amado 아마두   Costa 코스타
Diamantina 디아만티나   Diamantina 지아만치나 (브)
Alegrete 알레그레트   Alegrete 알레그레치 (브)
Montes 몬트스   Montes 몬치스(브)

제4항

어말의 -che는 '시'로 적는다.

　　Angoche 앙고시　　　　　　　Peniche 페니시

제5항 l

1) 어중의 l이 모음 앞에 오거나 모음이 따르지 않는 비음 앞에 오는 경우에는 'ㄹㄹ'로 적는다. 다만, 비음 뒤의 l은 모음 앞에 오더라도 'ㄹ'로 적는다.

　　Carlos 카를루스　　　　　　Amalia 아말리아

2) 어말 또는 자음 앞의 l은 받침 'ㄹ'로 적는다. 다만, 브라질 포르투갈어 에서 자음 앞이나 어말에 오는 경우에는 '우'로 적되, 어말에 -ul 이 오는 경우에는 '울'로 적는다.

　　Sul 술　　　　　　　　　Azul 아줄
　　Gilberto 질베르투　　　　　Gilberto 지우베르투 (브)
　　Caracol 카라콜　　　　　　Caracol 카라코우 (브)

제6항

m, n은 각각 ㅁ, ㄴ으로 적고, 어말에서는 모두 받침 'ㅇ'으로 적는다. 어말 -ns의 n도 받침 'ㅇ'으로 적는다.

　　Manuel 마누엘　　　　　　Moniz 모니스
　　Campos 캄푸스　　　　　　Vincente 빈센트
　　Santarém 산타렝　　　　　Rondon 혼동
　　Lins 링스　　　　　　　　Rubens 후벵스

제7항

ng, nc, nq 연쇄에서 'g, c, q'가 'ㄱ'이나 'ㅋ'으로 표기되면 'n'은 받침 'ㅇ'으로 적는다.

Angola 앙골라	Angelo 안젤루
Branco 브랑쿠	Francisco 프란시스쿠
Conquista 콩키스타	Junqueiro 중케이루

제8항

r는 어두나 n, l, s 뒤에 오는 경우에는 'ㅎ'으로 적고, 그 밖의 경우에는 'ㄹ, 르'로 적는다.

| Ribeiro 히베이루 | Henrique 엔히크 |
| Bandeira 반데이라 | Salazar 살라자르 |

제9항 s

1) 어두나 모음 앞에서는 'ㅅ'으로 적고, 모음 사이에서는 'ㅈ'으로 적는다.
2) 무성 자음 앞이나 어말에서는 'ㅅ'로 적고, 유성 자음 앞에서는 'ㅈ'로 적는다.

| Salazar 살라자르 | Afonso 아폰수 |
| Barroso 바호주 | Gervasio 제르바지우 |

제10항 sc, sç, xc

sc와 xc는 e, i 앞에서 'ㅅ'으로 적는다. sç는 항상 'ㅅ'으로 적는다.

| Nascimento 나시멘투 | piscina 피시나 |
| excelente 이셀렌트 | cresça 크레사 |

제11항

x는 'ㅅ'로 적되, 어두 e와 모음 사이에 오는 경우에는 'ㅈ'으로 적는다.

| Teixeira 테이셰이라 | lixo 리슈 |
| exame 이자므 | exemplo 이젬플루 |

제12항

같은 자음이 겹치는 경우에는 겹치지 않은 경우와 같이 적는다. 다만, rr는 'ㅎ, 흐'로, ss는 'ㅅ, 스'로 적는다.

Garrett 가헤트	Barroso 바호주
Mattoso 마토주	Toress 토레스

제13항

o는 '오'로 적되, 어말이나 -os의 o는 '우'로 적는다.

Nobre 노브르	Antonio 안토니우
Melo 멜루	Saramago 사라마구
Passos 파수스	Lagos 라구스

제14항

e는 '에'로 적되, 어두 무강세 음절에서는 '이'로 적는다. 어말에서는 '으'로 적되, 브라질 포르투갈어에서는 '이'로 적는다.

Montemayor 몬테마요르	Estremoz 이스트레모스
Chifre 시프르	Chifre 시프리 (브)
de 드	de 지 (브)

제15항 -es

1) p, b, m, f, v 다음에 오는 어말 -es는 '-에스'로 적는다.

Lopes 로페스	Gomes 고메스
Neves 네베스	Chaves 샤베스

2) 그 밖의 어말 -es는 '-으스'로 적는다. 다만, 브라질 포르투갈어에서는 '-이스'로 적는다.

Soares 소아르스	Pires 피르스
Dorneles 도르넬리스(브)	Correntes 코헨치스(브)

※ 포르투갈어 강세 규칙은 다음과 같다.

① 자음 l, r, z, 모음 i, u, 비음 im, um, ã, ão, ões 로 끝나는 단어는 마지막 음절에 강세가 온다.
② á, é, ê, ó, ô, í, ú 등과 같이 단어에 강세 표시가 있는 경우는 그곳에 강세가 온다.
③ 그 밖의 경우에는 끝에서 두 번째 음절에 강세가 온다.

제20절 네덜란드어 표기

※ 표 18에 따르고, 다음과 같은 특징을 살려서 적는다.

제1항

무성 파열음 p, t, k는 자음 앞이나 어말에 올 경우에는 각각 받침 'ㅂ, ㅅ, ㄱ'으로 적는다. 다만, 앞 모음이 이중 모음이거나 장모음(같은 모음을 겹쳐 적는 경우)인 경우와 앞이나 뒤의 자음이 유음이나 비음인 경우에는 '프, 트, 크'로 적는다.

Wit 빗	Gennip 헤닙	Kapteyn 캅테인
september 셉템버르	Petrus 페트뤼스	Arcadelt 아르카델트
Hoop 호프	Eijkman 에이크만	

제2항

유성 파열음 b, d가 어말에 올 경우에는 각각 '프, 트'로 적고, 어중에 올 경우에는 앞이나 뒤의 자음이 유음이나 비음인 경우와 앞 모음이 이중 모음이거나 장모음(같은 모음을 겹쳐 적는 경우)인 경우에는 '브, 드'로 적는다. 그 외에는 모두 받침 'ㅂ, ㅅ'으로 적는다.

Bram 브람	Hendrik 헨드릭	Jakob 야코프
Edgar 엣하르	Zeeland 제일란트	Koenraad 쿤라트

제3항

v가 어두에 올 경우에는 'ㅍ, 프'로 적고, 그 외에는 모두 'ㅂ, 브'로

적는다.

<table>
<tr><td>Veltman 펠트만</td><td>Vries 프리스</td></tr>
<tr><td>Grave 흐라버</td><td>Weltevree 벨테브레이</td></tr>
</table>

제4항

c는 차용어에 쓰이므로 해당 언어의 발음에 따라 'ㅋ'이나 'ㅅ'으로 적는다.

<table>
<tr><td>Nicolaas 니콜라스</td><td>Hendricus 헨드리퀴스</td></tr>
<tr><td>cyaan 시안</td><td>Franciscus 프란시스퀴스</td></tr>
</table>

제5항

g, ch는 'ㅎ'으로 적되, 차용어의 경우에는 해당 언어의 발음에 따라 적는다.

<table>
<tr><td>gulden휠던</td><td>Haag 하흐</td><td>Hooch 호흐</td></tr>
<tr><td>Volcher 폴허르</td><td>Eugene 외젠</td><td>Michael 미카엘</td></tr>
</table>

제6항

–tie는 '시'로 적는다.

<table>
<tr><td>natie 나시</td><td>politie 폴리시</td></tr>
</table>

제7항

어중의 l이 모음 앞에 오거나 모음이 따르지 않는 비음 앞에 올 때에는 'ㄹㄹ'로 적는다. 다만, 비음 뒤의 l은 모음 앞에 오더라도 'ㄹ'로 적는다.

<table>
<tr><td>Tiele 틸러</td><td>Zalm 잘름</td></tr>
<tr><td>Berlage 베를라허</td><td>Venlo 펜로</td></tr>
</table>

제8항 nk

k 앞에 오는 n은 받침 'ㅇ'으로 적는다.

<table>
<tr><td>Frank 프랑크</td><td>Hiddink 히딩크</td></tr>
</table>

Benk 벵크   Wolfswinkel 볼프스빙컬

제9항

같은 자음이 겹치는 경우에는 겹치지 않은 경우와 같이 적는다.

Hobbema 호베마   Ballot 발롯
Emmen 에먼   Gennip 헤닙

제10항

e는 '에'로 적는다. 다만, 이음절 이상에서 마지막 음절에 오는 e와 어말
의 e는 모두 '어'로 적는다.

Dennis 데니스   Breda 브레다
Stevin 스테빈   Peter 페터르
Heineken 헤이네컨   Campen 캄펀

제11항

같은 모음이 겹치는 경우에는 겹치지 않은 경우와 같이 적는다. 다만
ee는 '에이'로 적는다.

Hooch 호흐   Mondriaan 몬드리안
Kees 케이스   Meerssen 메이르선

제12항

-ig는 '어흐'로 적는다.

tachtig 타흐터흐   hartig 하르터흐

제13항

-berg는 '베르흐'로 적는다.

Duisenberg 다위센베르흐   Mengelberg 멩엘베르흐

제14항

over-는 '오버르'로 적는다.

    Overijssel 오버레이설   overkomst 오버르콤스트

제15항

모음 è, é, ê, ë는 '에'로 적고, ï 는 '이'로 적는다.

    carré 카레   casuïst 카수이스트

    drieëntwintig 드리엔트빈터흐

제21절 러시아어 표기

※ 표 19에 따르고, 다음과 같은 특징을 살려서 적는다.

제1항 p(п), t(т), k(к), b(б), d(д), g(г), f(ф), v(в)

파열음과 마찰음 f(ф) · v(в)는 무성 자음 앞에서는 앞 음절의 받침으로 적고, 유성 자음 앞에서는 '으'를 붙여 적는다.

    Sadko(Садко) 삿코   Agryz(Агрыз) 아그리스

    Akbaur(Акбаур) 아크바우르   Rostopchinya(Ростопчиня) 로스톱치나

    Akmeizm(Акмеизм) 아크메이즘 Rubtsovsk(Рубцовск) 룹촙스크

    Bryatsk(Брятск) 브랴츠크   Lopatka(Лопатка) 로팟카

    Yefremov(Ефремов) 예프레모프 Dostoevskii(Достоевский) 도스토옙스키

제2항 z(з), zh(ж)

z(з)와 zh(ж)는 유성 자음 앞에서는 '즈'로 적고 무성 자음 앞에서는 각각 '스, 시'로 적는다.

    Nazran'(Назрань) 나즈란

    Nizhnii Tagil(Нижний Тагил) 니즈니타길

    Ostrogozhsk(Острогожск) 오스트로고시스크

    Luzhkov(Лужков) 루시코프

제3항

지명의 –grad(град)와 –gorod(город)는 관용을 살려 각각 '–그라드', '–고로드'로 표기한다.

> Volgograd(Волгоград) 볼고그라드
> Kaliningrad(Калининград) 칼리닌그라드
> Slavgorod(Славгород) 슬라브고로드

제4항

자음 앞의 –ds(дс)—는 '츠'로 적는다.

> Petrozavodsk(Петрозаводск) 페트로자보츠크
> Vernadskii(Вернадский) 베르나츠키

제5항

어말 또는 자음 앞의 l(л)은 받침 'ㄹ'로 적고, 어중의 l이 모음 앞에 올 때에는 'ㄹㄹ'로 적는다.

> Pavel(Павел) 파벨
> Nikolaevich(Николаевич) 니콜라예비치
> Zemlya(Земля) 제믈랴
> Tsimlyansk(Цимлянск) 치믈랸스크

제6항

l'(ль), m(м)이 어두 자음 앞에 오는 경우에는 각각 '리', '므'로 적는다.

> L'bovna(Льбовна) 리보브나   Mtsensk(Мценск) 므첸스크

제7항

같은 자음이 겹치는 경우에는 겹치지 않은 경우와 같이 적는다. 다만, mm(мм), nn(нн)은 모음 앞에서 'ㅁㅁ', 'ㄴㄴ'으로 적는다.

> Gippius(Гиппиус) 기피우스   Avvakum(Аввакум) 아바쿰

Odessa(Одесса) 오데사   Akkol'(Акколь) 아콜

Sollogub(Соллогуб) 솔로구프   Anna(Анна) 안나

Gamma(Гамма) 감마

제8항

e(e, э)는 자음 뒤에서는 '에'로 적고, 그 외의 경우에는 '예'로 적는다.

Aleksei(Алексей) 알렉세이

Egvekinot(Егвекинот) 예그베키노트

제9항연음 부호 '(ь)

연음 부호 '(ь)은 '이'로 적는다. 다만 l', m', n'(ль, мь, нь)이 자음 앞이나 어말에 오는 경우에는 적지 않는다.

L'bovna(Льбовна) 리보브나   Igor'(Игорь) 이고리

Il'ya(Илья) 일리야   D'yakovo(Дьяково) 디야코보

Ol'ga(Ольга) 올가   Perm'(Пермь) 페름

Ryazan'(Рязань) 랴잔   Gogol'(Гоголь) 고골

제10항

dz(дз), dzh(дж)는 각각 z, zh와 같이 적는다.

Tetradze(Тетрадзе) 테트라제

Tadzhikistan(Таджикистан) 타지키스탄

제4장 인명, 지명표기의 원칙

제1절 표기원칙

제1항

외국의 인명, 지명의 표기는 제1장, 제2장, 제3장의 규정을 따르는 것을

원칙으로 한다.

제2항
제3장에 포함되어 있지 않은 언어권의 인명, 지명은 원지음을 따르는 것을 원칙으로 한다.

  Ankara 앙카라   Gandhi 간디

제3항
원지음이 아닌 제3국의 발음으로 통용되고 있는 것은 관용을 따른다.

  Hague 헤이그   Caesar 시저

제4항
고유 명사의 번역명이 통용되는 경우 관용을 따른다.

  Pacific Ocean 태평양   Black Sea 흑해

제2절 동양의 인명, 지명 표기

제1항
중국 인명은 과거인과 현대인을 구분하여 과거인은 종전의 한자음대로 표기하고, 현대인은 원칙적으로 중국어 표기법에 따라 표기하되, 필요한 경우 한자를 병기한다.

제2항
중국의 역사 지명으로서 현재 쓰이지 않는 것은 우리 한자음대로 하고, 현재 지명과 동일한 것은 중국어 표기법에 따라 표기하되, 필요한 경우 한자를 병기한다.

제3항

일본의 인명과 지명은 과거와 현대의 구분 없이 일본어 표기법에 따라 표기하는 것을 원칙으로 하되, 필요한 경우 한자를 병기한다.

제4항

중국 및 일본의 지명 가운데 한국 한자음으로 읽는 관용이 있는 것은 이를 허용한다.

東京	도쿄, 동경	京都	교토, 경도	上海	상하이, 상해
臺灣	타이완, 대만	黃河	황허, 황하		

제3절 바다, 섬, 강, 산 등의 표기 세칙

제1항

바다는 '해(海)'로 통일한다.

  홍해   발트해   아라비아해

제2항

우리나라를 제외하고 섬은 모두 '섬'으로 통일한다.

  타이완섬   코르시카섬 (우리나라: 제주도, 울릉도)

제3항

한자 사용 지역(일본, 중국)의 지명이 하나의 한자로 되어 있을 경우, '강', '산', '호', '섬' 등은 겹쳐 적는다.

  온타케산(御岳)   주장강(珠江)   도시마섬(利島)
  하야카와강(早川) 위산산(玉山)

제4항

지명이 산맥, 산, 강 등의 뜻이 들어 있는 것은 '산맥', '산', '강' 등을 겹쳐 적는다.

Rio Grande 리오그란데강
Monte Rosa 몬테로사산
Mont Blanc 몽블랑산
Sierra Madre 시에라마드레산맥

4. 로마자 표기법[문화체육관광부 고시 제2014-42호(2014. 12. 5.)]

제1장 표기의 기본 원칙

제1항 국어의 로마자 표기는 국어의 표준 발음법에 따라 적는 것을 원칙으로 한다.

제2항 로마자 이외의 부호는 되도록 사용하지 않는다.

제2장 표기 일람

제1항 모음은 다음 각 호와 같이 적는다.

1. 단모음

ㅏ	ㅓ	ㅗ	ㅜ	ㅡ	ㅣ	ㅐ	ㅔ	ㅚ	ㅟ
a	eo	o	u	eu	i	ae	e	oe	wi

2. 이중 모음

ㅑ	ㅕ	ㅛ	ㅠ	ㅒ	ㅖ	ㅘ	ㅙ	ㅝ	ㅞ	ㅢ
ya	yeo	yo	yu	yae	ye	wa	wae	wo	we	ui

[붙임 1] 'ㅢ'는 'ㅣ'로 소리 나더라도 'ui'로 적는다.

    광희문   Gwanghuimun

[붙임 2] 장모음의 표기는 따로 하지 않는다.

제2항 자음은 다음 각 호와 같이 적는다.

1. 파열음

ㄱ	ㄲ	ㅋ	ㄷ	ㄸ	ㅌ	ㅂ	ㅃ	ㅍ
g, k	kk	k	d, t	tt	t	b, p	pp	p

2. 파찰음

ㅈ	ㅉ	ㅊ
j	jj	ch

3. 마찰음

ㅅ	ㅆ	ㅎ
s	ss	h

4. 비음

ㄴ	ㅁ	ㅇ
n	m	ng

5. 유음

ㄹ
r, l

[붙임 1] 'ㄱ, ㄷ, ㅂ'은 모음 앞에서는 'g, d, b'로, 자음 앞이나 어말에서는 'k, t, p'로 적는다.([ ] 안의 발음에 따라 표기함.)

구미 Gumi   영동 Yeongdong   백암 Baegam
옥천 Okcheon   합덕 Hapdeok   호법 Hobeop
월곶[월곧] Wolgot   벚꽃[벋꼳] beotkkot   한밭[한받] Hanbat

[붙임 2] '르'은 모음 앞에서는 'r'로, 자음 앞이나 어말에서는 'l'로 적는다. 단, '르르'은 'll'로 적는다.

구리 Guri   설악 Seorak   칠곡 Chilgok
임실 Imsil   울릉 Ulleung   대관령[대괄령] Daegwallyeong

제3장 표기상의 유의점

제1항 음운 변화가 일어날 때에는 변화의 결과에 따라 다음 각 호와 같이 적는다.

1. 자음 사이에서 동화 작용이 일어나는 경우

백마[뱅마] Baengma   신문로[신문노] Sinmunno
종로[종노] Jongno   왕십리[왕심니] Wangsimni
별내[별래] Byeollae   신라[실라] Silla

2. 'ㄴ, ㄹ'이 덧나는 경우

학여울[항녀울] Hangnyeoul   알약[알략] allyak

3. 구개음화가 되는 경우

해돋이[해도지] haedoji   같이[가치] gachi   굳히다[구치다] guchida

4. 'ㄱ, ㄷ, ㅂ, ㅈ'이 'ㅎ'과 합하여 거센소리로 소리 나는 경우

좋고[조코] joko   놓다[노타] nota
잡혀[자펴] japyeo   낳지[나치] nachi

다만, 체언에서 'ㄱ, ㄷ, ㅂ' 뒤에 'ㅎ'이 따를 때에는 'ㅎ'을 밝혀 적는다.

묵호 Mukho   집현전 Jiphyeonjeon

[붙임] 된소리되기는 표기에 반영하지 않는다.

압구정 Apgujeong	낙동강 Nakdonggang	죽변 Jukbyeon
낙성대 Nakseongdae	합정 Hapjeong	팔당 Paldang
샛별 saetbyeol	울산 Ulsan	

제2항 발음상 혼동의 우려가 있을 때에는 음절 사이에 붙임표(-)를 쓸 수 있다.

중앙 Jung-ang   반구대 Ban-gudae   세운 Se-un
해운대 Hae-undae

제3항 고유 명사는 첫 글자를 대문자로 적는다.

부산 Busan   세종 Sejong

제4항 인명은 성과 이름의 순서로 띄어 쓴다. 이름은 붙여 쓰는 것을 원칙으로 하되 음절 사이에 붙임표(-)를 쓰는 것을 허용한다.( )안의 표기를 허용함.)

민용하 Min Yongha (Min Yong-ha)
송나리 Song Nari (Song Na-ri)

(1) 이름에서 일어나는 음운 변화는 표기에 반영하지 않는다.
한복남 Han Boknam (Han Bok-nam)
홍빛나 Hong Bitna (Hong Bit-na)

(2) 성의 표기는 따로 정한다.

제5항 '도, 시, 군, 구, 읍, 면, 리, 동'의 행정 구역 단위와 '가'는 각각 'do, si, gun, gu, eup, myeon, ri, dong, ga'로 적고, 그 앞에는 붙임표(-)를

넣는다. 붙임표(-) 앞뒤에서 일어나는 음운 변화는 표기에 반영하지 않는다.

충청북도 Chungcheongbuk-do	제주도 Jeju-do
의정부시 Uijeongbu-si	양주군 Yangju-gun
도봉구 Dobong-gu	신창읍 Sinchang-eup
삼죽면 Samjuk-myeon	인왕리 Inwang-ri
당산동 Dangsan-dong	봉천1동 Bongcheon 1(il)-dong
종로 2가 Jongno 2(i)-ga	퇴계로 3가 Toegyero 3(sam)-ga

[붙임] '시, 군, 읍'의 행정 구역 단위는 생략할 수 있다.

청주시 Cheongju	함평군 Hampyeong
순창읍 Sunchang	

제6항 자연 지물명, 문화재명, 인공 축조물명은 붙임표(-) 없이 붙여 쓴다.

남산 Namsan	속리산 Songnisan
금강 Geumgang	독도 Dokdo
경복궁 Gyeongbokgung	무량수전 Muryangsujeon
연화교 Yeonhwagyo	극락전 Geungnakjeon
안압지 Anapji	남한산성 Namhansanseong
화랑대 Hwarangdae	불국사 Bulguksa
현충사 Hyeonchungsa	독립문 Dongnimmun
오죽헌 Ojukheon	촉석루 Chokseongnu
종묘 Jongmyo	다보탑 Dabotap

제7항 인명, 회사명, 단체명 등은 그동안 써 온 표기를 쓸 수 있다.

제8항 학술 연구 논문 등 특수 분야에서 한글 복원을 전제로 표기할 경우에는 한글 표기를 대상으로 적는다. 이때 글자 대응은 제2장을 따르되 'ㄱ, ㄷ, ㅂ, ㄹ'은 'g, d, b, l'로만 적는다. 음가 없는 'ㅇ'은 붙임표(-)로

표기하되 어두에서는 생략하는 것을 원칙으로 한다. 기타 분절의 필요가 있을 때에도 붙임표(–)를 쓴다.

집 jib	짚 jip
밖 bakk	값 gabs
붓꽃 buskkoch	먹는 meogneun
독립 doglib	문리 munli
물엿 mul-yeos	굳이 gud-i
좋다 johda	가곡 gagog
조랑말 jolangmal	없었습니다 eobs-eoss-seubnida

부칙

① (시행일) 이 규정은 고시한 날부터 시행한다.

② (표지판 등에 대한 경과 조치) 이 표기법 시행 당시 종전의 표기법에 의하여 설치된 표지판(도로, 광고물, 문화재 등의 안내판)은 2005. 12. 31.까지 이 표기법을 따라야 한다.

③ (출판물 등에 대한 경과 조치) 이 표기법 시행 당시 종전의 표기법에 의하여 발간된 교과서 등 출판물은 2002. 2. 28.까지 이 표기법을 따라야 한다.

5. 표준 언어 예절

1. 부모와 자녀사이

- 아버지에 대한 호칭, 지칭

<table>
<tr><td colspan="3"></td><td>살아 계신 아버지</td><td>돌아가신 아버지</td></tr>
<tr><td colspan="3">호칭</td><td>아버지, 아빠</td><td></td></tr>
<tr><td rowspan="10">지
칭</td><td colspan="2">당사자에게</td><td>아버지, 아빠</td><td></td></tr>
<tr><td colspan="2">어머니에게</td><td>아버지, 아빠</td><td>아버지</td></tr>
<tr><td colspan="2">조부모에게</td><td>아버지, 아빠</td><td>아버지</td></tr>
<tr><td colspan="2">형제, 자매, 친척에게</td><td>아버지, 아빠</td><td>아버님, 아버지</td></tr>
<tr><td rowspan="2">배우자에게</td><td>남편에게</td><td>아버지,
친정아버지,
○○[지역] 아버지</td><td>친정아버님, 친정아버지</td></tr>
<tr><td>아내에게</td><td>아버지</td><td>아버님, 아버지</td></tr>
<tr><td rowspan="2">배우자
가족에게</td><td>처가 쪽
사람에게</td><td>친정아버지,
○○[지역] 아버지,
○○[자녀] 외할아버지</td><td>친정아버님, 친정아버지,
○○[자녀] 외할아버님,
○○[자녀] 외할아버지</td></tr>
<tr><td>처가 쪽
사람에게</td><td>아버지</td><td>아버님, 아버지</td></tr>
<tr><td rowspan="2">그 밖의
사람에게</td><td>아들이</td><td>아버지,
○○[자녀] 할아버지</td><td>아버님, 아버지,
○○[자녀] 할아버님,
○○[자녀] 할아버지</td></tr>
<tr><td>딸이</td><td>아버지,
친정아버지,
○○[자녀] 외할아버지</td><td>아버님, 아버지,
친정아버님, 친정아버지,
○○[자녀] 외할아버님,
○○[자녀] 외할아버지</td></tr>
</table>

– 어머니에 대한 호칭, 지칭

			살아 계신 어머니	돌아가신 어머니
호칭			어머니, 엄마	
지 칭		당사자에게	어머니, 엄마	
		아버지에게	어머니, 엄마	어머니
		조부모에게	어머니, 엄마	어머니
		형제, 자매, 친척에게	어머니, 엄마	어머님, 어머니
	배우자에게	남편에게	친정어머니, 어머니, 엄마, ㅇㅇ[지역] 어머니	친정어머님, 친정어머니
		아내에게	어머니	어머님, 어머니
	배우자 가족에게	시댁 쪽 사람에게	친정어머니, ㅇㅇ[지역] 어머니, ㅇㅇ[자녀] 외할머니	친정어머님, 친정어머니, ㅇㅇ[자녀] 외할머님, ㅇㅇ[자녀] 외할머니
		처가 쪽 사람에게	어머니	어머님, 어머니
	그 밖의 사람에게	아들이	어머니, ㅇㅇ[자녀] 할머니	어머님, 어머니, ㅇㅇ[자녀] 할머님, ㅇㅇ[자녀] 할머니
		딸이	어머니, 친정어머니, ㅇㅇ[자녀] 외할머니	어머님, 어머니, 친정어머님, 친정어머니, ㅇㅇ[자녀] 외할머님, ㅇㅇ[자녀] 외할머니

– 자녀에 대한 호칭, 지칭

	혼인하지 않은 자녀	혼인한 자녀
호 칭	ㅇㅇ[이름]	아범, ㅇㅇ[손주] 아범, 아비, ㅇㅇ[손주] 아비, 어멈, ㅇㅇ[외손주] 어멈,

			어미, ㅇㅇ[외손주] 어미,
지 칭			ㅇㅇ[이름]
	당사자에게	ㅇㅇ[이름]	아범, ㅇㅇ[손주] 아범, 아비, ㅇㅇ[손주] 아비, 어멈, ㅇㅇ[외손주] 어멈, 어미, ㅇㅇ[외손주] 어미, ㅇㅇ[이름]
	가족, 친척에게	ㅇㅇ[이름]	아범, ㅇㅇ[손주] 아범, 아비, ㅇㅇ[손주] 아비, 어멈, ㅇㅇ[외손주] 어멈, 어미, ㅇㅇ[외손주] 어미, ㅇㅇ[이름]
	자녀의 직장 사람들에게		ㅇㅇㅇ 씨, ㅇ 과장, ㅇㅇㅇ 과장, ㅇ 과장님, ㅇㅇㅇ 과장님
	그 밖의 사람에게		ㅇㅇ[이름], 아들, 딸
	손주 (해당 자녀의 자녀)에게		아버지, 아빠, 아범, 아비, 어머니, 엄마, 어멈, 어미
	사돈 쪽 사람에게		아범, ㅇㅇ[손주] 아범, 아비, ㅇㅇ[손주] 아비, 어멈, ㅇㅇ[외손주] 어멈, 어미, ㅇㅇ[외손주] 어미, ㅇㅇ[이름]

2. 시부모와 며느리 사이

- 시아버지에 대한 호칭, 지칭

	호 칭	아버님
지	당사자에게	아버님
칭	시어머니에게	아버님

	시조부모에게	아버님, 아버지
	남편에게	아버님
	남편의 동기에게	아버님
	남편 동기의 배우자에게	아버님
	자녀에게	할아버지, 할아버님
	시댁 친척에게	아버님
	친정 쪽 사람에게	시아버님, 시아버지, ㅇㅇ[자녀] 할아버지, ㅇㅇ[자녀] 할아버님
	그 밖의 사람에게	시아버님, 시아버지, 아버님, ㅇㅇ[자녀] 할아버지, ㅇㅇ[자녀] 할아버님

- 시어머니에 대한 호칭, 지칭

	호 칭	어머님, 어머니
	당사자에게	어머님, 어머니
	시어머니에게	어머님, 어머니
	시조부모에게	어머님, 어머니
	남편에게	어머님
	남편의 동기에게	어머님
지	남편 동기의 배우자에게	어머님
칭	자녀에게	할머니, 할머님
	시댁 친척에게	어머님
	친정 쪽 사람에게	시어머님, 시어머니, ㅇㅇ[자녀] 할머니, ㅇㅇ[자녀] 할머님
	그 밖의 사람에게	시어머님, 시어머니, 어머님, ㅇㅇ[자녀] 할머니, ㅇㅇ[자녀] 할머님

– 며느리에 대한 호칭, 지칭

호 칭		어멈, ○○[손주] 어멈, 어미, 어미, ○○[손주] 어미, 아가, 새아가
	당사자에게	어멈, ○○[손주] 어멈, 어미, ○○[손주] 어미, 아기, 새아기
	부모에게	며늘애, 어멈, ○○[손주] 어멈, 어미, ○○[손주] 어미, ○○[아들] 댁, ○○[아들] 처
	배우자에게	며늘애, 새아기, 어멈, ○○[손주] 어멈, 어미, ○○[손주] 어미, ○○[아들] 댁, ○○[아들] 처
	당사자 남편인 아들에게	어멈, ○○[손주] 어멈, 어미, ○○[손주] 어미, 네 댁, 네 처
	아들에게 동생의 아내를	○○[손주] 어멈, ○○[손주] 어미, ○○[아들] 댁, ○○[아들] 처, 제수, 계수
지	아들에게 형의 아내를	○○[손주] 어멈, ○○[손주] 어미, 형수
칭	딸에게 남동생의 아내를	○○[손주] 어멈, ○○[손주] 어미, 올케, ○○[아들] 댁, ○○[아들] 처
	딸에게 오빠의 아내를	○○[손주] 어멈, ○○[손주] 어미, 올케, 새언니
	다른 며느리에게	○○[손주] 어멈, ○○[손주] 어미, 형, 동서
	사위에게	처남의 댁, 처남댁, ○○[손주] 어멈, ○○[손주]어미, ○○[아들] 댁, ○○[아들] 처
	손주에게	어머니, 엄마, 어미
	친척에게	며느리, 며늘애, ○○[아들] 댁, ○○[아들] 처, ○○[손주] 어멈, ○○[손주] 어미
	사돈에게	며늘애, ○○[손주] 어멈, ○○[손주] 어미
	그 밖의 사람에게	며느리, 새아기

3. 처부모와 사위 사이

– 장인에 대한 호칭, 지칭

호 칭		장인어른, 아버님
지 칭	당사자에게	장인어른, 아버님
	장모에게	장인어른, 아버님
	아내에게	장인어른, 아버님, 장인
	부모와 동기, 친척에게	장인, 장인어른, ○○[자녀] 외할아버지
	아내의 동기와 그 배우자에게	장인어른, 아버님
	자녀에게	외할아버지, 외할아버님
	그 밖의 사람에게	장인, 장인어른, ○○[자녀] 외할아버지 ○○[자녀] 외할아버님

– 장모에 대한 호칭, 지칭

호 칭		장모님, 어머님
지 칭	당사자에게	장모님, 어머님
	장모에게	장모님, 어머님
	아내에게	장모님, 어머님, 장모
	부모와 동기, 친척에게	장모, 장모님 ○○[자녀] 외할머니
	아내의 동기와 그 배우자에게	장모님, 어머님
	자녀에게	외할머니, 외할머님
	그 밖의 사람에게	장모, 장모님, ○○[자녀] 외할머니 ○○[자녀] 외할머님

- 사위에 대한 호칭, 지칭

호 칭		O 서방, ○○[외손주] 아범, ○○[외손주] 아비, 여보게
지칭	당사자에게	o 서방, 자네, ○○[외손주] 아범, ○○[외손주] 아비
	부모에게	o 서방, ○○[외손주] 아범, ○○[외손주] 아비
	당사자의 아내인 딸에게	o 서방, ○○[외손주] 아범, ○○[외손주] 아비
	배우자에게	o 서방, ○○[외손주] 아범, ○○[외손주] 아비
	사돈에게	o 서방, ○○[외손주] 아범, ○○[외손주] 아비
	아들에게	o 서방, 매형, 자형, 매부, 매제
	당사자의 아내가 아닌 다른 딸에게	o 서방, 형부, 제부
	며느리에게	o 서방
	다른 사위에게	o 서방
	외손주에게	아버지, 아빠
	그 밖의 사람에게	사위, o 서방, ○○[외손주] 아버지, ○○[외손주] 아빠

4. 남편에 대하여

- 남편에 대한 호칭, 지칭

<table>
<tr><td colspan="3">호칭</td><td>여보, ○○씨, ○○[자녀] 아버지, ○○[자녀] 아빠,
영감, ○○[손주, 외손주] 할아버지</td></tr>
<tr><td rowspan="17">지
칭</td><td colspan="2">당사자에게</td><td>당신, ○○ 씨, 영감</td></tr>
<tr><td colspan="2">시부모에게</td><td>아범, 아비, 그이</td></tr>
<tr><td colspan="2">친정 부모에게</td><td>○ 서방, 아범, 아비</td></tr>
<tr><td colspan="2">남편 동기에게</td><td>그이, ○○[자녀] 아버지, ○○[자녀] 아빠,
형, 형님, 동생, 오빠</td></tr>
<tr><td colspan="2">남편 동기의 배우자에게</td><td>그이, ○○[자녀] 아버지, ○○[자녀] 아빠</td></tr>
<tr><td rowspan="4">친정
동기와
배우자
에게</td><td>손위 동기에게</td><td>○서방, 그이,
○○[자녀] 아버지, ○○[자녀] 아빠</td></tr>
<tr><td>손위 동기의
배우자에게</td><td>○ 서방, 그이,
○○[자녀] 아버지, ○○[자녀] 아빠</td></tr>
<tr><td>손아래 동기에게</td><td>그이, ○○[자녀] 아버지, ○○[자녀] 아빠,
매형, 자형, 매부, 형부</td></tr>
<tr><td>손아래 동기의
배우자에게</td><td>그이,
○○[자녀] 아버지, ○○[자녀] 아빠</td></tr>
<tr><td colspan="2">자녀에게</td><td>아버지, 아빠</td></tr>
<tr><td colspan="2">며느리에게</td><td>아버님</td></tr>
<tr><td colspan="2">사위에게</td><td>장인, 장인어른, 아버님</td></tr>
<tr><td colspan="2">친구에게</td><td>그이, 남편, 애아버지, 애 아빠,
○○[자녀] 아버지, ○○[자녀] 아빠</td></tr>
<tr><td colspan="2">남편 친구에게</td><td>그이, 애아버지, 애 아빠, ○○[자녀] 아버지,
○○[자녀] 아빠, 바깥양반, 바깥사람</td></tr>
<tr><td colspan="2">남편 회사에 전화를 걸 때</td><td>○○○ 씨,
과장님, ○ 과장님, ○○○과장님</td></tr>
<tr><td colspan="2">아는 사람에게</td><td>○○[자녀] 아버지, ○○[자녀] 아빠,
바깥양반, 바깥사람</td></tr>
<tr><td colspan="2">모르는 사람에게</td><td>남편, 애아버지, 애 아빠</td></tr>
</table>

5. 아내에 대하여

– 아내에 대한 호칭, 지칭

<table>
<tr>
<td colspan="3" rowspan="2">호칭</td>
<td rowspan="2">여보, ○○ 씨,
○○[자녀] 엄마,
임자, ○○[손주, 외손주] 할머니</td>
</tr>
<tr></tr>
<tr>
<td rowspan="16">지
칭</td>
<td colspan="2">당사자에게</td>
<td>당신, ○○ 씨, 임자</td>
</tr>
<tr>
<td colspan="2">친부모에게</td>
<td>어멈, 어미, 집사람, 안사람, ○○[자녀] 엄마</td>
</tr>
<tr>
<td colspan="2">장인, 장모에게</td>
<td>어멈, 어미, ○○[자녀] 엄마, 집사람, 안사람</td>
</tr>
<tr>
<td rowspan="3">동기에게</td>
<td>손위 동기에게</td>
<td>○○[자녀] 엄마, 집사람, 안사람</td>
</tr>
<tr>
<td>남동생에게</td>
<td>○○[자녀] 엄마,
형수</td>
</tr>
<tr>
<td>여동생에게</td>
<td>○○[자녀] 엄마,
언니, 새언니, 올케, 올케언니</td>
</tr>
<tr>
<td colspan="2">동기의 배우자에게</td>
<td>○○[자녀] 엄마, 집사람, 안사람</td>
</tr>
<tr>
<td rowspan="3">아내
동기에게</td>
<td>아내의 손위
동기에게</td>
<td>○○[자녀] 엄마, 집사람, 안사람</td>
</tr>
<tr>
<td>아내의 남동생에게</td>
<td>○○[자녀] 엄마, 누나</td>
</tr>
<tr>
<td>아내의 여동생에게</td>
<td>○○[자녀] 엄마, 언니</td>
</tr>
<tr>
<td colspan="2">아내 동기의 배우자에게</td>
<td>○○[자녀] 엄마, 집사람, 안사람</td>
</tr>
<tr>
<td colspan="2">자녀에게</td>
<td>어머니, 엄마</td>
</tr>
<tr>
<td colspan="2">며느리에게</td>
<td>어머니</td>
</tr>
<tr>
<td colspan="2">사위에게</td>
<td>장모</td>
</tr>
<tr>
<td colspan="2">친구에게</td>
<td>집사람, 안사람, 아내, 애어머니, 애 엄마,
○○[자녀] 엄마</td>
</tr>
<tr>
<td colspan="2">아내 친구에게</td>
<td>집사람, 안사람, 애어머니, 애 엄마,
○○[자녀] 엄마, ○○[자녀] 어머니</td>
</tr>
<tr>
<td colspan="2">아내 회사에 전화를 걸 때</td>
<td>○○○ 씨, 과장님, ○ 과장님, ○○○ 과장님</td>
</tr>
<tr>
<td colspan="2">아는 사람에게</td>
<td>○○[자녀] 엄마, ○○[자녀] 어머니,
집사람, 안사람, 아내, 처</td>
</tr>
<tr>
<td colspan="2">모르는 사람에게</td>
<td>집사람, 안사람, 아내, 처, 애어머니, 애 엄마</td>
</tr>
</table>

6. 동기와 그 배우자에 대하여

- 남자의 동기에 대한 호칭, 지칭

		형	형의 아내
호 칭		형, 형님	형수님, 아주머님, 아주머니
지칭	당사자에게	형, 형님	형수님, 아주머님, 아주머니
	부모에게	형	형수, 아주머니
	동기와 그 배우자에게	형, 형님	형수님, 형수, 아주머님, 아주머니
	처가 쪽 사람에게	형, 형님, ○○[자녀] 큰아버지	형수님, 아주머님, 아주머니, ○○[자녀] 큰어머니
	자녀에게	큰아버지, 큰아버님	큰어머니, 큰어머님
	그 밖의 사람에게	형, 형님, ○○[자녀] 큰아버지	형수님, ○○[자녀] 큰어머니

		남동생	남동생의 아내
호 칭		○○[이름], 아우, 동생	제수씨, 계수씨
지칭	당사자에게	○○[이름], 아우, 동생	제수씨, 계수씨
	부모에게	○○[이름], 아우, 동생	제수, 제수씨, 계수, 계수씨
	동기와 그 배우자에게	○○[이름], 아우, 동생	제수, 제수씨, 계수, 계수씨
	처가 쪽 사람에게	아우, 동생, ○○[자녀] 작은아버지	제수, 제수씨, 계수, 계수씨, ○○[자녀] 작은어머니
	자녀에게	삼촌, 작은아버지	작은어머니, 숙모
	그 밖의 사람에게	○○[이름], 아우, 동생, ○○[자녀] 작은아버지	제수, 제수씨, 계수, 계수씨, ○○[자녀] 작은어머니

		누나	누나의 남편
호 칭		누나, 누님	매형, 자형, 매부
지칭	당사자에게	누나, 누님	매형, 자형, 매부
	부모에게	누나	매형, 자형, 매부
	동기와 그 배우자에게	누나, 누님, 누이	매형, 자형, 매부

처가 쪽 사람에게	누나, 누님, 누이, ㅇㅇ[자녀] 고모	매형, 자형, 매부, ㅇㅇ[자녀] 고모부
자녀에게	고모, 고모님	고모부, 고모부님
그 밖의 사람에게	누나, 누님, 누이, ㅇㅇ[자녀] 고모	매형, 자형, 매부, ㅇㅇ[자녀] 고모부

		여동생	여동생의 남편
호 칭		ㅇㅇ[이름], 동생	ㅇ 서방, 매부, 매제
지 칭	당사자에게	ㅇㅇ[이름], 동생	ㅇ 서방, 매부, 매제
	부모에게	ㅇㅇ[이름], 동생	ㅇ 서방, 매부, 매제
	동기와 그 배우자에게	ㅇㅇ[이름], 동생, 누이	ㅇ 서방, 매부, 매제
	처가 쪽 사람에게	ㅇㅇ[이름], 여동생, 동생, 누이, ㅇㅇ[자녀] 고모	매부, 매제, ㅇㅇ[자녀] 고모부
	자녀에게	고모	고모부
	그 밖의 사람에게	누이동생, 여동생, 동생, 누이, ㅇㅇ[자녀] 고모	ㅇ 서방, 매부, 매제, ㅇㅇ[자녀] 고모부

- 여자의 동기에 대한 호칭, 지칭

		오빠	오빠의 아내
호 칭		오빠, 오라버니, 오라버님	새언니, 언니
지 칭	당사자에게	오빠, 오라버니, 오라버님	새언니, 언니
	부모에게	오빠, 오라버니	새언니, 언니, 올케, 올케언니
	동기와 그 배우자에게	오빠, 오라버니, 오라버님	새언니, 언니, 올케, 올케언니
	시댁 쪽 사람에게	오빠, 친정 오빠, 오라버니, 친정 오라버니, ㅇㅇ[자녀] 외삼촌	올케, 올케언니, 새언니, ㅇㅇ[자녀] 외숙모
	자녀에게	외삼촌, 외숙부, 외숙부님	외숙모, 외숙모님
	그 밖의 사람에게	오빠, 친정 오빠, 오라버니, 친정 오라버니, ㅇㅇ[자녀] 외삼촌	올케, 올케언니, 새언니, ㅇㅇ[자녀] 외숙모

		남동생	남동생의 아내
호 칭		ㅇㅇ[이름], 동생	올케
지칭	당사자에게	ㅇㅇ[이름], 동생	올케
	부모에게	ㅇㅇ[이름], 동생	올케
	동기와 그 배우자에게	ㅇㅇ[이름], 동생	올케
	시댁 쪽 사람에게	친정 동생, ㅇㅇ[자녀] 외삼촌	올케, ㅇㅇ[자녀] 외숙모
	자녀에게	외삼촌, 외숙부	외숙모
	그 밖의 사람에게	ㅇㅇ[이름], 동생, 친정 동생, ㅇㅇ[자녀] 외삼촌	올케, ㅇㅇ[자녀] 외숙모

		언니	언니의 남편
호 칭		언니	형부
지칭	당사자에게	언니	형부
	부모에게	언니	형부
	동기와 그 배우자에게	언니	형부
	시댁 쪽 사람에게	언니, ㅇㅇ[자녀] 이모	형부, ㅇㅇ[자녀] 이모부
	자녀에게	이모, 이모님	이모부, 이모부님
	그 밖의 사람에게	언니, ㅇㅇ[자녀] 이모	형부, ㅇㅇ[자녀] 이모부

		여동생	여동생의 남편
호 칭		ㅇㅇ[이름], 동생	ㅇ 서방, 제부
지칭	당사자에게	ㅇㅇ[이름], 동생	ㅇ 서방, 제부
	부모에게	ㅇㅇ[이름], 동생	ㅇ 서방, 제부
	동기와 그 배우자에게	ㅇㅇ[이름], 동생	ㅇ 서방, 제부
	시댁 쪽 사람에게	친정 여동생, ㅇㅇ[자녀] 이모	동생의 남편, 제부, ㅇㅇ[자녀] 이모부
	자녀에게	이모	이모부
	그 밖의 사람에게	친정 여동생, ㅇㅇ[자녀] 이모	동생의 남편, 제부 ㅇㅇ[자녀] 이모부

7. 남편의 동기와 그 배우자에 대하여

- 남편의 형과 남편의 형의 아내에 대한 호칭, 지칭

<table>
<tr><td colspan="2"></td><td>남편의 형</td><td>남편의 형의 아내</td></tr>
<tr><td colspan="2">호 칭</td><td>아주버님</td><td>형님</td></tr>
<tr><td rowspan="5">지
칭</td><td>당사자에게</td><td>아주버님</td><td>형님</td></tr>
<tr><td>시댁 쪽 사람에게</td><td>아주버님</td><td>형님</td></tr>
<tr><td>친정 쪽 사람에게</td><td>시아주버니, ○○[자녀] 큰아버지</td><td>큰동서, 형님,
맏동서[남편 맏형의 아내만],
○○[자녀] 큰어머니</td></tr>
<tr><td>자녀에게</td><td>큰아버지, 큰아버님</td><td>큰어머니, 큰어머님</td></tr>
<tr><td>그 밖의 사람에게</td><td>시아주버니, ○○[자녀] 큰아버지</td><td>큰동서, 형님,
맏동서[남편 맏형의 아내만],
○○[자녀] 큰어머니</td></tr>
</table>

- 남편의 아우와 남편 아우의 아내에 대한 호칭, 지칭

<table>
<tr><td colspan="2"></td><td>남편의 아우</td><td>남편 아우의 아내</td></tr>
<tr><td colspan="2">호 칭</td><td>도련님[미혼], 서방님[기혼]</td><td>동서</td></tr>
<tr><td rowspan="5">지
칭</td><td>당사자에게</td><td>도련님[미혼], 서방님[기혼]</td><td>동서</td></tr>
<tr><td>시댁 쪽 사람에게</td><td>도련님[미혼], 서방님[기혼]</td><td>동서</td></tr>
<tr><td>친정 쪽 사람에게</td><td>시동생,
○○[자녀] 작은아버지,
○○[자녀] 삼촌</td><td>동서, 작은동서,
○○[자녀] 작은어머니</td></tr>
<tr><td>자녀에게</td><td>작은아버지, 작은아버님, 삼촌</td><td>작은어머니, 작은어머님</td></tr>
<tr><td>그 밖의 사람에게</td><td>시동생, 도련님[미혼],
서방님[기혼], ○○[자녀]
작은아버지,
○○[자녀] 삼촌</td><td>동서, 작은동서,
○○[자녀] 작은어머니</td></tr>
</table>

– 남편의 누나와 남편의 여동생에 대한 호칭, 지칭

		남편의 누나	남편의 여동생
	호 칭	형님]	아가씨, 아기씨
지 칭	당사자에게	형님	아가씨, 아기씨
	시댁 쪽 사람에게	형님	아가씨, 아기씨
	친정 쪽 사람에게	시누이, 형님, ㅇㅇ[자녀] 고모	시누이, ㅇㅇ[자녀] 고모
	자녀에게	고모, 고모님	고모, 고모님
	그 밖의 사람에게	시누이, 형님, ㅇㅇ[자녀] 고모	시누이, 아가씨, 아기씨, ㅇㅇ[자녀] 고모

– 시누이의 남편에 대한 호칭, 지칭

		남편 누나의 남편	남편 여동생의 남편
	호 칭	아주버님	서방님
지 칭	당사자에게	아주버님	서방님
	자녀에게	고모부, 고모부님	고모부, 고모부님
	자녀 외의 사람들에게	시누이 남편, 아주버님, ㅇㅇ[지역] 아주버님, ㅇㅇ[자녀] 고모부, ㅇㅇ[자녀] 고모부님	시누이 남편, 서방님, ㅇㅇ[지역] 서방님, ㅇ 서방, ㅇㅇ[자녀] 고모부, ㅇㅇ[자녀] 고모부님

8. 아내의 동기와 그 배우자에 대하여

– 아내의 남자 동기에 대한 호칭, 지칭

		아내 오빠	아내 남동생
	호 칭	형님	처남
지 칭	당사자에게	형님	처남, 자네
	아내에게	형님	처남
	부모, 동기,	처남,	처남,

그 밖의 사람에게	○○[자녀] 외삼촌	○○[자녀] 외삼촌
장인, 장모에게	형님	처남
아내의	손위 동기와 그 배우자에게	형님	처남
	손아래 동기와 그 배우자에게	형님, 형, 오빠	처남, 동생, 형님, 형, 오빠
자녀에게	외삼촌, 외숙부, 외숙부님	외삼촌, 외숙부, 외숙부님

- 아내의 남동생을 아내의 동기에게 지칭할 때

화 자	청 자		지칭어
(~가)	(~에게)		(~라고 지칭한다.)
나	① 아내 오빠, 아내 언니		처남
	② 아내		처남
	③ 아내 남동생, 아내 여동생		처남, 동생
	④ 당사자인 남동생(지칭 대상)		처남
	⑤ 아내 남동생	아내 여동생	형, 형님 / 오빠

※ 청자 칸의 ①~⑤는 아내 동기들의 서열을 나타냄

- 아내 남자 동기의 배우자에 대한 호칭, 지칭

		아내 오빠의 아내	아내 남동생의 아내
호 칭		아주머니	처남의 댁, 처남댁
지 칭	당사자에게	아주머니	처남의 댁, 처남댁
	아내에게	처남의 댁, 처남댁	처남의 댁, 처남댁
	부모, 동기, 그 밖의 사람에게	처남의 댁, 처남댁, ○○[자녀] 외숙모	처남의 댁, 처남댁, ○○[자녀] 외숙모
	장인, 장모에게	처남의 댁, 처남댁	처남의 댁, 처남댁

아내의	손위 동기와 그 배우자에게	처남의 댁, 처남댁	처남의 댁, 처남댁
	손아래 동기와 그 배우자에게	형수, 새언니, 언니, 올케, 올케언니	형수, 새언니, 언니, 올케, 올케언니
	자녀에게	외숙모, 외숙모님	외숙모, 외숙모님

– 아내의 여자 동기에 대한 호칭, 지칭

		아내 언니	아내 여동생
호 칭		처형	처제
지 칭	당사자에게	처형	처제
	아내에게	처형	처제
	부모, 동기, 그 밖의 사람에게	처형, ○○[자녀] 이모	처제, ○○[자녀] 이모
	장인, 장모에게	처형	처제
	아내의 손위 동기와 그 배우자에게	처형	처제
	아내의 손아래 동기와 그 배우자에게	누나, 누님, 언니	처형, 동생, 누나, 누님, 언니
	자녀에게	이모, 이모님	이모, 이모님

– 아내의 여동생을 아내의 동기에게 지칭할 때

화 자	청 자		지칭어	
	(~에게)		(~라고 지칭한다.)	
(~가)	① 아내 오빠, 아내 언니		처제	
	② 아내		처제	
나	③ 아내 남동생, 아내 여동생		처제, 동생	
	④ 당사자인 여동생(지칭 대상)		처제	
	⑤ 아내 남동생	아내 여동생	누나, 누님	언니

※ 청자 칸의 ①~⑤는 아내 동기들의 서열을 나타냄

– 아내 여자 동기의 배우자에 대한 호칭, 지칭

		아내 언니의 남편	아내 여동생의 남편
호 칭		형님	동서, ○ 서방
지칭	당사자에게	형님	동서, ○서방
	아내에게	형님	동서, ○서방
	부모, 동기, 그 밖의 사람에게	동서, ○○[자녀] 이모부	동서, ○○[자녀] 이모부
	장인, 장모에게	형님	동서, ○서방
	아내의 / 손위 동기와 그 배우자에게	형님	동서, ○서방
	손아래 동기와 그 배우자에게	매형, 자형, 매부, 형부, 형님	매형, 자형, 매부, 형부, ○ 서방
	자녀에게	이모부, 이모부님	이모부, 이모부님

9. 조부모와 손주 사이

– 조부모, 외조부모에 대한 호칭, 지칭

		조부모	외조부모
호 칭		할아버지, 할머니	할아버지, 외할아버지, 할머니, 외할머니
지칭	당사자와 그 배우자에게	할아버지, 할머니	할아버지, 외할아버지, 할머니, 외할머니
	부모, 형제, 자매, 친척에게	할아버지, 할머니	외할아버지, 외할머니
	아내와 처가 쪽 사람에게	할아버지, 할머니	외할아버지, 외할머니
	남편과 시댁 쪽 사람에게	할아버지, 할머니, 친정 할아버지, 친정 할머니	외할아버지, 외할머니, 친정 외할아버지, 친정 외할머니

– 시조부, 시조모에 대한 호칭, 지칭

		시조부	시조모
호 칭		할아버님	할머님, 할머니
지 칭	당사자에게	할아버님	할머님, 할머니
	시조모(부)에게	할아버님	할머님, 할머니
	시부모에게	할아버님	할머님
	남편, 시댁 쪽 사람에게	할아버님	할머님
	부모, 동기, 친정 쪽 사람에게	시할아버님, 시할아버지, 시조부님, 시조부, ㅇㅇ[자녀] 증조할아버님, ㅇㅇ[자녀] 증조할아버지, ㅇㅇ[자녀] 증조부님, ㅇㅇ[자녀] 증조부	시할머님, 시할머니, 시조모님, 시조모, ㅇㅇ[자녀] 증조할머님, ㅇㅇ[자녀] 증조할머니, ㅇㅇ[자녀] 증조모님, ㅇㅇ[자녀] 증조모

– 시외조부, 시외조모에 대한 호칭, 지칭

		시외조부	시외조모
호 칭		할아버님, 외할아버님	할머님, 할머니, 외할머님, 외할머니
지 칭	당사자에게	할아버님, 외할아버님	할머님, 할머니, 외할머님, 외할머니
	시조모(부)에게	할아버님, 외할아버님	할머님, 할머니, 외할머님, 외할머니
	시부모에게	외할아버님	외할머님
	남편, 시댁 쪽 사람에게	외할아버님	외할머님
	부모, 동기, 친정 쪽 사람에게	시외할아버님, 시외할아버지, 시외조부님, 시외조부	시외할머님, 시외할머니, 시외조모님, 시외조모

– 처조부, 처조모에 대한 호칭, 지칭

		처조부	처조모
	호 칭	할아버님	할머님
지 칭	당사자에게	할아버님	할머님
	처조모(부)에게	할아버님	할머님
	처부모에게	할아버님	할머님
	아내, 처가 쪽 사람에게	할아버님	할머님
	부모, 동기, 친척에게	처조부님, 처조부, ㅇㅇ[자녀] 외증조할아버님, ㅇㅇ[자녀] 외증조할아버지, ㅇㅇ[자녀] 외증조부님, ㅇㅇ[자녀] 외증조부	처조모님, 처조모, ㅇㅇ[자녀] 외증조할머님, ㅇㅇ[자녀] 외증조할머니, ㅇㅇ[자녀] 외증조모님, ㅇㅇ[자녀] 외증조모

– 처외조부, 처외조모에 대한 호칭, 지칭

		처외조부	처외조모
	호 칭	할아버님, 외할아버님	할머님, 할머니, 외할머님, 외할머니
지 칭	당사자에게	할아버님, 외할아버님	할머님, 할머니, 외할머님, 외할머니
	처외조모(부)에게	할아버님, 외할아버님	할머님, 할머니, 외할머님, 외할머니
	처부모에게	외할아버님	외할머님
	아내, 처가 쪽 사람에게	외할아버님	외할머님
	부모, 동기, 친척에게	처외조부님, 처외조부	처외조모님, 처외조모

– 손주, 외손주에 대한 호칭 지칭

		손주	외손주
	호 칭	○○[이름]	○○[이름]
지 칭	집안 사람들에게	○○[이름]	○○[이름]
	그 밖의 사람에게	○○[이름], 손자, 손녀	○○[이름], 외손자, 외손녀

10. 숙질 사이

– 아버지의 형과 아버지 형의 아내에 대한 호칭, 지칭

		아버지의 형	아버지 형의 아내
	호 칭	큰아버지	큰어머니
지 칭	당사자에게	큰아버지	큰어머니
	자녀에게	큰할아버지, 큰할아버님, ○○[지역] 큰할아버지, ○○[지역] 큰할아버님, ○○[지역] 할아버지, ○○[지역] 할아버님	큰할머니, 큰할머님, ○○[지역] 큰할머니, ○○[지역] 큰할머님, ○○[지역] 할머니, ○○[지역] 할머님
	당사자의 자녀에게	아버지, 아빠, 큰아버지	어머니, 엄마, 큰어머니
	그 밖의 사람에게	큰아버지, 백부(아버지 맏형만)	큰어머니, 백모(아버지 맏형의 아내만)

– 아버지의 남동생과 아버지 남동생의 아내에 대한 호칭, 지칭

		아버지의 남동생	아버지 남동생의 아내
	호 칭	작은아버지, 아저씨, 삼촌	작은 어머니
지 칭	당사자에게	작은 아버지, 아저씨, 삼촌	작은어머니

	자녀에게	작은할아버지, 작은할아버님, ㅇㅇ[지역] 작은할아버지, ㅇㅇ[지역] 작은할아버님, ㅇㅇ[지역] 할아버지, ㅇㅇ[지역] 할아버님	작은할머니, 작은할머님, ㅇㅇ[지역] 작은할머니, ㅇㅇ[지역] 작은할머님, ㅇㅇ[지역] 할머니, ㅇㅇ[지역] 할머님
	당사자의 자녀에게	아버지, 아빠, 작은아버지	어머니, 엄마, 작은어머니
	그 밖의 사람에게	작은아버지, 숙부, 아저씨, 삼촌	작은어머니, 숙모

– 아버지의 누이와 아버지 누이의 남편에 대한 호칭, 지칭

		아버지의 누이	아버지 누이의 남편
호 칭		고모, 아주머니	고모부, 아저씨
지 칭	당사자에게	고모, 아주머니	고모부, 아저씨
	자녀에게	대고모, 대고모님, 왕고모, 왕고모님, 고모할머니, 고모할머님, ㅇㅇ[지역] 할머니, ㅇㅇ[지역] 할머님	대고모부, 대고모부님, 왕고모부, 왕고모부님, 고모할아버지, 고모할아버님, ㅇㅇ[지역] 할아버지, ㅇㅇ[지역] 할아버님
	당사자의 자녀에게	어머니, 엄마, 고모	아버지, 아빠, 고모부
	그 밖의 사람에게	고모	고모부, 고숙

– 어머니 자매와 어머니 자매의 남편에 대한 호칭, 지칭

		어머니 자매	어머니 자매의 남편
호 칭		이모, 아주머니	이모부, 아저씨
지 칭	당사자에게	이모, 아주머니	이모부, 아저씨
	자녀에게	이모할머니, 이모할머님, ㅇㅇ[지역] 할머니,	이모할아버지, 이모할아버님,

	○○[지역] 할머님	○○[지역] 할아버지, ○○[지역] 할아버님
당사자의 자녀에게	어머니, 엄마, 이모	아버지, 아빠, 이모부
그 밖의 사람에게	이모	이모부, 이숙

- 어머니의 남자 형제와 어머니 남자 형제의 아내

		어머니의 남자 형제	어머니 남자 형제의 아내
호칭		외삼촌, 아저씨	외숙모, 아주머니
지칭	당사자에게	외삼촌, 아저씨	외숙모, 아주머니
	자녀에게	아버지 외삼촌, ○○[지역] 할아버지, ○○[지역] 할아버님	아버지 외숙모, ○○[지역] 할머니, ○○[지역] 할머님
	당사자의 자녀에게	아버지, 아빠 외삼촌, 외숙부	어머니, 엄마, 외숙모
	그 밖의 사람에게	외삼촌, 외숙	외숙모

- 남자 조카와 조카의 아내에 대한 호칭, 지칭

	남자 조카	조카의 아내
호칭	○○[이름], 조캐[친조카를, 남편의 조카를], 조카님[나이 많은 조카를] ○○[조카의 자녀] 아범, ○○[조카의 자녀] 아비	아가, 새아가, ○○[조카의 자녀] 어멈, ○○[조카의 자녀] 어미, 질부(姪婦)[친조카의 아내를, 남편 조카의 아내를], 생질부(甥姪婦)[누이의 며느리를], 이질부(姨姪婦)[자매의 며느리를]
지	○○[이름], 조캐[친조카를, 남편의 조카를],	아기, 새아기, ○○[조카의 자녀] 어멈,

| 칭 | 조카님[나이 많은 조카를],
○○[조카의 자녀] 아범,
○○[조카의 자녀] 아비,
생질(甥姪)[누이의 아들을, 남편
누이의 아들을],
이질(姨姪)[자매의 아들을, 아내
자매의 아들을],
처조카[아내의 조카를] | ○○[조카의 자녀] 어미,
조카며느리[친조카의 아내를, 남편
조카의 아내를],
질부(姪婦)[친조카의 아내를, 남편
조카의 아내를],
생질부(甥姪婦)[누이의 며느리를,
남편 누이의 며느리를],
이질부(姨姪婦)[자매의 며느리를],
처조카며느리[아내 조카의 아내를],
처질부(妻姪婦)[아내 조카의 아내를],
처이질부(妻姨姪婦)[아내 자매의
며느리를] |

– 여자 조카와 조카의 남편에 대한 호칭, 지칭

	여자 조카	조카의 남편
호 칭	○○[이름], 조카[친조카를, 남편의 조카를], 조카님[나이 많은 조카를] ○○[조카의 자녀] 어멈, ○○[조카의 자녀] 어미	○ 서방, ○○[조카의 자녀] 아범, ○○[조카의 자녀] 아비
지 칭	○○[이름], 조카[친조카를, 남편의 조카를], 조카님[나이 많은 조카를], ○○[조카의 자녀] 어멈, ○○[조카의 자녀] 어미, 조카딸[친조카를, 남편의 여자 조카를], 질녀(姪女)[친조카를, 남편의 여자 조카를], 생질녀(甥姪女)[누이의 딸을, 남편 누이의 딸을] 이질(姨姪)[자매의 딸을], 이질녀(姨姪女)[자매의 딸을], 처조카[아내의 조카를]	○ 서방, ○○[조카의 자녀] 아범, ○○[조카의 자녀] 아비, 조카사위[친조카의 남편을, 남편 조카의 남편을], 질서(姪壻)[친조카의 남편을, 남편 조카의 남편을), 생질서(甥姪壻)[누이의 사위를, 남편 누이의 사위를], 이질서(姨姪壻)[자매의 사위를], 처조카사위[아내 조카의 남편을], 처질서(妻姪壻)[아내 조카의 남편을], 처이질서(妻姨姪壻)[아내 자매의 사위를]

| | | 처조카딸[아내의 여자 조카를],
처이질(妻姨姪)[아내 자매의 딸을],
처이질녀(妻姨姪女)[아내 자매의
딸을] | |

11. 사촌에 대하여

– 아버지 동기의 자녀에 대한 호칭, 지칭

<table>
<tr>
<td rowspan="2">호
칭</td>
<td colspan="3">형, ○○[이름] 형, 형님, ○○[이름] 형님,
오빠, ○○[이름] 오빠,
누나, ○○[이름] 누나, 누님, ○○[이름] 누님,
언니, ○○[이름] 언니,
○○[이름] [동갑, 손아래 사촌일 경우]</td>
</tr>
<tr><td colspan="3"></td></tr>
<tr>
<td rowspan="8">지
칭</td>
<td colspan="2">당사자와 그 배우자에게</td>
<td>형, ○○[이름], 형, 형님, ○○[이름] 형님,
오빠, ○○[이름] 오빠,
누나, ○○[이름] 누나, 누님, ○○[이름] 누님,
언니, ○○[이름] 언니,
○○[이름] [동갑, 손아래 사촌일 경우]</td>
</tr>
<tr>
<td colspan="2">부모, 친척에게</td>
<td>○○[이름] 형, ○○[이름] 형님,
○○[이름] 오빠,
○○[이름] 누나, ○○[이름] 누님,
○○[이름] 언니,
○○[이름] [동갑, 손아래 사촌일 경우]</td>
</tr>
<tr>
<td colspan="2">당사자의 자녀에게</td>
<td>아버지, 아빠,
어머니, 엄마</td>
</tr>
<tr>
<td rowspan="2">그 밖의
사람에게</td>
<td>아버지
남자 동기의
자녀를</td>
<td>사촌 형, 사촌 형님, 사촌 오빠,
사촌 누나, 사촌 누님, 사촌 언니,
사촌, 사촌 동생</td>
</tr>
<tr>
<td>아버지
여자 동기의
자녀를</td>
<td>고종형, 고종형님, 고종사촌 형, 고종사촌 형님,
고종사촌 오빠,
고종사촌 누나, 고종사촌 누님, 고종사촌 언니,
고종사촌, 고종사촌 동생</td>
</tr>
</table>

- 어머니 동기의 자녀에 대한 호칭, 지칭

호칭		형, ㅇㅇ[이름] 형, 형님, ㅇㅇ[이름] 형님, 오빠, ㅇㅇ[이름] 오빠, 누나, ㅇㅇ[이름] 누나, 누님, ㅇㅇ[이름] 누님, 언니, ㅇㅇ[이름] 언니, ㅇㅇ[이름] [동갑, 손아래 사촌일 경우]
지칭	당사자와 그 배우자에게	형, ㅇㅇ[이름], 형, 형님, ㅇㅇ[이름] 형님, 오빠, ㅇㅇ[이름] 오빠, 누나, ㅇㅇ[이름] 누나, 누님, ㅇㅇ[이름] 누님, 언니, ㅇㅇ[이름] 언니, ㅇㅇ[이름] [동갑, 손아래 사촌일 경우]
	부모, 친척에게	ㅇㅇ[이름] 형, ㅇㅇ[이름] 형님, ㅇㅇ[이름] 오빠, ㅇㅇ[이름] 누나, ㅇㅇ[이름] 누님, ㅇㅇ[이름] 언니, ㅇㅇ[이름] [동갑, 손아래 사촌일 경우]
	당사자의 자녀에게	아버지, 아빠, 어머니, 엄마
	그 밖의 사람에게 · 어머니 남자 동기의 자녀를	외사촌 형, 외사촌 형님, 외사촌 오빠, 외사촌 누나, 외사촌 누님, 외사촌 언니, 외사촌, 외사촌 동생
	그 밖의 사람에게 · 어머니 여자 동기의 자녀를	이종형, 이종형님, 이종사촌 형, 이종사촌 형님, 이종사촌 오빠, 이종사촌 누나, 이종사촌 누님, 이종사촌 언니, 이종사촌, 이종사촌 동생

12. 사돈 사이

- 자녀 배우자의 부모에 대한 호칭, 지칭

		내가 아버지인 경우		내가 어머니인 경우	
		자녀 배우자의 아버지를	자녀 배우자의 어머니를	자녀 배우자의 아버지를	자녀 배우자의 어머니를
호칭		사돈어른, 사돈	사부인	사돈어른, 밭사돈	사부인, 사돈
지칭	당사자에게	사돈어른, 사돈	사부인	사돈어른, 밭사돈	사부인, 사돈
	자기 쪽 사람에게	사돈, ○○[외손주]할아버지, ○○[손주]외할아버지	사부인, ○○[외손주]할머니, ○○[손주]외할머니	사돈어른, 밭사돈, ○○[외손주]할아버지, ○○[손주]외할아버지	사부인, ○○[외손주]할머니, ○○[손주]외할머니
	사돈 쪽 사람에게	사돈어른, 사돈, ○○[외손주]할아버지, ○○[손주]외할아버지	사부인, ○○[외손주]할머니, ○○[손주]외할머니	사돈어른, ○○[외손주]할아버지, ○○[손주]외할아버지	사부인, ○○[외손주]할머니, ○○[손주]외할머니

- 자녀 배우자의 삼촌 항렬에 대한 호칭, 지칭

		내가 아버지인 경우		내가 어머니인 경우	
		자녀 배우자의 삼촌, 외삼촌을	자녀 배우자의 고모, 이모를	자녀 배우자의 삼촌, 외삼촌을	자녀 배우자의 고모, 이모를
호칭		사돈어른, 사돈	사부인	사돈어른, 밭사돈	사부인, 사돈
지칭	당사자에게	사돈어른, 사돈	사부인	사돈어른, 밭사돈	사부인, 사돈
	자기 쪽 사람에게	사돈	사부인	사돈어른	사부인

사돈 쪽 사람에게	사돈어른, 사돈	사부인	사돈어른	사부인

– 동기 배우자의 동기 및 그 배우자에 대한 호칭, 지칭

		남 자	여 자
호 칭		사돈, 사돈도령, 사돈총각	사돈, 사돈아가씨, 사돈처녀
지칭	당사자에게	사돈, 사돈도령, 사돈총각	사돈, 사돈아가씨, 사돈처녀
	그 밖의 사람에게	사돈, 사돈도령, 사돈총각	사돈, 사돈아가씨, 사돈처녀

– 자녀 배우자의 조부모 및 동기 배우자의 부모에 대한 호칭, 지칭

		사장어른
호 칭		사장어른
지칭	당사자에게	사장어른
	그 밖의 사람에게	사장어른

– 자녀 배우자의 동기와 그 자녀, 동기 배우자의 조카에 대한 호칭, 지칭

		남 자	여 자
호 칭		사돈, 사돈도령, 사돈총각	사돈, 사돈아가씨, 사돈처녀
지칭	당사자에게	사돈, 사돈도령, 사돈총각	사돈, 사돈아가씨, 사돈처녀
	그 밖의 사람에게	사돈, 사돈도령, 사돈총각, ㅇㅇ[외손주] 삼촌, ㅇㅇ[손주] 외삼촌	사돈, 사돈아가씨, 사돈처녀 ㅇㅇ[손주] 이모, ㅇㅇ[외손주] 고모

13. 직장 사람들과 그 가족에 대하여

– 상사, 직급이 같은 동표, 아래 직원에 대한 호칭, 지칭

	상 사	직급이 같은 동료	아래 직원
호칭 및 지칭	선생님, ○ 선생님, ○○○ 선생님, ○ 선배님 ○○○ 선배님, ○ 여사님 ○○○ 여사님, 부장님, ○ 부장님, ○○○ 부장님, 총무부장님	○○○ 씨, ○○ 씨, 선생님, ○ 선생님, ○○○ 선생님, ○ 선생 ○○○ 선생, 선배님, ○ 선배님, ○○○ 선배님, 선배, ○ 선배, ○○○ 선배 형, ○ 형, ○○ 형, ○○○ 형, 언니, ○○ 언니, ○ 여사, ○○○ 여사, 과장님, ○ 과장님, ○ 과장, ○○○ 과장	○○ 씨, ○○○ 씨, ○ 선생님, ○○○ 선생님, ○ 선생, ○○○ 선생, ○ 형, ○○ 형, ○○○ 형, ○여사, ○○○ 여사, ○ 군, ○○ 군, ○○○ 군, ○ 양, ○○ 양, ○○○ 양, 과장님, ○ 과장님, ○ 과장, ○○○ 과장, 총무과장

– 상사의 아내, 남편, 자녀에 대한 호칭, 지칭

		상사의 아내	상사의 남편	상사의 자녀
호칭		사모님, 아주머님, 아주머니, ○ 선생님, ○○○ 선생님, ○ 과장님, ○○○ 과장님, 여사님, ○ 여사님	선생님, ○ 선생님, ○○○ 선생님, 과장님, ○ 과장님, ○○○ 과장님	○○[이름], ○○○ 씨, 과장님, ○ 과장님, ○ 과장
지칭	당사자에게	사모님, 아주머님, 아주머니, ○선생님, ○○○ 선생님, ○ 과장님, ○○○ 과장님, 여사님, ○ 여사님	선생님, ○ 선생님, ○○○ 선생님, 과장님, ○ 과장님, ○○○ 과장님	○○[이름] ○○○ 씨, 과장님, ○ 과장님, ○ 과장, 아드님, 따님, 자제분
지칭	해당 상사에게	사모님, 아주머님, 아주머니, ○ 선생님, ○○○ 선생님, ○ 과장님, ○○○ 과장님, 여사님, ○ 여사님	바깥어른, 선생님, ○ 선생님, ○○○ 선생님, 과장님, ○ 과장님, ○○○ 과장님	아드님, 따님, 자제분, ○○[이름], ○○○ 씨, 과장님, ○ 과장님, ○ 과장
지칭	그 밖의 사람에게	사모님, 과장님 부인, ○ 과장님 부인, ○○○ 과장님 부인, 과장님 사모님, ○ 과장님 사모님, ○○○ 과장님 사모님	과장님 바깥어른, ○ 과장님 바깥어른, ○○○ 과장님 바깥어른 과장님 바깥양반, ○ 과장님 바깥양반, ○○○ 과장님 바깥양반, 과장 바깥양반, ○ 과장 바깥양반, ○○○ 과장 바깥양반	과장님 아드님, ○ 과장님 아드님, ○○○ 과장님 아드님, 과장님 따님, ○ 과장님 따님, ○○○ 과장님 따님, 과장님 자제분, ○ 과장님 자제분, ○○○ 과장님 자제분

– 동료나 아래 직원의 아내, 남편, 자녀에 대한 호칭, 지칭

		동료나 아래 직원의 아내	동료나 아래 직원의 남편	동료나 아래 직원의 자녀
호 칭		○○ 씨, ○○○ 씨, 아주머님, 아주머니, ○ 선생님, ○○○ 선생님, ○ 과장님, ○○○ 과장님	○○ 씨, ○○○ 씨, 선생님, ○ 선생님, ○○○ 선생님, 과장님, ○ 과장님, ○○○ 과장님	○○[이름] ○○○ 씨, 과장님, ○ 과장님, ○ 과장
지 칭	당 사 자 에 게	○○ 씨, ○○○ 씨, 아주머님, 아주머니, ○ 선생님, ○○○ 선생님, ○ 과장님, ○○○ 과장님	○○ 씨, ○○○ 씨, 선생님, ○ 선생님, ○○○ 선생님, 과장님, ○ 과장님, ○○○ 과장님	○○[이름], ○○○ 씨, 과장님, ○ 과장님, ○ 과장, 아드님, 아들, 따님, 딸, 자제분
	해당 동료 및 해당 아래 직원 에게	아주머님, 아주머니, 부인, ○○ 씨, ○○○ 씨, ○ 선생님, ○○○ 선생님, ○ 과장님, ○○○ 과장님	남편, 부군, 바깥양반, ○○ 씨, ○○○ 씨, 선생님, ○ 선생님, ○○○ 선생님, 과장님, ○ 과장님, ○○○ 과장님	아드님, 아들, 따님, 딸, 자제분, ○○[이름], ○○○ 씨, 과장님, ○ 과장님, ○ 과장
	그 밖 의 사 람 에	과장님 부인, ○ 과장님 부인, ○○○ 과장님 부인, 과장 부인, ○ 과장 부인, ○○○ 과장 부인, ○○○ 씨 부인	과장님 남편, ○ 과장님 남편, ○○○ 과장님 남편, 과장 남편, ○ 과장 남편, ○○○ 과장 남편, ○○○ 씨 남편, 과장님 바깥양반,	과장님 아드님, ○ 과장님 아드님, ○○○ 과장님 아드님, 과장님 아들, ○ 과장님 아들, ○○○ 과장님 아들, 과장 아들, ○ 과장 아들,

게			○ 과장님 바깥양반, ○○○ 과장님 바깥양반, 과장 바깥양반, ○ 과장 바깥양반, ○○○ 과장 바깥양반, ○○○ 씨 바깥양반	○○○ 과장 아들 ○○○ 씨 아들, 과장님 따님, ○ 과장님 따님, ○○○ 과장님 따님, 과장님 딸, ○ 과장님 딸, ○○○ 과장님 딸, 과장 딸 ○ 과장 딸, ○○○ 과장 딸, ○○○ 씨 딸, 과장님 자제분, ○ 과장님 자제분, ○○○ 과장님 자제분

14. 지인에 대하여

- 친구의 아내에 대한 호칭, 지칭

호 칭		아주머니, ○○ 씨, ○○○씨, ○○[친구 자녀] 어머니, ○○ 엄마, ○ 여사, 여사님, ○ 여사님, 과장님, ○ 과장님, ○ 선생, 선생님, ○ 선생님
지 칭	당사자에게	아주머니, ○○ 씨, ○○○ 씨, ○○[친구 자녀] 어머니, ○○ 엄마, ○ 여사, 여사님, ○ 여사님, 과장님, ○ 과장님, ○ 선생, 선생님, ○ 선생님
	해당 친구에게	부인, 집사람, 안사람, ○○ 씨, ○○○ 씨, ○○[친구 자녀] 어머니, ○○ 엄마,

		○ 과장님
	아내에게	○○[친구] 부인, ○○[친구] 집사람, ○○[친구] 안사람, ○○[친구] 처, ○○[친구] 씨 부인, ○○[친구 자녀] 어머니, ○○ 엄마, ○ 과장 부인, ○ 과장님
	자녀에게	○○[친구 자녀] 어머니, ○○ 엄마, 아주머니, ○○[지역] 아주머니, ○ 과장님
	다른 친구에게	○○[친구] 부인, ○○[친구] 집사람, ○○[친구] 안사람, ○○[친구] 처, ○○[친구] 씨 부인, ○○ 씨, ○○○ 씨, ○○[친구 자녀] 어머니, ○○엄마, ○ 과장 부인

- 친구의 남편에 대한 호칭, 지칭

	호칭	○○씨, ○○○ 씨, ○○[친구 자녀] 아버지, ○○ 아빠, 과장님, ○ 과장님, 선생님, ○ 선생님
지 칭	당사자에게	○○ 씨, ○○○ 씨, ○○[친구 자녀] 아버지, ○○ 아빠, 과장님, ○ 과장님, 선생님, ○ 선생님
	해당 친구에게	남편, 바깥양반, ○○ 씨, ○○○ 씨, ○○[친구 자녀] 아버지, ○○ 아빠, ○ 과장님
	남편에게	○○[친구] 남편, ○○[친구] 바깥양반, ○○[친구] 씨 남편, ○○[친구 자녀] 아버지, ○○ 아빠, ○ 과장 남편, ○ 과장님
	자녀에게	○○[친구 자녀] 아버지, ○○ 아빠, 아저씨, ○○[지역] 아저씨,

		○ 과장님
다른 친구에게		○○[친구] 남편, ○○[친구] 바깥양반, ○○[친구] 씨 남편, ○○ 씨, ○○○ 씨, ○○[친구 자녀] 아버지, ○○ 아빠, ○ 과장 남편

– 남편의 친구에 대한 호칭, 지칭

호 칭		○○ 씨, ○○○ 씨, ○○[남편 친구의 자녀] 아버지, 과장님, ○ 과장님, ○○○ 과장님, 선생님, ○ 선생님, ○○○ 선생님
지 칭	당사자에게	○○ 씨, ○○○ 씨, ○○[남편 친구의 자녀] 아버지, 과장님, ○ 과장님, ○○○ 과장님, 선생님, ○ 선생님, ○○○ 선생님
	남편에게	○○ 씨, ○○○ 씨, ○○[남편 친구의 자녀] 아버지, ○ 과장님, ○○○ 과장님, ○ 선생님, ○○○ 선생님
	자녀에게	아저씨, ○○[지역] 아저씨, ○○[남편 친구의 자녀] 아버지, ○ 과장님
	그 밖의 사람에게	○○ 씨, ○○○ 씨, ○○[남편 친구의 자녀] 아버지, ○ 과장님, ○○○ 과장님, ○ 선생님, ○○○ 선생님

– 아내의 친구에 대한 호칭, 지칭

호 칭	○○ 씨, ○○○ 씨, ○○[아내 친구의 자녀] 어머니, 아주머니,

		O 선생, 선생님, O 선생님, OOO 선생님, 과장님, O 과장님, OOO 과장님, O 여사, 여사님, O 여사님, OOO 여사님
지 칭	당사자에게	OO 씨, OOO 씨, OO[아내 친구의 자녀] 어머니, 아주머니, O 선생, 선생님, O 선생님, OOO 선생님, 과장님, O 과장님, OOO 과장님, O 여사, 여사님, O 여사님, OOO 여사님
	아내에게	OO 씨, OOO 씨, OO[아내 친구의 자녀] 어머니, O 과장님, OOO 과장님, O 선생, O 선생님, OOO 선생님
	자녀에게	아주머니, OO[지역] 아주머니, OO[아내 친구의 자녀] 어머니, O 과장님
	그 밖의 사람에게	OO 씨, OOO 씨, OO[아내 친구의 자녀] 어머니, O 과장님, OOO 과장님, O 선생님, OOO 선생님

– 아버지, 어머니의 친구에 대한 호칭, 지칭

	아버지의 친구	어머니의 친구
호칭 및 지칭	아저씨, OO[지역] 아저씨, OO[아버지 친구의 자녀] 아버지, 어르신, 선생님, 과장님, O 과장님	아주머니, OO[지역] 아주머니, 아줌마, OO[지역] 아줌마, OO[어머니 친구의 자녀] 어머니, 어르신, 선생님, 과장님, O 과장님

– 친구의 아버지, 어머니에 대한 호칭, 지칭

		친구의 아버지	친구의 어머니
호 칭		아저씨, ○○[지역] 아저씨, ○○[친구] 아버지, 아버님, ○○[친구] 아버님, 어르신, ○○[친구의 자녀] 할아버지	아주머니, ○○[지역] 아주머니, 아줌마, ○○[지역] 아줌마, 어머님, ○○[친구] 어머님, ○○[친구] 어머니, ○○[친구] 엄마, 어르신, ○○[친구의 자녀] 할머니
지 칭	당사자에게	아저씨, ○○[지역] 아저씨, ○○[친구] 아버지, 아버님, ○○[친구] 아버님, 어르신, ○○[친구의 자녀] 할아버지	아주머니, ○○[지역] 아주머니, 아줌마, ○○[지역] 아줌마, 어머님, ○○[친구] 어머님, ○○[친구] 어머니, ○○[친구] 엄마, 어르신, ○○[친구의 자녀] 할머니
	해당 친구에게	아버님, 아버지, 아빠, 어르신, 부친, 춘부장	어머님, 어머니, 엄마, 어르신, 모친, 자당

– 남자 선생님의 아내와 여자 선생님의 남편에 대한 호칭, 지칭

		남자 선생님의 아내	여자 선생님의 남편
호 칭		사모님, 선생님, ○ 선생님, ○○○ 선생님, 과장님, ○ 과장님	사부(師夫)님, 선생님, ○ 선생님, ○○○ 선생님, 과장님, ○ 과장님
지 칭	당사자 및 해당 선생님에게	사모님, 선생님, ○ 선생님, ○○○ 선생님, 과장님, ○ 과장님	사부(師夫)님, 선생님, ○ 선생님, ○○○ 선생님, 과장님, ○ 과장님, 바깥어른

15. 직원과 손님 사이

- 식당, 상점, 회사, 관공서 등의 직원에 대한 호칭, 지칭

호칭 및 지칭	아저씨, 젊은이, 총각, 아주머니, 아가씨, ㅇㅇ 씨, ㅇㅇㅇ 씨, 과장님, ㅇ 과장님, ㅇㅇㅇ 과장님, ㅇ 과장, ㅇㅇㅇ 과장, 선생님, ㅇ 선생님, ㅇㅇㅇ 선생님, ㅇ 선생, ㅇㅇㅇ 선생, [주로 식당, 상점 등에서의 호칭] : **여기요, 여보세요**

- 식당, 상점, 회사, 관공서 등의 손님에 대한 호칭, 지칭

호칭 및 지칭	손님, ㅇㅇㅇ 님, ㅇㅇㅇ 손님

16. 가정에서

- 경어 사용의 예

부모를 조부모께	할머니/할아버지, 어머니/아버지가 진지 잡수시라고 하였습니다. 할머니/할아버지, 어머니/아버지가 진지 잡수시라고 하셨습니다.
부모를 선생님께	저희 어머니/아버지가 이렇게 말씀하셨습니다. 저희 어머니/아버지께서 이렇게 말씀하셨습니다. 우리 어머니/아버지가 이렇게 말씀하셨습니다. 우리 어머니/아버지께서 이렇게 말씀하셨습니다.
남편을 시부모나 손위 사람에게	아범이 아직 안 들어왔습니다. 아비가 아직 안 들어왔습니다. 그이가 어머님/아버님께 말씀드린다고 했습니다.

남편을 시동생이나 손아래 사람에게	형님은 아직 안 들어오셨어요. ○○[자녀] 아버지는 아직 안 들어오셨어요. ○○[자녀] 아버지는 아직 안 들어왔어요.
배우자를 그 밖의 사람에게	그이는/집사람은 아직 안 들어왔습니다. ○○[자녀] 어머니/○○[자녀] 아버지는 아직 안 들어왔습니다.
자녀를 손주에게	○○[손주]야, 어머니/아버지 좀 오라고 해라. ○○[손주]야, 어머니/아버지 좀 오시라고 해라.

17. 직장, 사회에서

- 공손의 표현

공식적인 상황이거나 덜 친밀한 관계에서	거래처에 전화하셨습니까? 거래처에 전화했습니까? 거래처에 전화하십시오. 거래처에 전화하시지요.
비공식적인 상황이거나 친밀한 관계에서	거래처에 전화하셨어요? 거래처에 전화했어요? 거래처에 전화하세요. 거래처에 전화해요.

18. 아침, 저녁의 인사말

- 아침 인사

대상 \ 상황	가정에서	이웃 사람에게	직장에서
윗사람에게	안녕히 주무셨습니까? 안녕히 주무셨어요?	안녕하십니까? 안녕하세요?	
동년배와 손아래인 성인에게	잘 잤어요? 잘 잤니?	안녕히 주무셨습니까? 안녕히 주무셨어요?	안녕하십니까? 안녕하세요?
아랫사람에게		안녕? 잘 잤니?	

- 저녁 인사

대상＼상황	가정에서
윗사람에게	안녕히 주무십시오. 안녕히 주무세요.
아랫사람에게	잘 자. / 잘 자라. / 편히 쉬게.

19. 만나고 헤어질 때의 인사말

- 만나고 헤어질 때 하는 인사(가정)

가정에서	나가는 사람이	다녀오겠습니다. 다녀올게요. 다녀올게.
	보내는 사람이	안녕히 다녀오십시오. 안녕히 다녀오세요. 잘 다녀와.
	들어오는 사람이	다녀왔습니다. 다녀왔어요. 아빠/엄마/나 왔다.
	맞이하는 사람이	다녀오셨습니까? 다녀왔어요? 다녀왔어?

- 손님과 만나고 헤어질 때 하는 인사

손님을 맞이할 때와 손님과 헤어질 때	손님을 맞이할 때	어서 오십시오.
	손님과 헤어질 때	안녕히 가십시오.

– 만나고 헤어질 때 하는 인사(사회)

오랜만에 만나는 사람에게		그동안 안녕하셨습니까? 그동안 잘 지내셨습니까? 그동안 잘 지내셨어요? 그동안 잘 지냈니?
이웃 사람에게	만났을 때	안녕하십니까? 안녕하세요? 안녕?
	헤어질 때	안녕히 가십시오. 안녕히 가세요. 안녕.
직장에서	만났을 때	안녕하십니까? 안녕하세요?
	나가는 사람이	먼저 가겠습니다. 내일 뵙겠습니다.
	남아 있는 사람이	안녕히 가십시오. 안녕히 가세요.
식사 시간 전후로에 만났을 때		점심/진지 잡수셨습니까? 점심/진지 드셨습니까? 식사하셨어요? 점심/밥 먹었어?

20. 전화 예절

– 전화를 받을 때 하는 말

집	여보세요.
직장	네. ㅇㅇㅇㅇ[회사/부서/받는 사람]입니다.

- 전화를 바꾸어 줄 때 하는 말

> 잠시 기다려 주십시오. 바꾸어 드리겠습니다.
> 잠깐 기다려 주십시오. 바꾸어 드리겠습니다.
> 조금 기다려 주십시오. 바꾸어 드리겠습니다.
> 네, 잠시 기다려 주십시오. 바꾸어 드리겠습니다.
> 네, 잠깐 기다려 주십시오. 바꾸어 드리겠습니다.
> 네, 조금 기다려 주십시오. 바꾸어 드리겠습니다.

- 상대방이 찾는 사람이 없을 때 하는 말

> 지금 안 계십니다. 들어오시면 뭐라고 전해 드릴까요?

- 잘못 걸려 온 전화를 받을 때 하는 말

> 아닌데요, 전화 잘못 걸렸습니다.
> 아닙니다, 전화 잘못 걸렸습니다.

- 상대방이 응답하면 하는 말(전화를 걸 때)

집	안녕하십니까? 저는 ㅇㅇㅇ입니다. ㅇㅇㅇ[찾는 사람] 씨 계십니까? 안녕하십니까? 여기는 ㅇㅇㅇ입니다. ㅇㅇㅇ[찾는 사람] 씨 계십니까?
직장	안녕하십니까? 저는 ㅇㅇㅇ입니다. ㅇㅇㅇ[찾는 사람] 씨 좀 바꾸어 주시겠습니까? 안녕하십니까? 여기는 ㅇㅇㅇ입니다. ㅇㅇㅇ[찾는 사람] 씨 좀 바꾸어 주시겠습니까? [교환일 때] 안녕하십니까? ㅇㅇ[부서명] 부서 좀 부탁합니다.

- 친지에게 전화해서 자기를 밝힐 때 하는 말

부모, 조부모에게	ㅇㅇ[이름]

부모의 동기에게		ㅇㅇ[이름], ㅇㅇ[자녀] 어미/아비
배우자에게		나
동기에게	손위 동기에게	ㅇㅇ[이름]
	손아래 동기에게	언니, 누나, 오빠, 형
동기의 배우자에게	내게 자녀가 있을 경우	ㅇㅇ[자녀] 엄마/어미/어머니, ㅇㅇ[자녀] 아빠/아비/아버지
	내게 자녀가 없을 경우	ㅇㅇ[상대방의 자녀] 이모/고모/삼촌
시부모에게		ㅇㅇ[이름], ㅇㅇ[자녀] 어미/어멈
시가 쪽 손위 친척		ㅇㅇ[자녀] 어미/어멈/엄마, ㅇㅇ[남편] 처
시가 쪽 손아래 친척		ㅇㅇ[자녀] 어미/어멈/엄마, 올케/형수/동서
처부모, 아내의 손위 동기에게		ㅇ 서방
아내의 손아래 동기에게		매부, 매형, 자형, 형부
처가 쪽 동서에게	손위 동서에게	ㅇㅇ[이름], ㅇ 서방, 동서
	손아래 동서에게	ㅇㅇ[자녀] 아버지, 동서
자녀에게		어머니, 엄마, 아버지, 아빠
손주에게		할머니, 할미, 할아버지, 할아비
조카에게		이모, 고모, 큰어머니, 작은어머니, 이모부, 고모부, 큰아버지, 작은아버지, 삼촌
배우자의 친구		ㅇㅇㅇ[배우자] 씨의 아내/집사람/처(妻)입니다. ㅇㅇㅇ[배우자] 씨의 남편/바깥사람입니다. ㅇㅇㅇ[배우자] 씨가 제 아내/남편입니다.
동기의 친구		ㅇㅇㅇ[동기] 씨가 제 언니/누나/오빠/형입니다. ㅇㅇㅇ[동기] 씨의 동생입니다.

- 직장에서 전화로 자기를 밝힐 때 하는 말

상사가 아래 직원에게	사장입니다. 총무부 ○ 부장입니다.
아래 직원이 상사에게	총무부장입니다. 총무부 ○ 부장입니다. 총무부장 ○○○입니다. 총무부 ○○○입니다.
다른 회사 사람에게	○○[회사명] 상무이사입니다. 총무부 ○ 부장입니다. 총무부장 ○○○입니다. 총무부 ○○○입니다.

- 통화하려는 사람이 없을 때 하는 말(전화를 걸 때)

죄송합니다만, ○○[이름]한테서 전화왔었다고 전해 주시겠습니까?
죄송합니다만, ○○[이름]한테서 전화왔다고 전해 주시겠습니까?
말씀 좀 전해 주시겠습니까?

- 전화를 대신 걸 때 하는 말

직장	안녕하십니까? ○○○[전화 부탁한 사람] 님의 전화인데요. ○○○[찾는 사람] 씨를 부탁합니다. [부탁한 전화가 연결되었을 때] ○○○[전화 부탁한 사람] 님의 전화인데요. 바꾸어 드리겠습니다.

- 전화가 잘못 걸렸을 때

죄송합니다, 전화가 잘못 걸렸습니다.
미안합니다, 전화가 잘못 걸렸습니다.

- 전화를 끊을 때 하는 말

안녕히 계십시오. 고맙습니다. 이만/그만 끊겠습니다. 안녕히 계십시오.

21. 소개할 때

- 자신을 소개하는 말

	인사	안녕하십니까? 처음 뵙겠습니다.
자기를 소개할 때	이름 말하기	저는 ㅇㅇㅇ입니다.
	상황에 맞는 말	
	끝인사	고맙습니다.
[두 사람이 만났을 때] 자신을 남에게 소개할 때	처음 뵙겠습니다. ㅇㅇㅇ입니다. 처음 뵙겠습니다. 저는 ㅇㅇㅇ입니다. 인사드리겠습니다. ㅇㅇㅇ입니다. 인사드리겠습니다. 저는 ㅇㅇㅇ입니다.	
여러 사람 앞에서 자기를 소개할 때	처음 뵙겠습니다. ㅇㅇㅇ입니다. 안녕하십니까? ㅇㅇㅇ입니다.	
자기의 성씨나 본관을 소개할 때	'ㅇ가(哥)', 'ㅇㅇ[본관] ㅇ가(哥)'	

- 자신을 가족의 주변 사람들에게 소개하는 말

부모에게 기대어 자신을 소개할 때	저희 아버지/어머니가 ㅇ[성] ㅇ자 ㅇ자를 쓰십니다. 저희 아버지/어머니의 함자가 ㅇ자 ㅇ자 이십니다. 저희 아버지/어머니의 성함이 ㅇ[성] ㅇ자 ㅇ자 이십니다. ㅇㅇㅇ[부모] 씨 아들/딸입니다. ㅇㅇㅇ[부모] 부장 아들/딸입니다.

	ㅇㅇㅇ[부모] 부장님 아들/딸입니다.
자녀의 친구에게	ㅇㅇㅇ[자녀] 어머니/아버지이다. ㅇㅇㅇ[자녀]의 어미/아비이다. ㅇㅇㅇ[자녀]의 어미/아비 되는 사람이다.
자녀의 스승에게	ㅇㅇㅇ[자녀]의 어미/아비입니다. ㅇㅇㅇ[자녀]의 어미/아비 되는 사람입니다. ㅇㅇㅇ[자녀]의 어머니/아버지입니다.
동기의 친구에게	ㅇㅇㅇ[동기] 씨가 제 큰형님/큰누님/큰오빠/큰언니입니다. ㅇㅇㅇ[동기] 씨가 제 큰형님/큰누님/큰오빠/큰언니이십니다. ㅇㅇㅇ[동기] 씨의 형/누나/오빠/언니/동생입니다.
동기의 직장에 전화를 걸어서	ㅇㅇㅇ[동기] 씨의 형/누나/오빠/언니/동생입니다. ㅇㅇㅇ[동기] 씨의 형/누나/오빠/언니/동생 되는 사람입니다. 제 형/누나/오빠/언니/동생이/가 ㅇㅇㅇ[동기]입니다.
배우자의 친구에게	ㅇㅇㅇ[배우자] 씨의 남편/바깥사람/아내/집사람/안사람/처입니다. ㅇㅇㅇ[배우자] 씨가 제 남편/바깥사람/아내/집사람/안사람/처입니다.
배우자의 직장에 전화를 걸어서	ㅇㅇㅇ[배우자] 씨 집입니다. ㅇㅇㅇ[배우자] 씨의 남편/바깥사람/아내/집사람/안사람/처입니다.

- 중간에서 다른 사람을 소개할 때의 순서

(1) 친소 관계를 따져 자기와 가까운 사람을 먼저 소개한다.
　　예) 어머니를 선생님에게 먼저 소개함.
(2) 손아래 사람을 손위 사람에게 먼저 소개한다.
　　예) 아래 직원을 상사에게 먼저 소개함.
(3) 남성을 여성에게 먼저 소개한다.

그리고 이러한 상황이 섞여 있을 때에는 (1), (2), (3)의 순서로 적용한다.

22. 연말연시

- 연말연시 인사말

	인 사 말
연말연시	새해 복 많이 받으십시오. 소원 성취하게.

23. 생일 축하

- 특별한 생일(나이)의 이름

연 령	이 름
60세	육순(六旬)
61세	환갑(還甲), 회갑(回甲), 화갑(華甲)
62세	진갑(進甲)
70세	칠순(七旬), 고희(古稀)
77세	희수(喜壽)
80세	팔순(八旬)
88세	미수(米壽)
90세	구순(九旬)
99세	백수(白壽)

※ 연령은 만 나이가 아니고 세는 나이임.

- 생일 축하 인사말

상 황		인 사 말
돌 때	아기 부모에게	축하합니다.
	아기에게	건강하게 자라라.
동년배나 손아래 사람의 생일에	당사자에게	축하한다. 생일 축하한다.
환갑, 고희 등의 생일에	당사자에게	축하합니다. 생신 축하합니다. 내내 건강하시기 바랍니다. 더욱 강녕하시기 바랍니다.
	당사자의 배우자에게	축하합니다.
	당사자의 자녀에게	축하하네. 수고했네.
환갑, 고희 등의 잔치에서 헌수할 때의 말		내내 건강하시기 바랍니다. 만수무강하십시오.

24. 축하, 위로

- 결혼 축하 인사말

대 상	인 사 말
본인에게	축하합니다. 결혼을 축하합니다. 혼인을 축하합니다. 경축합니다. 결혼을 경축합니다. 혼인을 경축합니다.
부모에게	축하합니다. 경축합니다. 얼마나 기쁘십니까?

- 출산 축하 인사말

대 상	인 사 말
산모, 남편, 이들의 부모에게	축하합니다. 경축합니다. 순산하셨다니 반갑습니다. 순산하셨다니 축하합니다.

- 문병할 때 하는 말

대 상		인 사 말
환자에게	들어가서	좀 어떠십니까? 좀 어떻습니까? 얼마나 고생이 되십니까? [불의의 사고일 때] 불행 중 다행입니다.
	나올 때	조리 잘 하십시오. 조섭 잘 하십시오. 속히 나으시기 바랍니다. 쾌차하시기 바랍니다.
보호자에게	들어가서	좀 어떠십니까? 좀 어떻습니까? 얼마나 걱정이 되십니까? 고생이 많으십니다.
	나올 때	속히 나으시기 바랍니다. 쾌차하시기 바랍니다.

- 축하하거나 위로하는 말

축하해야 할 일 (신축, 개업, 이전, 합격, 입학, 졸업, 취직, 승진, 영전, 정년 퇴임)	축하합니다. ○○을 축하합니다. 경축합니다. ○○을 경축합니다.

위로해야 할 일	그 상황에서도 우리의 삶에 도움이 되는 점을 찾아내어 그 점을 드러내 인사하는 정신이 중요하다.

25. 문상

- 문상 인사말

상 황	문상객의 말	상주의 말
일반적으로 두루 쓸 수 있는 말	[말없이 인사만 한다.] 삼가 조의를 표합니다. 얼마나 슬프십니까? 뭐라 드릴 말씀이 없습니다. 고인의 명복을 빕니다.	고맙습니다. 드릴 말씀이 없습니다.
부모상의 경우	[말없이 인사만 한다.] 얼마나 망극(罔極)하십니까?	

26. 건배할 때

- 건배할 때 하는 말

선 창	화 답
○○을 위하여!	위하여!
지화자!	좋다!
건배!	건배!
축배!	축배!